LE

LIVRE DES TARIFS.

V

LE

LIVRE DES TARIFS

Spécialement rédigé

POUR LES MAISONS DE BANQUE,

ET DESTINÉ

A FACILITER LES RECOUVREMENTS EN FRANCE ET A L'ÉTRANGER,

EN ACCÉLÉRANT LA PRÉPARATION DES COURRIERS,

PAR J. GEORGE.

Prix : Cinquante Francs.

PREMIÈRE PARTIE.

DÉPARTEMENTS DE LA FRANCE. ALGÉRIE.

PARIS
CHEZ L'AUTEUR,
14, RUE NEWTON (CHAMPS-ÉLYSÉES).

1855

INSTRUCTION PRÉLIMINAIRE.

Pour faire usage du LIVRE DES TARIFS, il est indispensable de lire attentivement les explications qui suivent :

1° Les départements sont placés dans ce registre d'après leur ordre alphabétique. La première page affectée à chaque département contient les arrondissements et les cantons dont il se compose; les autres communes ou places, disposées aussi dans leur ordre alphabétique, occupent les pages suivantes.

2° Les lettres majuscules indiquent les arrondissements en commençant par le *chef-lieu*, qui est toujours représenté par A : les petites lettres représentent les cantons de même nom que les arrondissements.

Ainsi, l'arrondissement de NANTUA (département de l'Ain) est représenté par C, et son canton par c.

3° Les chiffres représentent les autres cantons du département dans leur ordre alphabétique.

Le canton de *Coligny* (Ain) est représenté par 9, et la lettre A indique qu'il fait partie de l'arrondissement de BOURG.

4° Chaque commune est précédée de la lettre et du chiffre qui représentent l'une l'arrondissement, l'autre le canton où elle se trouve.

Le chiffre 12 et la lettre B qui précèdent le nom de la commune de *Cormaranche* (Ain) indiquent que cette commune est du canton de *Hauteville*, arrondissement de BELLEY.

5° Enfin, à la suite du nom de toute place qui n'est pas elle-même une commune, est placé, en italique et entre parenthèses, le nom de la commune dont elle fait partie.

Ainsi, *Préaux* (Ain), précédé de la *lettre D*, du chiffre 20, et suivi du mot *Cerdon*, fait partie de la commune de *Cerdon*, arrondissement de *Nantua*, canton de *Poncin*.

Les colonnes 4 à 20, convenablement espacées, sont destinées à recevoir les tarifs des Correspondants, dont les noms pourront facilement être écrits en tête de chacune d'elles.

SIGNES DISTINCTIFS des ARRONDISSEMENTS.	SIGNES DISTINCTIFS des CANTONS.	AIN. ARRONDISSEMENTS ET CANTONS.	NOMS DES CORRESPONDANTS, LEURS TARIFS.																
1	2	3	4	5	6	7	8	9	10	11	12	13	14	15	16	17	18	19	20
		ARRONDISSEMENTS.																	
A	a	BOURG (ch.-l.)																	
»	»	Le reste { de l'arrondissement. / du canton.																	
B	b	BELLEY.																	
»	»	Le reste { de l'arrondissement. / du canton.																	
C	c	GEX.																	
»	»	Le reste { de l'arrondissement. / du canton.																	
D	d	NANTUA.																	
»	»	Le reste { de l'arrondissement. / du canton.																	
E	e	TRÉVOUX.																	
»	»	Le reste { de l'arrondissement / du canton.																	
		CANTONS.																	
B	1	AMBÉRIEUX.																	
»	»	Le reste du canton.																	
A	2	BAGÉ-LE-CHATEL.																	
»	»	Le reste du canton																	
D	3	BRENOD.																	
»	»	Le reste du canton.																	
A	4	CEYZÉRIAT.																	
»	»	Le reste du canton.																	
E	5	CHALAMONT.																	
»	»	Le reste du canton.																	
B	6	CHAMPAGNE.																	
»	»	Le reste du canton.																	
D	7	CHATILLON-DE-MICHAILLE.																	
»	»	Le reste du canton.																	
E	8	CHATILLON-LES-DOMBES.																	
»	»	Le reste du canton.																	
A	9	COLIGNY.																	
»	»	Le reste du canton.																	
C	10	COLLONGES.																	
»	»	Le reste du canton.																	
C	11	FERNEY.																	
»	»	Le reste du canton.																	
B	12	HAUTEVILLE.																	
»	»	Le reste du canton.																	
B	13	HUYS (L')																	
»	»	Le reste du canton.																	
D	14	IZERNORE.																	
»	»	Le reste du canton.																	
B	15	LAGNIEU.																	
»	»	Le reste du canton.																	
E	16	MEXIMIEUX.																	
»	»	Le reste du canton.																	
E	17	MONTLUEL.																	
»	»	Le reste du canton.																	
A	18	MONTREVEL.																	
»	»	Le reste du canton.																	
D	19	OYONNAX.																	
»	»	Le reste du canton.																	
D	20	PONCIN.																	
»	»	Le reste du canton.																	
A	21	PONT-D'AIN.																	
»	»	Le reste du canton.																	
A	22	PONT-DE-VAUX.																	
»	»	Le reste du canton.																	
A	23	PONT-DE-VEYLE.																	
»	»	Le reste du canton.																	
B	24	SAINT-RAMBERT.																	
»	»	Le reste du canton.																	
A	25	SAINT-TRIVIERS-DE-COURTES																	
»	»	Le reste du canton.																	
E	26	SAINT-TRIVIERS-SUR-MAIGNANS.																	
»	»	Le reste du canton.																	
B	27	SEYSSEL.																	
»	»	Le reste du canton.																	
E	28	THOISSEY.																	
»	»	Le reste du canton.																	
A	29	TREFFORT.																	
»	»	Le reste du canton.																	
B	30	VIRIEUX-LE-GRAND.																	
»	»	Le reste du canton.																	
		LE RESTE DU DÉPARTEMENT.																	

SIGNES DISTINCTIFS des		AIN.	NOMS DES CORRESPONDANTS, LEURS TARIFS.																
ARRONDISSEMENTS.	CANTONS.	COMMUNES ou PLACES.																	
1	2	3	4	5	6	7	8	9	10	11	12	13	14	15	16	17	18	19	20
D	3	Abergement-le-Grand. . . .																	
D	3	Abergement-le-Petit.																	
B	1	Abergement-de-Varey																	
E	26	Ambérieux																	
B	1	Ambronay																	
B	6	Ameyzieux.																	
D	d	Apremont.																	
B	24	Arandas																	
D	19	Arbent																	
A	22	Arbigny.																	
E	e	Ars																	
B	6	Artemarc (*Ameyzieux*).																	
A	18	Attignat.																	
A	2	Bagé-la-Ville.																	
D	d	Béard (*Géovressiat*).																	
A	9	Beaupont																	
E	e	Beauregard																	
D	19	Bélignat																	
C	10	Bellegarde (*Musinens*).																	
D	19	Belleydoux.																	
A	9	Bény.																	
B	6	Béon.																	
D	7	Billiat.																	
B	6	Brénas																	
D	3	Campdor																	
D	20	Cerdon.																	
A	21	Certines																	
B	30	Ceyzérieux.																	
C	10	Challeix																	
D	7	Chamfromier.																	
B	1	Château-Gaillard																	
E	5	Châtillon-la-Palud.																	
A	29	Chavannes.																	
A	22	Chavannes-s.-Reyssouze . . .																	
A	22	Chevroux.																	
C	10	Chézery.																	
B	12	Cimetière (le).																	
D	d	Cluse (la).																	
D	3	Condamine.																	
A	18	Confrançon.																	
D	3	Corcelles																	
B	12	Cormaranche.																	
A	25	Cormoz.																	
D	7	Craz																	
B	27	Culoz																	
A	25	Curciat.																	
C	c	Divonne.																	
A	2	Dommartin.																	
D	19	Dortan																	
B	1	Douvres.																	
A	21	Druilhat																	
D	19	Échallon.																	
A	18	Étrez.																	
E	26	Farcins.																	
A	2	Feillens.																	
A	18	Foissiat.																	
E	e	Genay.																	
D	d	Géovressiat.																	
D	7	Giron																	
A	22	Gorrevod.																	
A	23	Grièges.																	
E	28	Guéreins.																	
A	4	Hautecour.																	
D	3	Hotonnes																	
E	e	Jassans.																	
A	18	Jayat.																	

SIGNES DISTINCTIFS des ARRONDISSEMENTS.	CANTONS.	AIN. COMMUNES ou PLACES.	NOMS DES CORRESPONDANTS, LEURS TARIFS.																
1	2	3	4	5	6	7	8	9	10	11	12	13	14	15	16	17	18	19	20
A	4	Jasseron																	
A	21	Journans																	
D	20	Jujurieux																	
D	3	Lantenay																	
B	b	Lavours																	
A	a	Lent																	
A	25	Lescheroux																	
B	12	Lompnes																	
B	6	Lompnieux																	
E	16	Loyes																	
B	15	Loyettes																	
E	26	Lurcy																	
D	d	Maillat																	
A	18	Malafretaz																	
A	2	Manziat																	
A	9	Marboz																	
D	19	Martignat																	
B	13	Marchamp																	
A	29	Meillonnas																	
D	20	Merignat																	
E	26	Messimy																	
E	8	Mézeriat																	
E	17	Miribel																	
E	28	Montmerle																	
D	d	Montréal																	
D	14	Mornay																	
C	c	Naz-et-Lepeneux																	
A	21	Neuville-sur-Ain																	
E	8	Neuville-sur-Renon																	
D	d	Neyrolles																	
B	13	Ordonnas																	
A	22	Ozan																	
D	7	Parc (le) (*Surjoux*)																	
E	e	Parcieux																	
C	10	Péron																	
E	16	Pérouges																	
B	b	Peyrieux																	
A	9	Pirajoux																	
A	a	Polliat																	
C	11	Pouilly-Saint-Genis																	
D	20	Préaux (*Cerdon*)																	
B	12	Prémillieux																	
A	29	Pressiat																	
B	b	Premeysel																	
A	21	Priay																	
A	2	Replonges																	
E	e	Reyrieux																	
E	17	Rillieux																	
B	30	Rossillon																	
A	22	Saint-Bénigne																	
A	23	Saint-Cyr-sur-Menthon																	
A	18	Saint-Didier-d'Aussiat																	
E	28	Saint-Didier-de-Chalaronne																	
A	29	Saint-Étienne-du-Bois																	
C	10	Saint-Jean-de-Gonville																	
D	20	Saint-Jean-le-Vieux																	
A	23	Saint-Jean-sur-Veyle																	
A	25	Saint-Julien-sur-Reyssouze																	
E	8	Saint-Julien sur-Veyle																	
C	11	Saint-Genis																	
D	7	Saint-Germain-de-Joux																	
A	2	Saint-Laurent-de-l'Ain																	
B	30	Saint-Martin-de-Bavel																	
D	d	Saint-Martin-du-Fresne																	
A	21	Saint-Martin-du-Mont																	
A	25	Saint-Nizier-le-Bouchoux																	

SIGNES DISTINCTIFS des ARRONDISSEMENTS.	CANTONS.	AIN. COMMUNES ou PLACES.	NOMS DES CORRESPONDANTS, LEURS TARIFS.																
1	2	3	4	5	6	7	8	9	10	11	12	13	14	15	16	17	18	19	20
E	17	Saulzaie-en-Dombes(*Montluel*)																	
A	22	Sermoyer..............																	
B	13	Serrières...............																	
A	4	Simandre..............																	
B	6	Songieu................																	
D	14	Sonthonnax............																	
B	15	Souclin................																	
E	8	Sulignat...............																	
B	24	Tenay..................																	
B	12	Thézillieux.............																	
E	17	Thil.....................																	
C	11	Thoisy..................																	
A	21	Tossiat.................																	
B	24	Torcieu.................																	
E	e	Tramoye................																	
C	10	Vanchy (*Lancrans*)........																	
A	21	Varambon..............																	
E	8	Vendeins...............																	
A	9	Verjon..................																	
D	19	Veyziat.................																	
E	26	Villars..................																	
B	15	Villebois................																	
E	26	Villeneuve..............																	
A	4	Villéreversure..........																	
E	5	Villette.................																	
A	a	Viriat...................																	
B	6	Virieu-le-Petit...........																	
E	8	Vomas..................																	
B	6	Yon.....................																	

SIGNES DISTINCTIFS des ARRONDISSEMENTS.	CANTONS.	AISNE. ARRONDISSEMENTS ET CANTONS.	NOMS DES CORRESPONDANTS, LEURS TARIFS.																
1	2	3	4	5	6	7	8	9	10	11	12	13	14	15	16	17	18	19	20
		ARRONDISSEMENTS.																	
A	a	LAON (ch.-l).																	
»	»	Le reste { de l'arrondissement. du canton.																	
B	b	CHATEAU-THIERRY.																	
»	»	Le reste { de l'arrondissement. du canton.																	
C	c	SAINT-QUENTIN.																	
»	»	Le reste { de l'arrondissement. du canton.																	
D	d	SOISSONS.																	
»	»	Le reste { de l'arrondissement. du canton.																	
E	e	VERVINS.																	
»	»	Le reste { de l'arrondissement. du canton.																	
		CANTONS.																	
A	1	ANIZY-LE-CHATEAU.																	
»	»	Le reste du canton.																	
E	2	AUBANTON.																	
»	»	Le reste du canton.																	
C	3	BOHAIN.																	
»	»	Le reste du canton.																	
D	4	BRAISNE.																	
»	»	Le reste du canton.																	
E	5	CAPELLE (LA).																	
»	»	Le reste du canton.																	
C	6	CATELET (LE).																	
»	»	Le reste du canton.																	
B	7	CHARLY.																	
»	»	Le reste du canton.																	
A	8	CHAUNY.																	
»	»	Le reste du canton.																	
B	9	CONDÉ-EN-BRIE.																	
»	»	Le reste du canton.																	
A	10	COUCY-LE-CHATEAU.																	
»	»	Le reste du canton.																	
A	11	CRAONNE.																	
»	»	Le reste du canton.																	
A	12	CRÉCY-SUR-SERRE.																	
»	»	Le reste du canton.																	
A	13	FÈRE (LA).																	
»	»	Le reste du canton.																	
B	14	FÈRE-EN-TARDENOIS.																	
»	»	Le reste du canton.																	
E	15	GUISE.																	
»	»	Le reste du canton.																	
E	16	HIRSON.																	
»	»	Le reste du canton.																	
A	17	MARLE.																	
»	»	Le reste du canton.																	
C	18	MOY.																	
»	»	Le reste du canton.																	
A	19	NEUFCHATEL.																	
»	»	Le reste du canton.																	
B	20	NEUILLY-SAINT-FRONT.																	
»	»	Le reste du canton.																	
E	21	NOUVION (LE).																	
»	»	Le reste du canton.																	
D	22	OULCHY-LE-CHATEAU.																	
»	»	Le reste du canton.																	
C	23	RIBEMONT.																	
»	»	Le reste du canton.																	
A	24	ROSOY-SUR-SERRE.																	
»	»	Le reste du canton.																	
E	25	SAINS.																	
»	»	Le reste du canton.																	
C	26	SAINT-SIMON.																	
»	»	Le reste du canton.																	
A	27	SISSONNE.																	
»	»	Le reste du canton.																	
D	28	VAILLY.																	
»	»	Le reste du canton																	
C	29	VERMAND.																	
»	»	Le reste du canton.																	
D	30	VIC-SUR-AISNE.																	
»	»	Le reste du canton.																	
D	31	VILLERS-COTTERETS.																	
»	»	Le reste du canton.																	
E	32	WASSIGNY.																	
		LE RESTE DU DÉPARTEMENT.																	

SIGNES DISTINCTIFS des		AISNE. COMMUNES ou PLACES.	NOMS DES CORRESPONDANTS, LEURS TARIFS.																
ARRONDISSEMENTS.	CANTONS.																		
1	2	3	4	5	6	7	8	9	10	11	12	13	14	15	16	17	18.	19	20
A	8	Abbécourt																	
A	13	Achery																	
D	4	Acy																	
A	17	Agnicourt																	
E	15	Aisonville																	
D	28	Aizy																	
C	18	Alaincourt																	
D	30	Amblemy																	
A	8	Amigny-Rouy																	
A	13	Andelain																	
A	13	Anguilcourt																	
C	26	Annois																	
E	2	Any-Martin-Rieux																	
A	24	Archon																	
D	22	Arcy-Sainte-Restitue																	
A	a	Ardon																	
B	20	Armentières																	
C	26	Artemps																	
B	9	Artonges																	
A	12	Assis-sur-Serre																	
A	a	Athies																	
A	»	Attencourt																	
C	6	Aubencheul-aux-Bois																	
C	29	Aubigny-Auroir																	
E	15	Audigny																	
A	10	Auffrique																	
A	24	Autels (les)																	
A	17	Autremencourt																	
E	e	Autreppes																	
A	8	Autreville																	
C	26	Avesnes-Saint-Simon																	
D	30	Bagneux																	
A	12	Baranton-Bugny																	
A	10	Barisis																	
B	9	Barzy																	
E	21	Barzy																	
E	15	Baurain-Flavigny-le-Grand.																	
E	2	Beaumé																	
A	8	Beaumont-en-Beine																	
C	6	Beaurevoir																	
A	11	Beaurieux																	
A	13	Beautor																	
C	29	Beauvois																	
C	3	Becquigny																	
B	b	Belleau-Torcy																	
C	6	Bellenglise																	
E	2	Bellevue (*Any-Martin-Rieux*).																	
C	6	Bellicourt																	
C	18	Benay																	
E	21	Bergues																	
E	15	Bernot																	
D	30	Berny-Rivière																	
A	11	Berrieux																	
A	19	Berry-au-Bac																	
A	13	Bertaucourt-Épourdon																	
C	18	Berthenicourt																	
A	10	Besmes																	
E	2	Besmont																	
A	8	Béthancourt																	
D	22	Beugneux																	
B	14	Beuvardes																	
B	b	Bézu-Saint-Germain																	
A	10	Bichancourt																	
A	a	Bièvre																	
D	d	Billy-sur-Aisne																	
A	10	Blérancourt																	

SIGNES DISTINCTIFS des ARRONDISSEMENTS.	SIGNES DISTINCTIFS des CANTONS.	AISNE. COMMUNES ou PLACES.	NOMS DES CORRESPONDANTS, LEURS TARIFS.																
1	2	3	4	5	6	7	8	9	10	11	12	13	14	15	16	17	18	19	20
B	b	Blesmes																	
E	2	Bobigny (*Leuze*)																	
E	15	Bohéries																	
A	12	Bois-les-Pargny																	
B	b	Bonneil																	
B	20	Bonnes																	
C	6	Bony																	
A	17	Bosmont																	
A	11	Bouconville																	
E	21	Boué																	
A	11	Bourg-Comin																	
E	e	Bouteille (la)																	
B	b	Brasles																	
A	1	Brancourt																	
C	3	Brancourt																	
C	26	Braye-Saint-Christophe																	
A	11	Braye-en-Laonnais																	
E	e	Braye-en-Thiérache																	
B	14	Brécy																	
A	13	Brie																	
C	18	Brissay-Choigny																	
C	18	Brissy																	
B	20	Brumetz																	
A	24	Brunhamel																	
A	a	Bruyères																	
E	16	Bucilly																	
D	28	Bucy-le-Long																	
A	27	Bucy-les-Pierrepont																	
E	16	Buire																	
E	5	Buironfosse																	
E	e	Burelles																	
B	20	Bussiares																	
D	22	Buzancy																	
A	8	Caillouel-Crépigny																	
A	10	Camelin																	
C	26	Castres																	
C	29	Caulaincourt																	
A	8	Caumont																	
A	1	Cessières																	
D	22	Chacrise																	
A	1	Chaillevois																	
A	12	Chalandry																	
A	10	Champs																	
A	24	Chaourse																	
A	13	Charmes																	
D	4	Chassemy																	
A	17	Chatillon-les-Sons																	
D	28	Chavignon																	
A	11	Chermisy																	
A	12	Chéry-les-Pouilly																	
D	4	Chéry-Chartreuve																	
E	25	Chevennes																	
A	1	Chevregny																	
B	20	Chézy-en-Orxois																	
B	7	Chézy-l'Abbaye																	
B	b	Chierry																	
E	5	Chigny																	
A	27	Chivres-Machecourt																	
A	a	Chivy-les-Étouvelles																	
B	20	Chouy																	
A	17	Cilly																	
D	4	Ciry-Salsogne																	
E	5	Clairfontaine																	
C	26	Clastres																	
D	30	Cœuvres																	
B	17	Cohartille																	

SIGNES DISTINCTIFS des		AISNE.	NOMS DES CORRESPONDANTS, LEURS TARIFS.																
ARRONDISSEMENTS.	CANTONS.	COMMUNES ou PLACES.																	
1	2	3	4	5	6	7	8	9	10	11	12	13	14	15	16	17	18	19	20
B	14	Coincy																	
E	2	Coingt																	
A	11	Colligis																	
E	25	Colonfay																	
A	8	Commenchon																	
D	28	Condé-sur-Aisne																	
A	8	Condren																	
A	11	Corbeny																	
D	31	Corcy																	
A	10	Coucy-la-Ville																	
B	14	Coulonges																	
D	4	Courcelles																	
A	12	Couvron																	
D	22	Cramaille																	
A	11	Craonnelle																	
A	10	Crécy-au-Mont																	
A	a	Crépy																	
B	9	Crézancy																	
C	3	Croix-Fonsommes																	
B	7	Crouttes																	
D	d	Crouy																	
E	5	Crupilly																	
D	d	Cuffies																	
D	22	Cugny																	
A	17	Cuirieux																	
A	24	Cuiry-les-Iviers																	
A	11	Cuissy-Gény																	
A	24	Dagny-Lambercy																	
C	26	Dallon																	
B	20	Dammard																	
A	13	Danizy																	
A	12	Dercy																	
A	13	Deuillet																	
A	24	Dizy-le-Gros																	
A	24	Dohis																	
B	7	Domptin																	
E	21	Dorengt																	
C	29	Douchy																	
C	26	Dury																	
E	16	Effry																	
E	5	Englancourt																	
E	16	Éparcy																	
B	b	Épaux																	
A	a	Eppes																	
A	17	Erlon																	
E	5	Erloy																	
E	21	Esquehéries																	
C	18	Essigny-le-Grand																	
C	c	Essigny-le-Petit																	
B	b	Essommes																	
C	6	Estrées																	
B	b	Étampes																	
C	3	Étaves																	
A	a	Étouvelles																	
E	5	Étréaupont																	
C	29	Étreillers																	
E	32	Étreux																	
A	19	Évergnicourt																	
A	8	Faillouel																	
A	13	Fargniers																	
E	25	Faty																	
E	25	Faucouzy (*Monceau-le-Neuf*)																	
A	1	Faucoucourt																	
D	31	Faverolles																	
C	29	Fayet																	
B	20	Ferté-Milon (la)																	

SIGNES DISTINCTIFS des ARRONDISSEMENTS.	SIGNES DISTINCTIFS des CANTONS.	AISNE. COMMUNES ou PLACES.	NOMS DES CORRESPONDANTS, LEURS TARIFS.																
1	2	3	4	5	6	7	8	9	10	11	12	13	14	15	16	17	18	19	20
C	23	Ferté-sur-Péron (la)																	
E	21	Fesmy																	
A	a	Festieux																	
C	c	Fieulaine																	
E	5	Flamengrie (la). (*La Capelle*)																	
E	15	Flavigny-le-Grand-Baurain																	
E	15	Flavigny-le-Petit																	
C	26	Flavy-le-Martel																	
C	29	Fluquières																	
A	10	Folembray																	
C	c	Fonsommes																	
E	e	Fontaine																	
C	26	Fontaines-les-Clercs																	
C	c	Fontaine-N.-D.																	
C	9	Fontenelle																	
D	30	Fontenoy																	
C	13	Fourdrain																	
E	25	Franqueville																	
A	10	Fresne																	
C	3	Fresnoy-le-Grand																	
A	8	Frières-Fallouel																	
B	17	Froidmont (*Cohartille*)																	
E	5	Froidestrées																	
B	20	Gandelen																	
C	9	Garde-Mouzet (*Fontenelle*)																	
C	26	Gauchy																	
A	8	Genlis (*Villequier-au-Mont*)																	
E	e	Gercy																	
E	5	Gergny																	
C	29	Germaine																	
A	27	Gizy																	
B	b	Gland																	
C	6	Gouy																	
A	17	Grand-Lud																	
C	29	Gricourt																	
E	32	Grougis																	
C	26	Grugis																	
E	e	Gronard																	
A	19	Guignicourt																	
A	8	Guivry																	
A	10	Guny																	
C	18	Hamégicourt																	
E	32	Hannappe																	
C	26	Happencourt																	
D	31	Haramont																	
E	e	Harcigny																	
C	6	Hargicourt																	
D	22	Hartennes																	
E	e	Hary																	
E	15	Hauteville																	
E	e	Haution																	
E	16	Hérie (la)																	
E	25	Hérie-la-Viéville (la)																	
C	29	Hérouel																	
C	29	Holnon																	
C	c	Homblières																	
E	25	Housset																	
E	15	Iron																	
E	2	Iviers																	
B	9	Jaulgonne																	
C	29	Jeancourt																	
E	2	Jeantes																	
C	6	Joncourt																	
C	26	Jussy																	
A	19	Juvincourt																	
E	e	Laigny																	

SIGNES DISTINCTIFS des ARRONDISSEMENTS.	CANTONS.	AISNE. COMMUNES ou PLACES.	NOMS DES CORRESPONDANTS, LEURS TARIFS.																
1	2	3	4	5	6	7	8	9	10	11	12	13	14	15	16	17	18	19	20
E	25	Landifay																	
E	2	Landouzy-la-Ville																	
E	c	Landouzy-la-Cour																	
A	10	Landricourt																	
A	27	Lappion																	
D	31	Largny																	
E	15	Lavaqueresse																	
A	1	Laval																	
E	25	Lemé																	
C	6	Lempire																	
E	5	Lerzy																	
E	21	Leschelle																	
E	15	Lesquielles-Saint-Germain																	
A	10	Leuilly																	
C	c	Lesdins																	
C	6	Levergies																	
A	27	Liesse (N.-D. de)																	
A	13	Liez																	
E	15	Longchamps																	
D	4	Longueval																	
D	31	Louartre																	
E	e	Lugny																	
E	5	Luzoir																	
C	18	Ly-Fontaine																	
E	15	Macquigny																	
A	19	Maizy																	
C	29	Maissemy																	
A	19	Malmaison (la)																	
E	15	Malzy																	
A	10	Manicamp																	
B	9	Marchais																	
C	17	Marcy																	
A	8	Marest-d'Ampcourt																	
E	25	Marfontaine																	
B	b	Marigny-en-Orxois																	
B	14	Mareuil-en-Dôle																	
E	15	Marly																	
C	29	Marteville																	
E	2	Martigny																	
A	27	Mauregny-en-Haye																	
A	13	Mayot																	
E	32	Mennevret																	
A	12	Mesbrecourt																	
C	18	Mézières-sur-Oise																	
B	28	Missy-sur-Aisne																	
E	32	Molain																	
A	1	Monampteuil																	
E	25	Monceau-le-Neuf																	
A	13	Monceau-les-Leups																	
E	15	Monceau-sur-Oise																	
E	16	Mondrepuis																	
A	1	Mons-en-Laonnais																	
A	27	Montaigu																	
C	3	Montbrehain																	
A	24	Montcornet																	
C	23	Mont-d'Origny																	
C	26	Montescourt-Lizerolles																	
B	7	Montfaucon																	
C	3	Montigny-Carotte																	
B	20	Montigny-l'Allier																	
D	30	Montigny-Langrain																	
A	17	Montigny-le-Franc																	
A	17	Montigny-sous-Marle																	
A	12	Montigny-sur-Crécy																	
B	20	Monthier																	
D	21	Mont-Gobert																	

SIGNES DISTINCTIFS des ARRONDISSEMENTS.	SIGNES DISTINCTIFS des CANTONS.	AISNE. COMMUNES ou PLACES.	NOMS DES CORRESPONDANTS, LEURS TARIFS.																
1	2	3	4	5	6	7	8	9	10	11	12	13	14	15	16	17	18	19	20
A	24	Montloué																	
B	9	Montlevon																	
B	7	Montreuil-aux-Lions																	
E	2	Mont-Saint-Jean																	
B	b	Mont-Saint-Père																	
D	4	Mont-Notre-Dame																	
C	c	Morcourt																	
A	24	Morgny-en-Thiérache																	
D	30	Morsain																	
D	30	Mortefontaine																	
A	11	Moulins																	
E	e	Nampcelle-la-Cour																	
D	28	Nanteuil-la-Fosse																	
B	14	Nanteuil-Notre-Dame																	
C	6	Nauroy																	
B	b	Nesles																	
A	8	Neuf-Lieux																	
E	16	Neuve-Maison																	
A	17	Neuville-Bosmont (la)																	
E	21	Neuville-les-Dorengt (la)																	
A	8	Neuville-en-Beine (la)																	
E	25	Neuville-Housset (la)																	
C	18	Neuville-Saint-Amand																	
C	23	Neuvillette																	
B	7	Nogent-l'Artaud																	
A	24	Noircourt																	
A	12	Nouvion-l'Abbesse																	
A	12	Nouvion-le-Comte																	
A	a	Nouvion-le-Vineux																	
E	15	Noyal																	
C	c	Oestre																	
A	8	Ognes																	
E	16	Ohis																	
D	31	Oigny																	
E	32	Oisy																	
E	16	Origny																	
C	23	Origny-Sainte-Benoîte																	
C	26	Ollezy																	
C	c	Omissy																	
D	22	Ouchy-la-Ville																	
E	5	Papeloux																	
A	24	Parfondeval																	
C	23	Parpeville																	
E	16	Pas-Bayard (*Hirson*)																	
B	20	Passy-en-Valois																	
B	7	Pavant																	
A	10	Pierremande																	
A	17	Pierrepont																	
A	1	Pinon																	
C	26	Pithon																	
E	e	Plomion																	
A	12	Pont-à-Bucy																	
A	19	Pontavert																	
C	29	Pontru																	
A	10	Pont-Saint-Mard																	
A	12	Pouilly																	
C	3	Prémont																	
A	10	Prémontré																	
D	4	Presle																	
B	20	Priez																	
E	e	Prisces																	
E	15	Proisy																	
E	15	Proix																	
D	31	Puiseux																	
E	25	Puisieux																	
A	10	Quierzy																	

SIGNES DISTINCTIFS des ARRONDISSEMENTS.	CANTONS.	AISNE. COMMUNES ou PLACES.	NOMS DES CORRESPONDANTS, LEURS TARIFS.																
1	2	3	4	5	6	7	8	9	10	11	12	13	14	15	16	17	18	19	20
A	13	Quessy																	
E	16	Quiquengrogne (*Wimy*)																	
E	e	Rabouzy-Petit (*Hary*)																	
C	c	Remaucourt																	
C	23	Régny																	
C	18	Rémigny																	
A	12	Remies																	
C	23	Renansart																	
A	24	Renneval																	
A	24	Résigny																	
D	30	Ressons-le-Long																	
D	31	Retheuil																	
E	32	Ribeauville																	
B	20	Rocourt																	
E	5	Rocquigny																	
A	13	Rogécourt																	
E	25	Rougeries																	
A	19	Roucy																	
C	29	Roupy																	
C	c	Rouvroy																	
A	24	Rouvroy-sur-Serre																	
A	8	Rouy																	
B	20	Roset-Saint-Albin																	
D	22	Rozoy (Grand-)																	
E	e	Saint-Algis																	
A	10	Saint-Aubin																	
A	27	Saint-Erme-Outre																	
A	13	Saint-Gobain																	
E	25	Saint-Gobert																	
E	15	Saint-Médard																	
E	32	Saint-Martin-Rivière																	
E	16	Saint-Michel-en-Thiérache																	
A	10	Saint-Paul-aux-Bois																	
D	30	Saint-Pierre-Aigle																	
E	25	Saint-Pierre																	
E	21	Sart (le)																	
C	29	Savy																	
B	7	Saulchery																	
C	3	Séboncourt																	
A	10	Selens																	
A	10	Septraux																	
C	3	Sérain																	
C	6	Sequehart																	
C	26	Séraucourt (Grand-)																	
B	14	Seringes																	
A	13	Servais																	
C	23	Sery-les-Mézières																	
B	20	Silly-la-Poterie																	
A	8	Sinceny																	
C	23	Sissy																	
E	5	Sommeron																	
A	17	Sons																	
E	5	Sorbais																	
E	25	Sourd (le)																	
A	1	Suzy																	
D	31	Taillefontaine																	
A	17	Tavaux																	
A	13	Tergnier																	
E	6	Thenailles																	
C	23	Thenelles																	
»	»	Torcy																	
A	13	Travecy																	
C	29	Trefcon																	
B	9	Tréloup																	
B	20	Trouësnes																	
A	10	Trosly-Loire																	

SIGNES DISTINCTIFS des		AISNE.	NOMS DES CORRESPONDANTS, LEURS TARIFS.																
ARRONDISSEMENTS.	CANTONS.	COMMUNES ou PLACES.																	
1	2	3	4	5	6	7	8	9	10	11	12	13	14	15	16	17	18	19	20
C	26	Tugny																	
E	32	Tupigny																	
A	8	Ugny-le-Gai																	
A	1	Urcel																	
C	18	Urvillers																	
E	15	Vadancourt																	
E	e	Vallée-aux-Blés (la)																	
A	10	Vassens																	
C	29	Vaux																	
A	a	Vaux (*Laon*)																	
A	1	Vauxaillon																	
E	32	Vaux-Audigny																	
D	d	Vauxbuin																	
D	d	Vauxrot (*Cuffies*)																	
D	29	Vendelles																	
C	18	Vendeuil																	
C	6	Vendhuile																	
E	32	Vénérolles																	
C	29	Verguier (le)																	
E	32	Verly																	
A	13	Versigny																	
A	a	Veslud																	
B	14	Vézilly																	
A	24	Vigneux																	
A	8	Vignolles																	
B	7	Viels-Maisons																	
A	19	Ville-au-Bois (la)																	
B	14	Villeneuve-sur-Fère																	
A	8	Villequier-au-Mont																	
C	6	Villeret																	
D	31	Villers-Hélon																	
E	15	Villers-les-Guize																	
C	23	Villers-le-Sec																	
C	26	Villers-Saint-Christophe																	
B	7	Villiers-sur-Marne																	
A	8	Viry-Noureuil																	
D	31	Viviers																	
E	25	Voharies																	
A	a	Vorges																	
A	13	Vouël																	
E	e	Voulpaix																	
A	17	Voyenne																	
D	28	Vregny																	
D	28	Vuillery																	
E	16	Watigny																	
E	25	Wiège-Faty																	
E	16	Wimy																	

SIGNES DISTINCTIFS des ARRONDISSEMENTS.	CANTONS.	ALLIER. — ARRONDISSEMENTS ET CANTONS.	NOMS DES CORRESPONDANTS, LEURS TARIFS.																
1	2	3	4	5	6	7	8	9	10	11	12	13	14	15	16	17	18	19	20
		ARRONDISSEMENTS.																	
A	a	MOULINS (ch.-l.).																	
»	»	Le reste { de l'arrondissement / des deux cantons.																	
B	b	GANNAT.																	
»	»	Le reste { de l'arrondissement. / du canton.																	
C	c	MONTLUÇON.																	
»	»	Le reste { de l'arrondissement. / du canton.																	
D	d	PALISSE (LA).																	
»	»	Le reste { de l'arrondissement. / du canton.																	
		CANTONS.																	
A	1	BOURBON-L'ARCHAMBAULT																	
»	»	Le reste du canton.																	
C	2	CÉRILLY.																	
»	»	Le reste du canton.																	
B	3	CHANTELLE.																	
»	»	Le reste du canton.																	
A	4	CHEVAGNES.																	
»	»	Le reste du canton.																	
D	5	CUSSET.																	
»	»	Le reste du canton.																	
A	6	DOMPIERRE.																	
»	»	Le reste du canton.																	
D	7	DONJON (LE).																	
»	»	Le reste du canton.																	
B	8	ÉBREUIL.																	
»	»	Le reste du canton.																	
B	9	ESCUROLLES.																	
»	»	Le reste du canton.																	
C	10	HÉRISSON.																	
»	»	Le reste du canton.																	
C	11	HURIEL.																	
»	»	Le reste du canton.																	
D	12	JALIGNY.																	
»	»	Le reste du canton.																	
A	13	LURCY-LÉVY.																	
»	»	Le reste du canton.																	
C	14	MARCILLAT.																	
»	»	Le reste du canton.																	
D	15	MAYET-DE-MONTAGNE.																	
»	»	Le reste du canton.																	
A	16	MONTET (LE).																	
»	»	Le reste du canton.																	
C	17	MONTMARAULT.																	
»	»	Le reste du canton.																	
A	18	NEUILLY-LE-RÉAL.																	
»	»	Le reste du canton.																	
B	19	SAINT-POURCIN.																	
»	»	Le reste du canton.																	
A	20	SOUVIGNY.																	
»	»	Le reste du canton.																	
D	21	VARENNES-SUR-ALLIER.																	
»	»	Le reste du canton.																	
		LE RESTE DU DÉPARTEMENT.																	

SIGNES DISTINCTIFS des		ALLIER.	NOMS DES CORRESPONDANTS, LEURS TARIFS.																
ARRONDISSEMENTS.	CANTONS.	COMMUNES ou PLACES.																	
1	2	3	4	5	6	7	8	9	10	11	12	13	14	15	16	17	18	19	20
C	2	Ainay-le-Château																	
D	d	Arfeuilles																	
C	10	Audes																	
D	7	Avrilly																	
A	4	Beaulon																	
C	17	Beaune																	
A	13	Beauregard (*le Veurdre*)																	
B	8	Bellenaves																	
D	12	Bert																	
A	18	Bessay																	
A	20	Besson																	
D	21	Billy																	
D	21	Boucé																	
C	2	Braize																	
B	19	Bransat																	
D	d	Breuil (le)																	
B	9	Brout-Vernet																	
B	9	Brugeat																	
D	5	Busset																	
A	1	Buxière-la-Grue																	
A	13	Champroux (*Pouzy*)																	
B	3	Charroux																	
B	8	Château-de-Beauvoir																	
A	16	Châtel-de-Neuvre																	
D	15	Châtel-Montagne																	
D	12	Chavroche																	
B	9	Cognat																	
C	17	Colombier																	
C	17	Commentry																	
C	10	Cosne																	
A	13	Couleuvre																	
D	21	Créchy																	
A	16	Cressanges																	
A	16	Deux-Chaises																	
A	6	Diou																	
C	c	Domérat																	
C	17	Doyet																	
B	8	Échassière																	
D	15	Ferrières																	
B	9	Haute-Rive																	
D	21	Langy																	
»	»	Lure																	
A	20	Marigny																	
B	b	Mayet-d'École (le)																	
C	2	Meaulne																	
A	20	Messarges (*Souvigny*)																	
D	7	Montaiguet																	
D	7	Montcombroux																	
B	8	Nades																	
C	c	Néris-les-Bains																	
A	20	Noyant																	
C	14	Petite-Marche (la)																	
A	6	Pierrefitte																	
D	7	Pin (le)																	
C	10	Preuille (*Audes*)																	
D	15	Prugne (la)																	
A	18	Royer (*St-Gérand-de-Vaux*)																	
D	15	Saint-Clément																	
C	11	Saint-Désiré																	
D	7	Saint-Didier																	
A	18	Saint-Gérand-de-Vaux																	
D	21	Saint-Gérand-le-Puy																	
D	21	Saint-Germain-des-Fossés																	
D	12	Saint-Léon																	
C	14	Saint-Marcel-en-Marcillat																	
A	20	Saint-Menoux																	

SIGNES DISTINCTIFS des ARRONDISSEMENTS.	CANTONS.	ALLIER. COMMUNES ou PLACES.	NOMS DES CORRESPONDANTS, LEURS TARIFS.																
1	2	3	4	5	6	7	8	9	10	11	12	13	14	15	16	17	18	19	20
C	14	Saint-Pardoux (*Pet.-Marche*).																	
C	11	Saint-Sauvier																	
A	18	Saint-Voir																	
D	12	Thionne																	
C	2	Tronçay (le) (*Saint-Bonnet*)																	
A	16	Trongeret																	
C	2	Urçay																	
C	2	Valigny-Lemonial																	
A	6	Vaumas																	
B	9	Vendat																	
B	19	Verneuil																	
A	13	Veurdre (le)																	
D	5	Vichy																	
C	17	Villefranche																	
A	a	Villeneuve																	
C	11	Viplaix																	
A	1	Ygrande																	
A	a	Yzeure																	

SIGNES DISTINCTIFS des ARRONDISSEMENTS.	SIGNES DISTINCTIFS des CANTONS.	ALPES (BASSES). ARRONDISSEMENTS ET CANTONS.	NOMS DES CORRESPONDANTS, LEURS TARIFS.																
1	2	3	4	5	6	7	8	9	10	11	12	13	14	15	16	17	18	19	20
		ARRONDISSEMENTS.																	
A	a	DIGNE (ch.-l.).																	
»	»	Le reste { de l'arrondissement. / du canton.																	
B	b	BARCELONNETTE.																	
»	»	Le reste { de l'arrondissement. / du canton.																	
C	c	CASTELLANE.																	
»	»	Le reste { de l'arrondissement. / du canton																	
D	d	FORCALQUIER.																	
»	»	Le reste { de l'arrondissement. / du canton.																	
E	e	SISTERON.																	
»	»	Le reste { de l'arrondissement. / du canton.																	
		CANTONS.																	
B	1	ALLOS.																	
»	»	Le reste du canton.																	
C	2	ANNOT.																	
»	»	Le reste du canton.																	
D	3	BANON.																	
»	»	Le reste du canton.																	
A	4	BARRÊME.																	
»	»	Le reste du canton.																	
C	5	COLMARS.																	
»	»	Le reste du canton.																	
C	6	ENTREVAUX.																	
»	»	Le reste du canton.																	
A	7	JAVIE (LA).																	
»	»	Le reste du canton.																	
B	8	LAUZET.																	
»	»	Le reste du canton.																	
D	9	MANOSQUE.																	
»	»	Le reste du canton,																	
A	10	MÉES (LES).																	
»	»	Le reste du canton.																	
A	11	MEZEL.																	
»	»	Le reste du canton.																	
E	12	MOTTE-DU-CAIRE (LA).																	
»	»	Le reste du canton.																	
A	13	MOUSTIERS.																	
»	»	Le reste du canton.																	
E	14	NOYERS.																	
»	»	Le reste du canton.																	
D	15	PEYRUIS.																	
»	»	Le reste du canton.																	
D	16	REILLANE.																	
»	»	Le reste du canton.																	
A	17	RIEZ.																	
»	»	Le reste du canton.																	
C	18	SAINT-ANDRÉ.																	
»	»	Le reste du canton.																	
D	19	SAINT-ÉTIENNE-LES-ORGUES																	
»	»	Le reste du canton.																	
B	20	SAINT-PAUL.																	
»	»	Le reste du canton.																	
C	21	SENEZ.																	
»	»	Le reste du canton																	
A	22	SEYNE.																	
»	»	Le reste du canton.																	
E	23	TURRIERS.																	
»	»	Le reste du canton.																	
A	24	VALENSOLE.																	
»	»	Le reste du canton.																	
E	25	VOLONNE.																	
»	»	Le reste du canton.																	
		LE RESTE DU DÉPARTEMENT.																	

SIGNES DISTINCTIFS des		ALPES (BASSES.)	NOMS DES CORRESPONDANTS, LEURS TARIFS.																
ARRONDISSEMENTS.	CANTONS.	COMMUNES ou PLACES.																	
1	2	3	4	5	6	7	8	9	10	11	12	13	14	15	16	17	18	19	20
B	20	Arches (l')																	
E	25	Aubignosc																	
D	15	Augès																	
A	22	Auzet																	
E	23	Bayons																	
C	5	Beauvezer																	
C	21	Blieux																	
A	11	Bras-d'Asse																	
B	8	Bréolle (la)																	
A	7	Brusquet (le)																	
D	16	Céreste																	
A	4	Clumanc																	
E	12	Claret																	
D	d	Dauphin																	
A	10	Entrevennes																	
A	11	Estoublon																	
B	b	Faucon																	
C	2	Fugeret																	
A	24	Gréoulx																	
B	b	Jausiers																	
D	15	Lurs																	
D	d	Mane																	
B	20	Maurin (*Saint-Paul*)																	
B	8	Méolans																	
C	18	Mure (la)																	
D	d	Niozelles																	
E	14	Omergues (les)																	
A	10	Oraison																	
D	d	Pierrerue																	
A	17	Puymoisson																	
A	17	Quinson																	
D	3	Revest-du-Bion																	
E	e	Saint-Géniès																	
D	d	Saint-Maime																	
A	22	Saint-Martin-les-Seyne																	
D	d	Saint-Michel																	
D	9	Sainte Tulle																	
E	14	Saint-Vincent																	
E	25	Salignac																	
E	e	Servoules (*Sisteron*)																	
D	d	Sigonce																	
D	3	Simiane																	
A	a	Thoard																	
C	5	Thorame (Haute-)																	
E	12	Valernes																	
E	23	Venterol																	
C	5	Villars-Colmars																	
D	d	Villeneuve																	
D	9	Volx																	

SIGNES DISTINCTIFS des ARRONDISSEMENTS.	CANTONS.	ALPES (HAUTES). ARRONDISSEMENTS ET CANTONS.	NOMS DES CORRESPONDANTS, LEURS TARIFS.																
1	2	3	4	5	6	7	8	9	10	11	12	13	14	15	16	17	18	19	20
		ARRONDISSEMENTS.																	
A	a	GAP (ch.-l.).																	
»	»	Le reste {de l'arrondissement. du canton.																	
B	b	BRIANÇON.																	
»	»	Le reste {de l'arrondissement. du canton.																	
C	c	EMBRUN.																	
»	»	Le reste {de l'arrondissement. du canton.																	
		CANTONS.																	
B	1	AIGUILLES.																	
»	»	Le reste du canton.																	
B	2	ARGENTIÈRE (L').																	
»	»	Le reste du canton.																	
A	3	ASPRES-LES-VEYNES.																	
»	»	Le reste du canton.																	
A	4	BARCILLONNETTE.																	
»	»	Le reste du canton.																	
A	5	BATIE-NEUVE (LA).																	
»	»	Le reste du canton.																	
C	6	CHORGES.																	
»	»	Le reste du canton.																	
B	7	GRAVE (LA).																	
»	»	Le reste du canton.																	
C	8	GUILLESTRE.																	
»	»	Le reste du canton.																	
A	9	LARAGNE.																	
»	»	Le reste du canton.																	
B	10	MONÊTIER (LE).																	
»	»	Le reste du canton.																	
C	11	ORCIÈRES.																	
»	»	Le reste du canton.																	
A	12	ORPIÈRE.																	
»	»	Le reste du canton.																	
A	13	RIBIERS.																	
»	»	Le reste du canton.																	
A	14	ROSANS.																	
»	»	Le reste du canton.																	
A	15	SAINT-BONNET.																	
»	»	Le reste du canton.																	
A	16	SAINT-ÉTIENNE-EN-DÉVOLUY.																	
»	»	Le reste du canton.																	
A	17	SAINT-FIRMIN-EN-VALGODEMARD.																	
»	»	Le reste du canton.																	
C	18	SAVINES.																	
»	»	Le reste du canton.																	
A	19	SERRES.																	
»	»	Le reste du canton.																	
A	20	TALLARD.																	
»	»	Le reste du canton.																	
A	21	VEYNES.																	
»	»	Le reste du canton.																	
		LE RESTE DU DÉPARTEMENT.																	

Signes distinctifs des Arrondissements.	Cantons.	ALPES (HAUTES). COMMUNES ou PLACES.	NOMS DES CORRESPONDANTS, LEURS TARIFS.																
1	2	3	4	5	6	7	8	9	10	11	12	13	14	15	16	17	18	19	20
B	1	Abriès																	
A	15	Ancelle																	
B	1	Arvieux																	
A	3	Aspremont																	
A	13	Barret-le-Bas																	
A	13	Châteauneuf-de-Chabre																	
C	c	Châteauroux																	
A	13	Éourres																	
A	19	Épine (l')																	
B	2	Faurie (la) (*Aspres-les-Veynes*).																	
C	8	Freyssinières																	
A	17	Guillaume-Peyrouze																	
A	20	Lardiers																	
C	8	Mont-Dauphin																	
A	14	Mont-Jai																	
A	21	Montmaur																	
A	19	Montmorin																	
A	15	Motte-en-Champsaur (la)																	
B	b	Névache																	
A	15	Noyer (le)																	
C	6	Prunières																	
C	18	Puy-Saint-Eusèbe																	
B	b	Puy-Saint-Pierre																	
C	6	Remollon																	
B	2	Roche (la)																	
C	6	Rochebrune																	
B	10	Saint-Chaffrey																	
C	8	Saint-Clément																	
C	8	Saint-Crépin																	
A	16	Saint-Didier																	
A	3	Saint-Julien-en-Beauchêne																	
B	2	Saint-Martin-de-Queyrières																	
A	17	Saint-Maurice																	
C	c	Saint-Sauveur																	
B	10	Salle (la)																	
A	9	Upaix																	
B	2	Vallouise																	
A	9	Ventavon																	
A	17	Villar-Loubière																	
B	7	Villar-d'Arène																	
B	b	Villard-Saint-Pancrace																	
A	4	Vitrolles																	

SIGNES DISTINCTIFS des		ARDÈCHE.	NOMS DES CORRESPONDANTS, LEURS TARIFS.																
ARRONDISSEMENTS.	CANTONS.	ARRONDISSEMENTS ET CANTONS.																	
1	2	3	4	5	6	7	8	9	10	11	12	13	14	15	16	17	18	19	20
		ARRONDISSEMENTS.																	
A	a	PRIVAS (ch.-l.).																	
»	»	Le reste { de l'arrondissement. du canton.																	
B	b	LARGENTIÈRE.																	
»	»	Le reste { de l'arrondissement. du canton.																	
C	c	TOURNON.																	
»	»	Le reste { de l'arrondissement. du canton.																	
		CANTONS.																	
C	1	ANNONAY.																	
»	»	Le reste du canton.																	
A	2	ANTRAIGUES.																	
»	»	Le reste du canton.																	
A	3	AUBENAS.																	
»	»	Le reste du canton.																	
A	4	BOURG-SAINT-ANDÉOL (LE).																	
»	»	Le reste du canton.																	
B	5	BURZET.																	
»	»	Le reste du canton.																	
C	6	CHAYLARD (LE).																	
»	»	Le reste du canton.																	
A	7	CHOMÉRAC.																	
»	»	Le reste du canton.																	
B	8	COUCOURON.																	
»	»	Le reste du canton.																	
B	9	JOYEUSE.																	
»	»	Le reste du canton																	
C	10	MASTRE (LA).																	
»	»	Le reste du canton.																	
B	11	MONTPEZAT.																	
»	»	Le reste du canton.																	
A	12	ROCHEMAURE.																	
»	»	Le reste du canton.																	
C	13	SAINT-AGRÈVE.																	
»	»	Le reste du canton.																	
B	14	SAINT-ÉTIENNE-DE-LUGDARÈS.																	
»	»	Le reste du canton.																	
C	15	SAINT-FÉLICIEN.																	
»	»	Le reste du canton.																	
C	16	SAINT-MARTIN-DE-VALAMAS.																	
»	»	Le reste du canton.																	
C	17	SAINT-PÉRAY.																	
»	»	Le reste du canton.																	
A	18	SAINT-PIERREVILLE.																	
»	»	Le reste du canton.																	
C	19	SATILLIEU.																	
»	»	Le reste du canton.																	
C	20	SERRIÈRES.																	
»	»	Le reste du canton.																	
B	21	THUEYTS.																	
»	»	Le reste du canton.																	
B	22	VALLON.																	
»	»	Le reste du canton.																	
B	23	VALGORGES																	
»	»	Le reste du canton.																	
B	24	VANS (LES).																	
»	»	Le reste du canton.																	
C	25	VERNOUX.																	
»	»	Le reste du canton.																	
A	26	VILLENEUVE-DE-BERG.																	
»	»	Le reste du canton.																	
A	27	VIVIERS.																	
»	»	Le reste du canton.																	
A	28	VOULTE (LA).																	
»	»	Le reste du canton.																	
		LE RESTE DU DÉPARTEMENT.																	

SIGNES DISTINCTIFS des ARRONDISSEMENTS.	CANTONS.	ARDÈCHE. COMMUNES ou PLACES.	NOMS DES CORRESPONDANTS, LEURS TARIFS.																
1	2	3	4	5	6	7	8	9	10	11	12	13	14	15	16	17	18	19	20
A	a	Alissas																	
C	20	Andance																	
A	27	Aps																	
C	15	Arlebosc																	
C	c	Arras																	
B	24	Assions (les)																	
A	27	Aubignas																	
B	9	Auriolles																	
A	7	Baix																	
B	24	Banne																	
B	11	Béage (le)																	
A	28	Beauchastel																	
B	9	Beaulieu																	
B	9	Beaume (la)																	
A	3	Bégude (la) (*Mercuer*)																	
B	24	Berrias																	
B	9	Blachère (la)																	
C	25	Boffres																	
C	1	Boulieu																	
C	25	Chalencon																	
B	24	Chambonnas																	
B	9	Chandolas																	
C	16	Chapelle (la)																	
A	3	Chapelle (la)																	
A	28	Charmes																	
B	24	Chassagnes																	
B	b	Chassiers																	
C	17	Cornas																	
A	a	Coux																	
C	10	Crestet (le)																	
A	12	Cruas																	
A	26	Darbres																	
C	1	Davezieux																	
C	10	Desaignes																	
B	23	Dompnac																	
C	6	Dornas																	
C	10	Empurany																	
C	20	Félines																	
B	24	Figère (la)																	
A	a	Flaviac																	
B	5	Grange (*Burzet*)																	
B	24	Gravières																	
A	18	Gluiras																	
C	c	Glun																	
C	1	Grosberty (*Annonay*)																	
C	17	Guilherand																	
B	8	Issarles																	
B	21	Jaujac																	
B	22	Lagorce																	
B	b	Laurac																	
A	3	Lentillières																	
C	19	Louvesc (la)																	
B	24	Malbosc																	
A	18	Marcols																	
C	c	Maures																	
B	21	Mayres																	
A	3	Mercuer																	
B	21	Meyras																	
A	12	Meysse																	
C	6	Nonnières (les)																	
B	21	Nuigles																	
A	a	Ollières (les)																	
A	28	Pape (le) (*Saint-Laurent*)																	
B	9	Payzac																	
B	11	Pont (le) (*Montpezat*)																	
A	7	Pouzin (le)																	

SIGNES DISTINCTIFS des ARRONDISSEMENTS.	SIGNES DISTINCTIFS des CANTONS.	ARDÈCHE. COMMUNES ou PLACES.	NOMS DES CORRESPONDANTS, LEURS TARIFS.																
1	2	3	4	5	6	7	8	9	10	11	12	13	14	15	16	17	18	19	20
B	21	Prades																	
A	a	Pranles																	
C	19	Quintenas																	
B	9	Ribes																	
C	13	Rochepaule																	
B	9	Rozières																	
A	2	Saint-Andéol-de-Bourlenc																	
C	10	Saint-Bazile																	
B	11	Saint-Cirgues-en-Montagne																	
C	17	Saint-Didier-de-Crussol																	
A	3	Saint-Étienne-de-Boulogne																	
A	3	Saint-Étienne-de-Fontbellon																	
B	5	Sainte-Eulalie																	
A	28	Saint-Fortunat																	
C	c	Saint-Jean-de-Muzols																	
A	26	Saint-Jean-le-Centenier																	
A	18	Saint-Julien-du-Gua																	
C	6	Saint-Julien-Labrousse																	
A	7	Saint-Julien-en-Saint-Alban																	
A	4	Saint-Just																	
A	28	Saint-Laurent-du-Pape																	
B	14	Saint-Laurent-les-Bains																	
A	4	Saint-Marcel-d'Ardèche																	
C	16	Saint-Martial																	
A	12	Saint-Martin-l'Inférieur																	
A	12	Saint-Martin-le-Supérieur																	
A	3	Saint-Michel-de-Boulogne																	
B	24	Saint-Pierre-de-Chausselat																	
B	5	Saint-Pierre-le-Colombier																	
A	26	Saint-Pons																	
A	a	Saint-Priest																	
A	3	Saint-Privat																	
A	4	Saint-Remèze																	
A	18	Saint-Sauveur de Montagut																	
A	7	Saint-Symphorien																	
A	27	Saint-Thomé																	
C	15	Saint-Victor																	
B	b	Sanilhac																	
C	c	Sarras																	
B	21	Souche (la)																	
C	17	Soyons																	
A	27	Teil (le)																	
C	17	Toulaud																	
A	3	Ucel																	
B	b	Uzer																	
B	22	Vagnas																	
A	3	Vals																	
A	27	Valvignères																	
A	a	Veyras																	
C	1	Vidalon (*Davezieux*)																	
A	26	Villedieu (la)																	
C	1	Villevocance																	
C	c	Vion																	
A	26	Vogué																	

SIGNES DISTINCTIFS des ARRONDISSEMENTS.	SIGNES DISTINCTIFS des CANTONS.	ARDENNES. ARRONDISSEMENTS ET CANTONS.	NOMS DES CORRESPONDANTS, LEURS TARIFS.																
1	2	3	4	5	6	7	8	9	10	11	12	13	14	15	16	17	18	19	20
		ARRONDISSEMENTS.																	
A	a	MÉZIÈRES (ch.-l.).																	
»	»	Le reste { de l'arrondissement / du canton.																	
B	b	RÉTHEL.																	
»	»	Le reste { de l'arrondissement. / du canton.																	
C	c	ROCROY.																	
»	»	Le reste { de l'arrondissement. / du canton.																	
D	d	SÉDAN.																	
»	»	Le reste { de l'arrondissement. / des deux cantons.																	
E	e	VOUZIERS.																	
»	»	Le reste { de l'arrondissement. / du canton.																	
		CANTONS.																	
B	1	ASFELD.																	
»	»	Le reste du canton.																	
E	2	ATTIGNY.																	
»	»	Le reste du canton.																	
E	3	BUZANCY.																	
»	»	Le reste du canton.																	
D	4	CARIGNAN.																	
»	»	Le reste du canton.																	
A	5	CHARLEVILLE.																	
»	»	Le reste du canton.																	
B	6	CHATEAU-PORCIEN.																	
»	»	Le reste du canton.																	
B	7	CHAUMONT-PORCIEN																	
»	»	Le reste du canton.																	
E	8	CHESNE (LE).																	
»	»	Le reste du canton.																	
A	9	FLISE.																	
»	»	Le reste du canton.																	
C	10	FUMAY.																	
»	»	Le reste du canton.																	
C	11	GIVET.																	
»	»	Le reste du canton.																	
E	12	GRAND-PRÉ.																	
»	»	Le reste du canton.																	
B	13	JUNIVILLE.																	
»	»	Le reste du canton.																	
E	14	MACHAULT.																	
»	»	Le reste du canton.																	
A	15	MONTHERMÉ.																	
»	»	Le reste du canton.																	
E	16	MONTHOIS.																	
»	»	Le reste du canton.																	
D	17	MOUZON.																	
»	»	Le reste du canton.																	
B	18	NOVION.																	
»	»	Le reste du canton.																	
A	19	OMONT.																	
»	»	Le reste du canton.																	
D	20	RAUCOURT.																	
»	»	Le reste du canton.																	
A	21	RENWEZ.																	
»	»	Le reste du canton.																	
C	22	RUMIGNY.																	
»	»	Le reste du canton.																	
A	23	SIGNY-L'ABBAYE.																	
»	»	Le reste du canton.																	
C	24	SIGNY-LE-PETIT.																	
»	»	Le reste du canton.																	
E	25	TOURTERON.																	
»	»	Le reste du canton.																	
		LE RESTE DU DÉPARTEMENT.																	

SIGNES DISTINCTIFS des ARRONDISSEMENTS.	CANTONS.	ARDENNES. COMMUNES ou PLACES.	NOMS DES CORRESPONDANTS, LEURS TARIFS.																
1	2	3	4	5	6	7	8	9	10	11	12	13	14	15	16	17	18	19	20
A	5	Aiglemont																	
D	20	Aillicourt (*Remilly*)																	
B	1	Aire																	
E	3	Alliépont (*Imécourt*)																	
E	2	Alland'huy																	
B	b	Amagne																	
D	17	Amblimont																	
D	20	Angecourt																	
C	22	Aouste																	
E	12	Apremont																	
E	16	Ardeuil																	
D	20	Artaise-le-Vivier																	
C	22	Aubigny																	
D	17	Autrecourt																	
E	16	Autry																	
C	24	Auvilliers-les-Forges																	
A	9	Ayvelles (les)																	
A	19	Baalons																	
E	8	Bairon (*le Chesne*)																	
A	9	Balaives																	
D	d	Balan																	
E	e	Ballay																	
A	23	Barbaize																	
E	3	Barricourt																	
E	3	Bayonville																	
D	d	Bazeilles																	
D	17	Beaumont																	
A	a	Belval																	
B	1	Bergnicourt																	
D	20	Besace (la)																	
D	4	Bièvres																	
B	13	Bignicourt																	
D	4	Blagny																	
D	4	Blanchampagne (*Sailly*)																	
A	15	Bogny (*Château-Regnault*)																	
E	3	Bois-les-Dames																	
D	d	Bosseval																	
C	24	Bosnau (*la Neuville-aux-T.*)																	
C	22	Bossus-les-Rumigny																	
A	9	Boulzicourt																	
E	e	Bourcq																	
A	9	Boutancourt																	
A	19	Bouvellemont																	
A	15	Braux																	
D	17	Brévilly																	
E	16	Brières																	
E	8	Brieulles-sur-Bar																	
D	20	Bulson																	
A	19	Chagny																	
A	9	Chalandry-Elaire																	
E	12	Champigneulle																	
D	d	Chapelle (la)																	
E	2	Charbogne																	
D	d	Chataimont (*Illy*)																	
A	15	Château-Regnault																	
E	12	Châtel																	
E	8	Châtillon																	
D	d	Chéhéry																	
D	20	Chemery																	
B	18	Chesnois																	
D	d	Chevenges																	
C	11	Chooz																	
E	2	Chuffilly																	
D	d	Clainée (la) (*Illy*)																	
A	23	Clavy-Warby																	
A	21	Cliron																	

SIGNES DISTINCTIFS des ARRONDISSEMENTS.	CANTONS.	ARDENNES. COMMUNES ou PLACES.	NOMS DES CORRESPONDANTS, LEURS TARIFS.																
1	2	3	4	5	6	7	8	9	10	11	12	13	14	15	16	17	18	19	20
A	15	Commune (la) (*Monthermé*)																	
E	16	Condé-les-Autry																	
E	e	Condé-les-Vouziers																	
D	20	Connage																	
A	a	Cons-la-Grandville																	
E	2	Coulommes																	
D	d	Daigny																	
A	5	Damouzy																	
A	15	Deville																	
A	9	Dom-le-Ménil																	
A	23	Dommery																	
D	d	Donchery																	
D	17	Douzy																	
B	6	Écly																	
E	25	Écordal																	
A	9	Élan																	
A	5	Étion																	
A	9	Étrépigny																	
D	17	Euilly																	
B	18	Faissault																	
E	e	Falaise																	
C	10	Fepin																	
C	22	Ferée (la)																	
D	4	Ferté (la)																	
D	d	Fleigneux																	
C	11	Flohimont (*Fromelennes*)																	
C	11	Flohival (*Fromelennes*)																	
D	d	Floing																	
D	d	Francheval																	
A	a	Francheville (la)																	
D	d	Frenoy																	
C	11	Fromelennes																	
A	a	Gernelle																	
A	5	Gespunsart																	
D	d	Givonne																	
D	d	Glaire																	
B	1	Gomont																	
D	17	Grézil																	
A	23	Gruyères																	
C	c	Gué-d'Hossus (le)																	
A	9	Guignicourt																	
E	25	Guincourt																	
C	11	Ham																	
A	21	Hame-les-Moines (le)																	
A	9	Hannogne-Saint-Martin																	
D	20	Haraucourt																	
A	21	Harcy																	
C	10	Hargnies																	
A	21	Haudrecy																	
A	15	Hautes-Rivières																	
E	14	Hauviné																	
C	10	Haybes																	
C	11	Hierges																	
D	d	Holly (*Illy*)																	
A	23	Hurtault (le) (*Signy-l'Abbaye*)																	
D	d	Iges																	
D	d	Illy																	
A	23	Jandun																	
A	5	Joigny																	
D	d	Jonquette (la) (*Francheval*)																	
E	25	Jonval																	
B	18	Laloble																	
E	25	Lametz																	
D	d	Lamécourt																	
E	3	Landres																	
C	11	Landrichamps																	

SIGNES DISTINCTIFS des		ARDENNES.	NOMS DES CORRESPONDANTS, LEURS TARIFS.																
ARRONDISSEMENTS.	CANTONS	COMMUNES ou PLACES.																	
1	2	3	4	5	6	7	8	9	10	11	12	13	14	15	16	17	18	19	20
A	23	Launoy																	
D	17	Lavau-Saint-Pierre (le)																	
E	14	Leffincourt																	
D	4	Linay																	
A	15	Linchamps (*Hautes-Rivières*)																	
A	21	Lonny																	
E	8	Louvergny																	
A	a	Lumes																	
B	7	Maimbressy																	
D	17	Mairy																	
D	4	Malandry																	
C	22	Marby																	
D	4	Margut																	
A	21	Mazures (les)																	
D	4	Mathon-Clémency																	
C	c	Maubert-Fontaine																	
A	19	Mazerny																	
D	4	Messempré (*Pure*)																	
D	4	Messincourt																	
A	a	Mohon																	
D	4	Moiry																	
D	d	Moncelle (la)																	
A	5	Montcy (N.-D.)																	
A	5	Montcy-Saint-Pierre																	
E	2	Mont-de-Jeu (le)																	
E	8	Montgon																	
A	19	Montigny-sur-Vence																	
B	13	Neuflize																	
A	23	Neuf-Maisons																	
A	a	Neuville																	
D	20	Neuville-à-Maire (la)																	
C	24	Neuville-aux-Joutes (la)																	
C	24	Neuville-aux-Tourneurs (la)																	
B	18	Neuville-les-Wasigny (la)																	
E	3	Nouart																	
A	9	Nouvion-sur-Meuse																	
A	5	Nouzon																	
B	b	Novy																	
D	d	Noyers-Thélonne																	
E	3	Oches																	
D	4	Osnes																	
E	14	Pauvres																	
C	10	Petite-Commune (*Revin*)																	
A	19	Poix																	
D	d	Pouru-aux-Bois																	
D	d	Pouru-Saint-Remy																	
A	a	Prix																	
D	4	Pure																	
A	23	Raillicourt																	
D	20	Remilly																	
A	21	Remilly-les-Pottés																	
C	10	Revin																	
C	c	Rignowez																	
E	2	Rilly-aux-Oies																	
C	c	Rimogne																	
C	11	Ripelle (*Fromelennes*)																	
C	24	Roche (la) (*La Neuville-aux-T*)																	
B	7	Rocquigny																	
A	a	Romery (*Saint-Laurent*)																	
D	d	Rubécourt																	
D	4	Sachy																	
D	4	Sailly																	
D	d	Saint-Albert (*Saint-Menges*)																	
D	d	Saint-Aignan																	
E	14	Saint-Étienne-à-Arne																	
E	2	Saint-Lambert																	

SIGNES DISTINCTIFS des ARRONDISSEMENTS.	CANTONS.	ARDENNES. COMMUNES ou PLACES.	NOMS DES CORRESPONDANTS, LEURS TARIFS.																
1	2	3	4	5	6	7	8	9	10	11	12	13	14	15	16	17	18	19	20
A	a	Saint-Laurent																	
B	6	Saint-Loup																	
A	9	Saint-Marceau																	
A	21	Saint-Marcel																	
D	d	Saint-Menges																	
C	c	Saint-Nicolas (*Rocroi*)																	
E	3	Saint-Pierremont																	
E	2	Sainte-Vaubourg																	
D	4	Sapogne																	
B	18	Saulce-aux-Bois																	
B	b	Sault-les-Réthel																	
E	16	Savigny-sur-Aisne																	
E	2	Semuy																	
E	12	Senuc																	
B	6	Serdincourt																	
B	b	Seuil																	
B	6	Sévigny																	
E	3	Sommauthe																	
D	20	Stonne																	
E	25	Suzanne																	
E	3	Tailly																	
B	13	Tagnon																	
C	24	Tarzy																	
E	12	Termes																	
A	19	Terron-lès-Vendresse																	
D	17	Tétaigne																	
D	d	Thélonne																	
A	a	Theux (le) (*Saint-Laurent*)																	
A	23	Thin-le-Moutier																	
D	d	Torcy																	
A	21	Tournes																	
D	4	Tremblois (le)																	
E	e	Vandy																	
D	17	Vaux																	
B	18	Vaux-Montreuil																	
A	19	Vendresse																	
B	18	Viel-Saint-Remy																	
C	22	Villaine-Vaux-Lépron																	
D	d	Villers-Cernay																	
A	a	Villers-devant-Mézières																	
D	17	Villers-devant-Mouzon																	
B	1	Villers-devant-le-Thour																	
D	d	Villette																	
D	4	Villy																	
C	11	Vireux-Molhain																	
C	11	Vireux-Wallerand																	
A	a	Viviers-au-Court																	
E	2	Voncq																	
D	d	Vrigne-aux-Bois																	
A	9	Vrignemeuse																	
D	d	Wadelincourt																	
B	18	Wagnon																	
A	23	Warby																	
D	d	Warcamp (*Illy*)																	
A	a	Warcq																	
A	a	Warnécourt																	
B	18	Wasigny																	
D	4	Wé (*Carignan*)																	
D	17	Yonck																	
A	9	Yvernaumont																	

SIGNES DISTINCTIFS des ARRONDISSEMENTS.	SIGNES DISTINCTIFS des CANTONS.	ARIÈGE. — ARRONDISSEMENTS ET CANTONS.	NOMS DES CORRESPONDANTS, LEURS TARIFS.																
1	2	3	4	5	6	7	8	9	10	11	12	13	14	15	16	17	18	19	20
		ARRONDISSEMENTS.																	
A	a	FOIX (ch.-l.).																	
»	»	Le reste de l'arrondissement. Le reste du canton.																	
B	b	PAMIERS.																	
»	»	Le reste de l'arrondissement. Le reste du canton.																	
C	c	SAINT-GIRONS.																	
»	»	Le reste de l'arrondissement. Le reste du canton.																	
		CANTONS.																	
A	1	AX.																	
»	»	Le reste du canton.																	
A	2	BASTIDE-DE-SÉROU (LA).																	
»	»	Le reste du canton.																	
A	3	CABANES (LES).																	
»	»	Le reste du canton.																	
C	4	CASTILLON.																	
»	»	Le reste du canton.																	
B	5	FOSSAT (LE).																	
»	»	Le reste du canton.																	
A	6	LAVELANET.																	
»	»	Le reste du canton.																	
B	7	MAS-D'AZIL (LE).																	
»	»	Le reste du canton.																	
C	8	MASSAT.																	
»	»	Le reste du canton.																	
B	9	MIREPOIX.																	
»	»	Le reste du canton.																	
C	10	OUST (D').																	
»	»	Le reste du canton.																	
A	11	QUÉRIGUT.																	
»	»	Le reste du canton.																	
C	12	SAINTE-CROIX.																	
»	»	Le reste du canton.																	
C	13	SAINT-LIZIER.																	
»	»	Le reste du canton.																	
B	14	SAVERDUN.																	
»	»	Le reste du canton.																	
A	15	TARASCON-SUR-ARIÉGE.																	
»	»	Le reste du canton.																	
B	16	VARILLES.																	
»	»	Le reste du canton.																	
A	17	VIC-DESSOS.																	
»	»	Le reste du canton.																	
		LE RESTE DU DÉPARTEMENT.																	

SIGNES DISTINCTIFS des ARRONDISSEMENTS.	SIGNES DISTINCTIFS des CANTONS.	ARIÈGE. COMMUNES ou PLACES.	NOMS DES CORRESPONDANTS, LEURS TARIFS.																
1	2	3	4	5	6	7	8	9	10	11	12	13	14	15	16	17	18	19	20
C	c	Alos																	
B	b	Arvigna																	
A	1	Ascou																	
C	c	Audinac (*Montjoie*)																	
C	4	Augirein																	
C	4	Balaguères																	
B	7	Bastide-de-Besplas (la)																	
C	13	Bastide-du-Salat (la)																	
B	9	Bastide-sur-l'Hers (la)																	
A	15	Bedeillac																	
A	6	Belesta																	
B	b	Benagues																	
C	13	Betchat																	
B	7	Bordes (les)																	
A	3	Bouan																	
A	a	Brassac																	
B	7	Camarade																	
B	7	Campagne																	
A	15	Capoulet																	
B	5	Carlat-le-Comte																	
A	1	Castelet-et-Perles																	
C	c	Castelnaud-Durban																	
A	a	Celles																	
B	16	Champagnac																	
A	3	Château-Verdun																	
B	16	Dalou																	
B	7	Daumazan																	
B	9	Dun																	
A	2	Durban																	
C	4	Engomer																	
C	10	Erce																	
A	2	Estagniel																	
A	a	Ganac																	
B	9	Garde (la)																	
B	b	Guilhot (*Benagues*)																	
C	c	Lacourt																	
A	3	Larcat																	
C	12	Lasserre (*Tourtouse*)																	
B	9	Léran																	
B	5	Lezat																	
C	13	Lorpe (*Sainte-Araille*)																	
A	3	Luzenac																	
B	9	Manses ou Portes																	
B	14	Mazères																	
C	13	Mercenac																	
A	11	Mijanès																	
B	14	Montaut																	
A	6	Montferrier																	
A	a	Montgaillard																	
A	15	Niaux																	
B	5	Paillès																	
A	1	Prades																	
C	13	Prat																	
B	9	Peyrat (le)																	
C	13	Pointis (*Mercenac*)																	
C	c	Poumareau																	
B	9	Quilles																	
A	15	Rabat																	
A	17	Rancié (le) (*Sem*)																	
B	9	Roque (la)																	
C	c	Rimont																	
A	6	Roquefixade																	
B	7	Sabarat																	
A	a	Saint-Antoine																	
A	a	Saint-Paul-de-Jarrat																	
A	a	Saint-Pierre-de-Rivière																	

SIGNES DISTINCTIFS des ARRONDISSEMENTS.	SIGNES DISTINCTIFS des CANTONS.	ARIÈGE. COMMUNES ou PLACES.	NOMS DES CORRESPONDANTS, LEURS TARIFS.																
1	2	3	4	5	6	7	8	9	10	11	12	13	14	15	16	17	18	19	20
B	9	Saint-Quintin																	
B	14	Saint-Quirc																	
B	5	Saint-Ybards																	
A	15	Saurat																	
C	10	Seix																	
A	2	Sentenac																	
C	4	Sentein																	
A	a	Serres																	
A	17	Siguier																	
C	8	Soulan																	
B	9	Teillet																	
A	3	Urs																	
A	15	Ussat																	
C	10	Ustou																	
A	3	Vèbre																	
A	6	Villac																	
A	6	Villeneuve-d'Olmes																	

Signes distinctifs des Arrondissements.	Signes distinctifs des Cantons.	AUBE. ARRONDISSEMENTS ET CANTONS.	NOMS DES CORRESPONDANTS, LEURS TARIFS.																
1	2	3	4	5	6	7	8	9	10	11	12	13	14	15	16	17	18	19	20
		ARRONDISSEMENTS.																	
A	a	TROYES (ch.-l.).																	
»	»	Le reste de l'arrondissement. Le reste des trois cantons.																	
B	b	ARCIS-SUR-AUBE.																	
»	»	Le reste de l'arrondissement. Le reste du canton.																	
C	c	BAR-SUR-AUBE.																	
»	»	Le reste de l'arrondissement. Le reste du canton																	
D	d	BAR-SUR-SEINE.																	
»	»	Le reste de l'arrondissement. Le reste du canton.																	
E	e	NOGENT-SUR-SEINE.																	
»	»	Le reste de l'arrondissement. Le reste du canton.																	
		CANTONS.																	
A	1	AIX-EN-OTHE.																	
»	»	Le reste du canton.																	
A	2	BOUILLY.																	
»	»	Le reste du canton.																	
C	3	BRIENNE-LE-CHATEAU.																	
»	»	Le reste du canton.																	
D	4	CHAOURCE.																	
»	»	Le reste du canton.																	
B	5	CHAVANGES.																	
»	»	Le reste du canton.																	
A	6	ERVY.																	
»	»	Le reste du canton.																	
D	7	ESSOYES.																	
»	»	Le reste du canton.																	
A	8	ESTISSAC.																	
»	»	Le reste du canton.																	
A	9	LUSIGNY.																	
»	»	Le reste du canton.																	
E	10	MARCILLY.																	
»	»	Le reste du canton.																	
B	11	MÉRY-SUR-SEINE.																	
»	»	Le reste du canton.																	
D	12	MUSSY-SUR-SEINE.																	
»	»	Le reste du canton.																	
A	13	PINEY-LUXEMBOURG.																	
»	»	Le reste du canton.																	
B	14	RAMERUPT.																	
»	»	Le reste du canton.																	
D	15	RICEYS (LES).																	
»	»	Le reste du canton.																	
E	16	ROMILLY-SUR-SEINE.																	
»	»	Le reste du canton.																	
C	17	SOULAINES.																	
»	»	Le reste du canton.																	
C	18	VENDEUVRE.																	
»	»	Le reste du canton.																	
E	19	VILLENAUXE.																	
»	»	Le reste du canton.																	
		LE RESTE DU DÉPARTEMENT.																	

SIGNES DISTINCTIFS des ARRONDISSEMENTS.	SIGNES DISTINCTIFS des CANTONS.	AUBE. COMMUNES ou PLACES.	NOMS DES CORRESPONDANTS, LEURS TARIFS.																
1	2	3	4	5	6	7	8	9	10	11	12	13	14	15	16	17	18	19	20
C	c	Ailleville																	
B	b	Allibaudières																	
C	18	Amance																	
C	c	Arconville																	
D	15	Arelles																	
C	18	Argançon																	
C	c	Arrentières																	
C	c	Arsonval																	
B	b	Aubeterre																	
B	5	Aulnay																	
A	6	Auxon																	
A	13	Auzon																	
D	15	Avirey-Lingey																	
D	4	Avreuil																	
B	5	Bailly-le-Franc																	
D	15	Bagneux-la-Fosse																	
D	4	Balnot-la-Grange																	
D	15	Balnot-sur-Laignes																	
A	a	Barberey-Saint-Sulpice																	
C	c	Baroville																	
C	18	Baussancourt																	
C	c	Bayel																	
D	15	Beauvoir																	
A	8	Bercenay-en-Othe																	
C	c	Bergères																	
D	4	Bernon																	
D	7	Bertignolle																	
A	1	Bérulle																	
B	11	Bessy																	
C	3	Bétignicourt																	
D	7	Beurrey																	
C	3	Blaincourt																	
C	3	Blignicourt																	
C	18	Bligny																	
A	2	Bordes (les)																	
D	d	Bourguignons																	
D	15	Bragelonne																	
A	a	Breviande																	
A	13	Brevonne																	
D	d	Briel																	
C	3	Brienne-la-Vieille																	
A	8	Bucey-en-Othe																	
A	2	Buchères																	
D	d	Buxeuil																	
D	7	Buxières																	
D	12	Celles																	
C	17	Chaise (la)																	
B	5	Chalette																	
A	6	Chamoy																	
B	11	Champfleury																	
C	c	Champignoles																	
B	b	Champigny																	
C	18	Champ-sur-Barse																	
A	a	Chapelle-Saint-Luc																	
B	11	Chapelle-Vallon																	
D	d	Chappes																	
B	b	Charmont																	
B	11	Charny-le-Bachot																	
D	7	Chassenay																	
B	11	Châtres																	
B	11	Chauchigny																	
B	14	Chaudrey																	
D	d	Chauffour																	
C	17	Chaumesnil																	
A	8	Chennegy																	
D	4	Chesley																	

SIGNES DISTINCTIFS des ARRONDISSEMENTS.	CANTONS.	AUBE. COMMUNES ou PLACES.	NOMS DES CORRESPONDANTS, LEURS TARIFS.																
1	2	3	4	5	6	7	8	9	10	11	12	13	14	15	16	17	18	19	20
B	b	Chesne (le)																	
A	6	Chessy																	
C	c	Clairvaux (*Ville-s.-la-Ferté*)																	
A	9	Clérey																	
B	14	Coclois																	
C	17	Colombé-la-Fosse																	
C	c	Colombé-le-Sec																	
C	3	Courcelle																	
A	6	Coursan																	
A	6	Courtaoult																	
D	12	Courteron																	
D	4	Coussegrey																	
C	c	Couvignon																	
E	16	Crancey																	
A	a	Creney																	
C	17	Crespy																	
A	6	Croûtes (les)																	
D	7	Cunfin																	
D	4	Cussangy																	
B	14	Dampierre																	
A	6	Davrey																	
C	3	Dienville																	
A	13	Doches																	
C	18	Dolancourt																	
B	14	Dosnon																	
B	11	Droupt-Saint-Basle																	
B	11	Droupt-Sainte-Marie																	
C	17	Éclances																	
D	7	Éguilly																	
C	c	Engente																	
C	3	Épagne																	
C	17	Épothemont																	
D	4	Étourvy																	
B	11	Étrelles																	
B	b	Feuges																	
C	c	Fontaine																	
E	16	Fontaine-Saint-Georges																	
D	7	Fontette																	
D	d	Fouchères																	
C	18	Fravaux																	
C	17	Fresnay																	
C	17	Fuligny																	
A	13	Géraudot																	
E	16	Gelannes																	
D	4	Granges (les)																	
B	14	Grandville																	
E	16	Grès (les) (*Fontaine-St-Georges*)																	
D	12	Gyé-sur-Seine																	
C	3	Hampigny																	
A	2	Isle-Aumont																	
B	14	Isles-sous-Ramerupt																	
B	5	Jasseines																	
C	c	Jaucourt																	
A	2	Javernant																	
C	18	Jessaint																	
D	4	Jesse (la)																	
A	2	Jeugny																	
C	c	Juvancourt																	
C	18	Juvanzé																	
C	17	Juzanvigny																	
D	7	Landreville																	
D	4	Lantages																	
C	3	Lassicourt																	
D	d	Lenclos (*Virey-sous-Bar*)																	
C	3	Lesmont																	
C	17	Levigny																	

SIGNES DISTINCTIFS des ARRONDISSEMENTS.	CANTONS	AUBE. COMMUNES ou PLACES.	NOMS DES CORRESPONDANTS, LEURS TARIFS.																
1	2	3	4	5	6	7	8	9	10	11	12	13	14	15	16	17	18	19	20
B	14	Lhuitre																	
D	4	Lignières																	
C	c	Lignol																	
A	2	Lirey																	
D	7	Loches																	
C	18	Loge-aux-Chèvres																	
D	4	Loges-Margueron (les)																	
C	c	Longchamps																	
A	2	Longeville																	
D	7	Longprey																	
B	14	Longsols																	
B	b	Mailly																	
B	5	Magnicourt																	
C	18	Magni-Fouchard																	
C	18	Maison-des-Champs																	
C	17	Maisons																	
E	16	Maizières																	
A	1	Maraye-en-Othe																	
E	e	Marnay-sur-Seine																	
D	d	Marolles-les-Bailly																	
C	3	Mathaux																	
A	a	Mergey																	
E	e	Mériot (le)																	
A	9	Mesnil-Saint-Père																	
A	13	Mesnil-Sellières																	
C	18	Meurville																	
C	3	Molins																	
A	13	Montangon																	
A	9	Montaulin																	
A	2	Montceaux																	
A	6	Montfey																	
A	9	Montiéramey																	
C	c	Montier-en-l'Isle																	
A	6	Montigny																	
C	3	Montmorency																	
C	19	Montpotier																	
A	9	Montreuil																	
B	b	Montsuzain																	
C	17	Morvilliers																	
D	12	Neuville-sur-Seine																	
A	8	Neuville-sur-Vanne																	
A	a	Noës (les)																	
A	1	Nogent-en-Othe																	
B	14	Nogent-sur-Aube																	
A	13	Onjon																	
E	16	Origny-le-Sec																	
B	b	Ormes																	
E	16	Orvilliers																	
A	1	Paisy-Cosdon																	
E	10	Paslis																	
A	a	Payns																	
C	3	Pel-et-Der																	
C	3	Perthes-en-Rothières																	
C	17	Petit-Mesnil																	
D	12	Plaines																	
B	11	Plancy																	
B	14	Poivre-Sainte-Suzanne																	
D	d	Poligny																	
D	12	Polisot																	
D	12	Polisy																	
A	a	Pont-Sainte-Marie																	
E	e	Pont-sur-Seine																	
A	a	Pont-Hubert (*Pont-Ste-Marie*)																	
B	b	Pouan																	
B	14	Pougy-sur-Aube																	
E	10	Pouy																	

SIGNES DISTINCTIFS des		AUBE.	NOMS DES CORRESPONDANTS, LEURS TARIFS.																
ARRONDISSEMENTS.	CANTONS.	COMMUNES ou PLACES.																	
1	2	3	4	5	6	7	8	9	10	11	12	13	14	15	16	17	18	19	20
C	3	Précy-Notre-Dame																	
C	3	Précy-Saint--Martin																	
C	c	Proverville																	
A	6	Racines																	
C	3	Radonvillers																	
C	3	Rances																	
B	11	Rhèges																	
A	1	Rigny-le-Ferron																	
A	a	Rivière-de-Corps (la)																	
C	3	Rosnay																	
C	17	Rothière (la)																	
A	9	Rouilly-Saint-Loup																	
C	c	Rouvres																	
A	a	Saint-Benoît-sur-Seine																	
A	1	Saint-Benoît-sur-Vanne																	
C	3	Saint-Christophe																	
B	11	Sainte-Cyre																	
A	a	Saint-Germain																	
E	16	Saint-Hilaire																	
A	2	Saint-Jean-de-Bonneval																	
A	a	Saint-Julien																	
C	3	Saint-Léger-sous-Brienne																	
E	16	Saint-Loup-de-Buffigny																	
A	a	Saint-Lyé																	
A	1	Saint-Mards-en-Othe																	
A	a	Saint-Martin-ès-Vignes																	
A	a	Sainte-Maure																	
B	14	Saint-Nabord																	
B	11	Saint-Oulph																	
A	a	Saint-Parres-aux-Tertres																	
D	d	Saint-Parres-les-Vaudes																	
A	6	Saint-Phal																	
A	a	Sainte-Savine																	
A	2	Saint-Thibault																	
C	17	Saulcy																	
E	10	Somme-Fontaine-St-Lupien																	
A	2	Sommeval																	
A	2	Souligny																	
C	18	Spoix																	
C	17	Thil																	
C	17	Thors																	
B	14	Trouand-le-Grand																	
B	b	Torcy-le-Grand																	
B	b	Torcy-le-Petit																	
A	a	Torvilliers																	
E	e	Trainel																	
C	18	Trannes																	
C	18	Unienville																	
C	c	Urville																	
A	a	Vailly																	
D	4	Vallières																	
C	3	Valentigny																	
D	4	Vanlay																	
A	8	Vauchassis																	
C	18	Vauchonvilliers																	
B	14	Vaucogne																	
D	d	Vaudes																	
A	a	Vaudepart (*Villeloup*)																	
B	14	Vaupoissons																	
C	17	Vernonvilliers																	
D	7	Verpillières																	
B	11	Viapre-le-Grand																	
B	11	Viapre-le-Petit																	
A	a	Villacerf																	
C	17	Ville-aux-Bois-les-Soulaines																	
A	a	Villeloup																	

SIGNES DISTINCTIFS des ARRONDISSEMENTS.	CANTONS.	AUBE. COMMUNES ou PLACES.	NOMS DES CORRESPONDANTS, LEURS TARIFS.																
1	2	3	4	5	6	7	8	9	10	11	12	13	14	15	16	17	18	19	20
A	8	Villemaur-en-Othe																	
A	2	Villemereuil																	
A	1	Villemoiron																	
E	19	Villeneuve-au-Châtelot																	
A	6	Villeneuve-au-Chemin																	
C	18	Villeneuve-aux-Chênes (la)																	
D	d	Villeneuve (*Bar-sur-Seine*)																	
A	2	Villery																	
C	c	Ville-sous-la-Ferté																	
C	17	Ville-sur-Terre																	
D	d	Villy-en-Trodes																	
D	7	Vitry-le-Croisé																	
C	c	Voigny																	
A	6	Vosnon																	
B	b	Voué																	
A	1	Vulaines-sur-Vannes																	
C	3	Yèvres																	

SIGNES DISTINCTIFS des ARRONDISSEMENTS.	CANTONS.	AUDE. ARRONDISSEMENTS ET CANTONS.	NOMS DES CORRESPONDANTS, LEURS TARIFS.																
1	2	3	4	5	6	7	8	9	10	11	12	13	14	15	16	17	18	19	20
		ARRONDISSEMENTS.																	
A	a	CARCASSONNE (ch.-l.).																	
»	»	Le reste de l'arrondissement.																	
		Le reste des deux cantons.																	
B	b	CASTELNAUDARY.																	
»	»	Le reste de l'arrondissement.																	
		Le reste des deux cantons.																	
C	c	LIMOUX.																	
»	»	Le reste de l'arrondissement.																	
		Le reste du canton.																	
D	d	NARBONNE.																	
»	»	Le reste de l'arrondissement.																	
		Le reste du canton.																	
		CANTONS.																	
C	1	ALAIGNE (D').																	
»	»	Le reste du canton.																	
A	2	ALZONNE.																	
»	»	Le reste du canton.																	
C	3	BELCAIRE.																	
»	»	Le reste du canton.																	
B	4	BELPECH																	
»	»	Le reste du canton.																	
A	5	CAPENDU.																	
»	»	Le reste du canton.																	
C	6	CHALABRE.																	
»	»	Le reste du canton.																	
A	7	CONQUES.																	
»	»	Le reste du canton.																	
C	8	COUIZA.																	
»	»	Le reste du canton.																	
D	9	COURSAN.																	
»	»	Le reste du canton.																	
D	10	DURBAN.																	
»	»	Le reste du canton.																	
B	11	FANJEAUX.																	
»	»	Le reste du canton.																	
D	12	GINESTAS.																	
»	»	Le reste du canton.																	
A	13	LAGRASSE.																	
»	»	Le reste du canton.																	
D	14	LÉZIGNAN.																	
»	»	Le reste du canton.																	
A	15	MAS-CABARDÈS.																	
»	»	Le reste du canton.																	
A	16	MONTHOUMET.																	
»	»	Le reste du canton.																	
A	17	MONTRÉAL.																	
»	»	Le reste du canton.																	
A	18	PEYRIAC-MINERVOIS.																	
»	»	Le reste du canton.																	
C	19	QUILLAN.																	
»	»	Le reste du canton.																	
C	20	ROQUEFORT-DE-SAULT.																	
»	»	Le reste du canton.																	
C	21	SAINT-HILAIRE.																	
»	»	Le reste du canton.																	
A	22	SAISSAC.																	
»	»	Le reste du canton.																	
B	23	SALLES-SUR-L'HERS.																	
»	»	Le reste du canton.																	
D	24	SIJEAN.																	
»	»	Le reste du canton.																	
A	25	TUCHAN																	
»	»	Le reste du canton.																	
		LE RESTE DU DÉPARTEMENT.																	

SIGNES DISTINCTIFS des		AUDE.	NOMS DES CORRESPONDANTS, LEURS TARIFS.																
ARRONDISSEMENTS.	CANTONS	COMMUNES ou PLACES.																	
1	2	3	4	5	6	7	8	9	10	11	12	13	14	15	16	17	18	19	20
C	c	Alet																	
D	9	Armissan																	
C	8	Arques																	
C	3	Aunat																	
A	18	Azille																	
B	b	Bastide-d'Anjou (la)																	
C	19	Belvianes																	
B	11	Besplat (*Villa-Savary*)																	
D	12	Bize																	
A	16	Bouisse																	
A	22	Brousses																	
C	8	Bugarach																	
A	18	Cabrespine																	
C	19	Campagne-sur-Aude																	
D	d	Canet																	
B	b	Carlipa																	
A	15	Caudebrondes																	
A	18	Caunes																	
B	b	Cennes-Monestiès																	
C	20	Counozouls																	
A	22	Cuxac-Cabardès																	
D	9	Cuxac-sur-Aude																	
A	5	Douzens																	
C	19	Esperaza																	
D	14	Fabrezan																	
A	16	Félines																	
D	14	Ferrals																	
D	9	Fleury																	
A	22	Fontiers-Cabardès																	
C	20	Gesse (*Bessède-de-Sault*)																	
C	20	Gincla																	
C	19	Ginoles																	
D	9	Gruissan																	
D	14	Homps																	
A	15	Ilhes (les)																	
B	b	Issel																	
A	22	Labonde (*Cuxac-Cabardès*)																	
C	21	Ladern																	
A	16	Lanet																	
A	15	Lastours																	
A	a	Leuc																	
D	24	Leucate																	
A	7	Limouzis																	
D	14	Luc-sur-Orbien																	
D	12	Mailhac																	
A	18	Mérinville																	
C	3	Mérial																	
A	25	Montgaillard																	
A	2	Montolieu																	
C	3	Niort																	
D	24	Nouvelle (Port de la) (*Tuchan*)																	
D	12	Ouveillan																	
A	25	Padern																	
A	a	Pennautier																	
C	6	Peyrefite-du-Razès																	
D	24	Peyriac-de-Mer																	
C	6	Puivert																	
C	8	Rennes																	
A	18	Rieux-Minervois (*Merinville*)																	
C	6	Rivel																	
A	15	Roc-del-Cayrol (*Les Martyrs*)																	
A	16	Roque-de-Fa (la)																	
C	1	Routier																	
C	20	Sainte-Colombe-sur-Guette																	
C	6	Sainte-Colombe-sur-l'Hers																	
A	22	Saint-Denis																	

SIGNES DISTINCTIFS des ARRONDISSEMENTS.	CANTONS.	AUDE. COMMUNES ou PLACES.	NOMS DES CORRESPONDANTS, LEURS TARIFS.																
1	2	3	4	5	6	7	8	9	10	11	12	13	14	15	16	17	18	19	20
D	12	Saint-Nazaire																	
B	b	Saint-Papoul																	
D	12	Sallèles-d'Aude																	
D	12	Somail (le) (*Ginestas*)																	
B	b	Souille																	
A	5	Trèbes																	
D	10	Thézan																	
A	7	Villalier																	
B	11	Villasavary																	
A	7	Villemoustaussou																	
A	18	Villeneuve-les-Chanoines																	
B	b	Villepinte																	
B	b	Villespy																	

Signes distinctifs des Arrondissements.	Signes distinctifs des Cantons.	AVEYRON. — ARRONDISSEMENTS et CANTONS.	NOMS DES CORRESPONDANTS, LEURS TARIFS.																
1	2	3	4	5	6	7	8	9	10	11	12	13	14	15	16	17	18	19	20
		ARRONDISSEMENTS.																	
A	a	RODEZ (ch.-l.).																	
»	»	Le reste { de l'arrondissement. du canton.																	
B	b	ESPALION.																	
»	»	Le reste { de l'arrondissement. du canton.																	
C	c	MILHAU.																	
»	»	Le reste { de l'arrondissement. du canton.																	
D	d	SAINTE-AFFRIQUE.																	
»	»	Le reste { de l'arrondissement. du canton.																	
E	e	VILLEFRANCHE-DE-ROUERGUE.																	
»	»	Le reste { de l'arrondissement. du canton.																	
		CANTONS.																	
E	1	ASPRIÈRES.																	
»	»	Le reste du canton.																	
E	2	AUBIN.																	
»	»	Le reste du canton.																	
D	3	BELMONT.																	
»	»	Le reste du canton.																	
A	4	BOZOULS.																	
»	»	Le reste du canton.																	
D	5	CAMARÈS.																	
»	»	Le reste du canton.																	
C	6	CAMPAGNAC.																	
»	»	Le reste du canton.																	
A	7	CASSAGNES-BÉGONHÈS																	
»	»	Le reste du canton.																	
A	8	CONQUES.																	
»	»	Le reste du canton.																	
D	9	CORNUS.																	
»	»	Le reste du canton.																	
B	10	ENTRAYGUES.																	
»	»	Le reste du canton.																	
B	11	ESTAING.																	
»	»	Le reste du canton.																	
B	12	LAGUIOLE.																	
»	»	Le reste du canton.																	
C	13	LAISSAC.																	
»	»	Le reste du canton.																	
A	14	MARCILLAC.																	
»	»	Le reste du canton.																	
E	15.	MONTBAZENS.																	
»	»	Le reste du canton.																	
B	16	MUR-DE-BARREZ.																	
»	»	Le reste du canton.																	
E	17	NAJAC.																	
»	»	Le reste du canton.																	
C	18	NANT.																	
»	»	Le reste du canton.																	
A	19	NAUCELLE.																	
»	»	Le reste du canton.																	
C	20	PEYRELEAU.																	
»	»	Le reste du canton.																	
A	21	PONT-DE-SALARS.																	
»	»	Le reste du canton.																	
A	22	RÉQUISTA.																	
»	»	Le reste du canton.																	
E	23	RIEUPEYROUX.																	
»	»	Le reste du canton.																	
A	24	RIGNAC.																	
»	»	Le reste du canton.																	
B	25	SAINT-AMANS.																	
»	»	Le reste du canton.																	
C	26	SAINT-BEAUZELY.																	
»	»	Le reste du canton.																	
B	27	SAINT-CHÉLY-D'AUBRAC.																	
»	»	Le reste du canton.																	
B	28	SAINTE-GENEVIÈVE.																	
»	»	Le reste du canton.																	
B	29	SAINT-GENIEZ.																	
»	»	Le reste du canton.																	
D	30	SAINT-ROME-DE-TARN.																	
»	»	Le reste du canton.																	
D	31	SAINT-SERNIN.																	
»	»	Le reste du canton.																	

SIGNES DISTINCTIFS des		AVEYRON.	NOMS DES CORRESPONDANTS, LEURS TARIFS.																
ARRONDISSEMENTS.	CANTONS.	ARRONDISSEMENTS ET CANTONS.																	
1	2	3	4	5	6	7	8	9	10	11	12	13	14	15	16	17	18	19	20
C	32	SALLES-CURAN.																	
»	»	Le reste du canton.																	
A	33	SALVETAT (LA).																	
»	»	Le reste du canton																	
A	34	SAUVETERRE.																	
»	»	Le reste du canton.																	
C	35	SÉVERAC.																	
»	»	Le reste du canton.																	
C	36	VESINS.																	
»	»	Le reste du canton.																	
E	37	VILLENEUVE.																	
»	»	Le reste du canton.																	
		LE RESTE DU DÉPARTEMENT.																	

SIGNES DISTINCTIFS des ARRONDISSEMENTS.	CANTONS.	AVEYRON. COMMUNES ou PLACES.	NOMS DES CORRESPONDANTS, LEURS TARIFS.																
1	2	3	4	5	6	7	8	9	10	11	12	13	14	15	16	17	18	19	20
C	c	Aguessac																	
B	27	Aunac (*Saint-Chély-d'Aubrac*)																	
A	24	Auzitz																	
B	25	Bagnars (*Campouriez*)																	
D	31	Balaguiers (*Saint-Sernin*)																	
E	23	Bastide-l'Évêque (la)																	
D	30	Broquiès																	
D	30	Brousses																	
D	5	Brusque																	
B	28	Calm (la)																	
A	7	Calmont																	
A	19	Camboulazet																	
A	21	Canet-Saint-Jean																	
B	28	Cantoin																	
A	24	Cassagnes-Comtaux																	
B	12	Cassuéjouls																	
A	34	Castanet																	
A	34	Castelnau-Peyralès																	
C	18	Cavalerie (la)																	
B	b	Ceyrac (*Gabriac*)																	
A	34	Colombiès																	
D	31	Combret																	
C	c	Compeyre																	
D	31	Coupiac																	
A	7	Comps-la-Grand-Ville																	
C	13	Coussergues																	
E	2	Cransac																	
A	33	Crespin																	
C	20	Cresse (la)																	
E	2	Decazeville																	
E	15	Drulhe																	
B	10	Espayrac																	
D	5	Fayet																	
E	2	Firmi																	
E	17	Fouillade (la)																	
A	19	Frons (*Camjac*)																	
E	17	Holm (l') (*Lunac*)																	
B	25	Huparlac																	
B	16	Laussac																	
C	c	Lavenéas (*Saint-George*)																	
A	33	Lescure																	
A	22	Ledergues																	
A	4	Loubière (la)																	
E	1	Loupiac																	
E	17	Lunac																	
E	15	Maleville																	
E	e	Martiel																	
A	a	Meyrasès																	
D	31	Montclar																	
C	26	Montjaux																	
B	12	Mont-Peyroux																	
A	4	Montrozier																	
E	37	Montsalès																	
E	17	Montels																	
D	3	Murasson																	
B	16	Murols (*Lacroix*)																	
E	1	Naussac																	
B	11	Nayrac (le)																	
E	17	Orthonac (*Montels*)																	
E	15	Peyrusse																	
D	31	Plaisance																	
B	10	Pons (*Saint-Hippolyte*)																	
D	5	Pont-de-Camarès																	
B	29	Prades-d'Aubrac																	
C	35	Prévinquières																	
E	23	Prévinquières																	

SIGNES DISTINCTIFS des ARRONDISSEMENTS.	CANTONS.	AVEYRON. COMMUNES ou PLACES.	NOMS DES CORRESPONDANTS, LEURS TARIFS.																
1	2	3	4	5	6	7	8	9	10	11	12	13	14	15	16	17	18	19	20
E	15	Privezac																	
C	20	Rivière																	
A	4	Rodelle																	
D	d	Roquefort																	
B	b	Saint-Côme																	
E	37	Sainte-Croix																	
A	8	Saint-Cyprien																	
D	9	Sainte-Eulalie																	
D	5	Saint-Félix-de-Sorgue																	
C	c	Saint-George-de-Lusençon																	
C	18	Saint-Jean-du-Bruel																	
A	19	Saint-Just																	
C	6	Saint-Laurent-d'Olt																	
C	36	Saint-Léons																	
E	2	Saint-Parthem																	
D	d	Saint-Rome-de-Sernon																	
E	2	Saint-Santin																	
C	6	Saint-Saturnin																	
E	1	Salles-Courbatiez																	
A	14	Salles-la-Source ou Comtaux																	
A	7	Salmiech																	
C	36	Ségur																	
A	22	Selve (la)																	
A	8	Senergues																	
D	5	Silvanès																	
B	16	Thérondel																	
D	30	Truel (le)																	
D	d	Vabres																	
E	23	Vabre																	
E	e	Vailhourles																	
A	14	Valady																	
B	11	Villecomtal																	
C	32	Villefranche-de-Panat																	
C	13	Vimenet																	
C	26	Viola-du-Tarn																	
E	2	Viviez																	

Signes distinctifs des arrondissements.	Signes distinctifs des cantons.	BOUCHES-DU-RHÔNE. — ARRONDISSEMENTS ET CANTONS.	NOMS DES CORRESPONDANTS, LEURS TARIFS.																
1	2	3	4	5	6	7	8	9	10	11	12	13	14	15	16	17	18	19	20
		ARRONDISSEMENTS.																	
A	a	MARSEILLE (ch.-l.).																	
»	»	Le reste { de l'arrondissement. / des six cantons.																	
B	b	AIX.																	
»	»	Le reste { de l'arrondissement. / des deux cantons.																	
C	c	ARLES.																	
»	»	Le reste { de l'arrondissement. / du canton.																	
		CANTONS.																	
A	1	AUBAGNE.																	
»	»	Le reste du canton.																	
B	2	BERRE.																	
»	»	Le reste du canton.																	
C	3	CHATEAU-RENARD.																	
»	»	Le reste du canton.																	
A	4	CIOTAT (LA).																	
»	»	Le reste du canton.																	
C	5	EYGUIÈRES.																	
»	»	Le reste du canton.																	
B	6	GARDANE.																	
»	»	Le reste du canton.																	
B	7	ISTRES.																	
»	»	Le reste du canton.																	
B	8	LAMBESC.																	
»	»	Le reste du canton.																	
B	9	MARTIGUES.																	
»	»	Le reste du canton.																	
C	10	ORGON.																	
»	»	Le reste du canton.																	
B	11	PEYROLLES.																	
»	»	Le reste du canton.																	
A	12	ROQUEVAIRE.																	
»	»	Le reste du canton.																	
C	13	SAINTES-MARIES.																	
»	»	Le reste du canton.																	
C	14	SAINT-REMY.																	
»	»	Le reste du canton.																	
B	15	SALON.																	
»	»	Le reste du canton.																	
C	16	TARASCON.																	
»	»	Le reste du canton.																	
B	17	TRETS																	
»	»	Le reste du canton.																	
		LE RESTE DU DÉPARTEMENT.																	

SIGNES DISTINCTIFS des		BOUCHES-DU-RHÔNE.	NOMS DES CORRESPONDANTS, LEURS TARIFS.																
ARRONDISSEMENTS.	CANTONS.	COMMUNES ou PLACES.																	
1	2	3	4	5	6	7	8	9	10	11	12	13	14	15	16	17	18	19	20
A	a	Allauch																	
C	5	Alleins																	
A	12	Auriol																	
C	3	Barbentanne																	
C	14	Baux (les)																	
A	12	Belcodène																	
B	6	Bouc																	
C	16	Boulbon																	
C	10	Cabannes																	
A	4	Cassis																	
B	8	Charleval																	
B	9	Châteauneuf-les-Martigues																	
A	4	Ceyreste																	
B	15	Cornillon																	
A	1	Cuges																	
B	b	Éguilles																	
C	10	Eygalières																	
C	3	Eyragues																	
B	2	Fare (la)																	
C	c	Fontvieille																	
B	7	Fos																	
B	17	Fuveau																	
A	1	Gemenos																	
B	15	Grans																	
C	3	Graveson																	
A	12	Gréasque																	
B	11	Jouques																	
B	15	Lançon																	
C	14	Maillane																	
C	5	Mallemort																	
B	9	Marignane																	
C	14	Maussane																	
B	11	Meyrargues																	
B	6	Mimet																	
B	15	Miramas																	
C	10	Mollèges																	
C	14	Mouriès																	
C	3	Noves																	
A	12	Peipin																	
B	15	Pélisanne																	
B	6	Pennes (les)																	
B	17	Puyloubier																	
B	11	Puy-Sainte-Réparade (le)																	
B	2	Rognac																	
B	8	Rognes																	
B	8	Roque-d'Antheron (la)																	
B	17	Rousset																	
C	10	Saint-Andiol																	
B	8	Saint-Cannat																	
B	7	Saint-Chamas																	
A	a	Saint-Louis (*Marseille*)																	
B	7	Saint-Mitre																	
C	10	Sénas																	
B	6	Septêmes																	
B	b	Tholonet																	
B	2	Velaux																	
B	2	Ventabren																	
C	10	Verquières																	
B	2	Vitrolles																	

SIGNES DISTINCTIFS des ARRONDISSEMENTS.	SIGNES DISTINCTIFS des CANTONS.	CALVADOS. ARRONDISSEMENTS ET CANTONS.	NOMS DES CORRESPONDANTS, LEURS TARIFS.																
1	2	3	4	5	6	7	8	9	10	11	12	13	14	15	16	17	18	19	20
		ARRONDISSEMENTS.																	
A	a	CAEN (ch.-l.).																	
»	»	Le reste { de l'arrondissement. des deux cantons.																	
B	b	BAYEUX.																	
»	»	Le reste { de l'arrondissement du canton.																	
C	c	FALAISE.																	
»	»	Le reste { de l'arrondissement des deux cantons.																	
D	d	LISIEUX.																	
»	»	Le reste { de l'arrondissement. des deux cantons.																	
E	e	PONT-L'ÉVÊQUE.																	
»	»	Le reste { de l'arrondissement. du canton.																	
F	f	VIRE.																	
»	»	Le reste { de l'arrondissement. du canton.																	
		CANTONS.																	
F	1	AULNAY-SUR-ODON.																	
»	»	Le reste du canton.																	
B	2	BALLEROY.																	
»	»	Le reste du canton.																	
F	3	BÉNY-BOCAGE.																	
»	»	Le reste du canton.																	
E	4	BLANGY.																	
»	»	Le reste du canton.																	
C	5	BRETTEVILLE-SUR-LAIZE.																	
»	»	Le reste du canton.																	
A	6	BOURGUEBUS.																	
»	»	Le reste du canton.																	
E	7	CAMBREMER.																	
»	»	Le reste du canton.																	
B	8	CAUMONT.																	
»	»	Le reste du canton.																	
F	9	CONDÉ-SUR-NOIREAU.																	
»	»	Le reste du canton.																	
C	10	COULIBOEUF.																	
»	»	Le reste du canton.																	
A	11	CREULLY.																	
»	»	Le reste du canton.																	
A	12	DOUVRES.																	
»	»	Le reste du canton.																	
E	13	DOZULÉ.																	
»	»	Le reste du canton.																	
A	14	ÉVRECY.																	
»	»	Le reste du canton.																	
C	15	HARCOURT-THURY.																	
»	»	Le reste du canton.																	
E	16	HONFLEUR.																	
»	»	Le reste du canton.																	
B	17	ISIGNY.																	
»	»	Le reste du canton.																	
D	18	LIVAROT.																	
»	»	Le reste du canton.																	
D	19	MEZIDON.																	
»	»	Le reste du canton.																	
D	20	ORBEC.																	
»	»	Le reste du canton.																	
B	21	RYES.																	
»	»	Le reste du canton.																	
D	22	SAINT-PIERRE-SUR-DIVES.																	
»	»	Le reste du canton.																	
F	23	SAINT-SEVER.																	
»	»	Le reste du canton.																	
A	24	TILLY-SUR-SEULLES.																	
»	»	Le reste du canton.																	
B	25	TRÉVIÈRES.																	
»	»	Le reste du canton.																	
A	26	TROARN.																	
»	»	Le reste du canton.																	
F	27	VASSY.																	
»	»	Le reste du canton.																	
A	28	VILLERS-BOCAGE.																	
»	»	Le reste du canton.																	
		LE RESTE DU DÉPARTEMENT.																	

SIGNES DISTINCTIFS des ARRONDISSEMENTS.	CANTONS.	CALVADOS. COMMUNES ou PLACES.	NOMS DES CORRESPONDANTS, LEURS TARIFS.																
1	2	3	4	5	6	7	8	9	10	11	12	13	14	15	16	17	18	19	20
E	16	Ablon																	
A	a	Allemagne																	
A	26	Amfreville																	
E	13	Angerville																	
E	13	Annebault																	
F	3	Arclais																	
A	26	Argences																	
A	28	Banneville-sur-Ajonc																	
E	16	Barneville-la-Bertrand																	
F	1	Bauguay																	
F	3	Beaulieu																	
E	e	Beaumont-en-Auge																	
A	11	Bény-sur-Mer																	
B	25	Bernesq																	
B	2	Bernières																	
F	27	Bernières-le-Patry																	
C	10	Bernières-sur-Dives																	
A	12	Bernières-sur-Mer																	
F	3	Besace (la). (*St-Martin-de-B.*)																	
D	d	Beuvillers																	
E	7	Beuvron-en-Auge																	
D	20	Bienfaite. (*St-Martin-de-B.*)																	
F	1	Bigne (la)																	
D	22	Billot (le) (*Montpinçon*)																	
A	12	Blainville																	
B	25	Blay																	
C	15	Bo (le)																	
C	15	Boishalbout (*Cesny*)																	
D	d	Boissière (la)																	
E	7	Bonneboscq																	
E	e	Bonneville-la-Louvet																	
C	5	Bray-la-Campagne																	
F	1	Brémoy																	
A	24	Bretteville-l'Orgueilleuse																	
C	5	Bretteville-le-Rabet																	
A	24	Bretteville-sur-Bordel																	
D	22	Bretteville-sur-Dives																	
A	a	Bretteville-sur-Odon																	
E	4	Breuil (le)																	
E	13	Brucourt																	
F	1	Cahagues																	
B	17	Cambe (la)																	
»	»	Camille (la)																	
F	3	Campeaux																	
B	17	Cartigny-Tesson																	
B	17	Cartigny-Lépinay																	
F	3	Carville																	
C	15	Caumont																	
C	15	Cauville																	
D	20	Cernay																	
D	20	Cerqueux																	
F	23	Champ-du-Boult																	
F	9	Chapelle-Engerbold (la)																	
D	20	Chapelle-Ivon (la)																	
D	18	Cheffreville																	
A	24	Cheux																	
C	15	Clécy																	
F	23	Clinchamps																	
A	6	Clinchamps-sur-Orne																	
A	12	Colleville-sur-Orne																	
B	25	Colombières																	
B	21	Colombiers-sur-Seulles																	
C	15	Combray																	
B	8	Cormolain																	
F	1	Coulvain																	
A	11	Courseulles-sur-Mer																	

SIGNES DISTINCTIFS des ARRONDISSEMENTS.	CANTONS.	CALVADOS. — COMMUNES ou PLACES.	NOMS DES CORRESPONDANTS, LEURS TARIFS.																
1	2	3	4	5	6	7	8	9	10	11	12	13	14	15	16	17	18	19	20
F	23	Courson																	
D	d	Courtonne-la-Meudrac																	
D	20	Courtonne-la-Ville																	
B	21	Crépon																	
D	19	Crèvecœur																	
E	16	Criquebœuf																	
B	17	Criqueville																	
C	10	Crocy																	
D	19	Croissanville																	
F	1	Dampierre																	
E	13	Danestal																	
F	1	Danvou																	
A	12	Délivrande (la) (*Douvres*)																	
E	13	Dives																	
E	7	Druval																	
A	26	Escoville																	
C	5	Estrées-la-Campagne																	
F	27	Estry																	
D	20	Familly																	
E	4	Faulq (le)																	
F	1	Ferrière-au-Doyen (la)																	
F	1	Ferrière-Duval (la)																	
F	3	Ferrière-Harang (la)																	
F	3	Ferronnière (la). (*Beaulieu*)																	
D	18	Fervaques																	
E	4	Fierville																	
D	20	Folletière (la)																	
F	23	Fontenermont																	
B	25	Formigny																	
C	5	Fresney-le-Puceux																	
D	20	Friardel																	
F	23	Gast (le)																	
D	d	Glos																	
E	16	Gonneville-sur-Honfleur																	
A	26	Gonneville-sur-Merville																	
C	5	Gouvix																	
B	17	Grand-Camp																	
F	3	Graverie (la)																	
C	c	Guibray (*Falaise*)																	
E	4	Hébertot-Saint-André																	
D	d	Hôtellerie (l')																	
B	8	Hottot-les-Bagues																	
C	10	Jort																	
F	1	Jurques																	
C	5	Langannerie																	
F	23	Landelles																	
A	12	Langrune-sur-Mer																	
F	9	Lassy																	
A	6	Laize-la-Ville																	
F	9	Lénault																	
B	2	Lingèvres																	
A	12	Lion-sur-Mer																	
B	17	Lison																	
B	2	Littry																	
B	8	Livry-le-Vieux																	
A	12	Luc-sur-Mer																	
F	f	Maisoncelles-la-Jourdan																	
A	28	Maisoncelles-Pellevey																	
C	5	Magny-la-Campagne																	
A	a	Maladrerie (la)																	
E	4	Manneville-la-Pipard																	
B	21	Marigny																	
C	5	Maizières																	
F	f	Martilly-s-Vire (*Tallevende P.*)																	
A	12	Mathieu																	
A	6	May-sur-Orne																	

CALVADOS.

SIGNES DISTINCTIFS des ARRONDISSEMENTS.	SIGNES DISTINCTIFS des CANTONS.	COMMUNES ou PLACES.	NOMS DES CORRESPONDANTS, LEURS TARIFS.																
1	2	3	4	5	6	7	8	9	10	11	12	13	14	15	16	17	18	19	20
D	18	Mesnil-Durand (le)																	
D	d	Mesnil-Guillaume (le)																	
F	1	Mesnil-Auzouf																	
D	19	Méry-Corbon																	
D	20	Meules																	
A	a	Mondeville																	
F	3	Mont-Bertrand																	
F	27	Montchamp-le-Grand																	
F	27	Montchamp-le-Petit																	
F	3	Montchauvet																	
A	14	Montigny																	
A	28	Monts-en-Bessin																	
B	25	Mosles																	
A	6	Moult																	
D	d	Moyaux																	
C	5	Mutrecy																	
F	f	Neuville																	
B	2	Noron																	
D	18	Notre-Dame-de-Courson																	
A	28	Noyers																	
F	1	Onde-Fontaine																	
B	17	Osmanville																	
C	c	Ouilly-le-Basset																	
D	d	Ouillye-le-Vicomte																	
A	12	Ouistreham																	
C	5	Outrelaize (*Gouvix*)																	
F	9	Périgny																	
C	c	Pierrefite																	
C	c	Pierrepont																	
F	1	Plessis-Grimoult (le)																	
A	12	Plumetot																	
F	23	Pont-Bellanger																	
C	c	Pont-d'Ouilly (*Ouilly-le Bas.*)																	
F	9	Pontécoulant																	
F	23	Pont-Farcy																	
B	21	Port-en-Bessin																	
C	c	Potiche (la)																	
F	9	Proussy																	
A	24	Putot																	
C	5	Quesnay (*Estrées-la-Camp*)																	
C	c	Rapilly																	
E	e	Reux																	
A	11	Reviers																	
B	2	Rieux																	
F	1	Roucamp																	
F	f	Roullours																	
F	27	Rully																	
A	12	Saint-Aubin-d'Arquenay																	
A	12	Saint-Aubin-sur-Mer (*Luc*)																	
E	13	Saint-Clair-de-Basseneville																	
A	24	Sainte-Croix-Grand-Tonne																	
F	3	Saint-Denis-Maisoncelles																	
D	d	Saint-Desir																	
E	e	Saint-Étienne-la-Thillaye																	
E	7	Saint-Eugène																	
F	1	Saint-Georges-d'Aulnay																	
D	d	Saint-Germain-de-Livet																	
F	9	Saint-Germain-du-Crioult																	
A	14	Sainte-Honorine-du-Fay																	
D	d	Saint-Jacques																	
F	1	Saint-Jean-des-Essartiers																	
F	9	Saint-Jean-le-Blanc																	
D	19	Saint-Julien-le-Faucon																	
F	23	Saint-Manvieux																	
F	3	Sainte-Marie-l'Aumont																	
F	3	Saint-Martin-des-Besaces																	

SIGNES DISTINCTIFS des ARRONDISSEMENTS.	CANTONS.	CALVADOS. COMMUNES ou PLACES.	NOMS DES CORRESPONDANTS, LEURS TARIFS.																
1	2	3	4	5	6	7	8	9	10	11	12	13	14	15	16	17	18	19	20
D	20	Saint-Martin-de-Bienfaite																	
D	22	Saint-Martin-de-Fresnay																	
D	d	Saint-Martin-de-la-Lieue																	
E	e	Saint-Melaine																	
F	f	Saint-Nicolas-près-Vire																	
F	3	Saint-Ouen-des-Besaces																	
F	9	Saint-Pierre-la-Vieille																	
F	3	Saint-Pierre-Tarentaigne																	
C	5	Saint-Silvain																	
F	9	Saint-Vigor-de-Messerets																	
A	26	Sallenelles																	
A	6	Soliers																	
D	20	Tordouet																	
C	15	Tournebu																	
B	25	Tour																	
F	3	Tourneur (le)																	
E	e	Touques																	
E	e	Trouville																	
F	f	Trutemer-le-Grand																	
F	f	Trutemer-le-Petit																	
C	c	Ussy																	
B	8	Vaquerie (la)																	
B	2	Vaubadon																	
F	f	Vaudry																	
D	d	Vaux (les) (*Hermival-les-V.*)																	
F	f	Vaux (les) (*Tallevende-le-Gr.*)																	
D	20	Vespière (la)																	
B	25	Vierville																	
F	27	Viessoix																	
D	22	Vieux-Pont-en-Auge																	
E	e	Villerville																	

SIGNES DISTINCTIFS des		CANTAL. ARRONDISSEMENTS ET CANTONS.	NOMS DES CORRESPONDANTS, LEURS TARIFS.																
ARRONDISSEMENTS.	CANTONS.																		
1	2	3	4	5	6	7	8	9	10	11	12	13	14	15	16	17	18	19	20
		ARRONDISSEMENTS.																	
A	a	AURILLAC (ch.-l.).																	
»	»	Le reste { de l'arrondissement. des deux cantons.																	
B	b	MAURIAC.																	
»	»	Le reste { de l'arrondissement. du canton.																	
C	c	MURAT.																	
»	»	Le reste { de l'arrondissement. du canton																	
D	d	SAINT-FLOUR.																	
»	»	Le reste { de l'arrondissement. des deux cantons.																	
		CANTONS.																	
C	1	ALLANCHE.																	
»	»	Le reste du canton.																	
B	2	CHAMPS.																	
»	»	Le reste du canton.																	
D	3	CHAUDESAIGUES.																	
»	»	Le reste du canton.																	
C	4	MARCENAT.																	
»	»	Le reste du canton.																	
D	5	MASSIAC.																	
»	»	Le reste du canton.																	
A	6	MAURS.																	
»	»	Le reste du canton.																	
A	7	MONTSALVY.																	
»	»	Le reste du canton.																	
B	8	PLÉAUX.																	
»	»	Le reste du canton.																	
D	9	PIERREFORT.																	
»	»	Le reste du canton,																	
B	10	RIOM-ÈS-MONTAGNE.																	
»	»	Le reste du canton.																	
A	11	ROQUEBROU (LA).																	
»	»	Le reste du canton.																	
D	12	RUINES.																	
»	»	Le reste du canton.																	
B	13	SAIGNES.																	
»	»	Le reste du canton.																	
A	14	SAINT-CERNIN.																	
»	»	Le reste du canton.																	
A	15	SAINT-MAMET.																	
»	»	Le reste du canton.																	
B	16	SALERS.																	
»	»	Le reste du canton.																	
A	17	VIC-SUR-SERRE.																	
»	»	Le reste du canton.																	
		LE RESTE DU DÉPARTEMENT.																	

SIGNES DISTINCTIFS des		CANTAL. COMMUNES ou PLACES.	NOMS DES CORRESPONDANTS, LEURS TARIFS.																
ARRONDISSEMENTS.	CANTONS.																		
1	2	3	4	5	6	7	8	9	10	11	12	13	14	15	16	17	18	19	20
B	8	Ally																	
D	3	Anterrieux																	
B	13	Antignac																	
B	10	Apchon																	
A	a	Arpajon																	
D	5	Auriac-l'Église																	
A	11	Ayrens																	
A	6	Boisset																	
D	9	Brezons																	
»	»	Buffières																	
A	7	Calvinet																	
A	17	Carlat																	
D	9	Cezens																	
D	12	Chaliers																	
B	13	Champagnac																	
C	1	Charmenzac																	
C	c	Cheylade																	
C	4	Condat-en-Feniers																	
A	11	Cros-de-Montvert																	
D	d	Cussac																	
D	3	Deux-Verges																	
C	c	Dienne																	
D	3	Espinasse																	
D	12	Faverolles																	
B	16	Fontanges																	
D	3	Jabrun																	
A	a	Labrousse																	
A	7	Ladinhac																	
B	2	Lanobre																	
A	a	Lascelle																	
B	13	Madic																	
A	a	Mandailles																	
B	2	Marchal																	
A	15	Marcolez																	
A	a	Marmanhac																	
B	b	Méallet																	
B	10	Menet																	
D	5	Molompize																	
A	11	Montvert																	
A	6	Mourjou																	
B	b	Moussages																	
A	a	Naucelles																	
D	d	Neuve-Église																	
D	9	Oradour																	
D	d	Paulhac																	
D	12	Rageade																	
A	17	Raulhac																	
A	15	Roannes																	
A	15	Roumegaux																	
B	16	Saint-Chamont																	
B	8	Saint-Christophe																	
A	a	Saint-Cirgues-de-Jordannes																	
A	6	Saint-Constant																	
B	10	Saint-Étienne-Chomeil																	
B	8	Sainte-Eulalie																	
A	14	Saint-Illide																	
D	9	Sainte-Marie																	
B	8	Saint-Martin-Cantaleix																	
B	16	Saint-Martin-Valmeroux																	
D	d	Saint-Maurice (*Valuéjols*)																	
A	a	Saint-Paul-des-Landes																	
D	5	Saint-Poncy																	
D	3	Saint-Remy																	
C	1	Saint-Saturnin																	
D	3	Saint-Urcize																	
B	16	Saint-Vincent																	

SIGNES DISTINCTIFS des ARRONDISSEMENTS.	CANTONS.	CANTAL. COMMUNES ou PLACES.	NOMS DES CORRESPONDANTS, LEURS TARIFS.																
1	2	3	4	5	6	7	8	9	10	11	12	13	14	15	16	17	18	19	20
A	a	Sansac-de-Marmiesse......																	
A	11	Siran..................																	
D	d	Talizat.................																	
A	7	Teissières-les-Bouliès......																	
A	17	Thiezac................																	
A	14	Tournemire.............																	
D	3	Trinitat (la)																	
B	10	Trizac.................																	
B	16	Vaulmiers (*Saint-Vincent*)...																	
B	13	Vebret.................																	
D	12	Vedrines-Saint-Loup......																	
B	b	Viegan																	
A	15	Vitrac.................																	

SIGNES DISTINCTIFS des ARRONDISSEMENTS.	SIGNES DISTINCTIFS des CANTONS.	CHARENTE. — ARRONDISSEMENTS ET CANTONS.	NOMS DES CORRESPONDANTS, LEURS TARIFS.																
1	2	3	4	5	6	7	8	9	10	11	12	13	14	15	16	17	18	19	20
		ARRONDISSEMENTS.																	
A	a	ANGOULÊME (ch.-l.).																	
»	»	Le reste { de l'arrondissement. des deux cantons.																	
B	b	BARBEZIEUX.																	
»	»	Le reste { de l'arrondissement. du canton.																	
C	c	COGNAC.																	
»	»	Le reste { de l'arrondissement. du canton.																	
D	d	CONFOLENS.																	
»	»	Le reste { de l'arrondissement. des deux cantons.																	
E	e	RUFFEC																	
»	»	Le reste { de l'arrondissement. du canton.																	
		CANTONS.																	
E	1	AIGRE.																	
»	»	Le reste du canton.																	
B	2	AUBETERRE.																	
»	»	Le reste du canton.																	
B	3	BAIGNES.																	
»	»	Le reste du canton.																	
A	4	BLANZAC.																	
»	»	Le reste du canton.																	
B	5	BROSSAC.																	
»	»	Le reste du canton.																	
D	6	CHABANAIS.																	
»	»	Le reste du canton.																	
B	7	CHALAIS.																	
»	»	Le reste du canton.																	
D	8	CHAMPAGNE.																	
»	»	Le reste du canton.																	
C	9	CHATEAU-NEUF.																	
»	»	Le reste du canton																	
A	10	HIERSAC.																	
»	»	Le reste du canton.																	
C	11	JARNAC.																	
»	»	Le reste du canton.																	
E	12	MANSLE.																	
»	»	Le reste du canton.																	
A	13	MONTBRONT.																	
»	»	Le reste du canton.																	
D	14	MONTEMBOEUF.																	
»	»	Le reste du canton.																	
B	15	MONTMOREAU.																	
»	»	Le reste du canton.																	
A	16	ROCHEFOUCAULT (LA).																	
»	»	Le reste du canton.																	
A	17	ROUILLAC.																	
»	»	Le reste du canton.																	
A	18	SAINT-AMAND-DE-BOIXE.																	
»	»	Le reste du canton.																	
D	19	SAINT-CLAUD.																	
»	»	Le reste du canton.																	
C	20	SEGONZAC.																	
»	»	Le reste du canton.																	
A	21	VALETTE (LA).																	
»	»	Le reste du canton.																	
E	22	VILLEFAGNAN.																	
»	»	Le reste du canton.																	
		LE RESTE DU DÉPARTEMENT.																	

SIGNES DISTINCTIFS des		CHARENTE. COMMUNES ou PLACES.	NOMS DES CORRESPONDANTS, LEURS TARIFS.																
ARRONDISSEMENTS.	CANTONS.																		
1	2	3	4	5	6	7	8	9	10	11	12	13	14	15	16	17	18	19	20
D	d	Abzac																	
E	e	Aizecq																	
D	8	Alloue																	
C	20	Ambleville																	
C	20	Angeac-Champagne																	
C	9	Angeac-Charente																	
A	17	Anville																	
C	c	Ars																	
A	10	Asnières																	
A	17	Auge																	
E	12	Aunac																	
A	18	Aussac																	
C	11	Bassac																	
E	e	Barro																	
D	19	Beaulieu																	
B	2	Bellon																	
D	8	Benest																	
B	2	Bonnes																	
A	17	Bonneville																	
C	20	Bourg-Charente																	
C	9	Bouteville																	
C	c	Boutiers																	
A	16	Brie																	
D	d	Brigueuil																	
D	d	Brillac																	
E	12	Cellefrouin																	
B	b	Challignac																	
D	19	Champlorier *(Nieuil)*																	
A	a	Champniers																	
B	3	Chantillac																	
E	1	Charmé																	
D	19	Chasseneuil																	
D	14	Châtelars-la-Rivière																	
B	5	Chatignac																	
A	16	Chazelles																	
D	14	Cherves																	
D	6	Chirat																	
A	21	Combiers																	
E	e	Condac																	
A	16	Coulgens																	
A	a	Couronne (la)																	
C	20	Criteuil																	
B	15	Deviat																	
A	21	Dignac																	
A	13	Écuras																	
A	21	Édon																	
D	6	Étagnac																	
D	6	Excideuil																	
C	11	Fleurac																	
A	21	Fouquebrune																	
D	19	Genouillac																	
B	b	Guimps																	
B	5	Guizengeard																	
B	15	Juignac																	
A	4	Jurignac																	
D	6	Lapéruse																	
D	d	Lesterps																	
C	20	Lignières																	
D	19	Loubert																	
E	1	Lupsault																	
C	20	Mainxe																	
A	a	Magnac-sur-Touvre																	
D	d	Manot																	
A	17	Mareuil																	
A	16	Marillac																	
A	17	Marcillac-l'Anville																	

SIGNES DISTINCTIFS des ARRONDISSEMENTS.	CANTONS.	CHARENTE. COMMUNES ou PLACES.	NOMS DES CORRESPONDANTS, LEURS TARIFS.																
1	2	3	4	5	6	7	8	9	10	11	12	13	14	15	16	17	18	19	20
D	14	Massignac																	
A	13	Marthon																	
A	a	Maumont-et-Veuze (*Magnac*)																	
D	14	Mazerolles																	
C	11	Mérignac																	
E	22	Monjean																	
B	7	Montboyer																	
A	18	Montignac-Charente																	
A	16	Montison (Forges) (*Roussines*)																	
C	9	Mosnac																	
A	a	Motte-Charente (la)																	
A	13	Motte (la) (*Feuillade*)																	
A	10	Moulidars																	
E	e	Moutardon																	
A	4	Mouthiers																	
E	e	Nanteuil																	
A	a	Nersac																	
D	19	Nieuil																	
E	22	Paizay-Naudouin																	
B	15	Palluaud																	
A	4	Pérignac																	
B	15	Poullignac																	
A	16	Pranzac																	
A	a	Puymoyen																	
D	14	Puyraveau (*Vitrac*)																	
E	1	Ranville																	
B	3	Reignac																	
B	7	Rioux-Martin																	
A	a	Roullet																	
D	14	Roussines																	
A	a	Ruelle																	
B	15	St-Amant-de-Montmoreau																	
E	12	Saint-Angeau																	
B	b	Saint-Bonnet																	
A	21	Saint-Cybard-le-Peyrat																	
A	17	Saint-Cybardeau																	
A	a	Saint-Estèphe																	
A	10	Saint-Genis-d'Hiersac																	
D	d	Saint-Germain																	
B	5	Saint-Laurent																	
D	19	Saint-Laurent-de-Céris																	
B	7	Sainte-Marie																	
B	b	Saint-Médard																	
C	20	Saint-Même																	
A	a	Saint-Michel																	
D	6	Saint-Quentin																	
B	7	Saint-Quentin-de-Chalais																	
B	3	Sainte-Radegonde																	
C	11	Sainte-Sévère																	
B	2	Saint-Severin																	
C	9	Saint-Simon																	
B	5	Saint-Vallier																	
A	a	Saint-Yrieux																	
C	20	Salles-de-Segonzac																	
E	e	Salles-de-Villefagnan																	
B	15	Salles-la-Dallette																	
D	6	Saulgond																	
A	21	Sers																	
C	11	Sigogne																	
A	10	Sireuil																	
E	22	Souvigné																	
D	6	Suris																	
E	e	Taizé-Aisie																	
A	18	Tourriers																	
B	3	Touvérac																	
C	9	Touzac																	

SIGNES DISTINCTIFS des ARRONDISSEMENTS.	CANTONS.	CHARENTE. COMMUNES ou PLACES.	NOMS DES CORRESPONDANTS, LEURS TARIFS.																
1	2	3	4	5	6	7	8	9	10	11	12	13	14	15	16	17	18	19	20
E	1	Tusson................																	
A	18	Vars............																	
E	e	Verteuil..............																	
C	9	Vibrac.................																	
A	a	Villemant (*Ruelle*)........																	
E	1	Villejésus..............																	
D	14	Vitrac.................																	
C	9	Viville.................																	
A	18	Xambes......																	
B	7	Yviers.................																	

SIGNES DISTINCTIFS des ARRONDISSEMENTS.	SIGNES DISTINCTIFS des CANTONS	CHARENTE-INFÉRIEURE. ARRONDISSEMENTS ET CANTONS.	NOMS DES CORRESPONDANTS, LEURS TARIFS.																
1	2	3	4	5	6	7	8	9	10	11	12	13	14	15	16	17	18	19	20
		ARRONDISSEMENTS.																	
A	a	LA ROCHELLE (ch.-l.).																	
»	»	Le reste { de l'arrondissement. / des deux cantons.																	
B	b	JONZAC.																	
»	»	Le reste { de l'arrondissement. / du canton.																	
C	c	MARENNES.																	
»	»	Le reste { de l'arrondissement / du canton.																	
D	d	ROCHEFORT.																	
»	»	Le reste { de l'arrondissement. / du canton.																	
E	e	SAINTES.																	
»	»	Le reste { de l'arrondissement. / des deux cantons.																	
F	f	SAINT-JEAN-D'ANGELY.																	
»	»	Le reste { de l'arrondissement. / du canton.																	
		CANTONS.																	
D	1	AIGREFEUILLE.																	
»	»	Le reste du canton.																	
B	2	ARCHIAC.																	
»	»	Le reste du canton.																	
A	3	ARS-EN-RÉ.																	
»	»	Le reste du canton.																	
F	4	AULNAY.																	
»	»	Le reste du canton.																	
E	5	BURIE.																	
»	»	Le reste du canton.																	
C	6	CHATEAU-D'OLÉRON.																	
A	7	COURÇON.																	
»	»	Le reste du canton																	
E	8	COZES.																	
»	»	Le reste du canton.																	
E	9	GÉMOZAC.																	
»	»	Le reste du canton.																	
A	10	JARRIE (LA).																	
»	»	Le reste du canton.																	
F	11	LOULAY.																	
»	»	Le reste du canton.																	
A	12	MARANS.																	
»	»	Le reste du canton.																	
F	13	MATHA.																	
»	»	Le reste du canton.																	
B	14	MIRAMBEAU.																	
»	»	Le reste du canton.																	
B	15	MONTENDRE.																	
»	»	Le reste du canton.																	
B	16	MONTGUYON.																	
»	»	Le reste du canton.																	
B	17	MONTLIEU.																	
»	»	Le reste du canton.																	
E	18	PONS.																	
»	»	Le reste du canton.																	
C	19	ROYAN.																	
»	»	Le reste du canton.																	
C	20	SAINT-AGNANT.																	
»	»	Le reste du canton.																	
B	21	SAINT-GÉNIS.																	
»	»	Le reste du canton.																	
F	22	SAINT-HILAIRE-DE-VILLEFRANCHE																	
»	»	Le reste du canton.																	
A	23	SAINT-MARTIN (ILE DE RÉ).																	
»	»	Le reste du canton.																	
C	24	SAINT-PIERRE-D'OLÉRON.																	
E	25	SAINT-PORCHAIRE.																	
»	»	Le reste du canton.																	
F	26	SAINT-SAVINIEN.																	
»	»	Le reste du canton.																	
E	27	SAUJON.																	
»	»	Le reste du canton.																	
D	28	SURGÈRES.																	
»	»	Le reste du canton.																	
F	29	TONNAY-BOUTONNE.																	
»	»	Le reste du canton.																	
D	30	TONNAY-CHARENTE.																	
»	»	Le reste du canton.																	
C	31	TREMBLADE (LA).																	
»	»	Le reste du canton.																	
		LE RESTE DU DÉPARTEMENT.																	

SIGNES DISTINCTIFS des ARRONDISSEMENTS.	CANTONS.	CHARENTE-INFÉRIEURE. COMMUNES ou PLACES.	NOMS DES CORRESPONDANTS, LEURS TARIFS.																
1	2	3	4	5	6	7	8	9	10	11	12	13	14	15	16	17	18	19	20
B	2	Allas-Champagne																	
A	a	Angoulin																	
F	26	Annepont																	
C	31	Arvert																	
F	22	Aumague																	
A	a	Aytré																	
D	1	Ballon																	
F	13	Beauvais-sur-Matha																	
A	7	Benon																	
E	25	Beurlais																	
F	13	Blanzac																	
B	21	Bois																	
A	10	Bourgneuf																	
F	22	Brisambourg																	
B	16	Cercoux																	
E	e	Chaniers																	
B	21	Champagnolles																	
F	26	Champdolent																	
B	17	Chepniers																	
E	5	Chérac																	
B	17	Chevanceaux																	
D	1	Ciré																	
A	a	Cognehors																	
B	14	Conzac																	
E	27	Corme-Royal																	
A	3	Couarde (la)																	
F	f	Courcelles																	
F	4	Dampierre-sur-Boutonne																	
C	6	Dolus																	
A	a	Dompierre																	
E	5	Dompierre-sur-Charente																	
E	e	Douhet (le)																	
E	5	Écoyeux																	
E	25	Envaux (Port d') (*St-Saturnin*)																	
E	8	Épargnes																	
E	25	Essards (les)																	
C	31	Étaules																	
A	23	Flotte (la)																	
F	4	Fontaine-Chalendray																	
D	1	Forges																	
D	30	Genouillé																	
B	16	Gibaux (*le Fouilloux*)																	
C	c	Gua (le)																	
D	d	Isle-d'Aix (l')																	
A	a	Lafond (*Cognehors*)																	
B	b	Léoville																	
A	3	Loix																	
B	2	Lonzac																	
B	21	Lorignac																	
F	13	Maqueville																	
D	28	Marsais																	
C	31	Mathes (les)																	
E	8	Mechers																	
E	9	Meursac																	
E	5	Migron																	
E	18	Montils																	
E	9	Montpellier-le-Médillan																	
C	19	Mornac																	
E	8	Mortagne-sur-Gironde																	
E	27	Nancras																	
F	4	Néré																	
B	14	Nieul-le-Virouil																	
A	7	Nuaillé																	
F	4	Nuaillé																	
E	18	Pérignac																	
E	27	Pisany																	

SIGNES DISTINCTIFS des ARRONDISSEMENTS.	CANTONS.	CHARENTE-INFÉRIEURE. COMMUNES ou PLACES.	NOMS DES CORRESPONDANTS, LEURS TARIFS.																
1	2	3	4	5	6	7	8	9	10	11	12	13	14	15	16	17	18	19	20
E	25	Pont-l'Abbé																	
A	3	Portes (les)																	
F	f	Poursay-Garnaud																	
E	e	Préguillac																	
D	28	Puyravault																	
F	29	Puyrolland																	
B	b	Réaux																	
E	25	Romegoux																	
B	16	Saint-Aigulin																	
A	10	Saint-Christophe																	
B	14	Saint-Ciers-du-Taillon																	
C	24	Saint-Denis																	
B	21	Saint-Fort-sur-Gironde																	
B	21	Saint-Georges-de-Cubillat																	
E	e	Saint-Georges-des-Coteaux																	
C	24	Saint-Georges-d'Oléron																	
D	28	Saint-Georges-du-Bois																	
B	21	Saint-Germain-du-Xeudre																	
A	7	Saint-Jean-de-Liversay																	
F	f	Saint-Julien-de-Lescap																	
C	c	Saint-Just																	
B	2	Saint-Maigrin																	
B	28	Saint-Marc																	
A	23	Sainte-Marie																	
B	14	Saint-Martial-de-Mirambaux																	
F	11	Saint-Martin-de-la-Coudre																	
C	20	Saint-Nazaire																	
D	28	Saint-Pierre-de-Surgères																	
E	5	Saint-Sauvant																	
A	7	Saint-Sauveur-de-Nuaillé																	
C	c	Saint-Sornin																	
B	14	Saint-Thomas-de-Conac																	
C	6	Saint-Trojean																	
A	a	Saint-Xandre																	
A	10	Salles																	
C	20	Soubize																	
B	15	Sousmoulin																	
F	26	Taillebourg																	
A	7	Tangon-la-Ronde																	
E	9	Tesson																	
D	1	Thairé																	
F	13	Thors																	
F	13	Touches-de-Périgny (les)																	
B	15	Tugeras																	

SIGNES DISTINCTIFS des ARRONDISSEMENTS.	SIGNES DISTINCTIFS des CANTONS.	CHER. ARRONDISSEMENTS ET CANTONS.	NOMS DES CORRESPONDANTS, LEURS TARIFS.																
1	2	3	4	5	6	7	8	9	10	11	12	13	14	15	16	17	18	19	20
		ARRONDISSEMENTS.																	
A	a	BOURGES (ch.-l.).																	
»	»	Le reste { de l'arrondissement. / du canton.																	
B	b	SAINT-AMAND.																	
»	»	Le reste { de l'arrondissement. / du canton.																	
C	c	SANCERRE.																	
»	»	Le reste { de l'arrondissement. / du canton																	
		CANTONS.																	
A	1	AIX-D'ANGILON (LES).																	
»	»	Le reste du canton.																	
C	2	ARGENT.																	
»	»	Le reste du canton.																	
C	3	AUBIGNY-VILLE.																	
»	»	Le reste du canton.																	
A	4	BAUGY.																	
»	»	Le reste du canton.																	
C	5	CHAPELLE-D'ANGILLON (LA).																	
»	»	Le reste du canton.																	
B	6	CHARENTON.																	
»	»	Le reste du canton.																	
A	7	CHAROST.																	
»	»	Le reste du canton.																	
B	8	CHATEAUMEILLANT.																	
»	»	Le reste du canton.																	
B	9	CHATEAUNEUF-SUR-CHER.																	
»	»	Le reste du canton.																	
B	10	CHATELET (LE).																	
»	»	Le reste du canton.																	
B	11	DUN-LE-ROI.																	
»	»	Le reste du canton.																	
A	12	GRAÇAY.																	
»	»	Le reste du canton.																	
B	13	GUERCHE (LA).																	
»	»	Le reste du canton.																	
C	14	HENRICHEMONT.																	
»	»	Le reste du canton.																	
C	15	LÉRÉ.																	
»	»	Le reste du canton.																	
A	16	LEVET.																	
»	»	Le reste du canton.																	
B	17	LIGNIÈRES.																	
»	»	Le reste du canton.																	
A	18	LURY.																	
»	»	Le reste du canton.																	
A	19	MEHUN-SUR-YÈVRE.																	
»	»	Le reste du canton.																	
B	20	NÉRONDES.																	
»	»	Le reste du canton.																	
A	21	SAINT-MARTIN-D'AUXIGNY																	
»	»	Le reste du canton.																	
C	22	SANCERGUES.																	
»	»	Le reste du canton.																	
B	23	SANCOINS.																	
»	»	Le reste du canton.																	
B	24	SAULZAIS-LE-POTIER.																	
»	»	Le reste du canton.																	
C	25	VAILLY.																	
»	»	Le reste du canton.																	
A	26	VIERZON-VILLE.																	
»	»	Le reste du canton.																	
		LE RESTE DU DÉPARTEMENT.																	

Signes distinctifs des Arrondissements.	Signes distinctifs des Cantons.	CHER. — Communes ou places.	Noms des correspondants, leurs tarifs.																
1	2	3	4	5	6	7	8	9	10	11	12	13	14	15	16	17	18	19	20
C	25	Assigny																	
B	6	Bannegon																	
C	25	Barlieu																	
B	9	Biguy-sur-Cher (*Vallenay*)																	
B	20	Blet																	
B	20	Bourdelins (les) (*Ourouer*)																	
B	6	Boutillon (*St-Pierre-des-Ét.*)																	
B	11	Bussy																	
B	b	Celle-Bruère (la)																	
A	4	Chassy																	
B	17	Chezal-Benoist																	
A	19	Crécy (*Mehun-sur-Yèvre*)																	
B	8	Culant																	
C	25	Dampierre																	
B	24	Épineuil-le-Fleuriel																	
C	22	Étréchy																	
B	b	Farges																	
A	19	Foëcy																	
B	13	Forge-Neuve (*Saint-Baudel*)																	
A	21	Fussy																	
B	13	Germigny																	
B	23	Grossouvre (*Vraux*)																	
C	22	Herry																	
C	5	Ivoy-le-Pré																	
C	c	Jalognes																	
C	25	Jars																	
B	23	Jouy																	
A	18	Lazenay																	
C	5	Loroy (*Méry-ès-Bois*)																	
B	20	Lugny																	
C	22	Marcilly																	
B	9	Marigny (*Chât.-Neuf-s.-Cher*)																	
A	7	Mareuil																	
A	26	Massay																	
B	b	Meillant																	
A	21	Menetou-Salon																	
A	26	Nançay																	
A	26	Neuvy-sur-Baranjon																	
B	b	Noirlac (*Celle-Bruyère*)																	
B	8	Noyer (N.-D. du)																	
A	16	Osmoy																	
B	20	Ourouer																	
B	13	Patinges																	
C	22	Précy																	
B	8	Préveranges																	
A	1	Rians																	
A	7	Saint-Florent																	
B	13	Saint-Germain-sur-l'Aubois																	
A	1	Saint-Michel-de-Vaulangis																	
C	c	Saint-Satur																	
C	c	Saint-Thibault (*Saint-Satur*)																	
B	23	Sagonne																	
A	4	Saligny-le-Vif																	
C	c	Sens-Beaujeu																	
C	25	Subligny																	
C	c	Sury-en-Vaux																	
B	6	Thaumiers																	
C	25	Thou																	
B	8	Treizy (*Chapelle-Hugon*)																	
A	21	Vasselay																	
C	c	Veaugues																	
A	26	Vierzon-Village																	
A	26	Vignoux-sur-Baranjon																	
C	25	Villegénon																	
B	6	Villenay																	
A	4	Villequiers																	

SIGNES DISTINCTIFS des		CORRÈZE.	NOMS DES CORRESPONDANTS, LEURS TARIFS.																
ARRONDISSEMENTS.	CANTONS.	ARRONDISSEMENTS ET CANTONS.																	
1	2	3	4	5	6	7	8	9	10	11	12	13	14	15	16	17	18	19	20
		ARRONDISSEMENTS.																	
A	a	TULLE (ch.-l.).																	
»	»	Le reste { de l'arrondissement. des deux cantons.																	
B	b	BRIVES.																	
»	»	Le reste { de l'arrondissement. du canton.																	
C	c	USSEL.																	
»	»	Le reste { de l'arrondissement. du canton.																	
		CANTONS.																	
A	1	ARGENTAT.																	
»	»	Le reste du canton.																	
B	2	AYEN.																	
»	»	Le reste du canton.																	
B	3	BEAULIEU.																	
»	»	Le reste du canton.																	
B	4	BEYNAC.																	
»	»	Le reste du canton.																	
C	5	BORT.																	
»	»	Le reste du canton.																	
C	6	BUGEAT.																	
»	»	Le reste du canton.																	
A	7	CORRÈZE.																	
»	»	Le reste du canton.																	
B	8	DONZENAC.																	
»	»	Le reste du canton.																	
A	9	ÉGLETONS.																	
»	»	Le reste du canton.																	
C	10	EYGURANDE.																	
»	»	Le reste du canton.																	
B	11	JUILLAC.																	
»	»	Le reste du canton.																	
A	12	LAPLÉAU.																	
»	»	Le reste du canton.																	
B	13	LARCHE.																	
»	»	Le reste du canton.																	
B	14	LUBERSAC.																	
»	»	Le reste du canton.																	
A	15	MERCOEUR.																	
»	»	Le reste du canton.																	
C	16	MEYMAC.																	
»	»	Le reste du canton.																	
B	17	MEYSSAC.																	
»	»	Le reste du canton.																	
C	18	NEUVIC.																	
»	»	Le reste du canton.																	
A	19	ROCHE-CANILLAC (LA).																	
»	»	Le reste du canton.																	
A	20	SEILHAC.																	
»	»	Le reste du canton.																	
A	21	SERVIÈRES.																	
»	»	Le reste du canton.																	
C	22	SORNAC.																	
»	»	Le reste du canton.																	
A	23	TREIGNAC.																	
»	»	Le reste du canton.																	
A	24	UZERCHE.																	
»	»	Le reste du canton.																	
B	25	VIGEOIS.																	
»	»	Le reste du canton.																	
		LE RESTE DU DÉPARTEMENT.																	

SIGNES DISTINCTIFS des ARRONDISSEMENTS.	CANTONS.	CORRÈZE. — COMMUNES ou PLACES.	NOMS DES CORRESPONDANTS, LEURS TARIFS.																
1	2	3	4	5	6	7	8	9	10	11	12	13	14	15	16	17	18	19	20
C	10	Aix																	
B	8	Allassac																	
C	16	Alleyrat																	
B	4	Albignac																	
A	15	Altillac																	
C	16	Ambrugeac																	
A	a	Angles (les)																	
B	14	Arnac-Pompadour																	
B	4	Aubazine																	
A	21	Auriac																	
A	7	Bar																	
C	6	Barsanges																	
C	24	Barbazanville																	
A	20	Beaumont																	
B	14	Beyssenac																	
C	6	Bonnefond																	
B	3	Brivezac																	
A	23	Chamberet																	
A	20	Chamboulive																	
A	9	Chapelle-Espinasse (la)																	
B	13	Chastaux																	
C	22	Chavanac																	
C	18	Chirac																	
B	13	Cublac																	
B	b	Dampniac																	
C	16	Davignac																	
A	a	Gimel																	
B	14	Glandier (le) (*Beyssac*)																	
A	20	Lagraulière																	
B	4	Lanteuil																	
C	6	Lestards																	
C	18	Liginiac																	
B	13	Lissac																	
A	23	Lonzac (le)																	
B	b	Mallemort																	
B	13	Mansac																	
A	19	Marcillac																	
B	17	Marcillac-la-Crosse																	
A	24	Masseret																	
C	16	Maussac																	
C	18	Mazière-Basse (la)																	
C	10	Mazière-Haute (la)																	
C	10	Monestiers-Merlines																	
A	1	Neuville																	
B	b	Noailles																	
B	2	Objat																	
B	25	Orgnac																	
C	6	Pérols																	
B	25	Perpezac-le-Noir																	
C	22	Peyrelevade																	
A	23	Peyrissac																	
C	6	Pradines																	
B	3	Puydarnac																	
A	23	Rilhac-Treignac																	
A	21	Rilhac-Xaintrie																	
C	c	Saint-Angel																	
A	7	Saint-Augustin																	
A	1	Saint-Bonnet-Elvert																	
B	11	Saint-Bonnet-la-Rivière																	
A	1	Saint-Chamant																	
A	21	Saint-Cirgues																	
A	20	Saint-Clément																	
C	c	Saint-Exupéry																	
B	8	Sainte-Féréolle																	
A	a	Sainte-Fortunade																	
A	a	Saint-Hilaire-Peyroux																	

SIGNES DISTINCTIFS des ARRONDISSEMENTS.	CANTONS.	CORRÈZE. COMMUNES ou PLACES.	NOMS DES CORRESPONDANTS, LEURS TARIFS.																
1	2	3	4	5	6	7	8	9	10	11	12	13	14	15	16	17	18	19	20
A	12	Saint-Hilaire-Foissac......																	
A	9	Saint-Hippolyte..........																	
A	21	Saint-Julien-aux-Bois.....																	
B	14	Saint-Martin.............																	
A	19	Saint-Martin-la-Méane.....																	
A	12	Saint-Merd..............																	
A	12	Saint-Pantaléon..........																	
A	19	Saint-Paul..............																	
B	2	Saint-Robert............																	
A	20	Saint-Salvadour..........																	
C	22	Saint-Sestiers...........																	
A	9	Saint-Yrieix-le-Déjalat.....																	
A	24	Sarons..................																	
B	14	Segur..................																	
C	18	Serandon...............																	
B	4	Sérilhac................																	
A	12	Soursac.................																	
C	6	Tarnac.................																	
B	25	Troche.................																	
B	17	Turenne................																	
A	21	Valette (la) (*Auriac*).......																	
B	11	Vignols.................																	
B	11	Voutezac...............																	
B	2	Yssandon...............																	

SIGNES DISTINCTIFS des ARRONDISSEMENTS.	SIGNES DISTINCTIFS des CANTONS.	CORSE. ARRONDISSEMENTS ET CANTONS.	NOMS DES CORRESPONDANTS, LEURS TARIFS.																
1	2	3	4	5	6	7	8	9	10	11	12	13	14	15	16	17	18	19	20
		ARRONDISSEMENTS.																	
A	a	AJACCIO (ch.-l.).																	
		Le reste de l'arrondissement.																	
»	»	Le reste du canton.																	
B	b	BASTIA.																	
		Le reste de l'arrondissement.																	
»	»	Le reste des deux cantons.																	
C	c	CALVI.																	
		Le reste de l'arrondissement.																	
»	»	Le reste du canton.																	
D	d	CORTE.																	
		Le reste de l'arrondissement.																	
»	»	Le reste du canton.																	
E	e	SARTÈNE.																	
		Le reste de l'arrondissement.																	
»	»	Le reste du canton.																	
		CANTONS.																	
C	1	ALGAJOLA.																	
»	»	Le reste du canton.																	
A	2	BASTELICA.																	
»	»	Le reste du canton.																	
C	3	BELGODÈRE.																	
»	»	Le reste du canton.																	
A	4	BOCOGNANO.																	
»	»	Le reste du canton.																	
E	5	BONIFACIO.																	
»	»	Le reste du canton.																	
B	6	BORGO.																	
»	»	Le reste du canton.																	
B	7	BRANDO.																	
»	»	Le reste du canton.																	
D	8	CALACUCCIA.																	
»	»	Le reste du canton.																	
C	9	CALANZANA.																	
»	»	Le reste du canton.																	
B	10	CAMPILE.																	
»	»	Le reste du canton.																	
B	11	CAMPITELLO.																	
»	»	Le reste du canton.																	
D	12	CASTIFAO.																	
»	»	Le reste du canton.																	
B	13	CERVIONE.																	
»	»	Le reste du canton.																	
A	14	EVISA.																	
»	»	Le reste du canton.																	
C	15	ISLE-ROUSSE (L').																	
»	»	Le reste du canton.																	
B	16	LAMA.																	
»	»	Le reste du canton.																	
E	17	LEVIE.																	
»	»	Le reste du canton.																	
B	18	LURI.																	
»	»	Le reste du canton.																	
D	19	MOITA.																	
»	»	Le reste du canton.																	
D	20	MOROSOGLIA.																	
»	»	Le reste du canton.																	
B	21	MURATO.																	
»	»	Le reste du canton.																	
B	22	NONZA.																	
»	»	Le reste du canton.																	
B	23	OLETTA.																	
»	»	Le reste du canton.																	
D	24	OMESSA.																	
»	»	Le reste du canton.																	
E	25	OLMETO.																	
»	»	Le reste du canton.																	
C	26	OLMI ET CAPELLA.																	
»	»	Le reste du canton.																	
B	27	PERO.																	
»	»	Le reste du canton.																	
E	28	PETRETO ET BICCHISANO.																	
»	»	Le reste du canton.																	
A	29	PIANA (LA).																	
»	»	Le reste du canton.																	
D	30	PIEDICORTE DE GAGGIO.																	
»	»	Le reste du canton.																	
D	31	PIEDICROCE.																	
»	»	Le reste du canton.																	

SIGNES DISTINCTIFS des		CORSE. ARRONDISSEMENTS ET CANTONS.	NOMS DES CORRESPONDANTS, LEURS TARIFS.																
ARRONDISSEMENTS.	CANTONS.																		
1	2	3	4	5	6	7	8	9	10	11	12	13	14	15	16	17	18	19	20
D	32	PIETRA DE VERDE.																	
»	»	Le reste du canton.																	
B	33	PORTA (LA).																	
»	»	Le reste du canton.																	
E	34	PORTO-VECCHIO.																	
»	»	Le reste du canton.																	
D	35	PRUNELLI DI FIUMORBO.																	
»	»	Le reste du canton.																	
B	36	ROGLIANO.																	
»	»	Le reste du canton.																	
E	37	SAINTE-LUCIE.																	
»	»	Le reste du canton.																	
A	38	SAINTE-MARIE ET SICCHE.																	
»	»	Le reste du canton.																	
B	39	SAINT-FLORENT.																	
»	»	Le reste du canton.																	
D	40	SAINT-LAURENT.																	
»	»	Le reste du canton.																	
A	41	SALICE.																	
»	»	Le reste du canton.																	
B	42	SAN MARTINO DI SOTA.																	
»	»	Le reste du canton.																	
B	43	SAN NICOLAO.																	
»	»	Le reste du canton.																	
B	44	SANTO PIETRO.																	
»	»	Le reste du canton.																	
A	45	SARI D'ORCINO.																	
»	»	Le reste du canton.																	
A	46	SARROLA ET CARCOPINO.																	
»	»	Le reste du canton.																	
D	47	SERMANO.																	
»	»	Le reste du canton.																	
E	48	SERRA DI SCOPAMENE.																	
»	»	Le reste du canton.																	
D	49	SERRAGGIO.																	
»	»	Le reste du canton.																	
A	50	SOCCIA.																	
»	»	Le reste du canton.																	
D	51	VALLE D'ALESANI.																	
»	»	Le reste du canton.																	
B	52	VESCOVATO.																	
»	»	Le reste du canton.																	
D	53	VEZZANI.																	
»	»	Le reste du canton.																	
A	54	VICO.																	
»	»	Le reste du canton.																	
A	55	ZICAVO.																	
»	»	Le reste du canton.																	
		LE RESTE DU DÉPARTEMENT.																	

SIGNES DISTINCTIFS des ARRONDISSEMENTS.	CANTONS.	CORSE. COMMUNES ou PLACES.	NOMS DES CORRESPONDANTS, LEURS TARIFS.																
1	2	3	4	5	6	7	8	9	10	11	12	13	14	15	16	17	18	19	20
A	38	Albitreccia																	
D	30	Altiani																	
A	38	Azilane																	
A	54	Balogna																	
B	39	Barbaggio																	
B	22	Canari																	
B	42	Cardo																	
A	29	Cargesse																	
A	45	Casaglione																	
D	8	Casamaccioli																	
C	1	Catteri																	
A	2	Cauro																	
B	36	Centuri																	
D	32	Chiatra																	
C	15	Corbara																	
A	46	Cuttoli																	
D	31	Erbaceggio (*Nocario*)																	
B	36	Ersa																	
B	43	Fano (*San-Nicolao*)																	
C	1	Felicetto																	
B	42	Ficarella (*Santa-Maria-di-L.*)																	
A	38	Forciolo																	
E	25	Fozzano																	
A	38	Grosseto																	
A	50	Guagno																	
A	55	Guitera																	
D	35	Isolaccio																	
D	49	Lugo-di-Vecchio																	
A	14	Marignana																	
D	20	Marina de Luri																	
B	18	Marina de Marsaglia																	
D	12	Moltifao																	
B	10	Monte-Cavallino																	
C	9	Monte-Magiore																	
C	15	Monticello																	
B	13	Moriani (*Cervione*)																	
D	49	Muracciole																	
D	51	Novole																	
B	22	Olcani																	
E	28	Olivese																	
E	37	Olmiccia																	
D	31	Orezza (Vallée d')																	
A	29	Otta																	
C	3	Palazca																	
A	41	Pastricciola																	
B	52	Penta de Cazinca																	
D	51	Perelli																	
A	46	Peri																	
D	19	Pianello																	
D	24	Piedigriggio																	
A	38	Pila																	
B	18	Pino																	
B	23	Poggio d'Oletta																	
A	50	Poggiola																	
C	26	Poggiola																	
D	31	Rapaggio																	
B	21	Rutali																	
C	15	Santa-Reparata																	
B	33	Scata																	
B	11	Scolca																	
B	44	Sorio																	
C	1	Speloncato																	
B	27	Talasani																	
B	33	Tavannica (*La Porta*)																	
D	51	Tarrano																	
A	55	Tasso																	

SIGNES DISTINCTIFS des ARRONDISSEMENTS.	CANTONS.	CORSE. COMMUNES ou PLACES.	NOMS DES CORRESPONDANTS, LEURS TARIFS.																
1	2	3	4	5	6	7	8	9	10	11	12	13	14	15	16	17	18	19	20
A	4	Tavera																	
B	16	Urtaca																	
D	20	Valle de Rostino																	
B	23	Vallecalle																	
D	35	Ventiseri																	
D	31	Verdese																	
A	4	Vero																	
C	9	Zilia																	

SIGNES DISTINCTIFS des ARRONDISSEMENTS.	CANTONS.	CÔTE-D'OR. ARRONDISSEMENTS ET CANTONS.	NOMS DES CORRESPONDANTS, LEURS TARIFS.																
1	2	3	4	5	6	7	8	9	10	11	12	13	14	15	16	17	18	19	20
		ARRONDISSEMENTS.																	
A	a	DIJON (ch.-l.).																	
»	»	Le reste { de l'arrondissement. des trois cantons.																	
B	b	BEAUNE.																	
»	»	Le reste { de l'arrondissement. des deux cantons.																	
C	c	CHATILLON-SUR-SEINE.																	
»	»	Le reste { de l'arrondissement. du canton.																	
D	d	SEMUR.																	
»	»	Le reste { de l'arrondissement. du canton.																	
		CANTONS.																	
C	1	AIGNAY-LE-DUC.																	
»	»	Le reste du canton.																	
B	2	ARNAY-LE-DUC.																	
»	»	Le reste du canton.																	
A	3	AUXONNE.																	
»	»	Le reste du canton.																	
C	4	BAIGNEUX-LES-JUIFS.																	
»	»	Le reste du canton.																	
B	5	BLIGNY-SUR-OUCHE.																	
»	»	Le reste du canton.																	
D	6	FLAVIGNY.																	
»	»	Le reste du canton																	
A	7	FONTAINE-FRANÇAISE.																	
»	»	Le reste du canton.																	
A	8	GENLIS.																	
»	»	Le reste du canton.																	
A	9	GEVREY.																	
»	»	Le reste du canton.																	
A	10	GRANCEY-LE-CHATEAU.																	
»	»	Le reste du canton.																	
A	11	IS-SUR-TILLE.																	
»	»	Le reste du canton.																	
C	12	LAIGNES.																	
»	»	Le reste du canton.																	
B	13	LIERNAIS.																	
»	»	Le reste du canton.																	
A	14	MIREBEAU-SUR-BÈZE.																	
»	»	Le reste du canton.																	
D	15	MONTBARD.																	
»	»	Le reste du canton.																	
C	16	MONTIGNY-SUR-AUBE.																	
»	»	Le reste du canton.																	
B	17	NOLAY.																	
»	»	Le reste du canton.																	
B	18	NUITS.																	
»	»	Le reste du canton.																	
A	19	PONTAILLER-SUR-SAÔNE.																	
»	»	Le reste du canton.																	
B	20	POUILLY-EN-MONTAGNE.																	
»	»	Le reste du canton.																	
D	21	PRÉCY-SOUS-THIL.																	
»	»	Le reste du canton.																	
C	22	RECEY-SUR-OURCE.																	
»	»	Le reste du canton.																	
B	23	SAINT-JEAN-DE-LOSNE.																	
»	»	Le reste du canton.																	
A	24	SAINT-SEINE-L'ABBAYE.																	
»	»	Le reste du canton.																	
D	25	SAULIEU.																	
»	»	Le reste du canton.																	
A	26	SELONGEY.																	
»	»	Le reste du canton.																	
B	27	SEURRE.																	
»	»	Le reste du canton.																	
A	28	SOMBERNON.																	
»	»	Le reste du canton.																	
D	29	VITTEAUX.																	
»	»	Le reste du canton.																	
		LE RESTE DU DÉPARTEMENT.																	

SIGNES DISTINCTIFS des ARRONDISSEMENTS.	CANTONS.	CÔTE-D'OR. COMMUNES ou PLACES.	NOMS DES CORRESPONDANTS, LEURS TARIFS.																
1	2	3	4	5	6	7	8	9	10	11	12	13	14	15	16	17	18	19	20
B	27	Abergement-les-Seurres (l').																	
A	a	Ahuy																	
A	8	Aiserey																	
C	c	Aisey-le-Duc ou sur-Seine.																	
D	6	Alise-Sainte-Reine																	
B	b	Aloxe																	
C	c	Ampilly-le-Sec																	
A	a	Arc-sur-Tille																	
A	3	Athée																	
C	16	Autricourt																	
B	b	Auxey-le-Grand																	
C	12	Balot																	
A	14	Beaumont-sur-Vingeanne																	
C	16	Belan-sur-Ource																	
C	22	Beneuvre																	
C	16	Bessey-la-Côte																	
A	14	Bèze																	
A	14	Bezonotte																	
D	21	Bierre-les-Semur																	
C	12	Bissey-la-Pierre																	
A	19	Binges																	
A	28	Blaizy-Bas																	
A	28	Blaizy-Haut																	
B	b	Bligny-sous-Beaune																	
C	16	Boudreville																	
C	12	Bouix																	
A	7	Bourberain																	
B	23	Brazey-en-Plaine																	
C	16	Brion-sur-Ource																	
A	9	Brochon																	
D	15	Buffon																	
C	c	Buncey																	
C	22	Bure																	
A	28	Bussy-la-Pelle																	
D	6	Bussy-le-Grand																	
C	12	Cérilly																	
B	13	Censerey																	
B	20	Chailly																	
A	9	Chambole																	
C	c	Chamesson																	
A	14	Champagne-sur-Vingeanne.																	
D	6	Chanceaux																	
D	29	Charencey																	
B	17	Chassagnes																	
B	20	Châteauneuf																	
B	20	Châtellenot																	
C	16	Chaume (la)																	
C	c	Chaumont-le-Bois																	
C	4	Chenecières (*St-Marc-s-Seine*)																	
A	a	Chenoves																	
D	15	Choiseau (*Marmagne*)																	
B	b	Chorey																	
C	c	Chouette (la) (*Aisey-le-Duc*)																	
A	19	Cirey																	
D	21	Clamerey																	
B	18	Citeaux (*Saint-Nicolas*)																	
A	a	Clénay																	
A	8	Collonges-les-Premières																	
A	a	Corcelles-les-Monts																	
D	d	Corombles																	
B	17	Corpeau																	
D	d	Corsaint																	
C	1	Cosne (*Quemigny-sur-Seine*)																	
C	c	Coulmier-le-Sec																	
C	16	Courban																	
D	15	Courcelles-sous-Grignon																	

CÔTE-D'OR.

SIGNES DISTINCTIFS des ARRONDISSEMENTS.	SIGNES DISTINCTIFS des CANTONS.	COMMUNES ou PLACES.	NOMS DES CORRESPONDANTS, LEURS TARIFS.																
1	2	3	4	5	6	7	8	9	10	11	12	13	14	15	16	17	18	19	20
A	10	Courlon																	
A	11	Courtivron																	
A	a	Couternon																	
A	a	Crimolois																	
A	10	Cussey-les-Forges																	
A	7	Dampierre-sur-Vingeanne																	
D	6	Daray																	
A	11	Diénay																	
B	b	Douée (la) (*Serrigny*)																	
A	19	Drambon																	
C	16	Épailly (*Courban*)																	
D	d	Époisses																	
C	22	Essarois																	
C	12	Étais																	
A	9	Étang-Vergy (l')																	
D	15	Fain-les-Montbard																	
D	15	Fain-les-Moutiers																	
A	8	Fauverney																	
C	22	Faverolles-les-Lucey																	
A	9	Fixin																	
C	4	Fontaine-en-Duesmois																	
D	15	Fontenay (*Marmagne*)																	
A	a	Foulon (le)																	
D	15	Fresne																	
C	22	Froidvent (*Leuglay*)																	
D	6	Frolois																	
B	17	Gamay (*Saint-Aubin*)																	
A	11	Gémeaux																	
D	d	Genay																	
C	16	Gevrolles																	
C	16	Grancey-sur-Ource																	
B	20	Grosbois-en-Montagne																	
C	22	Gurgy-la-Pierre																	
C	22	Gurgy-le-Château																	
B	17	Ivry																	
B	27	Jallanges																	
B	2	Lacanche																	
B	b	Ladoix (*Serrigny*)																	
A	24	Lamargelle																	
C	12	Larrey																	
C	22	Leuglay																	
A	7	Licey-sur-Vingeanne																	
C	16	Lignerolles																	
A	8	Longecourt																	
D	15	Lucenay-le-Duc																	
A	11	Lux																	
C	c	Maisey-sur-Ource																	
D	21	Maison-Neuve (la) (*Précy*)																	
A	28	Malain																	
A	26	Marey-sur-Tille																	
A	a	Marsannay-la-Côte																	
A	11	Marsannay-le-Bois																	
B	13	Maupas (*Sussey*)																	
B	b	Meloisey																	
B	b	Meursault																	
C	1	Minot																	
C	12	Molesmes																	
A	11	Moloy																	
A	7	Montigny-sur-Vingeanne																	
C	c	Montliot																	
C	22	Montmoyen																	
A	9	Morey																	
C	c	Mosson																	
D	15	Moutiers-Saint-Jean																	
C	12	Nicey																	
C	c	Nod-sur-Seine																	

SIGNES DISTINCTIFS des ARRONDISSEMENTS.	CANTONS.	CÔTE-D'OR. COMMUNES ou PLACES.	NOMS DES CORRESPONDANTS, LEURS TARIFS.																
1	2	3	4	5	6	7	8	9	10	11	12	13	14	15	16	17	18	19	20
A	9	Noiron-les-Citeaux																	
C	4	Oigny																	
A	26	Orville																	
B	23	Osne (l')																	
B	27	Pagny-la-Ville																	
A	24	Pelleray-sur-Lignon																	
B	23	Perrière (la)																	
A	a	Plombières																	
C	12	Poinçon-les-Larrey																	
B	b	Pommard																	
A	24	Poncey-les-Pellerey																	
A	3	Poncey-les-Athés																	
A	28	Pont-de-Pany (*St-Marie-S.-O.*)																	
C	c	Pothières																	
D	6	Pouillenay																	
B	27	Pouilly-sur-Saône																	
A	7	Pouilly-sur-Vingeanne																	
B	18	Prémeaux																	
A	8	Premières																	
C	c	Prusly-sur-Ource																	
B	17	Puligny																	
C	1	Quemigny-sur-Seine																	
A	14	Renève																	
C	16	Riel-les-Eaux																	
D	25	Roche-en-Brenil (la)																	
C	1	Rochefort																	
B	17	Rochepot (la)																	
D	21	Rouvray																	
A	26	Sacquenay																	
B	17	Saint-Aubin																	
C	c	Sainte-Colombe-sur-Seine																	
C	4	Saint-Marc-sur-Seine																	
A	7	St.-Maurice-sur-Vingeanne																	
B	2	Saint-Prix-les-Arnay																	
D	4	Sainte-Reine (*Alise-St-Reine.*)																	
D	15	Saint-Remy																	
B	17	Saint-Romain																	
A	7	Saint-Seine-sur-Vingeanne																	
B	23	Saint-Symphorien																	
D	29	Saint-Thibault																	
D	29	Saffres																	
A	10	Salives																	
D	6	Salmaise																	
B	17	Santenay																	
A	11	Saulx-le-Duc																	
B	b	Savigny-sous-Beaune																	
C	12	Savoisy																	
B	b	Serrigny																	
A	19	Talmay																	
C	1	Tarperon (*Quemigny*)																	
A	11	Tarsul																	
A	11	Thil-Châtel																	
C	16	Thoires																	
B	20	Thoisy-le-Désert																	
C	4	Touillon																	
D	d	Toutry																	
A	24	Val-Suzon																	
B	20	Vandenesse																	
C	c	Vanvey																	
A	a	Velards-sur-Ouche																	
D	6	Vénarey																	
A	16	Vernois-les-Vesvres																	
D	6	Verrey-sous-Salmaise																	
C	26	Veuxhaules																	
D	21	Vic-sous-Thil																	
B	2	Viévy																	

SIGNES DISTINCTIFS des ARRONDISSEMENTS.	CANTONS.	CÔTE-D'OR. COMMUNES ou PLACES.	NOMS DES CORRESPONDANTS, LEURS TARIFS.																
1	2	3	4	5	6	7	8	9	10	11	12	13	14	15	16	17	18	19	20
C	4	Villaines-en-Duesmois																	
A	11	Villecomte																	
A	3	Villers-les-Pots																	
C	c	Villiers-le-Duc																	
C	c	Villotte-sur-Ource																	
D	29	Villotte-les-Saint-Seine																	
D	29	Villy																	
B	b	Volnay																	
A	19	Vonges																	
B	18	Vosne																	
B	2	Voudenay																	
B	18	Vougeot																	
C	22	Voulaine																	

SIGNES DISTINCTIFS des		CÔTES-DU-NORD. ARRONDISSEMENTS ET CANTONS.	NOMS DES CORRESPONDANTS, LEURS TARIFS.																
ARRONDISSEMENTS.	CANTONS.																		
1	2	3	4	5	6	7	8	9	10	11	12	13	14	15	16	17	18	19	20
		ARRONDISSEMENTS.																	
A	a	SAINT-BRIEUC (ch.-l.).																	
»	»	Le reste { de l'arrondissement. des deux cantons.																	
B	b	DINAN.																	
»	»	Le reste { de l'arrondissement. des deux cantons.																	
C	c	GUINGAMP.																	
»	»	Le reste { de l'arrondissement. du canton.																	
D	d	LANNION.																	
»	»	Le reste { de l'arrondissement. du canton.																	
E	e	LOUDÉAC.																	
»	»	Le reste { de l'arrondissement. du canton.																	
		CANTONS.																	
C	1	BÉGARD.																	
»	»	Le reste du canton.																	
C	2	BELLE-ISLE-EN-TERRE.																	
»	»	Le reste du canton.																	
C	3	BOURBRIAC.																	
»	»	Le reste du canton.																	
B	4	BROONS.																	
»	»	Le reste du canton.																	
C	5	CALLAC.																	
»	»	Le reste du canton.																	
A	6	CHATELAUDREN.																	
»	»	Le reste du canton.																	
E	7	COLINÉE.																	
»	»	Le reste du canton.																	
E	8	CORLAY.																	
»	»	Le reste du canton.																	
A	9	ÉTABLES.																	
»	»	Le reste du canton.																	
B	10	ÉVRAN.																	
»	»	Le reste du canton.																	
E	11	GOAREC.																	
»	»	Le reste du canton.																	
B	12	JUGON.																	
»	»	Le reste du canton.																	
E	13	LACHÈZE.																	
»	»	Le reste du canton.																	
A	14	LAMBALLE.																	
»	»	Le reste du canton.																	
A	15	LANVOLLON.																	
»	»	Le reste du canton.																	
D	16	LÉZARDRIEUX.																	
»	»	Le reste du canton.																	
C	17	MAEL-CARHAIX.																	
»	»	Le reste du canton,																	
B	18	MATIGNON.																	
»	»	Le reste du canton.																	
E	19	MERDRIGNAC.																	
»	»	Le reste du canton.																	
A	20	MONCONTOUR.																	
»	»	Le reste du canton.																	
E	21	MUR.																	
»	»	Le reste du canton.																	
A	22	PAIMPOL.																	
»	»	Le reste du canton.																	
D	23	PERROS-GUIREC.																	
»	»	Le reste du canton.																	
B	24	PLANCOET.																	
»	»	Le reste du canton.																	
B	25	PLÉLAN.																	
»	»	Le reste du canton.																	
A	26	PLÉNEUF.																	
»	»	Le reste du canton.																	
D	27	PLESTIN.																	
»	»	Le reste du canton.																	
A	28	PLOEUC.																	
»	»	Le reste du canton																	
C	29	PLOUAGAT.																	
»	»	Le reste du canton																	
D	30	PLOUARET.																	
»	»	Le reste du canton																	
B	31	PLOUBALAY.																	
»	»	Le reste du canton																	

SIGNES DISTINCTIFS des ARRONDISSEMENTS.	CANTONS.	CÔTES-DU-NORD. ARRONDISSEMENTS ET CANTONS.	NOMS DES CORRESPONDANTS, LEURS TARIFS.																
1	2	3	4	5	6	7	8	9	10	11	12	13	14	15	16	17	18	19	20
A	32	PLOUHA.																	
»	»	Le reste du canton.																	
E	33	PLOUGUENAST.																	
»	»	Le reste du canton.																	
C	34	PONTRIEUX.																	
»	»	Le reste du canton.																	
A	35	QUINTIN.																	
»	»	Le reste du canton.																	
D	36	ROCHE-DERRIEN (LA).																	
»	»	Le reste du canton.																	
C	37	ROSTRENEN.																	
»	»	Le reste du canton.																	
B	38	SAINT-JOUAN-DE-L'ISLE.																	
»	»	Le reste du canton.																	
C	39	SAINT-NICOLAS-DU-PELEM.																	
»	»	Le reste du canton.																	
D	40	TRÉGUIER.																	
»	»	Le reste du canton.																	
E	41	UZEL.																	
»	»	Le reste du canton.																	
		LE RESTE DU DÉPARTEMENT.																	

SIGNES DISTINCTIFS des ARRONDISSEMENTS.	CANTONS.	CÔTES-DU-NORD. COMMUNES ou PLACES.	NOMS DES CORRESPONDANTS, LEURS TARIFS.																
1	2	3	4	5	6	7	8	9	10	11	12	13	14	15	16	17	18	19	20
A	9	Binic																	
A	22	Bréat (Isle)																	
C	5	Carnoët																	
B	38	Caulnes																	
D	36	Caven																	
B	38	Chapelle-Blanche (la)																	
C	c	Coudout																	
B	24	Corseul																	
A	26	Erguy																	
E	33	Gausson																	
C	37	Glomel																	
C	29	Gondelin																	
E	41	Grace																	
C	c	Graces																	
B	38	Guenroc																	
B	38	Guitté																	
B	18	Hénan-Bihen																	
A	20	Hénon																	
A	28	Hermitage (l')																	
C	1	Kermoroch																	
E	33	Langast																	
D	40	Langoat																	
E	7	Langourla																	
E	11	Laniscat																	
B	4	Lanrelas																	
C	17	Locarn																	
D	30	Loquivy-Plougras																	
D	23	Louannec																	
C	2	Louarguat																	
E	11	Mellionec																	
E	e	Motte (la)																	
E	11	Perret																	
A	28	Plaintel																	
A	a	Plédran																	
B	18	Plébousle																	
B	12	Plédéliac																	
B	18	Pléhérel																	
A	6	Plélo																	
E	13	Plemet																	
E	33	Plency																	
B	12	Plénée-Jugon																	
A	a	Plérin																	
C	3	Plésidy																	
B	31	Pleslin																	
E	33	Plessala																	
D	16	Pleubian																	
D	16	Pleudaniel																	
B	b	Pleudihen																	
D	16	Pleumeur-Gauthier																	
D	23	Pleumeur-Bodou																	
C	34	Ploézal																	
B	25	Plorec																	
B	10	Plouasne																	
A	22	Ploubazlanec																	
D	d	Ploubezre																	
C	34	Plouec																	
B	b	Plouer																	
A	22	Plouézec																	
C	2	Plougouver																	
D	27	Ploumillian																	
D	30	Plounevez-Moëdec																	
C	37	Plounevez-Quintin																	
D	27	Plufur																	
E	13	Plumieux																	
D	30	Pluzunet																	
D	36	Pommerit-Jaudy																	

SIGNES DISTINCTIFS des ARRONDISSEMENTS.	CANTONS.	CÔTES-DU-NORD. COMMUNES ou PLACES.	NOMS DES CORRESPONDANTS, LEURS TARIFS.																
1	2	3	4	5	6	7	8	9	10	11	12	13	14	15	16	17	18	19	20
A	15	Pommerit-le-Vicomte																	
A	a	Pordic																	
A	9	Portrieux (*Saint-Queray*)																	
D	36	Prat																	
D	13	Prénessaye (la)																	
C	34	Quemper-Guézennec																	
E	41	Quillio (le)																	
D	d	Rospez																	
A	35	Saint-Brandan																	
E	e	Saint-Caradec																	
B	18	Saint-Cast																	
C	39	Saint-Gilles-Pligeaux																	
A	20	Saint-Glen																	
E	21	Saint-Guen																	
B	31	Saint-Jacut																	
E	19	Saint-Launeuc																	
E	8	Saint-Mayeux																	
A	9	Saint-Quay																	
D	d	Servel																	
B	10	Tréfumel																	
E	19	Trémorel																	
E	e	Trévé																	
D	30	Vieux-Marché (le) (*Plouaret*)																	
A	a	Yffiniac																	

SIGNES DISTINCTIFS des ARRONDISSEMENTS.	CANTONS.	CREUSE. ARRONDISSEMENTS ET CANTONS.	NOMS DES CORRESPONDANTS, LEURS TARIFS.																
1	2	3	4	5	6	7	8	9	10	11	12	13	14	15	16	17	18	19	20
		ARRONDISSEMENTS.																	
A	a	GUÉRET (ch.-l.).																	
»	»	Le reste { de l'arrondissement. du canton.																	
B	b	AUBUSSON.																	
»	»	Le reste { de l'arrondissement. du canton.																	
C	c	BOURGANEUF.																	
»	»	Le reste { de l'arrondissement. du canton.																	
D	d	BOUSSAC.																	
»	»	Le reste { de l'arrondissement. du canton.																	
		CANTONS.																	
A	1	AHUN.																	
»	»	Le reste du canton.																	
B	2	AUZANCES.																	
»	»	Le reste du canton.																	
B	3	BELLEGARDE.																	
»	»	Le reste du canton.																	
C	4	BÉNÉVENT.																	
»	»	Le reste du canton.																	
A	5	BONNAT.																	
»	»	Le reste du canton.																	
D	6	CHAMBON.																	
»	»	Le reste du canton.																	
D	7	CHATELUS.																	
»	»	Le reste du canton.																	
B	8	CHÉNÉRAILLES.																	
»	»	Le reste du canton.																	
B	9	COURTINE (LA).																	
»	»	Le reste du canton.																	
B	10	CROCQ.																	
»	»	Le reste du canton.																	
A	11	DUN-LE-PALLETEAU.																	
»	»	Le reste du canton.																	
B	12	ÉVAUX.																	
»	»	Le reste du canton.																	
B	13	FELLETIN.																	
»	»	Le reste du canton.																	
B	14	GENTIOUX.																	
»	»	Le reste du canton.																	
A	15	GRAND-BOURG.																	
»	»	Le reste du canton.																	
D	16	JARNAGES.																	
»	»	Le reste du canton.																	
C	17	PONTARION.																	
»	»	Le reste du canton.																	
C	18	ROYÈRES.																	
»	»	Le reste du canton.																	
B	19	SAINT-SULPICE-LES-CHAMPS.																	
»	»	Le reste du canton.																	
A	20	SAINT-VAURY.																	
»	»	Le reste du canton.																	
A	21	SOUTERRAINE (LA).																	
»	»	Le reste du canton.																	
		LE RESTE DU DÉPARTEMENT.																	

SIGNES DISTINCTIFS des ARRONDISSEMENTS.	CANTONS.	CREUSE. COMMUNES ou PLACES.	NOMS DES CORRESPONDANTS, LEURS TARIFS.																
1	2	3	4	5	6	7	8	9	10	11	12	13	14	15	16	17	18	19	20
A	a	Ajain																	
A	20	Anzème																	
B	12	Arfeuille-Châtain																	
B	19	Ars																	
D	6	Auge																	
A	21	Azerables																	
B	19	Banize																	
A	21	Bazelat																	
B	b	Borne (la)																	
A	20	Bussière-Dunoise																	
A	11	Celle-Dunoise (la)																	
C	4	Ceyroux																	
A	a	Chapelle-Taillefer (la)																	
D	6	Châtelet																	
A	5	Cheniers																	
B	9	Clairavaux																	
D	7	Clugnat																	
D	16	Domérot																	
B	2	Dontreix																	
B	14	Faulx-la-Montagne																	
B	14	Feniers																	
A	11	Fresselines																	
D	7	Genouillat																	
D	16	Gouzon																	
D	6	Lépaud																	
B	3	Lupersat																	
D	6	Lussat																	
B	9	Magnat																	
B	3	Mainsat																	
B	3	Mautes																	
B	10	Mérinchal																	
C	18	Monteil-au-Vicomte																	
A	5	Mortroux																	
C	4	Mourioux																	
A	1	Moutier-d'Hun (le)																	
A	11	Naillat																	
B	b	Néoux																	
B	14	Nouaille (le)																	
D	7	Nouziers																	
B	8	Peyrat-la-Nonnière																	
B	14	Pigerolles																	
A	1	Pionnat																	
B	13	Poussanges																	
A	21	Saint-Aignan-de-Versillat																	
C	17	Saint-Éloy																	
A	15	Saint-Étienne-de-Furzac																	
C	17	Saint-George-la-Pouge																	
A	21	Saint-Germain-de-Beaupré																	
D	6	Saint-Loup																	
D	d	Saint-Marien																	
C	18	Saint-Martin-Château																	
C	c	St-Martin-Sainte-Catherine																	
A	11	Saint-Sébastien																	
B	19	Saint-Sulpice-le-Donzeil																	
A	20	Saint-Sulpice-le-Guérétois																	
B	12	Sannat																	
C	17	Sardent																	
D	d	Soumaus																	
B	13	Vallières																	
B	10	Villeneuve (*Basville*)																	

SIGNES DISTINCTIFS des		DORDOGNE.	NOMS DES CORRESPONDANTS, LEURS TARIFS.																
ARRONDISSEMENTS.	CANTONS.	ARRONDISSEMENTS ET CANTONS.																	
1	2	3	4	5	6	7	8	9	10	11	12	13	14	15	16	17	18	19	20
		ARRONDISSEMENTS.																	
A	a	PÉRIGUEUX (ch.-l.).																	
»	»	Le reste de l'arrondissement. du canton.																	
B	b	BERGERAC.																	
»	»	Le reste de l'arrondissement. du canton.																	
C	c	NONTRON.																	
»	»	Le reste de l'arrondissement. du canton.																	
D	d	RIBÉRAC.																	
»	»	Le reste de l'arrondissement. du canton.																	
E	e	SARLAT.																	
»	»	Le reste de l'arrondissement. du canton.																	
		CANTONS.																	
B	1	BEAUMONT.																	
»	»	Le reste du canton.																	
E	2	BELVÈS.																	
»	»	Le reste du canton.																	
A	3	BRANTÔME.																	
»	»	Le reste du canton.																	
E	4	BUGUE (LE).																	
»	»	Le reste du canton.																	
C	5	BUSSIÈRE-BADIL.																	
»	»	Le reste du canton.																	
B	6	CADOUIN.																	
»	»	Le reste du canton.																	
E	7	CARLUX.																	
»	»	Le reste du canton.																	
C	8	CHAMPAGNAC-DE-BEL-AIR.																	
»	»	Le reste du canton.																	
E	9	DOMME.																	
»	»	Le reste du canton.																	
A	10	EXCIDEUIL.																	
»	»	Le reste du canton.																	
B	11	EYMET.																	
»	»	Le reste du canton.																	
A	12	HAUTEFORT.																	
»	»	Le reste du canton.																	
B	13	ISSIGEAC.																	
»	»	Le reste du canton																	
C	14	JUMILLAC-LE-GRAND.																	
»	»	Le reste du canton.																	
B	15	LAFORCE.																	
»	»	Le reste du canton.																	
B	16	LALINDE.																	
»	»	Le reste du canton.																	
C	17	LANOUAILLE.																	
»	»	Le reste du canton.																	
C	18	MAREUIL.																	
»	»	Le reste du canton.																	
D	19	MONTPONT.																	
»	»	Le reste du canton.																	
D	20	MONTAGRIER.																	
»	»	Le reste du canton.																	
E	21	MONTIGNAC.																	
»	»	Le reste du canton.																	
B	22	MONTPAZIER.																	
»	»	Le reste du canton.																	
D	23	MUSSIDAN.																	
»	»	Le reste du canton.																	
D	24	NEUVIC.																	
»	»	Le reste du canton.																	
B	25	SAINT-ALVÈRE.																	
»	»	Le reste du canton.																	
A	26	SAINT-ASTIER.																	
»	»	Le reste du canton.																	
D	27	SAINT-AULAYE.																	
»	»	Le reste du canton.																	
E	28	SAINT-CYPRIEN.																	
»	»	Le reste du canton.																	
C	29	SAINT-PARDOUX.																	
»	»	Le reste du canton.																	
A	30	SAINT-PIERRE-DE-CHIGNAC.																	
»	»	Le reste du canton.																	
E	31	SALIGNAC.																	
»	»	Le reste du canton.																	

SIGNES DISTINCTIFS des ARRONDISSEMENTS.	CANTONS	DORDOGNE. ARRONDISSEMENTS ET CANTONS.	NOMS DES CORRESPONDANTS, LEURS TARIFS.																
1	2	3	4	5	6	7	8	9	10	11	12	13	14	15	16	17	18	19	20
A	32	SAVIGNAC.																	
»	»	Le reste du canton.																	
B	33	SIGOULÈS.																	
»	»	Le reste du canton.																	
E	34	TERRASSON.																	
»	»	Le reste du canton.																	
A	35	THENON.																	
»	»	Le reste du canton.																	
C	36	THIVIERS.																	
»	»	Le reste du canton.																	
B	37	VÉLINES.																	
»	»	Le reste du canton.																	
A	38	VERGT-SAINT-JEAN.																	
»	»	Le reste du canton.																	
D	39	VERTEILLAC.																	
»	»	Le reste du canton.																	
E	40	VILLEFRANCHE-DE-BELVÈS.																	
»	»	Le reste du canton.																	
B	41	VILLEFRANCHE-DE-LONCHAPT.																	
»	»	Le reste du canton.																	
B	42	VILLEMBARD.																	
»	»	Le reste du canton.																	
		LE RESTE DU DÉPARTEMENT.																	

Signes distinctifs des — Arrondissements.	Cantons.	DORDOGNE. Communes ou places.	Noms des correspondants, leurs tarifs.																
1	2	3	4	5	6	7	8	9	10	11	12	13	14	15	16	17	18	19	20
C	c	Abjat																	
A	3	Agonac																	
D	d	Allemans																	
C	17	Angoisse																	
A	10	Anlhiac																	
A	32	Antonne																	
E	31	Archignac																	
C	c	Auginiac																	
E	21	Auriac																	
A	35	Azerac																	
E	34	Bachellerie (la)																	
A	12	Badefol-d'Ans																	
C	c	Baillot (*Savignac*)																	
B	1	Bayac																	
A	10	Beausoleil (*Excideuil*)																	
E	6	Beynac																	
E	28	Beyssat (*Meyrals*)																	
B	13	Boisse																	
A	35	Boissière-d'Ans (la)																	
E	34	Bor (*Saint-Rabiers*)																	
E	31	Borrèze																	
B	15	Bosset																	
B	13	Bouniagues																	
A	3	Bourdeilles																	
D	d	Bourg-du-Bost																	
E	34	Brardville (*Saint-Lazare*)																	
D	20	Brassac																	
C	5	Busserolles																	
B	6	Cabans																	
E	7	Calviat																	
C	8	Cantillac																	
B	16	Cause-de-Clérans																	
D	20	Celles																	
A	38	Cendrieux																	
C	14	Chalais																	
A	38	Chalagnac																	
D	39	Champagne																	
C	8	Chapelle-Montmoreau (la)																	
C	c	Chapelle-St-Rob. (*Javerlhac*)																	
A	a	Château-l'Évêque																	
D	39	Cherval																	
C	36	Corgnac																	
A	32	Coulaure																	
A	26	Coursac																	
E	28	Coux																	
B	16	Couze-Saint-Front																	
B	b	Creysse																	
A	12	Cubas (*Cherveix*)																	
A	32	Cubjac																	
E	9	Dagland																	
B	42	Douville																	
D	24	Douzillac																	
C	17	Dussac																	
E	21	Étang-Neuf (*Peyzac*)																	
C	5	Étouars																	
E	28	Eyzies (les) (*Tayac*)																	
A	10	Farges (les) (*Saint-Médard*)																	
B	13	Faux																	
C	14	Fenières (les) (*Jumilhac-le-G.*)																	
C	29	Firbeix																	
B	15	Fleix																	
C	c	Forges-Basses (les) (*Savignac*)																	
E	4	Forges-Neuves (les) (*Mauzens*)																	
E	4	Forlie (la) (*Mauzens*)																	
A	35	Fossemagne																	
B	37	Fouqueyrolles																	

DORDOGNE.

SIGNES DISTINCTIFS des ARRONDISSEMENTS.	CANTONS.	COMMUNES ou PLACES.	NOMS DES CORRESPONDANTS, LEURS TARIFS.																
1	2	3	4	5	6	7	8	9	10	11	12	13	14	15	16	17	18	19	20
A	10	Fourches (les) (*St-Médard*)																	
C	17	Gandumas (*Dussac*)																	
A	10	Génis																	
C	14	Grafanaud (*S-Paul-la-Roche*)																	
C	14	Gravier (le) (*Ste-Marie-de-Fr.*)																	
A	26	Grignols																	
C	c	Javerlhac																	
B	1	Joanet																	
C	c	Jomelière (*Javerlhac*)																	
A	30	Ladouze																	
B	16	Languais																	
E	34	Lardin (le) (*Saint-Lazare*)																	
B	42	Larigaudie (*Saint-Hilaire*)																	
E	40	Lavaur																	
C	18	Léguillac																	
B	25	Limeuil																	
A	3	Lisle																	
D	39	Lusignac																	
A	26	Manza																	
E	e	Marquay																	
C	29	Marque (la) (*Saint-Laud*)																	
A	30	Marsaneix																	
C	36	Mauroux (les) (*Nanteuil*)																	
B	16	Mauzac																	
C	c	Mauzat (*Auginiac*)																	
E	4	Mauzens																	
C	13	Mavaleix (*Chalais*)																	
A	26	Mensignac																	
E	28	Meyralz																	
C	29	Miallet																	
C	29	Millac																	
A	30	Millac-d'Auberoche																	
B	6	Molières																	
C	17	Monchaty (*Nanthiat*)																	
B	42	Monclard (*Saint-Georges*)																	
B	33	Monestier																	
B	42	Montagnac-la-Crempse																	
C	14	Montardy (*St-Paul-la-Roche*)																	
B	37	Montazeau																	
B	1	Montferrand																	
A	26	Montren																	
B	37	Mote-Monravel (la)																	
B	b	Mouleydier																	
C	17	Moulin-du-Juge (le) (*Nanthiat*)																	
C	14	Moulin-Neuf (le) (*St-Priest*)																	
B	1	Mouline (la) (*Sainte-Croix*)																	
A	12	Nailhac																	
D	39	Nanteuil-de-Boursac																	
C	17	Nanthiat																	
C	17	Négrevergne (*Nanthiat*)																	
A	32	Négrondes																	
B	22	Notre-Dame-de-Biron																	
C	17	Paizac																	
B	25	Paunat																	
D	20	Paussac																	
E	21	Peyzac																	
D	19	Pizou (le)																	
E	21	Plazac																	
C	5	Pluviers																	
B	33	Razac																	
C	18	Rochebeaucourt (la)																	
D	27	Roche-Chalais (la)																	
E	21	Rouffignac																	
D	20	Saint-Apre																	
D	24	Saint-Aquilin																	
D	27	Saint-Aulaye																	

SIGNES DISTINCTIFS des ARRONDISSEMENTS.	CANTONS.	DORDOGNE. COMMUNES ou PLACES.	NOMS DES CORRESPONDANTS, LEURS TARIFS.																
1	2	3	4	5	6	7	8	9	10	11	12	13	14	15	16	17	18	19	20
B	1	Saint-Avit-Sénieur																	
C	5	Saint-Barthélemy																	
D	19	St-Barthélemy-de-Bellegarde																	
B	1	Ste-Croix-de-Montferrand																	
D	23	Saint-Front-de-Pradoux																	
E	31	Saint-Geniès																	
D	26	Saint-Germain-de-Salembre																	
A	10	Saint-Germain-des-Prés																	
B	42	Saint-Hilaire-d'Estissac																	
C	36	Saint-Jean-de-Colle																	
C	14	Saint-Jory-de-Chalais																	
E	9	Saint-Laurent-de-Castelnau																	
D	23	Saint-Laurent-des-Hommes																	
A	38	Saint-Maime																	
C	14	Sainte-Marie-de-Frugies																	
E	9	Saint-Martial																	
B	41	Saint-Martin-de-Gurçon																	
A	10	Saint-Médard-d'Excideuil																	
B	41	Saint-Médard-de-Gurçon																	
A	10	Saint-Mémin																	
E	7	Sainte-Mondane																	
A	35	Saint-Orse																	
C	14	Saint-Paul-la-Roche																	
D	39	Saint-Paul-Lizonne																	
D	27	Saint-Privat																	
B	1	Sainte-Sabine																	
C	29	Saint-Saud																	
C	17	Saint-Sulpice-d'Excideuil																	
D	d	St-Sulpice-de-Roumagnac																	
D	26	Saint-Vincent-de-Connazac																	
D	27	Saint-Vincent-Jalmoutier																	
A	32	Saint-Vincent-d'Excideuil																	
C	17	Sarrazac																	
B	33	Saussignac																	
C	c	Savignac																	
E	4	Savignac																	
C	17	Savignac-Lédrier																	
E	7	Simeyrols																	
E	2	Siorac-de-Belvez																	
A	32	Sorges																	
D	23	Sourzac																	
E	28	Tayac																	
D	39	Tour-Blanche (la)																	
A	12	Tourtoirac																	
B	25	Trémolat																	
E	28	Tursac																	
C	5	Varaignes																	
D	23	Vaure (la) (*Sourzac*)																	
D	d	Vauxains																	
C	14	Vialette (*Jumilhac-le-Grand*)																	
C	8	Villards																	
C	18	Vieux-Mareuil																	
D	d	Villetoureix																	

SIGNES DISTINCTIFS des		DOUBS.	NOMS DES CORRESPONDANTS, LEURS TARIFS.																
ARRONDISSEMENTS.	CANTONS.	ARRONDISSEMENTS ET CANTONS.																	
1	2	3	4	5	6	7	8	9	10	11	12	13	14	15	16	17	18	19	20
		ARRONDISSEMENTS.																	
A	a	BESANÇON (ch.-l.).																	
		Le reste de l'arrondissement.																	
»	»	Le reste des deux cantons.																	
B	b	BAUME-LES-DAMES.																	
		Le reste de l'arrondissement.																	
»	»	Le reste du canton.																	
C	c	MONTBÉLIARD.																	
		Le reste de l'arrondissement.																	
»	»	Le reste du canton.																	
D	d	PONTARLIER.																	
		Le reste de l'arrondissement																	
»	»	Le reste du canton.																	
		CANTONS.																	
A	1	AMANCEY.																	
»	»	Le reste du canton.																	
A	2	AUDEUX.																	
»	»	Le reste du canton.																	
C	3	AUDINCOURT.																	
»	»	Le reste du canton.																	
C	4	BLAMONT.																	
»	»	Le reste du canton.																	
A	5	BOUSSIÈRES.																	
»	»	Le reste du canton.																	
B	6	CLERVAL.																	
»	»	Le reste du canton.																	
B	7	ISLE-SUR-LE-DOUBS.																	
»	»	Le reste du canton.																	
D	8	LEVIER.																	
»	»	Le reste du canton.																	
C	9	MAICHE.																	
»	»	Le reste du canton.																	
A	10	MARCHAUX.																	
»	»	Le reste du canton.																	
D	11	MONTBENOÎT.																	
»	»	Le reste du canton.																	
D	12	MORTEAU.																	
»	»	Le reste du canton.																	
D	13	MOUTHE.																	
»	»	Le reste du canton.																	
A	14	ORNANS.																	
»	»	Le reste du canton.																	
B	15	PIERRE-FONTAINE.																	
»	»	Le reste du canton.																	
C	16	PONT-DE-ROIDE.																	
»	»	Le reste du canton.																	
A	17	QUINGEY.																	
»	»	Le reste du canton.																	
B	18	ROUGEMONT.																	
»	»	Le reste du canton.																	
B	19	ROULANS.																	
»	»	Le reste du canton.																	
C	20	RUSSEY.																	
»	»	Le reste du canton.																	
C	21	SAINT-HIPPOLYTE.																	
»	»	Le reste du canton.																	
B	22	VERCEL.																	
»	»	Le reste du canton.																	
		LE RESTE DU DÉPARTEMENT																	

SIGNES DISTINCTIFS des ARRONDISSEMENTS.	CANTONS.	DOUBS. COMMUNES ou PLACES.	NOMS DES CORRESPONDANTS, LEURS TARIFS.																
1	2	3	4	5	6	7	8	9	10	11	12	13	14	15	16	17	18	19	20
B	18	Abbenans																	
C	3	Abbevillers																	
A	1	Abergement (l')																	
D	13	Abergement-Sainte-Marie(l')																	
B	7	Accolans																	
C	c	Aibre																	
B	b	Aissey																	
D	11	Allemands (les)																	
A	14	Amathay-Vésigneux																	
B	6	Anteuil																	
B	7	Appenans																	
A	17	Arc-Senans																	
D	11	Arc-sous-Çicon																	
D	8	Arc-sous-Montenot																	
B	7	Arcey																	
A	a	Arcier																	
D	11	Arçons																	
B	22	Athose																	
D	11	Aubonne																	
B	b	Autechaux																	
A	5	Avanne																	
B	18	Avilley																	
B	22	Avoudrey																	
C	3	Badevel																	
D	d	Bannans																	
C	20	Barboux (le)																	
A	17	Bartherans																	
C	9	Battenans																	
C	c	Bavans																	
C	20	Bélieu (le)																	
C	9	Belle-Herbe																	
B	22	Belmont																	
B	6	Belvoir																	
C	4	Berne (*Seloncourt*)																	
C	3	Bethoncourt																	
C	c	Bental																	
A	a	Beure																	
D	8	Bians																	
C	21	Bief d'Étos (le)																	
C	20	Bizot (le)																	
C	9	Blanche-Fontaine																	
C	9	Blanche-Roche(*Charquemont*)																	
B	7	Blussangeaux																	
B	7	Blussans																	
A	1	Bolandoz																	
B	18	Bonnial																	
C	20	Bonnétage																	
A	14	Bonnevaux																	
B	19	Bouclans																	
D	8	Boujeailles																	
C	16	Bourguignon																	
B	7	Bournois																	
D	d	Bouverans																	
B	6	Branne																	
C	c	Bretigney																	
C	20	Bretonvillers																	
A	17	Buillon (*Chenecey*)																	
D	8	Bulle																	
A	5	Byans																	
A	10	Cendrey																	
D	d	Chaffois																	
C	21	Chamesol																	
A	14	Chantrans																	
D	8	Chapelle-d'Huin (la)																	
D	13	Chapelle-des-Bois (la)																	
C	9	Charmauvilliers																	

Signes distinctifs des Arrondissements.	Signes distinctifs des Cantons.	DOUBS. COMMUNES ou PLACES.	NOMS DES CORRESPONDANTS, LEURS TARIFS.																
1	2	3	4	5	6	7	8	9	10	11	12	13	14	15	16	17	18	19	20
C	9	Charmoilles																	
C	9	Charquemont																	
D	13	Châtelblanc																	
A	17	Châtillon-sur-Lizon																	
D	11	Chaux (la)																	
D	13	Chaux-Neuve																	
B	22	Chaux-les-Passavants																	
B	18	Chazelot																	
A	17	Chenecey																	
A	2	Chevigney																	
B	22	Chevigney																	
A	10	Chevroz																	
D	d	Cluse (la)																	
B	7	Colombier-Châtelot																	
C	16	Colombier-Fontaine																	
D	12	Combes (les)																	
B	15	Consolation (*Maisonnettes*)																	
B	b	Côte-Brune																	
B	b	Cour																	
C	9	Cour-Saint-Maurice																	
C	21	Courtefontaine																	
B	22	Courtelain																	
D	8	Courvières																	
B	18	Cubrial																	
B	18	Cubry																	
B	b	Cuisance																	
B	18	Cuse																	
C	16	Dambelin																	
C	16	Dampierre-les-Montbéliard																	
C	3	Dampierre-outre-Bois																	
C	21	Dampjoux																	
C	9	Damprichard																	
A	10	Davecey																	
C	c	Desandans																	
A	1	Déservillers																	
D	d	Dommartin																	
D	8	Dompierre																	
D	d	Doubs																	
C	9	Droitfontaine																	
A	14	Durnes																	
C	c	Échenans																	
C	9	Écorces (les)																	
C	16	Écot																	
B	22	Épenouse																	
B	22	Épenoy																	
B	22	Étalans																	
A	1	Éternoz																	
B	22	Étray																	
C	3	Étupes																	
D	8	Évillers-sous-Usie																	
D	13	Ferrière-sous-Jougne (la)																	
A	1	Fertans																	
C	9	Fessevillers																	
A	1	Flagey																	
B	15	Flangebouche																	
B	6	Fontaine																	
C	20	Fontenelles (les)																	
B	18	Fontenelle-Montby																	
B	b	Fontenottes																	
D	d	Fort-de-Joux (*La Cluse*)																	
A	14	Foucherans																	
D	13	Fourcatier																	
D	d	Fourgs (les)																	
C	9	Frambouhans																	
D	8	Frasne																	
B	15	Fuans																	

SIGNES DISTINCTIFS des ARRONDISSEMENTS.	CANTONS.	DOUBS. COMMUNES ou PLACES.	NOMS DES CORRESPONDANTS, LEURS TARIFS.																
1	2	3	4	5	6	7	8	9	10	11	12	13	14	15	16	17	18	19	20
D	13	Gellin																	
B	7	Gemonval																	
A	10	Geneuille																	
B	7	Geney																	
B	15	Germé-Fontaine																	
D	11	Gilley																	
B	6	Glainans																	
B	19	Glamondans																	
C	4	Glay																	
B	18	Gondenans-les-Moulins																	
B	18	Gondenans-Montby																	
B	18	Gouhelans																	
A	a	Gouille (*Beure*)																	
C	9	Goumois																	
A	17	Goux																	
C	16	Goux																	
D	8	Goux-lès-Usies																	
D	12	Grand-Combe (la)																	
C	20	Grand-Combe-des-Bois																	
A	5	Grand-Fontaine																	
D	d	Grangettes (les)																	
D	12	Gras (les)																	
A	14	Guyans-Durnes																	
B	15	Guyans-Vennes																	
C	4	Hérimoncourt																	
A	14	Hôpital-du-Grosbois																	
D	d	Hôpitaux-Neufs (les)																	
D	d	Hôpitaux-Vieux (les)																	
D	d	Houtaud																	
B	18	Huanne																	
B	b	Hyèvre-Paroisse																	
C	21	Indevillers																	
D	13	Jougne																	
B	b	Lanans																	
B	15	Landresse																	
A	2	Lantenne-Vertière																	
B	7	Lanthenans																	
C	20	Laval																	
B	15	Laviron																	
C	21	Liebvillers																	
A	17	Liesle																	
A	14	Lods																	
B	b	Lomont																	
B	22	Longemaison																	
B	7	Longevelle-sur-le-Doubs																	
A	14	Longeville																	
B	15	Loray																	
C	20	Luhiers																	
B	b	Luxiol																	
D	11	Maisons-du-Bois																	
D	d	Malbuisson																	
D	d	Malpas																	
B	7	Mancenans																	
C	9	Mancenans																	
C	3	Mandeure																	
B	7	Marvelise																	
C	16	Mathay																	
B	7	Médière																	
C	4	Meslières																	
B	18	Mésandans																	
D	13	Métabief																	
A	1	Migette (*Le Crouzet*)																	
B	18	Mondon																	
B	18	Montagney																	
C	21	Montandon																	
C	20	Montbéliardot																	

Signes distinctifs des		DOUBS. COMMUNES ou PLACES.	NOMS DES CORRESPONDANTS, LEURS TARIFS.																
Arrondissements.	Cantons.																		
1	2	3	4	5	6	7	8	9	10	11	12	13	14	15	16	17	18	19	20
A	2	Montcley																	
C	20	Mont-de-Laval																	
C	21	Montécheroux																	
B	7	Montenois																	
B	18	Montferney																	
A	14	Montgesoye																	
D	12	Mont-le-Bon																	
D	d	Montperreux																	
B	18	Montussaint																	
A	14	Mouthier																	
A	17	Myon																	
C	21	Nadans (*Liebvillers*)																	
B	19	Nancray																	
B	18	Nans																	
A	1	Nans-sous-Sainte-Anne																	
B	22	Nods																	
B	7	Onans																	
B	15	Orchamps-Vennes																	
B	22	Orsans																	
D	11	Ouhans																	
B	15	Ouvans																	
D	d	Oye-et-Pallet																	
B	b	Passavant																	
B	22	Passonfontaine																	
D	13	Petite-Chaux (la)																	
C	4	Pierre-Fontaine-en-Mont																	
B	15	Plaimbois																	
C	20	Plaimbois																	
C	21	Plains-Grand-Essart (les)																	
D	d	Planée (la)																	
B	6	Pompierre																	
B	b	Pont-les-Moulins																	
B	19	Pouligny																	
B	16	Puessans																	
B	6	Rahon																	
B	7	Rang																	
A	2	Recologne																	
D	13	Remoray																	
A	10	Rigney																	
D	d	Rivière (la)																	
A	10	Roche																	
C	4	Roches																	
D	13	Rochejean																	
B	18	Romain																	
C	20	Rosureux																	
A	17	Rurey																	
D	13	Saint-Antoine																	
D	d	Sainte-Colombe																	
D	11	Saint-Gorgon																	
B	b	Saint-Juan																	
C	c	Saint-Julien																	
C	20	Saint-Julien																	
C	c	Sainte-Marie																	
C	16	Saint-Maurice																	
D	d	Saint-Point																	
C	c	Sainte-Suzanne																	
A	5	Saint-Wit																	
B	6	Sancey-le-Grand																	
B	6	Sancey-le-Long																	
D	13	Sarrageois																	
A	14	Scay-en-Varais																	
B	19	Sechin																	
C	4	Seloncourt																	
D	8	Sept-Fontaines																	
B	18	Servigney																	
B	b	Servin																	

SIGNES DISTINCTIFS des ARRONDISSEMENTS.	SIGNES DISTINCTIFS des CANTONS.	DOUBS. COMMUNES ou PLACES.	NOMS DES CORRESPONDANTS, LEURS TARIFS.																
1	2	3	4	5	6	7	8	9	10	11	12	13	14	15	16	17	18	19	20
C	3	Sochaux																	
D	8	Sombacourt																	
B	15	Sommette (la)																	
B	7	Soye																	
B	6	Surmont																	
A	5	Torpes																	
B	18	Tournans																	
B	18	Tressandans																	
C	9	Trévillers																	
B	18	Trouvans																	
B	18	Uzelle																	
B	22	Valdahon (le)																	
C	3	Valentigny																	
C	9	Vaucluse																	
C	9	Vauclusotte																	
C	4	Vaudoncourt																	
B	b	Vaudrivillers																	
C	21	Vaufrey																	
D	13	Vaux-et-Chantegrue																	
B	15	Vellerot-les-Vercel																	
B	6	Vellevans																	
B	b	Verne																	
B	22	Vernier-Fontaine																	
D	d	Verrières-de-Joux (les)																	
C	3	Vieux-Charmont																	
C	4	Villards-les-Blamont																	
B	22	Villedieu (la)																	
D	13	Villedieu (la)																	
D	11	Ville-du-Pont (la)																	
D	8	Villeneuve-d'Amont																	
B	15	Villers-Chief																	
B	15	Villers-la-Combe																	
D	12	Villers-le-Lac																	
D	8	Villers sous-Chalamont																	
B	b	Voillans																	
C	3	Voujaucourt																	
A	14	Vuillafand																	
B	6	Vyt-les-Belvoir																	

SIGNES DISTINCTIFS des ARRONDISSEMENTS.	CANTONS.	DRÔME. ARRONDISSEMENTS ET CANTONS.	NOMS DES CORRESPONDANTS, LEURS TARIFS.																
1	2	3	4	5	6	7	8	9	10	11	12	13	14	15	16	17	18	19	20
		ARRONDISSEMENTS.																	
A	a	VALENCE (ch.-l.).																	
		Le reste de l'arrondissement.																	
»	»	Le reste du canton.																	
B	b	DIE.																	
		Le reste de l'arrondissement																	
»	»	Le reste du canton.																	
C	c	MONTÉLIMART.																	
		Le reste de l'arrondissement.																	
»	»	Le reste du canton.																	
D	d	NYONS.																	
		Le reste de l'arrondissement.																	
»	»	Le reste du canton.																	
		CANTONS.																	
B	1	BOURDEAUX.																	
»	»	Le reste du canton.																	
A	2	BOURG-DU-PÉAGE.																	
»	»	Le reste du canton.																	
D	3	BUIS (LE).																	
»	»	Le reste du canton.																	
A	4	CHABEUIL.																	
»	»	Le reste du canton.																	
B	5	CHAPELLE-EN-VERCORS (LA).																	
»	»	Le reste du canton.																	
B	6	CHATILLON.																	
»	»	Le reste du canton.																	
B	7	CREST.																	
»	»	Le reste des deux cantons.																	
C	8	DIEU-LE-FIT.																	
»	»	Le reste du canton.																	
A	9	GRAND-SERRE (LE).																	
»	»	Le reste du canton.																	
C	10	GRIGNAN.																	
»	»	Le reste du canton.																	
A	11	LORIOL.																	
»	»	Le reste du canton.																	
B	12	LUC-EN-DIOIS.																	
»	»	Le reste du canton.																	
C	13	MARSANNE.																	
»	»	Le reste du canton.																	
B	14	MOTTE-CHALANÇON (LA).																	
»	»	Le reste du canton.																	
D	15	RÉMUSAT.																	
»	»	Le reste du canton.																	
A	16	ROMANS.																	
»	»	Le reste du canton.																	
B	17	SAILLANS.																	
»	»	Le reste du canton.																	
A	18	SAINT-DONAT.																	
»	»	Le reste du canton.																	
A	19	SAINT-JEAN-EN-ROYANS.																	
»	»	Le reste du canton.																	
D	20	SAINT-PAUL-TROIS-CHATEAUX.																	
»	»	Le reste du canton.																	
A	21	SAINT-VALLIER.																	
»	»	Le reste du canton.																	
D	22	SÉDERON.																	
»	»	Le reste du canton.																	
A	23	TAIN.																	
»	»	Le reste du canton.																	
		LE RESTE DU DÉPARTEMENT.																	

SIGNES DISTINCTIFS des ARRONDISSEMENTS.	CANTONS.	DRÔME. COMMUNES ou PLACES.	NOMS DES CORRESPONDANTS, LEURS TARIFS.																
1	2	3	4	5	6	7	8	9	10	11	12	13	14	15	16	17	18	19	20
A	21	Albon																	
A	2	Alixan																	
C	c	Allan																	
B	7	Allex																	
C	c	Anconne																	
A	21	Andancette (*Albon*)																	
A	21	Anneyron																	
B	7	Aouste																	
A	18	Arthemonay																	
B	17	Aurel																	
A	2	Barbières																	
D	22	Barret-de-Lioures																	
C	13	Bâtie-Roland (la)																	
A	4	Baume Cornillanne (la)																	
C	20	Baume-de-Transit																	
A	2	Baume-d'Hostun (la)																	
B	7	Beaufort																	
A	a	Beaumont																	
A	23	Beaumont-Monteux																	
A	2	Beauregard																	
A	21	Beausemblant																	
B	14	Bellegarde																	
A	2	Bezayes (*Charpey*)																	
B	7	Blacons (*Mirabel-en-Diois*)																	
C	20	Bouchet																	
A	a	Bourg-les-Valence (le)																	
A	19	Bouvantes																	
B	1	Bouvières																	
A	18	Bren																	
A	7	Chabrillant																	
B	14	Chalançon																	
C	10	Chamaret																	
A	23	Chanos-Curson																	
A	23	Chantemerle																	
C	10	Chantemerle																	
A	18	Charmes																	
A	2	Charpey																	
A	4	Châteaudouble																	
A	21	Châteauneuf-de-Galaure																	
A	2	Châteauneuf-d'Isère																	
C	8	Châteauneuf-de-Mazenc																	
C	c	Châteauneuf-du-Rhône																	
A	16	Châtillon-Saint-Jean																	
A	2	Chatuzange																	
A	18	Chavannes																	
A	21	Claveyson																	
C	13	Cléon-d'Andran																	
A	16	Clérieux																	
A	11	Cliou-Usclat																	
C	10	Colonzelles																	
A	4	Combovin																	
D	d	Condorcet																	
C	8	Coucourde (la)																	
A	16	Crepol																	
A	23	Curson																	
C	13	Derbières (*Savasse*)																	
B	7	Divajeu																	
C	20	Donzère																	
A	23	Érome																	
C	c	Espeluche																	
A	a	Étoile																	
B	7	Eurre																	
B	1	Félines																	
A	a	Fiancey																	
C	20	Garde-Adhémard (la)																	
A	16	Génissieux (*Peyrins*)																	

SIGNES DISTINCTIFS des		DRÔME.	NOMS DES CORRESPONDANTS, LEURS TARIFS.																
ARRONDISSEMENTS.	CANTONS.	COMMUNES ou PLACES.																	
1	2	3	4	5	6	7	8	9	10	11	12	13	14	15	16	17	18	19	20
A	16	Geyssans																	
B	7	Gigors																	
B	6	Glandage																	
C	20	Granges-Gontardes																	
B	7	Granne																	
A	9	Hauterives																	
A	2	Hostun																	
D	22	Laborel																	
C	13	Lachamp																	
D	22	Lachau																	
C	13	Lalaupie																	
A	23	Larnage																	
B	12	Lesches																	
D	15	Lemps																	
A	9	Lens-l'Estang																	
A	11	Livron																	
B	6	Lus-la-Croix-Haute																	
A	18	Marsas																	
B	6	Menglon																	
A	23	Mercurol																	
D	22	Mevouillon																	
D	d	Mirabel-aux-Baronnies																	
B	7	Mirabel-en-Diois																	
A	16	Miribel																	
A	11	Mirmande																	
D	3	Mollans																	
D	22	Montauban																	
C	c	Montboucher																	
D	22	Montbrun																	
A	18	Montchenu																	
B	7	Montclar																	
A	a	Montélégier																	
A	4	Montélier																	
C	8	Montjoux																	
C	10	Montjoyer																	
A	4	Montmeyran																	
A	16	Montmirail																	
B	7	Montoison																	
A	9	Montrigaud																	
C	20	Montségur																	
A	4	Montvendre																	
A	9	Moras																	
A	21	Motte-Galaure (la)																	
A	16	Mours (*Peyrins*)																	
A	19	Oriol-en-Royans																	
C	8	Paillette (la)																	
A	2	Papelissier (*Chatuzange*)																	
A	16	Parnans																	
A	16	Peyrins																	
A	4	Peyrus																	
B	7	Piégros																	
C	20	Pierrelatte																	
D	d	Pilles (les)																	
A	2	Pizançon (*Chatuzange*)																	
D	3	Plaisians																	
C	8	Poët-Laval																	
A	21	Ponsas																	
B	b	Pontaix																	
C	8	Pont-de-Barret																	
A	21	Pont-de-Saint-Uze																	
C	c	Portes																	
D	3	Propiac																	
C	c	Puigiron																	
B	7	Puy-Saint-Martin																	
C	c	Rac																	
C	10	Réauville																	

SIGNES DISTINCTIFS des ARRONDISSEMENTS.	CANTONS.	DRÔME. COMMUNES ou PLACES.	NOMS DES CORRESPONDANTS, LEURS TARIFS.																
1	2	3	4	5	6	7	8	9	10	11	12	13	14	15	16	17	18	19	20
A	23	Roche-de-Glun (la)																	
C	8	Roche Saint-Secret																	
B	7	Roche-sur-Grane																	
D	3	Roche-sur-le-Buis (la)																	
C	c	Ro hefort																	
A	2	Rochefort-Samson																	
C	20	Rochegude																	
B	7	Roinac																	
B	b	Romeyer																	
C	10	Rousset																	
B	5	Saint-Agnan-en-Vercors																	
D	3	Saint-Auban																	
A	21	Saint-Barthélemy-de-Vals																	
A	21	Saint-Bonnet-de-Galaure																	
A	9	Saint-Bonnet-de-Vacérieux																	
A	9	Saint-Christophe																	
D	3	Sainte-Euphémie																	
C	13	Saint-Gervais																	
D	3	Sainte-Jalle																	
B	b	Saint-Julien-en-Quint																	
B	5	Saint-Julien-en-Vercors																	
A	19	Saint-Laurent-en-Royans																	
D	15	Saint-Mai																	
C	13	Saint-Marcel																	
A	a	Saint-Marcel (*Bourg-les-V.*)																	
B	5	Saint-Martin-en-Vercors																	
A	19	Saint-Martin-le-Colonel																	
D	d	Saint-Maurice																	
A	16	Saint-Michel-de-Montmirail																	
A	2	Saint-Nazaire-en-Royans																	
B	14	Saint-Nazaire-le-Désert																	
C	10	Saint-Pantaléon																	
A	16	Saint-Paul-les-Romans																	
A	21	Saint-Rambert-d'Albon																	
C	20	Saint-Restitut																	
D	3	Saint-Sauveur																	
B	17	Saint-Sauveur																	
A	21	Saint-Uze																	
D	15	Sahune																	
C	8	Salette																	
C	10	Salles																	
B	7	Saou																	
C	13	Sauzet																	
C	13	Savasse																	
A	23	Serves																	
B	7	Soyans																	
C	20	Suze-la-Rousse																	
C	10	Taulignau																	
C	c	Touche (la)																	
A	16	Triors																	
B	6	Treschenus																	
C	20	Tulettes																	
A	4	Upie																	
A	a	Vache (la)																	
C	10	Valaurie																	
B	14	Valdrôme																	
B	7	Vaunavez																	
C	8	Vesc																	
D	d	Venterolle																	
D	15	Verclause																	
B	14	Villeperdrix																	
B	5	Vossieux																	
D	d	Vinsobres																	

SIGNES DISTINCTIFS des ARRONDISSEMENTS.	SIGNES DISTINCTIFS des CANTONS.	EURE. ARRONDISSEMENTS ET CANTONS.	NOMS DES CORRESPONDANTS, LEURS TARIFS.																
1	2	3	4	5	6	7	8	9	10	11	12	13	14	15	16	17	18	19	20
		ARRONDISSEMENTS.																	
A	a	ÉVREUX (ch.-l.).																	
»	»	Le reste { de l'arrondissement. des deux cantons.																	
B	b	ANDELYS (LES).																	
»	»	Le reste { de l'arrondissement. du canton.																	
C	c	BERNAY.																	
»	»	Le reste { de l'arrondissement. du canton.																	
D	d	LOUVIERS.																	
»	»	Le reste { de l'arrondissement. du canton.																	
E	e	PONT-AUDEMER.																	
»	»	Le reste { de l'arrondissement. du canton.																	
		CANTONS.																	
D	1	AMFREVILLE-LA-CAMPAGNE.																	
»	»	Le reste du canton.																	
C	2	BEAUMESNIL.																	
»	»	Le reste du canton.																	
C	3	BEAUMONT-LE-ROGER.																	
»	»	Le reste du canton.																	
E	4	BEUZEVILLE.																	
»	»	Le reste du canton.																	
E	5	BOURG-THÉRONDE.																	
»	»	Le reste du canton.																	
A	6	BRETEUIL.																	
»	»	Le reste du canton.																	
C	7	BRIONNE.																	
»	»	Le reste du canton.																	
C	8	BROGLIE.																	
»	»	Le reste du canton.																	
A	9	CONCHES.																	
»	»	Le reste du canton																	
E	10	CORMEILLES.																	
»	»	Le reste du canton.																	
A	11	DAMVILLE.																	
»	»	Le reste du canton.																	
B	12	ÉCOS.																	
»	»	Le reste du canton.																	
B	13	ÉCOUIS.																	
»	»	Le reste du canton.																	
B	14	ÉTRÉPAGNY.																	
»	»	Le reste du canton.																	
D	15	GAILLON.																	
»	»	Le reste du canton.																	
B	16	GISORS.																	
»	»	Le reste du canton.																	
B	17	LYONS-LA-FORÊT.																	
»	»	Le reste du canton.																	
E	18	MONTFORT-SUR-RISLE.																	
»	»	Le reste du canton.																	
D	19	NEUF-BOURG.																	
»	»	Le reste du canton.																	
A	20	NONANCOURT.																	
»	»	Le reste du canton.																	
A	21	PACY-SUR-EURE.																	
»	»	Le reste du canton.																	
D	22	PONT-DE-L'ARCHE.																	
»	»	Le reste du canton.																	
E	23	QUILLEBEUF.																	
»	»	Le reste du canton.																	
E	24	ROUTOT.																	
»	»	Le reste du canton.																	
A	25	RUGLES.																	
»	»	Le reste du canton.																	
A	26	SAINT-ANDRÉ.																	
»	»	Le reste du canton.																	
E	27	SAINT-GEORGES-DU-VIÈVRE.																	
»	»	Le reste du canton.																	
C	28	THIBERVILLE.																	
»	»	Le reste du canton.																	
A	29	VERNEUIL.																	
»	»	Le reste du canton.																	
A	30	VERNON.																	
»	»	Le reste du canton.																	
		LE RESTE DU DÉPARTEMENT.																	

EURE.

SIGNES DISTINCTIFS des ARRONDISSEMENTS.	CANTONS.	COMMUNES ou PLACES.	NOMS DES CORRESPONDANTS, LEURS TARIFS.																
1	2	3	4	5	6	7	8	9	10	11	12	13	14	15	16	17	18	19	20
D	d	Acquigny																	
E	23	Aizier																	
A	25	Ambenay																	
B	16	Amécourt																	
D	d	Amfreville-sur-Iton																	
B	b	Andelys (Petit-)																	
D	d	Andé																	
A	a	Angerville-la-Campagne																	
E	18	Appeville ou Annebault																	
A	29	Armentières																	
B	16	Authevernes																	
D	15	Authouillet																	
A	25	Auvergny																	
A	29	Baslines																	
A	29	Barils (les)																	
C	3	Barquet																	
C	2	Barre (la)																	
A	6	Baux-de-Breteuil (les)																	
B	16	Bazincourt																	
C	28	Bazoques																	
C	3	Beaumontel																	
B	16	Beausseré																	
C	7	Bec-Hellouin (le)																	
D	1	Bec-Thomas (le)																	
B	17	Bézu-la-Forêt																	
B	16	Bézu-le-Long																	
A	25	Bois-Arnault																	
A	26	Bois-le-Roi																	
C	7	Boisney																	
E	5	Boissey-le-Châtel																	
A	9	Bonneville																	
B	12	Bosc-Roger																	
A	25	Bottereaux (les)																	
A	a	Bouley-Morin (le)																	
E	4	Boulleville																	
E	24	Bouquetot																	
E	24	Bourg-Achard																	
B	13	Bourg-Baudouin																	
C	28	Bournainville																	
E	23	Bournéville																	
A	29	Bourth																	
C	3	Bray																	
E	18	Brestot																	
A	21	Breuilpont (le)																	
A	a	Brosville																	
D	15	Cailly																	
E	e	Campigny																	
C	8	Capelles-les-Grands																	
C	c	Carsix																	
E	24	Caumont																	
A	25	Chaise-Dieu-du-Theil (la)																	
C	8	Chamblac																	
A	30	Chambray																	
E	10	Chapelle-Bayvel																	
E	10	Chapelle-Buquet																	
A	a	Chapelle-du-Bois-des-Faulx																	
C	8	Chapelle-Gauthier (la)																	
A	30	Chapelle-Gennevray																	
C	28	Chapelle-Hareng (la)																	
B	12	Chapelle-Saint-Ouen																	
B	13	Charleval																	
A	29	Charnelles																	
A	29	Chennebrun																	
A	25	Cheronvilliers																	
A	6	Chesne (le)																	
A	6	Cintray																	

SIGNES DISTINCTIFS des		EURE. COMMUNES ou PLACES.	NOMS DES CORRESPONDANTS, LEURS TARIFS.																
ARRONDISSEMENTS.	CANTONS.																		
1	2	3	4	5	6	7	8	9	10	11	12	13	14	15	16	17	18	19	20
A	a	Clasville																	
A	a	Commanderie (la) (*Ste-Col.*)																	
A	6	Condé-sur-Iton																	
E	18	Condé-sur-Rille																	
E	4	Conteville																	
B	14	Coudray																	
C	c	Courbépine																	
C	c	Courcelles-Camfleur																	
A	29	Courteilles																	
A	26	Couture (la)																	
D	22	Criquebeuf-sur-Seine																	
D	15	Croix-Saint-Leufroy (la)																	
B	16	Dangu																	
D	19	Daubeuf-la-Campagne																	
B	14	Doudeauville																	
B	13	Douville																	
C	28	Drucourt																	
C	28	Duranville																	
C	3	Écardenville																	
D	15	Écardenville-sur-Eure																	
A	a	Émalleville																	
A	9	Émanville																	
E	10	Épaignes																	
D	19	Épreville																	
A	11	Essarts (les)																	
E	24	Étreville																	
E	24	Éturqueraye																	
A	26	Ézy																	
E	4	Fatouville																	
A	9	Faverolles																	
C	28	Faverolles-les-Marcs																	
C	28	Favril (le)																	
C	8	Ferrières-Saint-Hilaire																	
A	9	Ferrières-sur-Rille																	
A	9	Fidelaire (le)																	
B	13	Fleury-sur-Andelle																	
B	17	Fleury-la-Forêt																	
B	13	Flipou																	
C	28	Folleville																	
A	a	Fontaine-sous-Jouy																	
D	15	Fontaine-Heudebourg																	
C	3	Fontaine-la-Soret																	
D	1	Fouqueville																	
A	6	Francheville																	
A	26	Garennes																	
A	a	Gauville-la-Campagne																	
C	28	Giverville																	
E	18	Glos-sur-Rille																	
C	8	Gou-le-Frière																	
C	3	Goupillères																	
B	13	Grainville																	
C	8	Grand-Camp																	
A	a	Gravigny																	
A	26	Grossœuvre																	
D	1	Gros-Theil (le)																	
A	6	Guéroulde (la)																	
B	16	Guerny																	
A	26	Habit (l')																	
B	14	Hacqueville																	
C	8	Hamel (N.-D.-du-)																	
C	7	Harcourt																	
E	24	Haye-Aubrée (la)																	
A	25	Haye-Saint-Sylvestre (la)																	
E	24	Haye-de-Routot (la)																	
D	d	Haye-Malherbe (la)																	
B	12	Hebécourt																	

SIGNES DISTINCTIFS des ARRONDISSEMENTS.	CANTONS.	EURE. COMMUNES ou PLACES.	NOMS DES CORRESPONDANTS, LEURS TARIFS.																
1	2	3	4	5	6	7	8	9	10	11	12	13	14	15	16	17	18	19	20
A	21	Hécourt																	
A	25	Herponcey (*Rugles*)																	
B	14	Heudicourt																	
D	15	Heudreville-sur-Eure																	
C	3	Houssaye (la)																	
E	18	Illeville																	
A	20	Illiers-l'Évêque																	
D	d	Incarville																	
A	26	Ivry-la-Bataille																	
C	2	Jonquerets (les)																	
A	a	Jouy-sur-Eure																	
E	4	Lande (la)																	
C	2	Lande-Péreuse																	
C	3	Launay																	
D	22	Léry																	
E	27	Lieurey																	
A	29	Longuelune																	
A	25	Lyre-Neuve (la)																	
A	25	Lyre-Vieille (la)																	
B	16	Mainneville																	
C	c	Malbrouck (*Carsix*)																	
C	c	Marché-Neuf (*Plasnes*)																	
B	16	Martagny																	
E	4	Martainville																	
C	c	Menneval																	
B	13	Menesqueville																	
A	21	Ménilles																	
D	d	Mesnil-Jourdain (le)																	
A	20	Mesnil-sur-l'Estrée (le)																	
C	8	Montreuil-l'Argillé																	
E	10	Morainville																	
C	7	Morsan																	
C	3	Nassandres																	
A	a	Navarre (*Évreux*)																	
B	16	Neaufles-Saint-Martin																	
A	25	Neaufles-sur-Rille																	
A	9	Nogent-le-Sec																	
C	8	Notre-Dame-du-Hamel																	
D	22	Notre-Dame-du-Vaudreuil																	
B	16	Noyers																	
B	13	Periers-sur-Andelle																	
B	13	Perruel																	
A	29	Piseux																	
C	c	Plainville																	
D	d	Planches (les)																	
C	28	Planquay (le)																	
E	18	Pont-Authou																	
B	13	Pont-Saint-Pierre																	
A	29	Pullay																	
B	13	Radepont																	
C	8	Réville																	
C	3	Rivière-Thibou (la) (*Font.-S.*)																	
B	13	Romilly																	
E	24	Rougemontiers																	
C	3	Rouge-Perriers																	
C	2	Roussère (la)																	
A	30	Rouvray																	
A	21	Saint-Aquilin-de-Pacy																	
D	19	Saint-Aubin-Décrosville																	
C	8	Saint-Aubin-du-Thenney																	
D	15	Saint-Aubin-sur-Gaillon																	
A	21	Saint-Chéron																	
E	27	Saint-Christophe																	
C	c	Saint-Clair-d'Orcey																	
A	a	Sainte-Colombe																	
D	22	Saint-Cyr-du-Vaudreuil																	

SIGNES DISTINCTIFS des		EURE.	NOMS DES CORRESPONDANTS, LEURS TARIFS.																
ARRONDISSEMENTS.	CANTONS.	COMMUNES ou PLACES.																	
1	2	3	4	5	6	7	8	9	10	11	12	13	14	15	16	17	18	19	20
C	8	Saint-Denis-d'Augeron																	
B	16	Saint-Éloi																	
C	7	Saint-Éloi-de-Fourgues....																	
E	27	Saint-Étienne-Lallier																	
E	e	Saint-Germain...........																	
C	28	Saint-Germain-la-Campagne																	
A	a	Saint-Germain-des-Angles .																	
E	27	Saint-Grégoire-de-Vièvre ..																	
E	10	Saint-Jean-d'Asnières.....																	
C	8	Saint-Jean-du-Thenney....																	
C	8	Saint-Laurent-des-Grès....																	
C	8	St-Laurent-de-Tencement..																	
E	4	Saint-Maclou																	
E	e	Saint-Mards-de-Blacarville..																	
C	28	Saint-Mards-de-Fresne																	
A	6	Saint-Nicolas-d'Athez																	
E	23	Sainte-Opportune																	
C	3	Sainte-Opportune-du-Boscq.																	
C	3	Ste-Opportune-la-Campagne																	
A	6	Saint-Ouen-d'Athez.......																	
E	24	Saint-Ouen-de-Thouberville																	
B	16	Saint-Paër																	
E	e	Saint-Paul-sur-Rille.......																	
E	18	Saint-Philbert-sur-Rille....																	
C	8	Saint-Pierre-de-Cernières..																	
E	27	Saint-Pierre-des-Ifs																	
C	2	Saint-Pierre-du-Mesnil....																	
D	d	Saint-Pierre-du-Vauvray...																	
C	8	Saint-Quentin-des-Isles....																	
E	10	Saint-Sylvestre..........																	
C	c	St-Victor-de-Chrétienville..																	
C	28	Saint-Vincent-du-Bouloy...																	
B	16	Sancour																	
A	25	Selle (la)...																	
C	c	Serquigny																	
C	2	Thevray...............																	
A	29	Thillières-sur-Avre																	
B	14	Thillières-en-Vexin.......																	
A	11	Thomer																	
B	16	Tierceville (*Bazincourt*)....																	
C	3	Tilleul-Dame-Agnès.......																	
B	12	Tourny................																	
D	1	Tourville																	
E	e	Toutainville............																	
D	19	Tremblay (le)......																	
C	8	Trinité-du-Mesnil-Josselin .																	
B	17	Vascœuil...............																	
C	8	Verneuse																	
B	16	Vesly																	
B	14	Villiers-en-Vexin.........																	
A	21	Villiers-en-Desœuvre																	
D	19	Villez-sur-le-Neubourg....																	
D	d	Walthiers (*Hondouville*)....																	

Signes distinctifs des Arrondissements.	Signes distinctifs des Cantons.	EURE-ET-LOIR. — ARRONDISSEMENTS ET CANTONS.	NOMS DES CORRESPONDANTS, LEURS TARIFS.																
1	2	3	4	5	6	7	8	9	10	11	12	13	14	15	16	17	18	19	20
		ARRONDISSEMENTS.																	
A	a	CHARTRES (ch.-l.).																	
»	»	Le reste { de l'arrondissement. des deux cantons.																	
B	b	CHATEAUDUN.																	
»	»	Le reste { de l'arrondissement. du canton.																	
C	c	DREUX.																	
»	»	Le reste { de l'arrondissement. du canton																	
D	d	NOGENT-LE-ROTROU.																	
»	»	Le reste { de l'arrondissement. du canton.																	
		CANTONS.																	
C	1	ANET.																	
»	»	Le reste du canton.																	
A	2	AUNEAU.																	
»	»	Le reste du canton.																	
D	3	AUTHON.																	
»	»	Le reste du canton.																	
B	4	BONNEVAL.																	
»	»	Le reste du canton.																	
C	5	BRÉZOLLES.																	
»	»	Le reste du canton.																	
B	6	BROU.																	
»	»	Le reste du canton.																	
C	7	CHATEAUNEUF-EN-THYMERAIS.																	
»	»	Le reste du canton.																	
B	8	CLOYES.																	
»	»	Le reste du canton.																	
A	9	COURVILLE.																	
»	»	Le reste du canton.																	
C	10	FERTÉ-VIDAME (LA).																	
»	»	Le reste du canton.																	
A	11	ILLIERS.																	
»	»	Le reste du canton.																	
A	12	JANVILLE.																	
»	»	Le reste du canton.																	
D	13	LOUPE (LA).																	
»	»	Le reste du canton.																	
A	14	MAINTENON.																	
»	»	Le reste du canton.																	
C	15	NOGENT-LE-ROI.																	
»	»	Le reste du canton.																	
B	16	ORGÈRES.																	
»	»	Le reste du canton.																	
C	17	SENONGES.																	
»	»	Le reste du canton.																	
D	18	THIRON-GARDAIS.																	
»	»	Le reste du canton.																	
A	19	VOVES.																	
»	»	Le reste du canton.																	
		LE RESTE DU DÉPARTEMENT.																	

EURE-ET-LOIR.

SIGNES DISTINCTIFS des ARRONDISSEMENTS.	SIGNES DISTINCTIFS des CANTONS.	COMMUNES ou PLACES.	NOMS DES CORRESPONDANTS, LEURS TARIFS.																
1	2	3	4	5	6	7	8	9	10	11	12	13	14	15	16	17	18	19	20
C	1	Abondant																	
C	7	Achères																	
A	12	Allaines																	
C	c	Allainville																	
A	19	Allonnes																	
B	4	Alluyes																	
A	a	Amilly																	
B	8	Arrou																	
A	2	Aulnay-sous-Auneau																	
C	c	Aulnay-sur-Crécy																	
A	a	Bailleau-l'Évêque																	
A	11	Bailleau-le-Pin																	
A	14	Bailleau-sous-Gallardon																	
A	12	Barmainville																	
D	3	Bazoche-Gouet (la)																	
B	16	Bazoches-en-Dunois																	
B	16	Bazoches-les-Hautes																	
A	12	Beaudreville																	
D	18	Beaumont-le-Chartif																	
D	3	Beaumont-les-Autels																	
D	13	Belhomert																	
C	1	Berchères-sur-Vègres																	
A	a	Berchères-la-Maingot																	
A	a	Berchères-l'Évêque																	
C	5	Berou-la-Mulottière																	
A	2	Béville-le-Comte																	
C	7	Blévy																	
C	c	Boissy-en-Drouais																	
C	10	Boissy-le-Sec																	
A	19	Boisville-la-Saint-Père																	
C	1	Boncourt																	
C	7	Boullay-Deux-Églises																	
C	15	Boullay-Mivoye																	
C	15	Boullay-Thierry																	
C	17	Boussard (*Senonges*)																	
B	4	Bouville																	
C	1	Broué																	
D	d	Brunelles																	
C	1	Bu																	
C	7	Cérazereux																	
A	a	Challet																	
A	a	Champhol																	
D	13	Champron																	
D	3	Chapelle-Guillaume (la)																	
D	3	Chapelle-Royale (la)																	
D	3	Charbonnières																	
C	c	Charpon																	
A	2	Châtenay																	
B	8	Châtillon-en-Dunois																	
C	15	Chaudon																	
A	11	Chaufours																	
C	1	Chaussée-d'Ivry (la)																	
C	c	Chérizy																	
A	a	Clévilliers-le-Moutiers																	
D	3	Coudray-au-Perche																	
D	18	Coudreceau																	
C	15	Coulombs																	
B	8	Courtalin																	
C	c	Crécy-Couvé																	
A	a	Dammarie																	
C	5	Dampierre-sur-Avre																	
C	17	Dampierre-s.-Blévy																	
B	6	Dampierre-sur-Brou																	
B	6	Dangeau																	
A	9	Dangers																	
A	2	Denonville																	

SIGNES DISTINCTIFS des ARRONDISSEMENTS.	CANTONS.	EURE-ET-LOIR. COMMUNES ou PLACES.	NOMS DES CORRESPONDANTS, LEURS TARIFS.																
1	2	3	4	5	6	7	8	9	10	11	12	13	14	15	16	17	18	19	20
C	17	Digny																	
C	c	Écluzelles																	
C	7	Écublé																	
A	14	Épernon																	
C	15	Faverolles																	
B	8	Ferté-Vilneuil (la)																	
A	9	Fontaine-la-Guyon																	
A	2	Francourville																	
D	18	Frazé																	
D	18	Frétigny																	
A	9	Fruncé																	
A	14	Gallardon																	
A	19	Germignonville																	
C	7	Gironville																	
A	12	Gommerville																	
A	12	Grandville-Gaudreville																	
A	2	Gué-de-Longroi (le)																	
A	12	Guilleville																	
A	14	Hanches																	
D	18	Happonvilliers																	
A	12	Intreville																	
A	a	Josaphat (*Lèves*)																	
A	a	Jouy																	
B	8	Langey																	
C	5	Laons																	
A	a	Lèves																	
B	b	Logron																	
C	15	Lormaye																	
A	19	Louville-la-Chenard																	
A	a	Luccé																	
D	3	Luigny																	
A	a	Luisaut																	
C	7	Maillebois																	
C	5	Mainterne																	
A	a	Mainvilliers																	
D	13	Manou																	
D	18	Marolles																	
C	7	Marville-les-Bois																	
A	12	Mérouville																	
A	12	Mervilliers																	
B	4	Meslay-le-Vidame																	
C	17	Mesnil-Thomas (le)																	
B	6	Mézières-au-Perche																	
C	5	Montigny-sur-Avre																	
B	8	Montigny-le-Gannelon																	
D	13	Montireau																	
D	13	Montlandon																	
A	19	Moutiers																	
C	15	Néron																	
A	12	Neuvy-en-Beauce																	
A	11	Nogent-sur-Eure																	
A	2	Oisonville																	
B	6	Ormes (les) (*Saint-Avit*)																	
C	15	Ormoy																	
A	19	Ouarville																	
C	c	Ouerre																	
C	1	Oulins																	
A	12	Oinville-Saint-Liphard																	
A	14	Pierres																	
A	a	Poisvillé																	
A	12	Poinville																	
A	14	Pont (*Bailleau-s.-Gallardon*)																	
A	9	Pontgouin																	
C	15	Prouais																	
C	5	Prudemanche																	
A	a	Prunay-le-Gillon																	

SIGNES DISTINCTIFS des ARRONDISSEMENTS.	CANTONS.	EURE-ET-LOIR. COMMUNES ou PLACES.	NOMS DES CORRESPONDANTS, LEURS TARIFS.																
1	2	3	4	5	6	7	8	9	10	11	12	13	14	15	16	17	18	19	20
C	17	Puysaye (la)																	
A	12	Puiset (le)																	
C	7	Puiseux																	
C	1	Rouvres																	
C	5	Saint-Lubin-des-Joncherets.																	
C	15	Saint-Lucien																	
A	9	Saint-Luperce																	
C	15	Saint-Martin-de-Nigelles																	
C	5	Saint-Remi-s.-Arre																	
C	7	Saint-Sauveur-Lévaville																	
D	13	Saint-Victor-de-Buthon																	
A	2	Sainville																	
B	4	Sancheville																	
B	4	Saumeray																	
C	1	Saussay																	
C	1	Sorel-Moussel																	
D	d	Souancé																	
A	a	Sours																	
B	16	Terminiers																	
C	7	Theuvy																	
A	a	Thivars																	
B	16	Tillay-le-Péneux																	
A	12	Toury																	
A	12	Trancrainville																	
C	7	Tremblay (le)																	
C	c	Tréon																	
B	6	Unverre																	
B	16	Varize																	
A	a	Ver-lès-Chartres																	
C	c	Vernouillet																	
C	c	Vert-en-Drouais																	
D	d	Vichères																	
A	19	Villars																	
C	15	Villemeux																	
B	6	Yèvres																	
A	14	Ymeray																	
A	19	Ymonville																	

Signes distinctifs des Arrondissements.	Signes distinctifs des Cantons.	FINISTÈRE. — ARRONDISSEMENTS ET CANTONS.	NOMS DES CORRESPONDANTS, LEURS TARIFS.																
1	2	3	4	5	6	7	8	9	10	11	12	13	14	15	16	17	18	19	20
		ARRONDISSEMENTS.																	
A	a	QUIMPER (ch.-l.).																	
»	»	Le reste de l'arrondissement. / du canton.																	
B	b	BREST.																	
»	»	Le reste de l'arrondissement. / des trois cantons.																	
C	c	CHATEAULIN.																	
»	»	Le reste de l'arrondissement. / du canton.																	
D	d	MORLAIX.																	
»	»	Le reste de l'arrondissement. / du canton.																	
E	e	QUIMPERLÉ.																	
»	»	Le reste de l'arrondissement. / du canton.																	
		CANTONS.																	
E	1	ARZANO.																	
»	»	Le reste du canton.																	
E	2	BANNALEC.																	
»	»	Le reste du canton.																	
A	3	BRIEC.																	
»	»	Le reste du canton.																	
C	4	CARHAIX.																	
»	»	Le reste du canton																	
C	5	CHATEAUNEUF-DU-FAOU.																	
»	»	Le reste du canton.																	
A	6	CONCARNEAU.																	
»	»	Le reste du canton.																	
C	7	CROZON.																	
»	»	Le reste du canton.																	
B	8	DAOULAS.																	
»	»	Le reste du canton.																	
A	9	DOUARNENÈS.																	
»	»	Le reste du canton.																	
D	10	FAOU (LE).																	
»	»	Le reste du canton.																	
A	11	FOUESNANT.																	
»	»	Le reste du canton.																	
C	12	HUELGOAT.																	
»	»	Le reste du canton.																	
B	13	ISLE D'OUESSANT.																	
»	»	Le reste du canton.																	
B	14	LANDERNEAU.																	
»	»	Le reste du canton.																	
D	15	LANDIVISIAU.																	
»	»	Le reste du canton.																	
D	16	LANMEUR.																	
»	»	Le reste du canton.																	
B	17	LANNILLIS.																	
»	»	Le reste du canton.																	
B	18	LESNEVEN.																	
»	»	Le reste du canton.																	
B	19	PLABENNEC.																	
»	»	Le reste du canton.																	
C	20	PLEYBEN.																	
»	»	Le reste du canton.																	
B	21	PLOUDALMÉZEAU.																	
»	»	Le reste du canton.																	
B	22	PLOUDIRY.																	
»	»	Le reste du canton.																	
D	23	PLOUESCAT.																	
»	»	Le reste du canton.																	
A	24	PLOUGASTEL-ST-GERMAIN.																	
»	»	Le reste du canton.																	
D	25	PLOUZÉVÉDÉ.																	
»	»	Le reste du canton.																	
E	26	PONT-AVEN.																	
»	»	Le reste du canton.																	
A	27	PONT-CROIX.																	
»	»	Le reste du canton.																	
A	28	PONT-L'ABBÉ.																	
»	»	Le reste du canton.																	
E	29	PONTHOU (LE).																	
»	»	Le reste du canton.																	
A	30	ROSPORDEN.																	
»	»	Le reste du canton.																	
D	31	SAINT-PAUL-DE-LÉON.																	
»	»	Le reste du canton.																	

SIGNES DISTINCTIFS des ARRONDISSEMENTS.	CANTONS	FINISTÈRE. ARRONDISSEMENTS ET CANTONS.	NOMS DES CORRESPONDANTS, LEURS TARIFS.																
1	2	3	4	5	6	7	8	9	10	11	12	13	14	15	16	17	18	19	20
B	32	SAINT-RENAN.																	
»	»	Le reste du canton.																	
D	33	SAINT-THÉGONEC.																	
»	»	Le reste du canton.																	
E	34	SCAER.																	
»	»	Le reste du canton.																	
D	35	SIZUN.																	
»	»	Le reste du canton.																	
D	36	TAULÉ.																	
»	»	Le reste du canton.																	
		LE RESTE DU DÉPARTEMENT.																	

SIGNES DISTINCTIFS des		FINISTÈRE.	NOMS DES CORRESPONDANTS, LEURS TARIFS.																
ARRONDISSEMENTS.	CANTONS.	COMMUNES ou PLACES.																	
1	2	3	4	5	6	7	8	9	10	11	12	13	14	15	16	17	18	19	20
A	27	Andierne																	
D	29	Botsorhel																	
B	19	Bourg-Blanc																	
C	20	Brasport																	
E	34	Cascadec																	
A	27	Cléden																	
D	25	Cléder																	
D	35	Commana																	
B	32	Conquet (le)																	
C	5	Coray																	
E	e	Doëlan (*Clohar-Carnoët*)																	
A	30	Elliant																	
B	b	Gouesnon																	
D	29	Guerlesquin																	
D	36	Guiclan																	
E	1	Guilligomarch																	
D	15	Guimiliau																	
B	14	Guipavas																	
B	17	Guisseny																	
D	31	Isle-de-Bastz (l')																	
B	8	Irvillac																	
B	18	Kerlouan																	
B	b	Lambesellec																	
D	15	Lampol																	
B	21	Lampol-Plouarzel																	
C	7	Landevennec																	
B	21	Lanildut																	
C	c	Locronan																	
A	28	Loctudy																	
C	10	Lopérec																	
E	2	Melgven																	
E	26	Moëlan																	
A	a	Odet-en-Ergué-Gabéric																	
A	24	Pemenrit																	
A	11	Pleuven																	
D	33	Pleyber-Christ																	
A	9	Plogonnec																	
C	c	Plomodiern																	
A	24	Plonéour																	
D	33	Plonéour-Menez																	
B	18	Plonéour-Trez																	
C	5	Plonévez-du-Faou																	
B	18	Ploudaniel																	
D	31	Plouénan																	
D	16	Plouézoch																	
D	16	Plougasnou																	
B	18	Plougastel-Daoulas																	
D	29	Plougouven																	
B	17	Plouguernau																	
B	18	Plouider																	
D	29	Plouigneau																	
D	23	Plounevez-Lochrist																	
D	d	Plourin																	
B	19	Plouvien																	
D	25	Plouvorn																	
A	24	Plozèvet																	
C	10	Pont-de-Buis (*Quimerch*)																	
C	c	Port-Launay																	
A	9	Pouldergat																	
A	24	Pouldreuzic																	
C	4	Poullaouen																	
C	c	Quéméneven																	
E	34	Querrien																	
D	31	Roscoff																	
B	8	Rumengol																	
B	14	Saint-Divy																	

SIGNES DISTINCTIFS des ARRONDISSEMENTS.	CANTONS.	FINISTÈRE. COMMUNES ou PLACES.	NOMS DES CORRESPONDANTS, LEURS TARIFS.																
1	2	3	4	5	6	7	8	9	10	11	12	13	14	15	16	17	18	19	20
C	5	Saint-Goazec.......... ..																	
B	18	Saint-Méen..............																	
B	b	Saint-Pierre-Quilbignon...																	
C	12	Sérignac................																	
C	7	Telgruc.................																	
A	28	Tréguennec..............																	
A	6	Trégunc.................																	
B	22	Tréhou..................																	
B	14	Trémaouézan............																	

SIGNES DISTINCTIFS des ARRONDISSEMENTS.	SIGNES DISTINCTIFS des CANTONS.	GARD. ARRONDISSEMENTS ET CANTONS.	NOMS DES CORRESPONDANTS, LEURS TARIFS.																
1	2	3	4	5	6	7	8	9	10	11	12	13	14	15	16	17	18	19	20
		ARRONDISSEMENTS.																	
A	a	NISMES (ch.-l.).																	
»	»	Le reste { de l'arrondissement / des trois cantons.																	
B	b	ALAIS.																	
»	»	Le reste { de l'arrondissement. / du canton.																	
C	c	UZÈS.																	
»	»	Le reste { de l'arrondissement. / du canton.																	
D	d	VIGAN (LE).																	
»	»	Le reste { de l'arrondissement. / du canton.																	
		CANTONS.																	
A	1	AIGUES-MORTES.																	
»	»	Le reste du canton.																	
D	2	ALZON.																	
»	»	Le reste du canton.																	
B	3	ANDUZE.																	
»	»	Le reste du canton.																	
A	4	ARAMON.																	
»	»	Le reste du canton.																	
C	5	BAGNOLS.																	
»	»	Le reste du canton.																	
B	6	BARJAC.																	
»	»	Le reste du canton.																	
A	7	BEAUCAIRE.																	
»	»	Le reste du canton.																	
B	8	GENOLHAC.																	
»	»	Le reste du canton.																	
D	9	LASALLE.																	
»	»	Le reste du canton.																	
B	10	LEDIGNAN.																	
»	»	Le reste du canton.																	
C	11	LUSSAN.																	
»	»	Le reste du canton.																	
A	12	MARGUERITTES.																	
»	»	Le reste du canton.																	
C	13	PONT-SAINT-ESPRIT.																	
»	»	Le reste du canton.																	
D	14	QUISSAC.																	
»	»	Le reste du canton.																	
C	15	REMOULINS.																	
»	»	Le reste du canton.																	
C	16	ROQUEMAURE.																	
»	»	Le reste du canton.																	
B	17	SAINT-AMBROIX.																	
»	»	Le reste du canton.																	
D	18	ST-ANDRÉ-DE-VALBORGNES.																	
»	»	Le reste du canton.																	
C	19	SAINT-CHAPTES.																	
»	»	Le reste du canton.																	
A	20	SAINT-GILLES.																	
»	»	Le reste du canton.																	
D	21	SAINT-HIPPOLYTE.																	
»	»	Le reste du canton.																	
B	22	SAINT-JEAN-DU-GARD.																	
»	»	Le reste du canton.																	
A	23	SAINT-MAMERS.																	
»	»	Le reste du canton.																	
B	24	ST-MARTIN-DE-VALGALGUES.																	
»	»	Le reste du canton.																	
D	25	SAUVE.																	
»	»	Le reste du canton.																	
A	26	SOMMIÈRES.																	
»	»	Le reste du canton.																	
D	27	SUMÈNE.																	
»	»	Le reste du canton.																	
D	28	TRÈVES.																	
»	»	Le reste du canton.																	
D	29	VALLERAUGUES.																	
»	»	Le reste du canton.																	
A	30	VAUVERT.																	
»	»	Le reste du canton.																	
B	31	VÉZÉNOBRES.																	
»	»	Le reste du canton.																	
C	32	VILLENEUVE-LÈS-AVIGNON.																	
»	»	Le reste du canton.																	
		LE RESTE DU DÉPARTEMENT.																	

SIGNES DISTINCTIFS des ARRONDISSEMENTS.	CANTONS.	GARD. COMMUNES ou PLACES.	NOMS DES CORRESPONDANTS, LEURS TARIFS.																
1	2	3	4	5	6	7	8	9	10	11	12	13	14	15	16	17	18	19	20
A	26	Aigues-Vives																	
A	30	Aimargues																	
B	17	Allègre																	
A	26	Aubais																	
D	d	Aulas																	
D	2	Aumessat																	
D	d	Avèze																	
B	17	Barrière																	
A	7	Bellegarde																	
A	30	Bernis																	
A	12	Besouce																	
B	17	Bessèges (*Robiac*)																	
B	24	Blannayes																	
B	3	Bordezac (*Peiremalle*)																	
B	10	Boucoiran																	
A	a	Bouillargues																	
D	d	Breau																	
B	31	Brignon																	
A	26	Calvisson																	
C	5	Cavillargues																	
A	30	Cailard (le)																	
B	8	Chamborigaud																	
B	b	Chantilly (*Alais*)																	
A	23	Clarensac																	
B	24	Combe (la grande)																	
A	4	Comps																	
A	26	Congeniès																	
C	5	Connaux																	
C	13	Cornillon																	
D	28	Dourbies																	
D	25	Durfort																	
B	31	Euzey																	
A	26	Fontanès																	
A	7	Fourques																	
A	30	Gallargues																	
A	20	Générac																	
A	26	Langlade																	
B	17	Larnac																	
C	16	Laudun																	
A	12	Ledenon																	
B	17	Mages (les)																	
A	12	Manduel																	
D	d	Mandagout																	
B	22	Mialet																	
A	a	Milhaud																	
D	d	Molières																	
D	9	Monoblet																	
D	d	Montdardier																	
A	4	Montfrin																	
A	23	Montpezat																	
C	19	Moussac																	
B	31	Ners																	
C	5	Orsan																	
D	9	Pallières (*Thoiras*)																	
B	24	Pise (la) (*La Grande-Combe*)																	
D	21	Pompignan																	
B	8	Ponteils																	
B	8	Portes																	
B	6	Rivières																	
B	17	Robiac																	
C	32	Rochefort																	
D	27	Roquedur																	
D	29	Rouvière (la)																	
C	19	Sainte-Anastasie																	
D	29	Saint-André-de-Majencoule																	
C	16	Saint-Géniès-de-Colomas																	

SIGNES DISTINCTIFS des		GARD.	NOMS DES CORRESPONDANTS, LEURS TARIFS.																
ARRONDISSEMENTS.	CANTONS.	COMMUNES ou PLACES.																	
1	2	3	4	5	6	7	8	9	10	11	12	13	14	15	16	17	18	19	20
C	19	Saint-Géniès-de-Malgoirés..																	
A	12	Saint-Gervazy......																	
B	6	Saint-Jean-de-Marvejols ...																	
B	17	Saint-Jean-de-Valeriscle ...																	
C	13	Saint-Julien-de-Peyrolas...																	
D	27	Saint-Julien-de-la-Nef.....																	
A	1	Saint-Laurent............																	
D	27	Saint-Laurent-le-Minier....																	
D	27	Saint-Martial																	
D	18	Saint-Martin-de-Corconac..																	
B	b	Saint-Paul..............																	
C	16	Saint-Victor-Lacoste																	
A	26	Salinelles..............																	
B	8	Sénéchas..............																	
B	24	Servas.																	
B	b	Tamaris (les) (*Alais*)																	
C	16	Tavel.................																	
A	4	Théziers...............																	
D	9	Thoiras																	
A	4	Vallabrègues............																	
C	13	Valbonne (*Saint-Paulat*) ...																	
C	15	Valliguières............																	
A	30	Vergèze																	
C	15	Vers..................																	

SIGNES DISTINCTIFS des ARRONDISSEMENTS.	CANTONS.	GARONNE (HAUTE-). ARRONDISSEMENTS ET CANTONS.	NOMS DES CORRESPONDANTS, LEURS TARIFS.																
1	2	3	4	5	6	7	8	9	10	11	12	13	14	15	16	17	18	19	20
		ARRONDISSEMENTS.																	
A	a	TOULOUSE (ch.-l.).																	
»	»	Le reste de l'arrondissement. des quatre cantons.																	
B	b	MURET.																	
»	»	Le reste de l'arrondissement. du canton.																	
C	c	SAINT-GAUDENS.																	
»	»	Le reste de l'arrondissement. du canton.																	
D	d	VILLEFRANCHE-DE-LAURAGAIS.																	
»	»	Le reste de l'arrondissement. du canton.																	
		CANTONS.																	
C	1	ASPET.																	
»	»	Le reste du canton.																	
C	2	AURIGNAC.																	
»	»	Le reste du canton.																	
B	3	AUTERIVE.																	
»	»	Le reste du canton.																	
C	4	BAGNÈRES-DE-LUCHON.																	
»	»	Le reste du canton.																	
C	5	BOULOGNE.																	
»	»	Le reste du canton.																	
A	6	CADOURS.																	
»	»	Le reste du canton.																	
D	7	CARAMAN.																	
»	»	Le reste du canton.																	
B	8	CARBONNE.																	
»	»	Le reste du canton.																	
A	9	CASTANET.																	
»	»	Le reste du canton.																	
B	10	CAZÈRES.																	
»	»	Le reste du canton.																	
B	11	CINTEGABELLE.																	
»	»	Le reste du canton.																	
B	12	FOUSSERET (LE).																	
»	»	Le reste du canton.																	
A	13	FRONTON.																	
»	»	Le reste du canton.																	
A	14	GRENADE-SUR-GARONNE.																	
»	»	Le reste du canton.																	
C	15	ISLE-EN-DODON (L').																	
»	»	Le reste du canton.																	
D	16	LANTA.																	
»	»	Le reste du canton.																	
A	17	LEGUEVIN.																	
»	»	Le reste du canton.																	
A	18	MONTASTRUC.																	
»	»	Le reste du canton.																	
B	19	MONTESQUIEU-VOLVESTRE.																	
»	»	Le reste du canton.																	
D	20	MONTGISCART.																	
»	»	Le reste du canton.																	
C	21	MONTREJEAU.																	
»	»	Le reste du canton.																	
D	22	NAILLOUX.																	
»	»	Le reste du canton.																	
D	23	REVEL.																	
»	»	Le reste du canton.																	
B	24	RIEUMES.																	
»	»	Le reste du canton.																	
B	25	RIEUX.																	
»	»	Le reste du canton.																	
C	26	SAINT-BÉAT.																	
»	»	Le reste du canton.																	
C	27	SAINT-BERTRAND.																	
»	»	Le reste du canton.																	
B	28	SAINT-LYS.																	
»	»	Le reste du canton.																	
C	29	SAINT-MARTORY.																	
»	»	Le reste du canton.																	
C	30	SALIES.																	
»	»	Le reste du canton.																	
A	31	VERFEIL.																	
»	»	Le reste du canton.																	
A	32	VILLEMUR.																	
»	»	Le reste du canton																	
		LE RESTE DU DÉPARTEMENT.																	

SIGNES DISTINCTIFS des ARRONDISSEMENTS.	CANTONS.	GARONNE (HAUTE-). COMMUNES ou PLACES.	NOMS DES CORRESPONDANTS, LEURS TARIFS.																
1	2	3	4	5	6	7	8	9	10	11	12	13	14	15	16	17	18	19	20
C	2	Alan																	
C	1	Arbas																	
C	2	Aulon																	
D	7	Auriac																	
C	29	Auzas																	
D	d	Avignonet																	
A	18	Azas																	
B	24	Bastide-de-Clermont (la)																	
D	20	Baziége																	
C	5	Blajan																	
C	21	Bordes																	
A	13	Bouloc																	
D	16	Bourg-Saint-Bernard																	
A	6	Brignemont																	
B	3	Bruyère (la)																	
A	18	Buzet																	
C	c	Camon (*Labarthe-Rivière*)																	
B	8	Capens																	
C	2	Cassagnabère																	
C	30	Cassaigne																	
B	19	Castagnac																	
A	a	Castelmaurou																	
A	13	Castelnau-d'Estrefonds																	
C	c	Château-Renaud																	
C	26	Cierp																	
D	22	Colmon																	
A'	a	Colomiers																	
C	1	Couret																	
A	6	Cox																	
A	a	Cugnaux																	
D	20	Deyme																	
B	b	Eaunes																	
C	1	Encausse																	
D	7	Faget (le)																	
C	30	Figarol																	
A	a	Flourens																	
C	26	Fos																	
D	20	Fourquevaux																	
C	29	Frechet (le)																	
A	a	Gagnac																	
C	26	Gaud																	
A	31	Gauré																	
C	27	Gourdan																	
B	b	Labarthe																	
C	c	Labarthe-Rivière																	
B	8	Labastide-Cornet																	
A	14	Launac																	
A	a	Launaguet																	
C	29	Lestelle																	
A	17	Levignac																	
D	7	Loubens																	
C	27	Malevezie																	
C	30	Mane																	
C	29	Mancioux																	
C	30	Marsoulas																	
B	10	Martres																	
C	30	Mazères																	
C	1	Milhas																	
C	c	Miramont																	
B	3	Miremont																	
C	30	Montastruc																	
C	30	Montespan																	
C	5	Montgaillard																	
C	5	Montmorin																	
D	23	Mourvilles (Hautes-)																	
B	8	Noé																	

SIGNES DISTINCTIFS des ARRONDISSEMENTS.	SIGNES DISTINCTIFS des CANTONS	GARONNE (HAUTE-). COMMUNES ou PLACES.	NOMS DES CORRESPONDANTS, LEURS TARIFS.																
1	2	3	4	5	6	7	8	9	10	11	12	13	14	15	16	17	18	19	20
D	20	Odars																	
C	4	Oo																	
C	27	Ore																	
A	18	Paulhac																	
A	17	Plaisance																	
B	10	Plan (le)																	
C	c	Pointis-Inard																	
C	26	Pont-de-Cazaux (*Cazaux*)																	
C	15	Puy-Maurin																	
C	c	Rieucazé																	
C	30	Roquefort																	
C	4	Saint-Aventin																	
B	19	Saint-Christaud																	
D	23	Saint-Félix																	
C	15	Saint-Frajoux																	
D	23	Saint-Julia de Gracapou																	
C	15	Saint-Laurent																	
A	a	Sainte-Magdeleine (*Flourens*)																	
C	4	Saint-Mamet																	
C	c	Saint-Marcet																	
C	21	Saint-Plancard																	
B	8	Saint-Sulpice																	
C	4	Salles																	
C	27	Sauveterre																	
C	1	Signouagnet																	
C	1	Soueich																	
B	8	Terrasse (la) (*Carbonne*)																	
C	30	Touille																	
C	c	Valentine																	
D	d	Villenouvelle																	

SIGNES DISTINCTIFS des ARRONDISSEMENTS.	CANTONS.	GERS. ARRONDISSEMENTS ET CANTONS.	NOMS DES CORRESPONDANTS, LEURS TARIFS.																
1	2	3	4	5	6	7	8	9	10	11	12	13	14	15	16	17	18	19	20
		ARRONDISSEMENTS.																	
A	a	AUCH (ch.-l.).																	
»	»	Le reste de l'arrondissement. / des deux cantons.																	
B	b	CONDOM.																	
»	»	Le reste de l'arrondissement. / du canton.																	
C	c	LECTOURE.																	
»	»	Le reste de l'arrondissement. / du canton.																	
D	d	LOMBEZ.																	
»	»	Le reste de l'arrondissement. / du canton.																	
E	e	MIRANDE.																	
»	»	Le reste de l'arrondissement. / du canton.																	
		CANTONS.																	
E	1	AIGNAN.																	
»	»	Le reste du canton.																	
B	2	CASAUBAN.																	
»	»	Le reste du canton.																	
D	3	COLOGNE.																	
»	»	Le reste du canton.																	
B	4	EAUZE.																	
»	»	Le reste du canton.																	
C	5	FLEURANCE.																	
»	»	Le reste du canton.																	
A	6	GIMON.																	
»	»	Le reste du canton.																	
D	7	ISLE-EN-JOURDAIN (L').																	
»	»	Le reste du canton.																	
A	8	JEGUN.																	
»	»	Le reste du canton.																	
E	9	MARCIAC.																	
»	»	Le reste du canton.																	
E	10	MASSEUVE.																	
»	»	Le reste du canton.																	
C	11	MAUVEZIN.																	
»	»	Le reste du canton.																	
E	12	MIÉLAN.																	
»	»	Le reste du canton.																	
C	13	MIRADOUX.																	
»	»	Le reste du canton.																	
E	14	MONTESQUIOU.																	
»	»	Le reste du canton.																	
B	15	MONTRÉAL.																	
»	»	Le reste du canton.																	
B	16	NOGARO.																	
»	»	Le reste du canton.																	
E	17	PLAISANCE.																	
»	»	Le reste du canton.																	
E	18	RISCLE.																	
»	»	Le reste du canton.																	
C	19	SAINT-CLAR.																	
»	»	Le reste du canton.																	
D	20	SAMATAN.																	
»	»	Le reste du canton.																	
A	21	SARAMON.																	
»	»	Le reste du canton.																	
B	22	VALENCE.																	
»	»	Le reste du canton.																	
A	23	VIC-FEZENZAC.																	
»	»	Le reste du canton																	
		LE RESTE DU DÉPARTEMENT.																	

SIGNES DISTINCTIFS des ARRONDISSEMENTS.	SIGNES DISTINCTIFS des CANTONS.	GERS. COMMUNES ou PLACES.	NOMS DES CORRESPONDANTS, LEURS TARIFS.																
1	2	3	4	5	6	7	8	9	10	11	12	13	14	15	16	17	18	19	20
A	6	Aubiet																	
A	a	Auterive																	
B	2	Barbotan (*Cazaubon*)																	
E	18	Barcelonne																	
A	a	Barran																	
E	14	Bassoues																	
B	2	Bastide-d'Armagnac (la)																	
E	17	Beaumarchés																	
B	22	Bezolles																	
A	8	Biran																	
E	17	Cahusac																	
C	13	Castel-Arrouy																	
A	21	Castelnau-Barbarens																	
B	15	Castelnau-d'Auzan																	
B	22	Castera-Verduzan																	
A	23	Castillon-de-Batz																	
D	20	Cazaux																	
E	10	Chelan																	
D	3	Encausse																	
B	2	Estang																	
B	15	Fourcès																	
C	13	Gimbrède																	
B	15	Gondrin																	
B	16	Houga (le)																	
E	14	Isle-Baise ou de Noé																	
E	9	Ladevèze-Ville																	
E	18	Lannux																	
B	4	Lannepax																	
B	b	Larroumieu																	
A	8	Lavardens																	
B	b	Lialores																	
C	c	Ligardes																	
E	1	Lupiac																	
C	c	Mas-d'Auvignon (le)																	
C	19	Mauroux																	
B	16	Manciet																	
A	a	Monbert																	
A	21	Monferran																	
D	7	Monferran																	
A	a	Montaut																	
C	5	Montestruc																	
C	11	Montfort																	
B	16	Montguilhem																	
E	12	Mont-de-Marrast																	
D	d	Monpezat																	
D	20	Noilhan																	
C	13	Plieux																	
A	a	Puycasquier																	
C	c	Roquelaure (*Pouy*)																	
B	22	Roques																	
B	22	Rosez																	
C	c	Saint-Avyt-Frandat																	
E	e	Saint-Élix-Theux																	
C	5	Saint-Joseph (*Pauilhac*)																	
E	9	Saint-Justin																	
E	18	Saint-Mont																	
B	22	Saint-Puy																	
A	6	Saint-Sauvy																	
E	10	Sarcos																	
D	20	Savignac-Mona																	
A	a	Seissan																	
D	d	Simorre																	
C	11	Solomiac																	
C	c	Terraube																	
E	1	Thermes																	
E	9	Tillac																	

SIGNES DISTINCTIFS des ARRONDISSEMENTS.	CANTONS.	GERS. COMMUNES ou PLACES.	NOMS DES CORRESPONDANTS, LEURS TARIFS.																
1	2	3	4	5	6	7	8	9	10	11	12	13	14	15	16	17	18	19	20
D	3	Touget																	
C	19	Tournecoupe																	
E	18	Viella																	
E	12	Villecomtal																	

SIGNES DISTINCTIFS des ARRONDISSEMENTS.	CANTONS.	GIRONDE. ARRONDISSEMENTS ET CANTONS.	NOMS DES CORRESPONDANTS, LEURS TARIFS.																
1	2	3	4	5	6	7	8	9	10	11	12	13	14	15	16	17	18	19	20
		ARRONDISSEMENTS.																	
A	a	BORDEAUX (ch.-l.).																	
»	»	Le reste { de l'arrondissement. des six cantons.																	
B	b	BAZAS.																	
»	»	Le reste { de l'arrondissement. du canton.																	
C	c	BLAYE.																	
»	»	Le reste { de l'arrondissement. du canton.																	
D	d	LESPARRE.																	
»	»	Le reste { de l'arrondissement. du canton.																	
E	e	LIBOURNE.																	
»	»	Le reste { de l'arrondissement. du canton.																	
F	f	RÉOLE (LA).																	
»	»	Le reste { de l'arrondissement. du canton.																	
		CANTONS.																	
A	1	AUDENGE.																	
»	»	Le reste du canton.																	
B	2	AUROS.																	
»	»	Le reste du canton.																	
A	3	BELIN.																	
»	»	Le reste du canton.																	
A	4	BLANQUEFORT.																	
»	»	Le reste du canton.																	
C	5	BOURG-SUR-GIRONDE.																	
»	»	Le reste du canton.																	
E	6	BRANNE.																	
»	»	Le reste du canton.																	
A	7	CADILLAC.																	
»	»	Le reste du canton.																	
B	8	CAPTIEUX.																	
»	»	Le reste du canton.																	
A	9	CARBON-BLANC.																	
»	»	Le reste du canton.																	
A	10	CASTELNAU-DE-MÉDOC.																	
»	»	Le reste du canton.																	
E	11	CASTILLON.																	
»	»	Le reste du canton.																	
E	12	COUTRAS.																	
»	»	Le reste du canton.																	
A	13	CRÉON.																	
»	»	Le reste du canton.																	
E	14	FRONSAC.																	
»	»	Le reste du canton.																	
B	15	GRIGNOLS.																	
»	»	Le reste du canton.																	
E	16	GUITRES.																	
»	»	Le reste du canton.																	
A	17	LABRÈDE.																	
»	»	Le reste du canton,																	
B	18	LANGON.																	
»	»	Le reste du canton.																	
E	19	LUSSAC.																	
»	»	Le reste du canton.																	
F	20	MONSÉGUR.																	
»	»	Le reste du canton.																	
D	21	PAUILLAC.																	
»	»	Le reste du canton.																	
F	22	PELLEGRUE.																	
»	»	Le reste du canton.																	
A	23	PESSAC.																	
»	»	Le reste du canton.																	
A	24	PODENSAC.																	
»	»	Le reste du canton.																	
E	25	PUJOLS.																	
»	»	Le reste du canton.																	
A	26	SAINT-ANDRÉ-DE-CUBZAC.																	
»	»	Le reste du canton.																	
C	27	SAINT-CIERS-LA-LANDE.																	
»	»	Le reste du canton.																	
E	28	SAINTE-FOY-LA-GRANDE.																	
»	»	Le reste du canton																	
D	29	SAINT-LAURENT-DE-MÉDOC.																	
»	»	Le reste du canton.																	
F	30	SAINT-MACAIRE.																	
»	»	Le reste du canton.																	

SIGNES DISTINCTIFS des ARRONDISSEMENTS.	CANTONS.	GIRONDE. ARRONDISSEMENTS ET CANTONS.	NOMS DES CORRESPONDANTS, LEURS TARIFS.																
1	2	3	4	5	6	7	8	9	10	11	12	13	14	15	16	17	18	19	20
C	31	SAINT-SAVIN.																	
»	»	Le reste du canton.																	
B	32	SAINT-SYMPHORIEN.																	
»	»	Le reste du canton.																	
D	33	SAINT-VIVIEN.																	
»	»	Le reste du canton.																	
F	34	SAUVETERRE.																	
»	»	Le reste du canton.																	
F	35	TARGON.																	
»	»	Le reste du canton.																	
A	36	TESTE-DE-BUCH (LA).																	
»	»	Le reste du canton.																	
B	37	VILLANDRAUT.																	
»	»	Le reste du canton.																	
		LE RESTE DU DÉPARTEMENT.																	

SIGNES DISTINCTIFS des ARRONDISSEMENTS.	CANTONS.	GIRONDE. COMMUNES ou PLACES.	NOMS DES CORRESPONDANTS, LEURS TARIFS.																
1	2	3	4	5	6	7	8	9	10	11	12	13	14	15	16	17	18	19	20
E	12	Absac																	
B	2	Aillas																	
A	9	Ambarèz																	
E	e	Arveyres																	
B	2	Barie																	
A	24	Barzac																	
A	9	Bastide (la) (*Cenon*)																	
A	17	Bautiran																	
A	a	Bègles																	
A	3	Beliet																	
B	b	Bernos																	
C	c	Berson																	
A	1	Biganos																	
F	34	Blazimont																	
A	a	Bouscat (le)																	
A	24	Budos																	
A	13	Carignan																	
C	c	Cartelègue																	
F	20	Castelmoron-d'Albret																	
B	18	Castets-en-Dorthe																	
A	17	Castres																	
A	a	Caudéran																	
F	30	Caudrot																	
C	31	Cavignac																	
A	9	Cenon																	
A	24	Cérons																	
C	31	Cézac																	
D	d	Civrac																	
B	2	Coimères																	
F	34	Coirac																	
F	20	Cours																	
B	b	Cudos																	
A	10	Cussac																	
C	27	Étauliers																	
B	18	Fargues																	
E	25	Flaujagues																	
A	9	Floirac																	
F	35	Frontenac																	
E	14	Galgon																	
E	11	Gardegan																	
C	5	Gauriac																	
E	6	Genissac																	
E	25	Gensac																	
F	f	Gironde																	
A	23	Gradignan																	
A	36	Gujan																	
B	32	Hostens																	
F	f	Hure																	
B	37	Illon (*Uzeste*)																	
A	10	Lacanau																	
A	10	Lamarque																	
A	24	Landiras																	
A	7	Langoiran																	
E	16	Laubardemont (*Sablons*)																	
B	18	Léogeats																	
A	17	Léognan																	
E	28	Levès (les)																	
A	10	Listrac																	
F	22	Listrac-de-Durèze																	
A	9	Lormont																	
A	7	Loupiac																	
E	6	Lugaignac																	
E	14	Lugon																	
A	3	Lugos																	
A	4	Macau																	
E	16	Maranzin																	

Signes distinctifs des Arrondissements.	Signes distinctifs des Cantons.	GIRONDE. — Communes ou places.	Noms des correspondants, leurs tarifs.																
1	2	3	4	5	6	7	8	9	10	11	12	13	14	15	16	17	18	19	20
C	5	Marcamps																	
C	27	Marcillac																	
A	10	Margaux																	
A	23	Mérignac																	
A	1	Mios																	
E	e	Montagne																	
F	f	Mongausy																	
E	6	Moulon																	
B	37	Noaillan																	
A	4	Perempuyre																	
E	25	Pessac																	
F	30	Pian-sur-Garonne (le)																	
B	37	Pompézac																	
B	2	Pondaurat																	
A	24	Portets																	
B	37	Prechac																	
A	24	Preignac																	
C	5	Pugnac																	
E	19	Puisséguin																	
D	d	Queyrac																	
A	13	Quinsac																	
B	b	Raulac																	
E	25	Rauzan																	
C	27	Reignac																	
A	7	Rions																	
B	18	Roaillan																	
C	31	Ruscade (la)																	
A	13	Sadirac																	
A	26	St-Antoine-d'Artigue-Long.																	
C	31	Saint-Christoly																	
A	7	Saint-Croix-du-Mont																	
E	16	Saint-Denis-de-Pille																	
E	e	Saint-Émilion																	
D	21	Saint-Estèphe																	
F	22	Saint-Ferme																	
A	26	Saint-Gervais																	
A	9	Saint-Loubès																	
E	11	Saint-Magne																	
E	12	Saint-Médard																	
A	4	Saint-Médard-en-Jalle																	
B	8	Saint-Michel-de-Castelnau																	
B	18	Saint-Pardon																	
E	25	Saint-Pey-de-Castets																	
F	35	Saint-Pierre-de-Bas																	
E	6	Saint-Quentin																	
A	17	Saint-Selve																	
D	d	Saint-Seurin-de-Cadourne																	
E	11	Sainte-Terre																	
F	20	Saint-Vivien																	
A	13	Sallebœuf																	
A	3	Salles																	
B	18	Sauternes																	
A	10	Soussans																	
A	4	Taillan (le)																	
D	33	Talais																	
A	a	Talence																	
A	36	Teich (le)																	
B	18	Toulenne																	
B	37	Uzeste																	
D	21	Vertheuil																	

SIGNES DISTINCTIFS des ARRONDISSEMENTS.	SIGNES DISTINCTIFS des CANTONS.	HÉRAULT. ARRONDISSEMENTS ET CANTONS.	NOMS DES CORRESPONDANTS, LEURS TARIFS.																
1	2	3	4	5	6	7	8	9	10	11	12	13	14	15	16	17	18	19	20
		ARRONDISSEMENTS.																	
A	a	MONTPELLIER (ch.-l.).																	
		Le reste de l'arrondissement.																	
»	»	Le reste des trois cantons.																	
B	b	BÉZIERS.																	
		Le reste de l'arrondissement.																	
»	»	Le reste des deux cantons.																	
C	c	LODÈVE.																	
		Le reste de l'arrondissement																	
»	»	Le reste du canton.																	
D	d	SAINT-PONS.																	
		Le reste de l'arrondissement																	
»	»	Le reste du canton.																	
		CANTONS.																	
B	1	AGDE.																	
»	»	Le reste du canton.																	
A	2	ANIANE.																	
»	»	Le reste du canton.																	
B	3	BÉDARIEUX.																	
»	»	Le reste du canton.																	
B	4	CAPESTANG.																	
»	»	Le reste du canton.																	
A	5	CASTRIES.																	
»	»	Le reste du canton.																	
C	6	CAYLARD.																	
»	»	Le reste du canton.																	
A	7	CETTE.																	
»	»	Le reste du canton.																	
A	8	CLARET.																	
»	»	Le reste du canton.																	
C	9	CLERMONT-L'HÉRAULT.																	
»	»	Le reste du canton.																	
B	10	FLORENSAC.																	
»	»	Le reste du canton.																	
A	11	FRONTIGNAN.																	
»	»	Le reste du canton.																	
A	12	GANGES.																	
»	»	Le reste du canton.																	
C	13	GIGNAC.																	
»	»	Le reste du canton.																	
C	14	LUNAS.																	
»	»	Le reste du canton.																	
A	15	LUNEL.																	
»	»	Le reste du canton.																	
A	16	MATELLES (LES).																	
»	»	Le reste du canton.																	
A	17	MAUGUIO.																	
»	»	Le reste du canton.																	
A	18	MÈZE.																	
»	»	Le reste du canton.																	
B	19	MONTAGNAC.																	
»	»	Le reste du canton.																	
B	20	MURVIEL.																	
»	»	Le reste du canton.																	
D	21	OLARGUES.																	
»	»	Le reste du canton.																	
D	22	OLONZAC.																	
»	»	Le reste du canton.																	
B	23	PÉZÉNAS.																	
»	»	Le reste du canton.																	
B	24	ROUJAN.																	
»	»	Le reste du canton.																	
D	25	SAINT-CHINIAN.																	
»	»	Le reste du canton.																	
B	26	SAINT-GERVAIS.																	
»	»	Le reste du canton.																	
A	27	SAINT-MARTIN-DE-LONDRES																	
»	»	Le reste du canton.																	
D	28	SALVETAT (LA).																	
»	»	Le reste du canton.																	
B	29	SERVIAN.																	
»	»	Le reste du canton.																	
		LE RESTE DU DÉPARTEMENT.																	

SIGNES DISTINCTIFS des ARRONDISSEMENTS.	SIGNES DISTINCTIFS des CANTONS.	HÉRAULT. COMMUNES ou PLACES.	NOMS DES CORRESPONDANTS, LEURS TARIFS.																
1	2	3	4	5	6	7	8	9	10	11	12	13	14	15	16	17	18	19	20
B	19	Adissan																	
B	29	Alignan-du-Vent																	
B	20	Antignac																	
C	9	Aspiran																	
C	14	Avesne																	
A	5	Baillargues																	
A	11	Balaruc-les-Bains																	
B	b	Bassan																	
B	1	Bessan																	
B	3	Boussagues																	
A	18	Bouzigues																	
B	19	Cabrières																	
B	20	Causses																	
B	23	Caux																	
B	19	Cazouls-d'Hérault																	
B	b	Cazouls-les-Béziers																	
C	14	Ceilhes																	
D	25	Cessenon																	
C	9	Ceyras																	
B	3	Clairac (*Boussagues*)																	
A	a	Cournonterral																	
D	22	Félines-Hautpoul																	
B	19	Fontès																	
B	24	Gabian																	
A	18	Gigean																	
B	26	Hérépian																	
C	13	Jonquières																	
A	17	Lansargues																	
B	20	Laurens																	
B	19	Lésignan-la-Cèbe																	
B	b	Lespignan																	
D	22	Livinière (la)																	
B	24	Magalas																	
B	b	Maraussan																	
B	1	Marseillan																	
A	15	Marsillargues																	
B	4	Maureilhan																	
A	5	Montaud																	
B	29	Montblanc																	
C	13	Montpeyroux																	
B	24	Neffiés																	
B	4	Nissan																	
C	14	Octon																	
C	9	Paulhan																	
B	19	Peret																	
A	a	Pignan																	
C	13	Plaissan																	
B	10	Pomérols																	
C	13	Pouget (le)																	
B	26	Poujol (le)																	
A	18	Poussan																	
B	24	Pouzolles																	
D	21	Prémian																	
B	29	Puissalicon																	
B	4	Puisserguier																	
B	4	Quarante																	
D	d	Riols																	
A	12	Roque (la)																	
D	21	Roquebrun																	
C	13	Saint-André																	
C	13	Saint-Bauzille-de-la-Silve																	
A	12	Saint-Bauzille-de-Putois																	
C	9	Saint-Félix-de-Lodève																	
B	20	Saint-Géniès-le-Bas																	
B	26	Saint-Géniès de Varensal																	
A	a	Saint-Georges-d'Orques																	

SIGNES DISTINCTIFS des ARRONDISSEMENTS.	SIGNES DISTINCTIFS des CANTONS.	HÉRAULT. — COMMUNES ou PLACES.	NOMS DES CORRESPONDANTS, LEURS TARIFS.																
1	2	3	4	5	6	7	8	9	10	11	12	13	14	15	16	17	18	19	20
A	27	Saint-Jean-de-Buèges																	
C	c	Saint-Jean-de-la-Blaquière																	
C	13	Saint-Jean-de-Fos																	
B	20	Saint-Nazaire-de-Ladarez																	
C	13	Saint-Pargoire																	
B	19	Saint-Pons-de-Mauchiens																	
C	13	Saint-Saturnin																	
B	23	Saint-Thibéry																	
D	21	Saint-Vincent																	
A	15	Saussines																	
B	b	Sauvian																	
B	b	Sérignan																	
D	22	Siran																	
C	c	Soubès																	
B	20	Thézan																	
B	23	Tourbes																	
D	d	Vélieux																	
B	b	Vendres																	
B	1	Vias																	
A	11	Vic																	
D	21	Vieussan																	
B	b	Villeneuve-les-Béziers																	
A	11	Villeneuve-les-Maguelonne																	
C	9	Villeneuvette																	
B	26	Villecelle (*Mourcairolle*)																	
A	18	Villeveyrac																	

SIGNES DISTINCTIFS des ARRONDISSEMENTS.	CANTONS.	ILLE-ET-VILAINE. ARRONDISSEMENTS ET CANTONS.	NOMS DES CORRESPONDANTS, LEURS TARIFS.																
1	2	3	4	5	6	7	8	9	10	11	12	13	14	15	16	17	18	19	20
		ARRONDISSEMENTS.																	
A	a	RENNES (ch.-l.).																	
»	»	Le reste { de l'arrondissement. / des quatre cantons.																	
B	b	FOUGÈRES.																	
»	»	Le reste { de l'arrondissement. / des deux cantons.																	
C	c	MONTFORT.																	
»	»	Le reste { de l'arrondissement. / du canton.																	
D	d	REDON.																	
»	»	Le reste { de l'arrondissement. / du canton.																	
E	e	SAINT-MALO.																	
»	»	Le reste { de l'arrondissement. / du canton.																	
F	f	VITRÉ.																	
»	»	Le reste { de l'arrondissement. / des deux cantons.																	
		CANTONS.																	
B	1	ANTRAIN.																	
»	»	Le reste du canton.																	
F	2	ARGENTRÉ.																	
»	»	Le reste du canton.																	
D	3	BAIN.																	
»	»	Le reste du canton.																	
C	4	BÉCHEREL.																	
»	»	Le reste du canton.																	
E	5	CANCALE.																	
»	»	Le reste du canton.																	
F	6	CHATEAUBOURG.																	
»	»	Le reste du canton.																	
A	7	CHATEAUGIRON.																	
»	»	Le reste du canton.																	
E	8	CHATEAUNEUF-EN-BRETAGNE.																	
»	»	Le reste du canton.																	
E	9	COMBOURG.																	
»	»	Le reste du canton.																	
E	10	DOL.																	
»	»	Le reste du canton.																	
D	11	FOUGERAY.																	
F	12	GUERCHE (LA).																	
»	»	Le reste du canton.																	
D	13	GUICHEN.																	
»	»	Le reste du canton.																	
A	14	HÉDÉ.																	
»	»	Le reste du canton.																	
A	15	JANZÉ.																	
A	16	LIFFRÉ.																	
»	»	Le reste du canton.																	
B	17	LOUVIGNÉ-DU-DÉSERT.																	
»	»	Le reste du canton.																	
D	18	MAURE.																	
»	»	Le reste du canton.																	
C	19	MONTAUBAN.																	
»	»	Le reste du canton.																	
A	20	MORDELLES.																	
»	»	Le reste du canton.																	
D	21	PIPRIAC.																	
»	»	Le reste du canton.																	
E	22	PLÉLAN.																	
»	»	Le reste du canton.																	
C	23	PLEURTUIT.																	
E	24	PLEINE-FOUGÈRES.																	
»	»	Le reste du canton.																	
F	25	RETHIERS.																	
»	»	Le reste du canton.																	
A	26	SAINT-AUBIN-D'AUBIGNÉ.																	
»	»	Le reste du canton.																	
B	27	SAINT-AUBIN-DU-CORMIER.																	
»	»	Le reste du canton.																	
B	28	SAINT-BRICE-EN-COGLES.																	
»	»	Le reste du canton.																	
C	29	SAINT-MÉEN.																	
»	»	Le reste du canton.																	
E	30	SAINT-SERVAN.																	
D	»	SEL (LE).																	
»	31	Le reste du canton.																	
E	32	TINTÉNIAC.																	
»	»	Le reste du canton.																	
		LE RESTE DU DÉPARTEMENT.																	

SIGNES DISTINCTIFS des		ILLE-ET-VILAINE. COMMUNES ou PLACES.	NOMS DES CORRESPONDANTS, LEURS TARIFS.																
ARRONDISSEMENTS.	CANTONS.																		
1	2	3	4	5	6	7	8	9	10	11	12	13	14	15	16	17	18	19	20
A	a	Acigné																	
A	15	Amanlis																	
E	10	Baguer-Morvan																	
E	10	Baguer-Pican																	
D	d	Bains																	
F	12	Bais																	
B	1	Balue (la) (*Bazouges-la-Per.*)																	
B	17	Bazouges-du-Désert																	
B	1	Bazouges-la-Pérouse																	
A	14	Bazouges-sous-Hédé																	
D	13	Baulon																	
C	c	Bédée																	
A	a	Betton																	
A	16	Bouexière (la)																	
D	13	Bourg-des-Comptes																	
E	22	Boussac (la)																	
C	23	Bréal																	
C	c	Breteuil																	
A	a	Bruz																	
D	18	Chapelle-Bouexic (la)																	
A	a	Chapelle-des-Fougerets (la)																	
B	1	Chauvigné																	
E	10	Cherrueix																	
F	25	Coesmes																	
B	28	Cogles																	
A	15	Corps-Nuds																	
A	14	Dingé																	
F	6	Domagné																	
F	2	Domalain																	
E	10	Épiniac																	
D	3	Ercé-en-Lamée																	
A	16	Ercé-près-Liffré																	
E	5	Fresnais (la)																	
C	29	Gaël																	
F	2	Gennes																	
D	21	Guipry																	
B	1	Haie-Diré (la) (*St-Remy-du-P.*)																	
C	c	Iffendic																	
C	4	Irodouer																	
B	b	Laignelet																	
A	16	Livré																	
D	21	Loheac																	
F	25	Marcillé-Robert																	
F	25	Martigné-Ferchaud																	
C	23	Maxent																	
A	26	Melesse																	
B	17	Mellé																	
E	8	Méniac-Morvan																	
C	19	Merdréac																	
D	3	Messac																	
B	27	Mézières																	
C	4	Miniac																	
E	10	Mont-Dol																	
C	29	Muel																	
A	7	Noyal-sur-Vilaine																	
A	a	Pacé																	
C	23	Paimpont																	
E	e	Paramé																	
A	15	Piré																	
D	3	Pléchâtel																	
E	32	Pleugueneuc																	
A	a	Pontpéau (*Saint-Erblon*)																	
D	d	Renac																	
A	20	Rheu (le)																	
C	4	Romillé																	
E	24	Saint-Briac																	

SIGNES DISTINCTIFS des ARRONDISSEMENTS.	CANTONS.	ILLE-ET-VILAINE. COMMUNES ou PLACES.	NOMS DES CORRESPONDANTS, LEURS TARIFS.																
1	2	3	4	5	6	7	8	9	10	11	12	13	14	15	16	17	18	19	20
E	5	Saint-Coulomb																	
B	27	Saint-Christophe-de-Valains																	
E	32	Saint-Domineuc																	
E	24	Saint-Énogat																	
B	17	St-George-de-Reintembault																	
A	26	Saint-Germain-sur-Ille																	
A	20	Saint-Gilles																	
B	28	Saint-Hilaire-des-Landes																	
B	28	Saint-Mars-le-Blanc																	
E	5	Saint-Meloir-des-Ondes																	
F	f	Saint-M'hervé																	
B	27	Saint-Ouen-des-Alleux																	
E	9	Saint-Pierre-de-Plesguen																	
A	26	Sens																	
A	7	Servon																	
D	21	Sixt																	
D	21	Trans																	
D	31	Trebœuf																	
C	23	Treffendel																	
B	1	Tremblay																	
A	a	Vern																	
E	10	Vivier (le)																	

SIGNES DISTINCTIFS des ARRONDISSEMENTS.	SIGNES DISTINCTIFS des CANTONS.	INDRE. — ARRONDISSEMENTS ET CANTONS.	NOMS DES CORRESPONDANTS, LEURS TARIFS.																
1	2	3	4	5	6	7	8	9	10	11	12	13	14	15	16	17	18	19	20
		ARRONDISSEMENTS.																	
A	a	CHATEAUROUX (ch.-l.).																	
»	»	Le reste { de l'arrondissement. / du canton.																	
B	b	BLANC (LE).																	
»	»	Le reste { de l'arrondissement. / du canton.																	
C	c	CHATRE (LA).																	
»	»	Le reste { de l'arrondissement. / du canton.																	
D	d	ISSOUDUN.																	
»	»	Le reste { de l'arrondissement. / des deux cantons.																	
		CANTONS.																	
C	1	AIGURANDE.																	
»	»	Le reste du canton.																	
A	2	ARDENTES-SAINT-VINCENT.																	
»	»	Le reste du canton.																	
A	3	ARGENTON-SUR-CREUSE.																	
»	»	Le reste du canton.																	
B	4	BÉLABRE.																	
»	»	Le reste du canton																	
A	5	BUZANÇAIS.																	
»	»	Le reste du canton.																	
A	6	CHATILLON-SUR-INDRE.																	
»	»	Le reste du canton.																	
A	7	ÉCUEILLÉ.																	
»	»	Le reste du canton.																	
C	8	ÉGUZON.																	
»	»	Le reste du canton.																	
A	9	LEVROUX.																	
»	»	Le reste du canton.																	
B	10	MÉZIÈRES-EN-BRENNE.																	
»	»	Le reste du canton.																	
C	11	NEUVY-SAINT-SÉPULCRE.																	
»	»	Le reste du canton.																	
B	12	SAINT-BENOIST-DU-SAULT.																	
»	»	Le reste du canton.																	
D	13	SAINT-CHRISTOPHE.																	
»	»	Le reste du canton.																	
C	14	SAINTE-SÉVÈRE.																	
»	»	Le reste du canton.																	
B	15	SAINT-GAULTIER.																	
»	»	Le reste du canton.																	
B	16	TOURNON-SAINT-MARTIN.																	
»	»	Le reste du canton.																	
A	17	VALENÇAY.																	
»	»	Le reste du canton.																	
D	18	VATAN.																	
»	»	Le reste du canton.																	
		LE RESTE DU DÉPARTEMENT																	

SIGNES DISTINCTIFS des ARRONDISSEMENTS.	CANTONS.	INDRE. COMMUNES ou PLACES.	NOMS DES CORRESPONDANTS, LEURS TARIFS.																
1	2	3	4	5	6	7	8	9	10	11	12	13	14	15	16	17	18	19	20
A	2	Ardentes-Saint-Martin																	
A	5	Argy																	
B	10	Azay-le-Ferron																	
C	8	Badéon (*Le Pin*)																	
D	d	Boissy (*Sainte-Lizaigne*)																	
A	5	Bonneau (*Buzançais*)																	
A	a	Bourg-Dieu ou Déols																	
A	5	Brèves (*Vendœuvre*)																	
C	c	Briantes																	
A	9	Brion																	
D	d	Brives																	
A	5	Caillaudière (*Vendœuvres*)																	
D	13	Chabris																	
B	12	Chaillac																	
C	c	Chassignolles																	
A	2	Clavières (*Ardentes-St-Vincent*)																	
A	6	Clion																	
C	11	Cluis																	
A	a	Colombier-sur-Indre																	
B	b	Concrémier																	
B	10	Corbançon (*Mézières-en-Br.*)																	
C	1	Crévant																	
C	1	Crozon																	
C	8	Cuzion																	
A	a	Déols																	
D	d	Diou																	
D	13	Dun-le-Poëlier																	
A	2	Étrechet																	
A	17	Faverolles																	
C	14	Lignerolles																	
A	2	Lisle (*Ardentes-St-Vincent*)																	
A	2	Lourouer-les-Bois																	
A	17	Luçay-le-Mâle																	
B	16	Lurais																	
A	17	Lye																	
A	3	Menou (le)																	
B	16	Martisay																	
B	16	Mérigny																	
C	11	Mers																	
C	1	Montchevrier																	
C	c	Montgivray																	
C	11	Mouhers																	
D	d	Noyer (le) (*Brives*)																	
C	1	Orsennes																	
A	6	Palluau																	
A	17	Paulmery																	
A	7	Pellevoisin																	
A	a	Pérouille (la)																	
C	8	Pin (le)																	
D	13	Poulaines																	
C	14	Pouligny-Notre-Dame																	
A	7	Préaux																	
B	4	Prissac																	
D	d	Reblay (*Sainte-Lizaigne*)																	
D	d	Reuilly																	
C	c	Saint-Aouste																	
C	c	Saint-Chartier																	
C	1	Saint-Denis-du-Jouhet																	
B	10	Sainte-Gemme																	
A	5	Saint-Genou																	
C	c	Saint-Julien-de-Thevet																	
D	d	Sainte-Lizaigne																	
A	3	Saint-Marcel																	
C	14	Sioudray (*Urciers*)																	
A	3	Tendu																	
A	5	Vendœuvres																	

SIGNES DISTINCTIFS des ARRONDISSEMENTS.	CANTONS.	INDRE. COMMUNES ou PLACES.	NOMS DES CORRESPONDANTS, LEURS TARIFS.																
1	2	3	4	5	6	7	8	9	10	11	12	13	14	15	16	17	18	19	20
C	c	Verneuil																	
C	c	Vic-Exemplet																	
A	17	Vicq-sur-Nahon																	
A	17	Villantrois																	
A	5	Villedieu																	
A	9	Villegongis																	
A	7	Villegouin																	
A	2	Virolon																	

SIGNES DISTINCTIFS des ARRONDISSEMENTS.	SIGNES DISTINCTIFS des CANTONS.	INDRE-ET-LOIRE ARRONDISSEMENTS ET CANTONS.	NOMS DES CORRESPONDANTS, LEURS TARIFS.																
1	2	3	4	5	6	7	8	9	10	11	12	13	14	15	16	17	18	19	20
		ARRONDISSEMENTS.																	
A	a	TOURS (ch.-l.).																	
»	»	Le reste { de l'arrondissement. des trois cantons.																	
B	b	CHINON.																	
»	»	Le reste { de l'arrondissement. du canton.																	
C	c	LOCHES.																	
»	»	Le reste { de l'arrondissement. du canton.																	
		CANTONS.																	
A	1	AMBOISE.																	
»	»	Le reste du canton.																	
B	2	AZAY-LE-RIDEAU.																	
»	»	Le reste du canton.																	
A	3	BLÉRÉ.																	
»	»	Le reste du canton.																	
B	4	BOURGUEIL.																	
»	»	Le reste du canton.																	
A	5	CHATEAU-LA-VALLIÈRE.																	
»	»	Le reste du canton.																	
A	6	CHATEAU-RENAUD.																	
»	»	Le reste du canton.																	
C	7	HAYE-DESCARTES (LA).																	
»	»	Le reste du canton.																	
B	8	ISLE-BOUCHARD (L').																	
»	»	Le reste du canton.																	
B	9	LANGEAIS.																	
»	»	Le reste du canton.																	
C	10	LIGUEIL.																	
»	»	Le reste du canton.																	
A	11	MONTBAZON.																	
»	»	Le reste du canton.																	
C	12	MONTRÉSORT.																	
»	»	Le reste du canton.																	
A	13	NEUILLÉ-PONT-PIERRE.																	
»	»	Le reste du canton.																	
A	14	NEUVY-LE-ROI.																	
»	»	Le reste du canton.																	
C	15	PRESSIGNY-LE-GRAND.																	
»	»	Le reste du canton.																	
C	16	PREUILLY.																	
»	»	Le reste du canton.																	
B	17	RICHELIEU.																	
»	»	Le reste du canton.																	
B	18	SAINTE-MAURE.																	
»	»	Le reste du canton.																	
A	19	VOUVRAY.																	
»	»	Le reste du canton.																	
		LE RESTE DU DÉPARTEMENT.																	

SIGNES DISTINCTIFS des ARRONDISSEMENTS.	SIGNES DISTINCTIFS des CANTONS.	INDRE-ET-LOIRE — COMMUNES ou PLACES.	NOMS DES CORRESPONDANTS, LEURS TARIFS.																
1	2	3	4	5	6	7	8	9	10	11	12	13	14	15	16	17	18	19	20
C	7	Abilly																	
A	11	Artannes																	
A	3	Athée																	
B	9	Avrillé																	
B	b	Avoine																	
A	3	Azay-sur-Cher																	
C	7	Balesmes																	
A	11	Ballan																	
C	c	Beaulieu																	
A	13	Beaumont-la-Ronce																	
C	15	Betz																	
C	10	Bossée																	
A	6	Boulay (le)																	
A	11	Bourroux (*Veigné*)																	
B	2	Bréhemont																	
B	b	Candes																	
B	17	Champigny																	
A	5	Channay																	
C	10	Chapelle-Blanche (la)																	
B	4	Chapelle-sur-Loire (la)																	
A	13	Charentilly																	
A	1	Chargé																	
C	16	Charnisay																	
A	14	Chemillé-le-Blanc																	
A	3	Chenonceaux																	
B	4	Chouzé-sur-Loire																	
B	9	Cinq-Mars																	
C	10	Ciran																	
C	7	Civray																	
B	9	Continvoir																	
A	11	Cormery																	
A	3	Courçay																	
A	3	Croix (la)																	
A	3	Dierre																	
C	c	Dolus																	
C	7	Draché																	
A	11	Esvres																	
B	17	Faye-la-Vineuse																	
C	10	Feny (*Bossée*)																	
C	15	Ferrière-l'Arçon																	
A	a	Fondettes																	
A	3	Francueil																	
C	12	Genillé																	
B	9	Gizeux																	
C	15	Guerche (la)																	
A	5	Haute-Roche (la) (*Chât.-la-V.*)																	
A	6	Hermites (les)																	
A	5	Hommes																	
B	9	Ingrandes																	
A	a	Joué																	
B	b	Lerné																	
B	17	Ligré																	
A	1	Limeray																	
C	12	Loché																	
C	10	Louans																	
C	10	Louroux (le)																	
A	a	Luynes																	
A	3	Luzillé																	
C	10	Manthelan																	
B	17	Marigny-Marmande																	
B	17	Marnal (*Faye-la-Vineuse*)																	
A	14	Marray																	
A	a	Mettray																	
A	19	Monnaie																	
A	a	Mont-Louis																	
A	11	Monts																	

SIGNES DISTINCTIFS des ARRONDISSEMENTS.	CANTONS.	INDRE-ET-LOIRE COMMUNES ou PLACES.	NOMS DES CORRESPONDANTS, LEURS TARIFS.																
1	2	3	4	5	6	7	8	9	10	11	12	13	14	15	16	17	18	19	20
A	1	Mosnes																	
C	7	Neuilly-le-Brignon																	
A	19	Neuilly-le-Lierre																	
A	6	Neuville																	
A	19	Noizay																	
C	12	Nouans																	
B	18	Nouatres																	
C	12	Orbigny																	
C	c	Perrusson																	
A	1	Pocé																	
A	a	Portillon (*Saint-Cyr*)																	
C	15	Pressigny-le-Petit																	
C	c	Reignac																	
B	4	Restigny																	
A	19	Reugny																	
B	8	Rilly																	
A	19	Rochecorbon																	
A	a	Roches (les) (*Fondettes*)																	
A	13	Rouziers																	
A	a	Saint-Avertin																	
A	11	Saint-Branchs																	
A	14	Saint-Christophe																	
A	a	Saint-Cyr																	
B	18	Saint-Épain																	
C	15	Saint-Flovier																	
B	8	Saint-Gilles-Saint-Maurice																	
A	14	Saint-Paterne																	
B	4	Saint-Nicolas-de-Bourgueil																	
A	a	Saint-Pierre-des-Corps																	
A	a	Sainte-Radegonde																	
A	a	Saint-Symphorien																	
A	5	Savigné																	
A	a	Savonnières																	
C	7	Selle-Saint-Avant (la)																	
A	13	Semblançay																	
C	7	Sepmes																	
A	13	Sonzay																	
A	11	Sorigny																	
A	1	Souvigny																	
C	c	Tauxigny																	
A	3	Thibaudière (la) (*Courçay*)																	
B	2	Thilouse																	
A	a	Tranchée (la) (*St-Symphorien*)																	
B	4	Trois-Volets (les) (*Chap.-s.-L.*)																	
A	11	Truyes																	
A	11	Veigné																	
A	a	Veretz																	
A	19	Vernou																	
B	2	Villaines																	
A	6	Villedomer																	
C	12	Villeloin-Coulangé																	
C	16	Yzeures																	

SIGNES DISTINCTIFS des ARRONDISSEMENTS.	SIGNES DISTINCTIFS des CANTONS	ISÈRE. — ARRONDISSEMENTS ET CANTONS.	NOMS DES CORRESPONDANTS, LEURS TARIFS.																
1	2	3	4	5	6	7	8	9	10	11	12	13	14	15	16	17	18	19	20
		ARRONDISSEMENTS.																	
A	a	GRENOBLE (ch.-l.).																	
»	»	Le reste { de l'arrondissement. / des trois cantons.																	
B	b	SAINT-MARCELLIN.																	
»	»	Le reste { de l'arrondissement. / du canton.																	
C	c	TOUR-DU-PIN (LA).																	
»	»	Le reste { de l'arrondissement. / du canton.																	
D	d	VIENNE.																	
»	»	Le reste { de l'arrondissement. / des deux cantons.																	
		CANTONS.																	
A	1	ALLEVARD.																	
»	»	Le reste du canton.																	
D	2	BEAUREPAIRE.																	
»	»	Le reste du canton.																	
A	3	BOURG-D'OISANS.																	
»	»	Le reste du canton.																	
C	4	BOURGOIN.																	
»	»	Le reste du canton.																	
A	5	CLELLES.																	
»	»	Le reste du canton.																	
A	6	CORPS.																	
»	»	Le reste du canton.																	
D	7	CÔTE-SAINT-ANDRÉ (LA).																	
»	»	Le reste du canton.																	
C	8	CRÉMIEUX.																	
»	»	Le reste du canton.																	
A	9	DOMÈNE.																	
»	»	Le reste du canton																	
A	10	GONCELIN.																	
»	»	Le reste du canton.																	
C	11	GRAND-LEMPS (LE).																	
»	»	Le reste du canton.																	
D	12	HEYRIEUX.																	
»	»	Le reste du canton.																	
A	13	MENS.																	
»	»	Le reste du canton.																	
D	14	MEYZIEUX.																	
»	»	Le reste du canton.																	
A	15	MONESTIER-DE-CLERMONT.																	
»	»	Le reste du canton.																	
C	16	MORESTEL.																	
»	»	Le reste du canton.																	
A	17	MURE (LA).																	
»	»	Le reste du canton.																	
C	18	PONT-DE-BEAUVOISIN.																	
»	»	Le reste du canton.																	
B	19	PONT-EN-ROYANS.																	
»	»	Le reste du canton.																	
B	20	RIVES.																	
»	»	Le reste du canton.																	
D	21	ROUSSILLON.																	
»	»	Le reste du canton.																	
B	22	ROYBON.																	
»	»	Le reste du canton.																	
B	23	ST-ÉTIENNE-DE-ST-GEOIRS.																	
»	»	Le reste du canton.																	
C	24	SAINT-GEOIRS.																	
»	»	Le reste du canton.																	
D	25	SAINT-JEAN-DE-BOURNAY.																	
»	»	Le reste du canton.																	
A	26	SAINT-LAURENT-DU-PONT.																	
»	»	Le reste du canton.																	
D	27	SAINT-SYMPHORIEN-D'OZON.																	
»	»	Le reste du canton.																	
A	28	SASSENAGE.																	
»	»	Le reste du canton.																	
A	29	TOUVET (LE).																	
»	»	Le reste du canton.																	
B	30	TULLINS.																	
»	»	Le reste du canton.																	
A	31	VALBONNAY.																	
»	»	Le reste du canton.																	
D	32	VERPILLIÈRES.																	
»	»	Le reste du canton.																	
A	33	VIF.																	
»	»	Le reste du canton.																	

SIGNES DISTINCTIFS des ARRONDISSEMENTS.	CANTONS.	ISÈRE. ARRONDISSEMENTS ET CANTONS.	NOMS DES CORRESPONDANTS, LEURS TARIFS.																
1	2	3	4	5	6	7	8	9	10	11	12	13	14	15	16	17	18	19	20
A	34	VILLARD-DE-LANS.																	
»	»	Le reste du canton.																	
B	35	VINAY.																	
»	»	Le reste du canton.																	
C	36	VIRIEU.																	
»	»	Le reste du canton.																	
A	37	VIZILLE.																	
»	»	Le reste du canton.																	
A	38	VOIZON.																	
»	»	Le reste du canton.																	
		LE RESTE DU DÉPARTEMENT.																	

SIGNES DISTINCTIFS des ARRONDISSEMENTS.	CANTONS.	ISÈRE. COMMUNES ou PLACES.	NOMS DES CORRESPONDANTS, LEURS TARIFS.																
1	2	3	4	5	6	7	8	9	10	11	12	13	14	15	16	17	18	19	20
C	18	Abrets (les)																	
A	10	Adrets (les)																	
D	21	Agnin																	
B	35	Albenc (l')																	
A	3	Allemond																	
D	21	Anjou																	
C	18	Aoste																	
D	25	Artas																	
D	21	Assieu																	
C	16	Avenières (les)																	
B	8	Balme (la)																	
A	29	Barraux																	
C	18	Bâtie-Montgascon (la)																	
D	2	Bellegarde-Poussieux																	
C	11	Belmont																	
C	11	Biol																	
C	11	Bizonnes																	
D	7	Bonneveaux-la-Côte (*Arzay*)																	
C	11	Bonpertuis (*Apprieu*)																	
B	23	Brezins																	
A	37	Brié																	
A	38	Buisse (la)																	
C	c	Cessieux																	
C	11	Châbons																	
A	37	Champ-près-Vizille																	
D	7	Champier																	
D	12	Chandieu																	
D	21	Chanas																	
A	29	Chapareillan																	
D	21	Chapelle (la)																	
D	27	Chaponnay																	
C	36	Charavines																	
C	16	Chareste																	
B	20	Charnècles																	
A	26	Chartreuse (la Grande-)																	
D	14	Charvieux																	
D	25	Chatonnay																	
B	b	Chatte																	
D	14	Chavanoz																	
B	b	Chevrières																	
C	18	Chimilin																	
A	38	Chirens																	
D	d	Chonas																	
A	33	Claix																	
B	35	Coguin																	
C	18	Corbelin																	
A	13	Cordéac																	
A	38	Coublevie																	
C	16	Courtenay																	
A	29	Crolles																	
C	16	Curtin																	
C	36	Doissin																	
C	c	Dolomieu																	
A	26	Échelles (les) (*Entre-Deux-G.*)																	
A	31	Entraigues																	
A	26	Entre-Deux-Guiers																	
D	d	Estrablins																	
A	a	Eybens																	
D	7	Faramans																	
C	c	Faverges																	
D	27	Feyzins																	
A	26	Fourvoizy (*Entre-Deux-G.*)																	
A	3	Freney (le)																	
B	23	Frette (la)																	
B	30	Fures (*Tullins*)																	
D	7	Gillonay																	

SIGNES DISTINCTIFS des		ISÈRE.	NOMS DES CORRESPONDANTS, LEURS TARIFS.																
ARRONDISSEMENTS.	CANTONS.	COMMUNES ou PLACES.																	
1	2	3	4	5	6	7	8	9	10	11	12	13	14	15	16	17	18	19	20
C	18	Granieu																	
D	12	Grenay																	
C	8	Hyères																	
D	32	Isle d'Abeau																	
B	20	Izeaux																	
B	19	Izeron																	
C	4	Jallieu																	
D	2	Jarcieux																	
A	37	Jarrie																	
A	37	Laffrey																	
C	4	Lagrive (*Bourgoin*)																	
A	9	Laval																	
A	34	Meaudre																	
A	26	Miribel																	
B	20	Moirans																	
C	c	Montagnieu																	
A	a	Montbonnot																	
C	24	Montferrat																	
C	36	Montrevel																	
A	17	Motte-Saint-Martin (la)																	
C	4	Nivolas (*Sérézin*)																	
A	17	Notre-Dame-de-Vaulx																	
A	28	Noyarey																	
A	31	Oris-en-Ratier																	
A	3	Oz-en-Oisans																	
C	8	Panossas																	
D	21	Péage de Roussillon (le)																	
B	22	Pelouzet (forges de) (*St-Clair*)																	
A	31	Périer																	
A	17	Pierre-Châtel																	
C	36	Pin (le)																	
A	1	Pinsot																	
B	30	Poliénas																	
D	d	Poipe (la)																	
A	10	Pontcharra																	
A	1	Pont-de-Beus (*Chap.-du-Bar*)																	
C	8	Pont de Chernis (*Tignieu*)																	
D	d	Pont-l'Évêque (*Vienne*)																	
D	14	Puzignan																	
B	20	Réaumont																	
B	20	Renage																	
B	19	Rencurel																	
A	9	Revel																	
D	2	Revel-et-Tourdan																	
A	3	Rioux-Péroux (*Livet*)																	
D	21	Sablons																	
D	32	Saint-Alban-de-Vaulx																	
D	21	Saint-Alban-du-Rhône																	
B	b	Saint-Antoine																	
D	2	Saint-Barthélemy-de-B.																	
A	13	Saint-Baudille																	
B	b	Saint-Bonnet-de-Chavagne																	
D	12	Saint-Bonnet-de-Mure																	
C	4	Saint-Chef																	
A	26	Saint-Christophe																	
C	c	Saint-Clair																	
B	22	Saint-Clair-sur-Galaure																	
A	38	Saint-Étienne-de-Crossey																	
D	12	Saint-George-d'Espéranche																	
B	35	Saint-Gervais																	
A	15	Saint-Guillaume																	
A	29	Saint-Hilaire																	
A	1	Saint-Hugon (*Chap.-du-Bar*)																	
A	a	Saint-Ismier																	
B	20	Saint-Jean-de-Moirans																	
B	b	Saint-Lattier																	

SIGNES DISTINCTIFS des ARRONDISSEMENTS.	CANTONS.	ISÈRE. COMMUNES ou PLACES.	NOMS DES CORRESPONDANTS, LEURS TARIFS.																
1	2	3	4	5	6	7	8	9	10	11	12	13	14	15	16	17	18	19	20
D	12	Saint-Laurent-de-Mure																	
A	a	Saint-Martin-d'Hères																	
A	9	Saint-Martin-d'Huriage																	
A	5	Saint-Maurice-l'Alley																	
C	36	Saint-Ondras																	
A	1	Saint-Pierre-d'Allevard																	
B	23	Saint-Pierre-de-Bressieux																	
A	26	Saint-Pierre-de-Chartreuse																	
D	27	Saint-Priest																	
D	32	Saint-Quentin																	
B	30	Saint-Quentin																	
B	19	Saint-Romans																	
B	23	Saint-Siméon																	
B	b	Saint-Vérand																	
C	c	Saint-Victor-de-Cessieux																	
D	32	Satolas																	
D	d	Septème																	
C	4	Sérézin																	
A	28	Seyssins																	
B	b	Sone (la)																	
A	10	Tencin																	
D	27	Ternay																	
A	29	Terrasse (la)																	
A	10	Theys																	
B	22	Thodure																	
C	8	Trept																	
A	a	Tronche (la)																	
A	9	Uriage (*Saint-Martin*)																	
A	31	Valjouffrey																	
A	37	Vaulvaneys-le-Haut																	
D	27	Vénissieux																	
C	16	Veyrins																	
C	16	Vézéronces																	
A	9	Villar-Bonnot																	
D	14	Villeurbanne																	
B	22	Viriville																	
A	38	Voreppe																	
B	20	Vourey																	

SIGNES DISTINCTIFS des ARRONDISSEMENTS.	CANTONS.	JURA. ARRONDISSEMENTS ET CANTONS.	NOMS DES CORRESPONDANTS, LEURS TARIFS.																
1	2	3	4	5	6	7	8	9	10	11	12	13	14	15	16	17	18	19	20
		ARRONDISSEMENTS.																	
A	a	LONS-LE-SAULNIER (ch.-l.).																	
»	»	Le reste { de l'arrondissement. des deux cantons.																	
B	b	DOLE.																	
»	»	Le reste { de l'arrondissement. du canton.																	
C	c	POLIGNY.																	
»	»	Le reste { de l'arrondissement. du canton																	
D	d	SAINT-CLAUDE.																	
»	»	Le reste { de l'arrondissement. du canton.																	
		CANTONS.																	
C	1	ARBOIS.																	
»	»	Le reste du canton.																	
A	2	ARINTHOD.																	
»	»	Le reste du canton.																	
A	3	BEAUFORT.																	
»	»	Le resto du canton.																	
A	4	BLETTERANS.																	
»	»	Le reste du canton.																	
D	5	BOUCHOUX (LES).																	
»	»	Le reste du canton.																	
C	6	CHAMPAGNOLE.																	
»	»	Le reste du canton.																	
B	7	CHAUMERGY.																	
»	»	Le reste du canton.																	
B	8	CHAUSSIN.																	
»	»	Le reste du canton.																	
B	9	CHEMIN.																	
»	»	Le reste du canton.																	
A	10	CLAIRVAUX.																	
»	»	Le reste du canton.																	
A	11	CONLIÈGE.																	
»	»	Le reste du canton.																	
B	12	DAMPIERRE.																	
»	»	Le reste du canton.																	
B	13	GENDREY.																	
»	»	Le reste du canton.																	
D	14	MOIRANS.																	
»	»	Le reste du canton.																	
B	15	MONTBARREY.																	
»	»	Le reste du canton.																	
B	16	MONTMIREY-LA-VILLE.																	
»	»	Le reste du canton.																	
D	17	MOREZ.																	
»	»	Le reste du canton.																	
C	18	NOZEROY.																	
»	»	Le reste du canton.																	
A	19	ORGELET.																	
»	»	Le reste du canton																	
C	20	PLANCHES (LES).																	
»	»	Le reste du canton.																	
B	21	ROCHEFORT.																	
»	»	Le reste du canton.																	
A	22	SAINT-AMOUR.																	
»	»	Le reste du canton.																	
A	23	SAINT-JULIEN.																	
»	»	Le reste du canton.																	
D	24	SAINT-LAURENT.																	
»	»	Le reste du canton.																	
C	25	SALINS.																	
»	»	Le reste du canton.																	
A	26	SELLIÈRES.																	
»	»	Le reste du canton.																	
C	27	VILLERS-FARLAY.																	
»	»	Le reste du canton.																	
A	28	VOITEUR.																	
		Le reste du canton.																	
		LE RESTE DU DÉPARTEMENT.																	

SIGNES DISTINCTIFS des ARRONDISSEMENTS.	CANTONS.	JURA. — COMMUNES ou PLACES.	NOMS DES CORRESPONDANTS, LEURS TARIFS.																
1	2	3	4	5	6	7	8	9	10	11	12	13	14	15	16	17	18	19	20
C	25	Abergement-les-Thézy																	
C	25	Aiglepierre																	
A	23	Andelot																	
C	6	Andelot-en-Montagne																	
B	9	Annoire																	
C	6	Ardon																	
C	25	Aresches																	
A	4	Arlay																	
C	18	Arsure																	
C	1	Arsures (les)																	
B	21	Audelange																	
C	c	Aumont																	
B	b	Azans																	
B	16	Brans																	
A	28	Baume-les-Messieurs																	
D	17	Bellefontaine																	
B	15	Belmont																	
C	c	Bersaillin																	
C	18	Bief-du-Fourg																	
D	17	Bois-d'Amont																	
C	25	Boisset (*Aresches*)																	
C	6	Bourg-de-Sirod																	
C	25	Bracon																	
B	21	Brevans																	
A	11	Briod																	
C	c	Buvilly																	
C	18	Censeau																	
C	25	Cernans																	
C	27	Chamblay																	
C	27	Champagne																	
B	b	Champvans																	
C	25	Chapelle (la)																	
A	4	Chapelle-Volant																	
C	6	Chappois																	
D	24	Charcier																	
D	d	Chassal																	
A	28	Château-Chalons																	
D	24	Château-des-Prés																	
C	1	Châtelaine (la)																	
C	20	Chaux-des-Crotenay																	
D	24	Chaux-des-Prés																	
D	24	Chaux-du-Dombief																	
A	a	Chilly-le-Vignoble																	
B	15	Chissey																	
D	d	Cinquétral																	
D	5	Coiserette																	
C	c	Colonne																	
B	7	Commenailles																	
A	2	Cornod																	
A	a	Courbouzon																	
A	a	Courlans																	
A	3	Cousance																	
C	27	Cramans																	
B	b	Damparis																	
B	8	Deschaux (le)																	
A	10	Doucier																	
C	27	Écleux																	
A	19	Écrilles (*Plaisia*)																	
B	12	Étrépigney																	
C	1	Ferté (la)																	
C	20	Foncine-le-Bas																	
C	20	Foncine-le-Haut																	
C	25	Fonteny																	
D	24	Fort-du-Plasne																	
B	b	Foucherans																	
B	12	Fraisans																	

SIGNES DISTINCTIFS des ARRONDISSEMENTS.	CANTONS.	JURA. COMMUNES ou PLACES.	NOMS DES CORRESPONDANTS, LEURS TARIFS.																
1	2	3	4	5	6	7	8	9	10	11	12	13	14	15	16	17	18	19	20
B	15	Germigney																	
A	23	Gigny																	
D	24	Grande-Rivière (la)																	
C	c	Grozon																	
C	25	Ivory																	
C	25	Ivrey																	
D	14	Jeurre																	
B	21	Joube																	
D	24	Lac-des-Rouges-Truites																	
D	d	Lajoux (*Septmoncel*)																	
D	d	Lavans-les-Saint-Claude																	
C	25	Lemuy																	
D	d	Lessard (*Villars-St-Sauveur*)																	
A	22	Loisia																	
D	17	Longchaumois																	
B	9	Longwy																	
B	15	Loye (la)																	
A	a	Macornay																	
A	26	Mantry																	
A	10	Marigny																	
C	25	Marnoz																	
A	3	Maynal																	
B	21	Menotey																	
A	a	Messia																	
C	1	Mesnay																	
C	18	Mièges																	
C	18	Mignovillards																	
A	11	Mirebel																	
B	16	Moissey																	
C	1	Molamboz																	
D	d	Molinges																	
D	5	Molune (Haute-)																	
D	d	Molunes (les)																	
C	6	Monnet-la-Ville																	
A	28	Montain																	
C	6	Mont-sur-Monnet																	
A	11	Montaigu																	
A	26	Montchauvrot (*Mantry*)																	
A	23	Montfleur																	
C	1	Montigny (les)																	
B	16	Montmirey-le-Château																	
C	1	Montmalin																	
A	a	Montmorot																	
C	6	Montrond																	
B	15	Mont-sous-Vaudrey																	
D	17	Morbier																	
C	27	Mouchard																	
D	17	Mouille (la)																	
B	12	Moulin-des-Malades (*Ranch.*)																	
B	12	Moulin-Rouge (*Dampierre*)																	
D	5	Moussières (les)																	
C	25	Moutaine (*Aresche*)																	
A	19	Nancuisse																	
C	6	Ney																	
A	11	Nogna																	
C	18	Onglières																	
B	12	Orchamps																	
C	27	Ounans																	
B	13	Pagney																	
C	27	Pagnoz																	
B	b	Parrecey																	
C	6	Pasquier (le)																	
A	11	Perrigny																	
B	9	Petit-Noir																	
D	24	Petites-Chiettes																	
A	28	Plainoiseau																	

SIGNES DISTINCTIFS des ARRONDISSEMENTS.	CANTONS.	JURA. COMMUNES ou PLACES.	NOMS DES CORRESPONDANTS, LEURS TARIFS.																
1	2	3	4	5	6	7	8	9	10	11	12	13	14	15	16	17	18	19	20
C	1	Planches-près-Arbois (les).																	
A	10	Poitte																	
C	6	Pont-du-Navoy																	
C	27	Port-Lesney																	
D	17	Prémanon																	
C	1	Pupillin																	
B	8	Rahon																	
B	12	Rans																	
D	d	Ravilloles																	
A	11	Revigny																	
D	24	Rivière-Devant																	
D	d	Rixouse (la)																	
D	17	Rousses (les)																	
A	4	Ruffey																	
B	9	Saint-Aubin																	
A	28	Saint-Germain																	
A	26	Saint-Lothain																	
D	d	Saint-Lupicin																	
D	24	Saint-Pierre																	
B	b	Sampans																	
B	15	Santans																	
D	d	Septmoncel																	
C	6	Sirod																	
B	15	Souvans																	
C	6	Syam																	
B	8	Tassenières																	
B	9	Tavaux																	
B	16	Thervay																	
A	2	Thoirette																	
A	26	Toulouse																	
C	c	Tourmont																	
C	1	Vadans																	
B	15	Vaudrey																	
C	c	Vaux-sur-Poligny																	
D	d	Vaux-lès-Saint-Claude																	
C	1	Vernois (*Mesnay*)																	
C	6	Vers-en-Montagne																	
A	26	Vers-sous-Sellières																	
B	15	Vieille-Loye																	
D	14	Villars-d'Hériat																	
B	8	Villers-Robert																	
B	6	Villette-lès-Dôle																	
A	4	Villevieux																	
A	3	Vincelles																	
D	5	Viry																	

SIGNES DISTINCTIFS des ARRONDISSEMENTS.	CANTONS.	LANDES. ARRONDISSEMENTS ET CANTONS.	NOMS DES CORRESPONDANTS, LEURS TARIFS.																
1	2	3	4	5	6	7	8	9	10	11	12	13	14	15	16	17	18	19	20
		ARRONDISSEMENTS.																	
A	a	MONT-DE-MARSAN (ch.-l.).																	
»	»	Le reste { de l'arrondissement. du canton.																	
B	b	DAX.																	
»	»	Le reste { de l'arrondissement. du canton.																	
C	c	SAINT-SEVER.																	
»	»	Le reste { de l'arrondissement du canton.																	
		CANTONS.																	
C	1	AIRE-SUR-L'ADOUR.																	
»	»	Le reste du canton.																	
C	2	AMOU.																	
»	»	Le reste du canton.																	
A	3	ARJUZANX.																	
»	»	Le reste du canton.																	
B	4	CASTELS.																	
»	»	Le reste du canton.																	
A	5	GABARRET.																	
»	»	Le reste du canton.																	
C	6	GEAUNE.																	
»	»	Le reste du canton.																	
A	7	GRENADE.																	
»	»	Le reste du canton.																	
C	8	HAGETMAU.																	
»	»	Le reste du canton.																	
A	9	LABRIT.																	
»	»	Le reste du canton.																	
A	10	MIMIZAN.																	
»	»	Le reste du canton.																	
B	11	MONTFORT.																	
»	»	Le reste du canton.																	
C	12	MUGRON.																	
»	»	Le reste du canton.																	
A	13	PARENTIS-EN-BORN.																	
»	»	Le reste du canton.																	
B	14	PEYREHORADE.																	
»	»	Le reste du canton.																	
A	15	PISSOS.																	
»	»	Le reste du canton.																	
B	16	POUILLON.																	
»	»	Le reste du canton.																	
A	17	ROQUEFORT.																	
»	»	Le reste du canton.																	
A	18	SABRES.																	
»	»	Le reste du canton.																	
B	19	SAINT-ESPRIT.																	
»	»	Le reste du canton.																	
B	20	SAINT-VINCENT-DE-TYROSSE.																	
»	»	Le reste du canton.																	
A	21	SORE.																	
»	»	Le reste du canton																	
B	22	SOUSTONS.																	
»	»	Le reste du canton																	
C	23	TARTAS.																	
»	»	Le reste des deux cantons.																	
A	24	VILLENEUVE.																	
»	»	Le reste du canton																	
		LE RESTE DU DÉPARTEMENT.																	

SIGNES DISTINCTIFS des ARRONDISSEMENTS.	CANTONS.	LANDES. COMMUNES ou PLACES.	NOMS DES CORRESPONDANTS, LEURS TARIFS.																
1	2	3	4	5	6	7	8	9	10	11	12	13	14	15	16	17	18	19	20
C	2	Argelos																	
C	12	Baigts																	
C	2	Bastennes																	
C	8	Bastide (la)																	
B	20	Benesse-Marenne																	
A	7	Benquet																	
A	13	Biscarosse																	
C	23	Boos																	
A	9	Brocas																	
C	1	Buanes																	
A	9	Cannenx-et-Réaut																	
B	20	Capbreton																	
C	2	Castagnoz																	
C	6	Cazauletz																	
A	7	Cazères																	
B	11	Clermont																	
C	c	Coudures																	
C	1	Duhort																	
A	18	Escource																	
A	24	Frèche																	
B	11	Gamarde																	
C	2	Gaujacq																	
A	a	Geloux																	
B	16	Habas																	
B	14	Hastingues																	
B	b	Herm (l')																	
A	13	Ichoux																	
A	a	Lartigue																	
A	3	Lesperon																	
B	4	Linxe																	
B	4	Lit																	
A	18	Lue																	
A	18	Luglon																	
A	21	Luxey																	
B	22	Magescq																	
C	8	Mant																	
B	b	Mées																	
C	8	Momuy																	
C	8	Monségur																	
C	c	Montaut																	
C	c	Montgaillard																	
A	15	Moustey																	
B	20	Ondres																	
A	3	Onesse																	
B	14	Orthevielle																	
C	6	Pimbo																	
C	2	Pommarèz																	
A	10	Pontenx																	
C	23	Pontonx																	
B	11	Poyanne																	
A	15	Richet																	
C	23	Rion																	
C	12	Saint-Aubin																	
A	13	Sainte-Eulalie																	
B	22	Saint-Geours-de-Marenne																	
A	17	Saint-Justin																	
C	1	Saint-Loubouer																	
B	20	Saint-Martin-de-Hinx																	
A	a	Saint-Martin-d'Oney																	
B	19	Saint-Martin-de-Seignaux																	
B	b	Saint-Paul																	
A	10	Saint-Paul-en-Born																	
A	a	Saint-Perdon																	
A	a	Saint-Pierre-du-Mont																	
C	6	Samadet																	
A	13	Sanguinet																	

SIGNES DISTINCTIFS des ARRONDISSEMENTS.	CANTONS.	LANDES. COMMUNES ou PLACES.	NOMS DES CORRESPONDANTS, LEURS TARIFS.																
1	2	3	4	5	6	7	8	9	10	11	12	13	14	15	16	17	18	19	20
B	20	Saubrigues																	
B	b	Saubusses																	
A	15	Saugnac																	
C	23	Souprosse																	
B	b	Tercis																	
B	22	Tosse																	
B	4	Uzat (*Lit*)																	
A	9	Vert																	
B	22	Vieux-Boucault																	
B	4	Vignac (le)																	

SIGNES DISTINCTIFS des ARRONDISSEMENTS.	SIGNES DISTINCTIFS des CANTONS.	LOIR-ET-CHER. ARRONDISSEMENTS ET CANTONS.	NOMS DES CORRESPONDANTS, LEURS TARIFS.																
1	2	3	4	5	6	7	8	9	10	11	12	13	14	15	16	17	18	19	20
		ARRONDISSEMENTS.																	
A	a	BLOIS (ch.-l.).																	
»	»	Le reste de l'arrondissement. des deux cantons.																	
B	b	ROMORANTIN.																	
»	»	Le reste de l'arrondissement. du canton.																	
C	c	VENDÔME.																	
»	»	Le reste de l'arrondissement. du canton.																	
		CANTONS.																	
A	1	BRACIEUX.																	
»	»	Le reste du canton.																	
A	2	CONTRES.																	
»	»	Le reste du canton.																	
C	3	DROUÉ.																	
»	»	Le reste du canton.																	
A	4	HERBAULT.																	
»	»	Le reste du canton.																	
A	5	MARCHENOIR.																	
»	»	Le reste du canton.																	
B	6	MENNETOU-SUR-CHER.																	
»	»	Le reste du canton.																	
A	7	MER.																	
»	»	Le reste du canton.																	
C	8	MONDOUBLEAU.																	
»	»	Le reste du canton.																	
C	9	MONTOIRE.																	
»	»	Le reste du canton.																	
A	10	MONTRICHARD.																	
»	»	Le reste du canton.																	
C	11	MORÉE.																	
»	»	Le reste du canton.																	
B	12	MOTTE-BEUVRON (LA).																	
»	»	Le reste du canton.																	
B	13	NEUNG-SUR-BEUVRON.																	
»	»	Le reste du canton.																	
A	14	OUZOUER-LE-MARCHÉ.																	
»	»	Le reste du canton.																	
A	15	SAINT-AIGNAN.																	
»	»	Le reste du canton																	
C	16	SAINT-AMAND.																	
»	»	Le reste du canton.																	
B	17	SALBRIS.																	
»	»	Le reste du canton.																	
C	18	SAVIGNY.																	
»	»	Le reste du canton.																	
B	19	SELLES-SUR-CHER.																	
»	»	Le reste du canton.																	
C	20	SELOMMES.																	
»	»	Le reste du canton.																	
		LE RESTE DU DÉPARTEMENT.																	

SIGNES DISTINCTIFS des ARRONDISSEMENTS.	CANTONS.	LOIR-ET-CHER. COMMUNES ou PLACES.	NOMS DES CORRESPONDANTS, LEURS TARIFS.																
1	2	3	4	5	6	7	8	9	10	11	12	13	14	15	16	17	18	19	20
C	8	Arville																	
C	16	Authon																	
A	7	Avaray																	
C	8	Baillou																	
C	8	Beauchêne																	
A	14	Binas																	
A	14	Bosse (la)																	
A	10	Bourré																	
C	3	Boursay																	
A	2	Candé																	
C	18	Cellé																	
A	a	Cellettes																	
A	1	Chambord																	
A	7	Chapelle-Saint-Martin (la)																	
C	3	Chapelle-Vicomtesse (la)																	
A	15	Châtillon-sur-Cher																	
A	10	Chaumont-sur-Loire																	
B	12	Chaumont-sur-Tharonne																	
A	a	Chaussée-Saint-Victor (la)																	
A	15	Chemery																	
A	2	Cheverny																	
A	2	Chitenay																	
C	8	Choue																	
A	4	Chouzy																	
C	8	Cormenon																	
A	15	Couffy																	
A	2	Cour-Cheverny																	
A	7	Cour-sur-Loire																	
C	11	Courcelles (*Lignières*)																	
C	9	Couture																	
B	13	D'Huison																	
C	18	Épuisay																	
B	17	Ferté-Imbault (la) (*Sel.-St-D.*)																	
B	13	Ferté-Beauharnais (la)																	
B	13	Ferté-Saint-Aignan (la)																	
A	2	Fougères																	
C	11	Fréteval																	
C	3	Gault (le)																	
B	b	Guerroide (le) (*Lanthenay*)																	
B	19	Gy																	
A	7	Herbilly-Courbouzon																	
C	16	Huisseau-en-Beauce																	
A	1	Huisseau-sur-Cosson																	
A	5	Josnes																	
A	4	Landes																	
C	9	Lavardin																	
C	18	Lunay																	
A	1	Maslives																	
B	b	Marcheval (*Millançay*)																	
A	7	Ménars																	
C	c	Meslay																	
A	15	Meusnes																	
B	b	Millançay																	
A	14	Moisy																	
A	1	Mont																	
A	2	Montils (les)																	
A	1	Muides																	
A	1	Nouan-sur-Loire																	
A	15	Noyers																	
A	4	Onzain																	
A	5	Oucques																	
C	11	Pezou																	
B	17	Pierrefitte																	
C	8	Plessis-Dorin (le)																	
A	10	Pontlevoy																	
C	16	Prunay																	

SIGNES DISTINCTIFS des ARRONDISSEMENTS.	CANTONS.	LOIR-ET-CHER. COMMUNES ou PLACES.	NOMS DES CORRESPONDANTS, LEURS TARIFS.																
1	2	3	4	5	6	7	8	9	10	11	12	13	14	15	16	17	18	19	20
C	9	Roches (les)																	
C	3	Romilly																	
C	11	Rougemont (*St-Jean-Froid.*)																	
C	8	Saint-Agil																	
C	9	Saint-Arnoult																	
C	8	Saint-Avit																	
A	a	Saint-Claude-de-Diray																	
A	a	Saint-Denis-sur-Loire																	
A	1	Saint-Dié-sur-Loire																	
A	10	Saint-Georges-sur-Cher																	
A	a	Saint-Gervais																	
C	11	Saint-Jean-Froidmentel																	
A	10	Saint-Julien-de-Chédon																	
A	1	Saint-Laurent-des-Eaux																	
A	5	Saint-Léonard																	
A	a	Saint-Lubin-de-Vergonnois																	
C	8	Saint-Marc-du-Cor																	
C	8	Sargé																	
B	17	Selles-Saint-Denis																	
B	17	Souesmes																	
C	18	Sougé																	
B	12	Souvigny																	
A	7	Suèvres																	
C	9	Ternay																	
A	15	Thésée																	
B	17	Tremblevif																	
C	9	Trôo																	
A	14	Verdes																	
B	b	Vernou																	
C	11	Ville-aux-Clercs (la)																	
A	a	Villebaroux																	
C	9	Villedieu-en-Beauce																	
B	6	Villefranche																	
B	b	Villeherviers																	
A	a	Villerbon																	
C	20	Villetrun																	
A	7	Villexanton																	
C	c	Villiers																	
A	a	Vineuil																	

SIGNES DISTINCTIFS des ARRONDISSEMENTS.	CANTONS.	LOIRE. ARRONDISSEMENTS ET CANTONS.	NOMS DES CORRESPONDANTS, LEURS TARIFS.																
1	2	3	4	5	6	7	8	9	10	11	12	13	14	15	16	17	18	19	20
		ARRONDISSEMENTS.																	
A	a	MONTBRISON (ch.-l.).																	
»	»	Le reste de l'arrondissement. du canton.																	
B	b	ROANNE.																	
»	»	Le reste de l'arrondissement. du canton.																	
C	c	SAINT-ÉTIENNE.																	
»	»	Le reste de l'arrondissement. des deux cantons.																	
		CANTONS.																	
B	1	BELMONT.																	
»	»	Le reste du canton.																	
A	2	BOEN.																	
»	»	Le reste du canton.																	
C	3	BOURG-ARGENTAL.																	
»	»	Le reste du canton.																	
C	4	CHAMBON-FEUGEROLLES (LE).																	
»	»	Le reste du canton.																	
B	5	CHARLIEU.																	
»	»	Le reste du canton.																	
A	6	FEURS.																	
»	»	Le reste du canton.																	
B	7	NÉRONDE.																	
»	»	Le reste du canton.																	
A	8	NOIRÉTABLE.																	
»	»	Le reste du canton.																	
B	9	PACAUDIÈRE (LA).																	
»	»	Le reste du canton.																	
C	10	PÉLUSSIN.																	
»	»	Le reste du canton.																	
B	11	PERREUX.																	
»	»	Le reste du canton.																	
C	12	RIVE-DE-GIER.																	
»	»	Le reste du canton.																	
A	13	SAINT-BONNET-LE-CHATEAU.																	
»	»	Le reste du canton.																	
C	14	SAINT-CHAMOND.																	
»	»	Le reste du canton.																	
A	15	SAINT-GALMIER.																	
»	»	Le reste du canton.																	
C	16	SAINT-GENÊT-MALIFAUX.																	
»	»	Le reste du canton.																	
A	17	SAINT-GEORGES-EN-COUZANS.																	
»	»	Le reste du canton.																	
B	18	SAINT-GERMAIN-LAVAL.																	
»	»	Le reste du canton.																	
B	19	SAINT-HAON-LE-CHATEL.																	
»	»	Le reste du canton.																	
C	20	SAINT-HÉAND.																	
»	»	Le reste du canton.																	
A	21	SAINT-JEAN-SOLEYMIEUX.																	
»	»	Le reste du canton.																	
B	22	SAINT-JUST-EN-CHEVALET.																	
»	»	Le reste du canton.																	
A	23	SAINT-RAMBERT.																	
»	»	Le reste du canton.																	
B	24	SAINT-SYMPHORIEN-DE-LAY.																	
»	»	Le reste du canton.																	
		LE RESTE DU DÉPARTEMENT.																	

SIGNES DISTINCTIFS des		LOIRE.	NOMS DES CORRESPONDANTS, LEURS TARIFS.																
ARRONDISSEMENTS.	CANTONS.	COMMUNES ou PLACES.																	
1	2	3	4	5	6	7	8	9	10	11	12	13	14	15	16	17	18	19	20
B	11	Ailly-Parigny																	
B	19	Ambierle																	
A	23	Andrézieux																	
A	13	Apinac																	
B	1	Arcinge																	
C	12	Assailly (*Lorette*)																	
C	4	Bargette (la) (*le Chambon*)																	
A	15	Bellegarde																	
B	1	Belleroche																	
C	c	Bérard (*Outre-Furens*)																	
C	c	Bérardière (la) (*Outre-Furens*)																	
C	c	Bernarie (la)																	
C	c	Bernay (le)																	
C	14	Bessat (le)																	
B	5	Boyer																	
B	b	Briennon																	
C	12	Cellieu																	
C	c	Chaléassière (la)																	
A	17	Chalmazelle																	
C	12	Chagnon																	
B	22	Champoly																	
B	5	Chandon																	
B	9	Changy																	
C	12	Châteauneuf																	
C	10	Chavanay																	
C	4	Chazeau																	
A	21	Chazelles-sur-l'Avieu																	
A	15	Chazelles-sur-Lyon																	
C	c	Chazotte (la)																	
A	15	Chevrières																	
C	10	Chuyer																	
C	4	Cotaté (*le Chambon*)																	
C	c	Côte-Thiollière (*St-Jean-B.*)																	
B	22	Crémeaux																	
B	1	Cuinzier																	
C	12	Culac (la)																	
C	12	Dargoire																	
C	14	Doizieu																	
B	1	Écoche																	
C	4	Firminy																	
C	20	Fontanès																	
C	20	Fouillouse (la)																	
C	4	Fraisses																	
C	12	Gier (*Saint-Paul-en-Jarret*)																	
B	1	Gresle (la)																	
A	21	Gumières																	
C	14	Herme (l')																	
A	2	Hôpital-sous-Rochefort (l')																	
C	14	Izieux																	
B	5	Jarnosse																	
C	16	Jonzieux																	
B	22	Juré-la-Salle																	
B	24	Lay (*Saint-Symphorien*)																	
C	12	Lorette (*St-Genis-Terre-Noire*)																	
B	b	Mably																	
C	10	Maclas																	
B	5	Maizilly																	
B	24	Marchezal																	
C	16	Marlhes																	
B	5	Mars																	
A	a	Moingt																	
B	11	Montagny																	
C	c	Montat (la)																	
C	c	Montaud																	
C	4	Montrambert (*le Chambon*)																	
A	15	Montrond (*Meylieu*)																	

SIGNES DISTINCTIFS des ARRONDISSEMENTS.	CANTONS.	LOIRE. COMMUNES ou PLACES.	NOMS DES CORRESPONDANTS, LEURS TARIFS.																
1	2	3	4	5	6	7	8	9	10	11	12	13	14	15	16	17	18	19	20
C	c	Mottelières (*Outre-Furens*)..																	
B	5	Nandax..................																	
A	2	Nervieux																	
B	24	Neulise..................																	
C	c	Outre-Furens...........																	
B	b	Origny.																	
A	6	Panissière..............																	
A	23	Périgueux																	
B	5	Pouilly-sous-Charlieu																	
C	14	Pouzin (le)..............																	
B	22	Prugne (la)..............																	
C	12	Reclus (le) (*St-Genis-Terre-N*.																	
B	24	Regny..................)																	
B	19	Renaison																	
C	c	Ricamarie (la) (*Valbenotte*)..																	
B	b	Riorges...........																	
C	c	Rivière (la) (*Valbenotte*).....																	
C	4	Roche-la-Molière.........																	
C	c	Rochetaillée.............																	
A	2	Ste-Agathe-la-Bouteresse ..																	
B	19	Saint-Alban (*St-André-d'Ap*).																	
B	19	Saint-André-d'Apchon																	
A	17	Saint-Bonnet-les-Courreaux																	
B	7	Sainte-Colombe..........																	
C	20	Saint-Christo-en-Jarret																	
B	7	Saint-Cyr de-Valorges																	
B	5	Saint-Denis-de-Cabanne....																	
A	8	Saint-Didier-sur-Rochefort.																	
C	4	Saint-Genêt-Lerpt																	
C	12	Saint-Genis-Terre-Noire ...																	
B	1	Saint-Germain-la-Montagne																	
B	19	Saint-Germain-l'Espinasse.																	
B	19	Saint-Haon-le-Vieux.																	
B	5	Saint-Hilaire																	
C	c	Saint-Jean-Bonnefond																	
C	14	Saint-Jullien-en-Jarret.....																	
C	3	Saint-Jullien-Molin-Molette.																	
B	24	Saint-Just-la-Pendue......																	
A	23	Saint-Just-sur-Loire																	
B	7	Saint-Marcel-de-Félines....																	
A	23	Saint-Marcellin																	
B	9	Saint-Martin-d'Estraux																	
B	18	Saint-Martin-la-Sauveté....																	
C	14	Saint-Martin-en-Coailleux..																	
C	12	Saint-Martin-la-Plaine.....																	
A	13	Saint-Maurice-en-Gourgois.																	
B	b	Saint-Maurice-sur-Loire...																	
B	5	Saint-Nizier																	
C	4	Saint-Paul-en-Cornillon....																	
C	12	Saint-Paul-en-Jarret																	
B	18	Saint-Paul-de-Vezelin																	
C	10	Saint-Pierre-de-Bœuf																	
B	5	Saint-Pierre-la-Noaille																	
B	18	Saint-Polgues............																	
C	20	Saint-Priest																	
C	12	Saint-Romain-en-Jarret....																	
C	3	Saint-Sauveur																	
B	9	Sail....................																	
A	17	Sail-sous-Couzan																	
A	8	Salles (les)..............																	
B	1	Sevelinges																	
A	21	Soleymieux																	
C	20	Sorbier.................																	
A	23	Sury-le-Comtal...........																	
C	12	Tartaras................																	
C	c	Terrasse (la)............																	

SIGNES DISTINCTIFS des ARRONDISSEMENTS.	CANTONS.	LOIRE. COMMUNES ou PLACES.	NOMS DES CORRESPONDANTS, LEURS TARIFS.																
1	2	3	4	5	6	7	8	9	10	11	12	13	14	15	16	17	18	19	20
C	c	Terre-Noire (*St-Jean-Bonnef.*)																	
C	20	Tour (la)																	
C	4	Tremblaine (*Le Chambon*)																	
C	c	Treuil (le) (*Outre-Furens*)																	
C	4	Unieux																	
A	13	Usson																	
C	c	Valbenoîte																	
C	14	Valla (la)																	
C	12	Verne																	
C	20	Villars																	
B	b	Villemontais																	
B	b	Villerest																	
B	5	Villers																	
B	7	Violay																	
B	5	Vougy																	

SIGNES DISTINCTIFS des ARRONDISSEMENTS.	SIGNES DISTINCTIFS des CANTONS.	LOIRE (HAUTE-). — ARRONDISSEMENTS ET CANTONS.	NOMS DES CORRESPONDANTS, LEURS TARIFS.																
1	2	3	4	5	6	7	8	9	10	11	12	13	14	15	16	17	18	19	20
		ARRONDISSEMENTS.																	
A	a	LE PUY (ch.-l.).																	
»	»	Le reste {de l'arrondissement. / des deux cantons.																	
B	b	BRIOUDE.																	
»	»	Le reste {de l'arrondissement. / du canton.																	
C	c	YSSENGEAUX.																	
»	»	Le reste {de l'arrondissement / du canton.																	
		CANTONS.																	
A	1	ALLÈGRE.																	
»	»	Le reste du canton.																	
B	2	AUZON.																	
»	»	Le reste du canton.																	
C	3	BAS-EN-BASSET.																	
»	»	Le reste du canton.																	
B	4	BLESLE.																	
»	»	Le reste du canton.																	
A	5	CAYRES.																	
»	»	Le reste du canton.																	
B	6	CHAISE-DIEU (LA).																	
»	»	Le reste du canton.																	
A	7	CRAPONNE.																	
»	»	Le reste du canton.																	
A	8	FAY-LE-FROID.																	
»	»	Le reste du canton.																	
B	9	LANGEAC.																	
»	»	Le reste du canton.																	
B	10	LAVOUTHE-CHILHAC.																	
»	»	Le reste du canton.																	
A	11	LOUDES.																	
»	»	Le reste du canton.																	
A	12	MONASTIER (LE).																	
»	»	Le reste du canton.																	
C	13	MONISTROL.																	
»	»	Le reste du canton.																	
C	14	MONTFAUCON.																	
»	»	Le reste du canton.																	
B	15	PAULHAQUET.																	
»	»	Le reste du canton.																	
B	16	PINOLS.																	
»	»	Le reste du canton.																	
A	17	PRADELLES.																	
»	»	Le reste du canton.																	
C	18	SAINT-DIDIER-LA-SÉAUVE.																	
»	»	Le reste du canton.																	
A	19	SAINT-JULIEN-CHAPTEUIL.																	
»	»	Le reste du canton.																	
A	20	SAINT-PAULIEN.																	
»	»	Le reste du canton.																	
A	21	SAUGUES.																	
»	»	Le reste du canton.																	
A	22	SOLIGNAC-SUR-LOIRE.																	
»	»	Le reste du canton.																	
C	23	TENCE.																	
»	»	Le reste du canton.																	
A	24	VOREY.																	
»	»	Le reste du canton.																	
		LE RESTE DU DÉPARTEMENT.																	

SIGNES DISTINCTIFS des ARRONDISSEMENTS.	CANTONS.	LOIRE (HAUTE-). COMMUNES ou PLACES.	NOMS DES CORRESPONDANTS, LEURS TARIFS.																
1	2	3	4	5	6	7	8	9	10	11	12	13	14	15	16	17	18	19	20
B	2	Agnat																	
C	18	Aurec																	
A	22	Bains																	
B	2	Barthes (les)																	
C	13	Bauzac																	
A	20	Blanzac																	
C	3	Boisset																	
A	5	Bouchet-Saint-Nicolas (le)																	
A	22	Brignon (le)																	
A	a	Brives																	
C	23	Chambon (le)																	
B	2	Champagnac																	
A	8	Champclause																	
B	6	Chazelle-Geneste (la)																	
A	a	Charenzac																	
A	8	Chaudeyroles																	
B	15	Chavagnat (*St-George-d'A*)																	
A	1	Ceaux-d'Allègre																	
A	7	Chomelix																	
B	6	Cistrières																	
B	6	Connangles																	
A	11	Coubladour (*Loudes*)																	
A	a	Coubon																	
B	9	Digons																	
B	15	Domeyrat																	
C	14	Dunières																	
A	a	Espaly-Saint-Marcel																	
B	b	Fontannes																	
B	2	Frugères-les-Mines																	
A	12	Goudet																	
C	c	Grazac																	
A	21	Grèzes																	
B	2	Grosménil (le) (*Ste-Florine*)																	
B	6	Jullianges																	
C	c	Lapte																	
A	12	Laussonne																	
B	2	Lempdes																	
A	11	Limandre																	
B	4	Lorlanges																	
B	9	Mazeyrat-Chrispinhac																	
B	2	Mège-Coste (*Sainte-Florine*)																	
B	10	Mercœur																	
A	21	Monistrol-d'Allier																	
C	14	Montregard																	
B	b	Mothe (la)																	
A	a	Polignac																	
C	18	Pont-Salomon (le) (*St-Féréol*)																	
B	9	Prades																	
C	14	Raucoules																	
C	c	Retournac																	
C	14	Riotord																	
A	24	Roche-en-Régnier (la)																	
A	24	Rosières																	
C	3	Saint-André-de-Chalançon																	
C	14	Saint-Bonnet-le-Froid																	
A	5	Saint-Didier-d'Allier																	
B	15	Saint-Didier-sur-Doulon																	
A	19	Saint-Étienne-Lardeyrol																	
B	2	Sainte-Florine																	
C	18	Saint-Ferréol-d'Auroure																	
A	8	Saint-Front																	
B	15	Saint-George-d'Aurat																	
A	7	Saint-George-l'Agricol																	
A	17	Saint-Haond																	
B	10	Saint-Ilpize																	
A	7	Saint-Jean-d'Aubrigoux																	

SIGNES DISTINCTIFS des ARRONDISSEMENTS.	CANTONS.	LOIRE (HAUTE-). COMMUNES ou PLACES.	NOMS DES CORRESPONDANTS, LEURS TARIFS.																
1	2	3	4	5	6	7	8	9	10	11	12	13	14	15	16	17	18	19	20
A	11	Saint-Jean-de-Nay........																	
C	23	Saint-Jeure..............																	
A	7	Saint-Julien-d'Ance.......																	
B	9	Saint-Julien-des-Chazes....																	
C	14	Saint-Julien-Molhesabate ..																	
C	18	Saint-Just-Malmont.......																	
B	b	Saint-Just-près-Brioude....																	
A	1	Saint-Just-près-Chomelix..																	
A	12	Saint-Martin-de-Frugères ..																	
C	13	Saint-Maurice-de-Lignon ..																	
C	3	Saint-Pal-de-Chalançon....																	
C	18	Saint-Pal-de-Mons																	
A	19	Saint-Pierre-Eynac																	
A	11	Saint-Privat-d'Allier																	
C	18	Saint-Romain-la-Chalm....																	
C	13	Sainte-Sigolène																	
C	18	Saint-Victor-Malescours ...																	
A	20	Saint-Vincent............																	
C	23	Saint-Voy...............																	
B	2	Taupe (la) (*Sainte-Florine*)..																	
C	3	Tiranges................																	
B	4	Torsiac.................																	
A	a	Vals-près-le-Puy..........																	
A	1	Vernassal...............																	
B	b	Vieille-Brioude...........																	
B	10	Villeneuve-d'Allier........																	

SIGNES DISTINCTIFS des ARRONDISSEMENTS.	CANTONS.	LOIRE-INFÉRIEURE. ARRONDISSEMENTS ET CANTONS.	NOMS DES CORRESPONDANTS, LEURS TARIFS.																
1	2	3	4	5	6	7	8	9	10	11	12	13	14	15	16	17	18	19	20
		ARRONDISSEMENTS.																	
A	a	NANTES (ch.-l.).																	
»	»	Le reste de l'arrondissement. des six cantons.																	
B	b	ANCENIS.																	
»	»	Le reste de l'arrondissement. du canton.																	
C	c	CHATEAUBRIANT.																	
»	»	Le reste de l'arrondissement. du canton.																	
D	d	PAIMBOEUF.																	
»	»	Le reste de l'arrondissement. du canton.																	
E	e	SAVENAY.																	
»	»	Le reste de l'arrondissement. du canton.																	
		CANTONS.																	
A	1	AIGREFEUILLE.																	
»	»	Le reste du canton.																	
E	2	BLAIN.																	
»	»	Le reste du canton.																	
A	3	BOUAYE.																	
»	»	Le reste du canton.																	
D	4	BOURGNEUF-EN-RETZ.																	
»	»	Le reste du canton																	
A	5	CARQUEFOU.																	
»	»	Le reste du canton.																	
A	6	CHAPELLE-SUR-ERDRE (LA).																	
»	»	Le reste du canton.																	
A	7	CLISSON.																	
»	»	Le reste du canton.																	
E	8	CROISIC (LE).																	
»	»	Le reste du canton.																	
C	9	DERVAL.																	
»	»	Le reste du canton.																	
E	10	GUÉMENÉE-PENFAS.																	
»	»	Le reste du canton.																	
E	11	GUÉRANDE.																	
»	»	Le reste du canton.																	
E	12	HERBIGNAC.																	
»	»	Le reste du canton.																	
A	13	LEGÉ.																	
»	»	Le reste du canton.																	
B	14	LIGNÉ.																	
»	»	Le reste du canton.																	
A	15	LOROUX (LE).																	
»	»	Le reste du canton.																	
A	16	MACHECOUL.																	
»	»	Le reste du canton.																	
C	17	MOISDON-LA-RIVIÈRE.																	
»	»	Le reste du canton.																	
C	18	NORT.																	
»	»	Le reste du canton.																	
C	19	NOZAY.																	
»	»	Le reste du canton.																	
D	20	PELLERIN (LE).																	
»	»	Le reste du canton.																	
E	21	PONT-CHATEAU.																	
»	»	Le reste du canton.																	
D	22	PORNIC.																	
»	»	Le reste du canton.																	
B	23	RIAILLÉ.																	
»	»	Le reste du canton.																	
C	24	ROUGÉ.																	
»	»	Le reste du canton.																	
E	25	SAINT-ÉTIENNE-DE-MONTLUC.																	
»	»	Le reste du canton.																	
E	26	SAINT-GILDAS-DES-BOIS.																	
»	»	Le reste du canton.																	
C	27	SAINT-JULIEN-DE-VOUVANTES.																	
»	»	Le reste du canton.																	
B	28	SAINT-MARS-LA-JAILLE.																	
»	»	Le reste du canton.																	
E	29	SAINT-NAZAIRE.																	
»	»	Le reste du canton.																	
E	30	SAINT-NICOLAS-DE-REDON.																	
»	»	Le reste du canton.																	
D	31	SAINT-PÈRE-EN-RETZ.																	
»	»	Le reste du canton.																	

SIGNES DISTINCTIFS des ARRONDISSEMENTS.	CANTONS.	LOIRE-INFÉRIEURE. ARRONDISSEMENTS ET CANTONS.	NOMS DES CORRESPONDANTS, LEURS TARIFS.																
1	2	3	4	5	6	7	8	9	10	11	12	13	14	15	16	17	18	19	20
A	32	SAINT-PHILBERT.																	
»	»	Le reste du canton.																	
A	33	VALLET.																	
»	»	Le reste du canton.																	
B	34	VARADES.																	
»	»	Le reste du canton.																	
A	35	VERTOU.																	
»	»	Le reste du canton.																	
		LE RESTE DU DÉPARTEMENT.																	

SIGNES DISTINCTIFS des ARRONDISSEMENTS.	CANTONS	LOIRE-INFÉRIEURE. COMMUNES ou PLACES.	NOMS DES CORRESPONDANTS, LEURS TARIFS.																
1	2	3	4	5	6	7	8	9	10	11	12	13	14	15	16	17	18	19	20
C	19	Abbaretz																	
B	b	Anetz																	
D	22	Arthon																	
E	12	Assérac																	
C	17	Auverné-Grand																	
A	a	Basse-Indre (la) (*Indre*)																	
E	8	Batz																	
E	e	Bouée																	
A	3	Bouguenais																	
A	7	Boussaye																	
E	2	Bouvron																	
D	20	Buzay (*Rouans*)																	
E	e	Cambon																	
A	a	Chantenai																	
A	15	Chapelle-Basse-Mer (la)																	
B	14	Cellier (le)																	
E	25	Cordemais																	
E	25	Couëron																	
E	21	Crossac																	
E	29	Donges																	
C	27	Erbray																	
E	2	Fay																	
E	30	Fégréac																	
C	24	Fercé																	
D	31	Frossay																	
A	35	Goulaine (Basse-)																	
C	19	Grandjouan (*Nozay*)																	
E	26	Guenroüet																	
C	18	Héric																	
C	9	Hunaudière (la) (*Sion*)																	
A	a	Indret (Ile-d') (*Basse-Indre*)																	
C	17	Jahotière (la) (*La Meilleraie*)																	
C	24	Javardan (*Fercé*)																	
B	23	Joué																	
C	27	Juigné																	
E	11	Laturballe (*Guérande*)																	
E	e	Lavau																	
A	1	Maisdon																	
E	26	Massillac																	
B	28	Maumusson																	
A	5	Mauves																	
E	11	Mesquer																	
D	31	Migron (le) (*Frossay*)																	
E	29	Montoir																	
B	34	Montrelais																	
D	4	Moutiers (les)																	
B	14	Mouzeil																	
A	6	Orvault																	
B	b	Oudon																	
A	33	Pallet (le)																	
E	10	Pierric																	
E	11	Piriac																	
D	22	Plaine (la)																	
E	30	Plessé																	
A	3	Pontrousseau (*Rezé*)																	
D	20	Port-Saint-Père (le)																	
E	8	Pouliguen (le) (*Batz*)																	
C	19	Puceul																	
A	3	Rezé																	
C	19	Saffré																	
E	11	Saint-André-des-Eaux																	
A	13	Saint-Étienne-de-Corcoué																	
E	21	Saint-Joachim																	
A	15	Saint-Julien-de-Concelles																	
C	18	Saint-Mars-du-Désert																	
D	20	Sainte-Pazanne																	

SIGNES DISTINCTIFS des ARRONDISSEMENTS.	CANTONS.	LOIRE-INFÉRIEURE. COMMUNES ou PLACES.	NOMS DES CORRESPONDANTS, LEURS TARIFS.																
1	2	3	4	5	6	7	8	9	10	11	12	13	14	15	16	17	18	19	20
A	a	Saint-Sébastien																	
C	9	Saint-Vincent-des-Landes																	
A	6	Sautron																	
C	9	Sion																	
C	c	Soudan																	
E	8	Trégaté (*Batz*)																	
A	3	Trentemou (*Rezé*)																	
C	19	Vay																	
A	1	Vieille-Vigne																	
E	25	Vigneux																	
D	20	Vue																	

SIGNES DISTINCTIFS des ARRONDISSEMENTS.	CANTONS.	LOIRET. ARRONDISSEMENTS ET CANTONS.	NOMS DES CORRESPONDANTS, LEURS TARIFS.																
1	2	3	4	5	6	7	8	9	10	11	12	13	14	15	16	17	18	19	20
		ARRONDISSEMENTS.																	
A	a	ORLÉANS (ch.-l.).																	
»	»	Le reste { de l'arrondissement. des cinq cantons.																	
B	b	GIEN.																	
»	»	Le reste { de l'arrondissement. du canton.																	
C	c	MONTARGIS.																	
»	»	Le reste { de l'arrondissement. du canton.																	
D	d	PITHIVIERS.																	
»	»	Le reste { de l'arrondissement. du canton.																	
		CANTONS.																	
A	1	ARTENAY.																	
»	»	Le reste du canton.																	
A	2	BEAUGENCY.																	
»	»	Le reste du canton.																	
D	3	BEAUNE-LA-ROLANDE.																	
»	»	Le reste du canton.																	
C	4	BELLEGARDE.																	
»	»	Le reste du canton.																	
B	5	BRIARE.																	
»	»	Le reste du canton.																	
A	6	CHATEAUNEUF-SUR-LOIRE.																	
»	»	Le reste du canton.																	
C	7	CHATEAU-RENARD.																	
»	»	Le reste du canton.																	
C	8	CHATILLON-SUR-LOING.																	
»	»	Le reste du canton.																	
B	9	CHATILLON-SUR-LOIRE.																	
»	»	Le reste du canton.																	
A	10	CLÉRY.																	
»	»	Le reste du canton.																	
C	11	COURTENAY.																	
»	»	Le reste du canton.																	
C	12	FERRIÈRES.																	
»	»	Le reste du canton.																	
A	13	FERTÉ-SAINT-AUBIN (LA).																	
»	»	Le reste du canton.																	
A	14	JARGEAU.																	
»	»	Le reste du canton.																	
C	15	LORRIS.																	
»	»	Le reste du canton.																	
D	16	MALESHERBES.																	
»	»	Le reste du canton.																	
A	17	MEUNG-SUR-LOIRE.																	
»	»	Le reste du canton.																	
A	18	NEUVILLE-AUX-BOIS.																	
»	»	Le reste du canton.																	
D	19	OUTARVILLE.																	
»	»	Le reste du canton.																	
B	20	OUZOUER-SUR-LOIRE.																	
»	»	Le reste du canton.																	
A	21	PATAY.																	
»	»	Le reste du canton.																	
D	22	PUISEAUX.																	
»	»	Le reste du canton.																	
B	23	SULLY.																	
»	»	Le reste du canton.																	
		LE RESTE DU DÉPARTEMENT.																	

SIGNES DISTINCTIFS des		LOIRET.	NOMS DES CORRESPONDANTS, LEURS TARIFS.																
ARRONDISSEMENTS.	CANTONS.	COMMUNES ou PLACES.																	
1	2	3	4	5	6	7	8	9	10	11	12	13	14	15	16	17	18	19	20
B	5	Adon																	
C	8	Aillant-sur-Milleron																	
C	c	Amilly																	
D	19	Andouville																	
D	22	Angerville-la-Rivière																	
D	19	Aschères																	
D	22	Aulnay-la-Rivière																	
B	9	Autry																	
A	17	Baccon																	
D	3	Barville																	
D	3	Batilly																	
A	2	Baule																	
D	19	Bazoches-les-Gallerandes																	
B	9	Beaulieu																	
C	12	Bignon (le)																	
D	3	Boiscommun																	
D	d	Boudaroy																	
B	5	Bonny																	
B	20	Bordes (les)																	
A	a	Bou																	
D	d	Bouilly																	
A	18	Bourgneuf (le)																	
D	d	Bonzonville-aux-Bois																	
D	d	Boynes																	
B	5	Breteau																	
A	1	Bucy-le-Roy																	
C	c	Buges (*Corquilleroy*)																	
B	5	Bussière (la)																	
B	23	Cerdon																	
B	9	Cernoy																	
D	16	Césarville																	
C	15	Chailly																	
C	c	Chalette																	
C	15	Changy																	
A	a	Chapelle-Saint-Mesmin (la)																	
C	11	Chapelle-Saint-Sépulcre (la)																	
C	8	Chapelle-sur-Aveyron (la)																	
D	19	Chaussy																	
A	a	Checy																	
C	c	Chevillon																	
A	1	Chevilly																	
D	d	Chilleurs-aux-Bois																	
B	b	Choux (les)																	
C	7	Chuelle																	
A	a	Combleux																	
C	12	Corbeilles																	
B	b	Coullon																	
A	2	Cravant																	
B	5	Dammarie-en-Puisaye																	
B	20	Dampierre																	
A	14	Darvoy																	
D	16	Dossainville																	
C	7	Douchy																	
A	10	Dry																	
A	17	Épieds																	
D	19	Erceville																	
B	5	Favrelles																	
A	6	Fay-aux-Loges																	
A	a	Fleury-aux-Choux																	
C	12	Fontenay																	
A	6	Germigny-des-Prés																	
C	12	Grizelles																	
A	17	Huisseau-sur-Mauve																	
A	a	Ingré																	
D	19	Izy																	
C	4	Ladon																	

SIGNES DISTINCTIFS des ARRONDISSEMENTS.	CANTONS.	LOIRET. COMMUNES ou PLACES.	NOMS DES CORRESPONDANTS, LEURS TARIFS.																
1	2	3	4	5	6	7	8	9	10	11	12	13	14	15	16	17	18	19	20
A	2	Lailly																	
C	c	Langlée (*Chalette*)																	
A	13	Ligny-le-Ribault																	
A	18	Loury																	
D	d	Laas																	
D	16	Mainvilliers																	
C	7	Melleroy																	
D	3	Montbarrois																	
D	d	Montberneaume																	
C	8	Montbouy																	
C	c	Mormant																	
D	16	Morville																	
B	b	Moulinet (le)																	
D	3	Nancray																	
A	14	Neuvy-en-Sulias																	
B	b	Nevoy																	
D	3	Nibelle																	
C	8	Noyen-sur-Vernisson																	
C	15	Noyers																	
D	19	Oison																	
A	a	Olivet																	
A	21	Ormes																	
B	5	Ousson																	
C	15	Oussoy																	
C	15	Ouzouer-des-Champs																	
B	5	Ouzouer-sur-Trézée																	
B	9	Pierrefitte-ès-Bois																	
D	d	Pithiviers-le-Vieil																	
B	b	Poilly																	
C	15	Presnoy																	
C	8	Pressigny																	
A	17	Rozières																	
A	17	Saint-Ay																	
B	20	Saint-Benoist-sur-Loire																	
B	b	Saint-Brisson																	
A	a	Saint-Denis-en-Val																	
A	6	Saint-Denis-de-l'Hôtel																	
B	9	Saint-Firmin-sur-Loire																	
B	23	Saint-Florent																	
C	7	Saint-Germain																	
B	b	Saint-Gondon																	
C	11	Saint-Hilaire-les-Andresis																	
A	a	Saint-Hilaire-Saint-Mesmin																	
A	a	Saint-Jean-de-Braye																	
A	a	Saint-Jean-de-la-Ruelle																	
A	a	Saint-Jean-le-Blanc																	
C	c	Saint-Maurice-sur-Fessard																	
A	a	Saint-Mesmin																	
A	21	Saint-Péravy-la-Colombe																	
A	14	Sandillon																	
C	11	Selles-sur-le-Bied (la)																	
A	13	Sennely																	
D	16	Sermaises																	
A	2	Tavers																	
A	14	Tigy																	
D	19	Thillay-le-Godin																	
D	19	Tivernon																	
A	21	Tournoisis																	
A	1	Trinay																	
C	15	Varennes																	
C	4	Villemoutiers																	
A	6	Vitry-aux-Loges																	
D	d	Yèvre-la-Ville																	
D	d	Yèvre-le-Châtel																	

SIGNES DISTINCTIFS des ARRONDISSEMENTS.	CANTONS.	LOT. ARRONDISSEMENTS ET CANTONS.	NOMS DES CORRESPONDANTS, LEURS TARIFS.																
1	2	3	4	5	6	7	8	9	10	11	12	13	14	15	16	17	18	19	20
		ARRONDISSEMENTS.																	
A	a	CAHORS (ch.-l.).																	
»	»	Le reste de l'arrondissement. / des deux cantons.																	
B	b	FIGEAC.																	
»	»	Le reste de l'arrondissement. / des deux cantons.																	
C	c	GOURDON.																	
»	»	Le reste de l'arrondissement. / du canton.																	
		CANTONS.																	
C	1	BASTIDE (LA).																	
»	»	Le reste du canton.																	
B	2	BRÉTENOU.																	
»	»	Le reste du canton.																	
B	3	CAJARC.																	
»	»	Le reste du canton.																	
B	4	CAPELLE-MARIVAL (LA).																	
»	»	Le reste du canton																	
A	5	CASTELNAU-DE-MONTRATIER.																	
»	»	Le reste du canton.																	
A	6	CATUS.																	
»	»	Le reste du canton.																	
A	7	CAZALS.																	
»	»	Le reste du canton.																	
C	8	GRAMAT.																	
»	»	Le reste du canton.																	
A	9	LALBENQUE.																	
»	»	Le reste du canton.																	
A	10	LAUZÈS.																	
»	»	Le reste du canton.																	
A	11	LIMOGNE.																	
»	»	Le reste du canton.																	
B	12	LIVERNON.																	
»	»	Le reste du canton.																	
A	13	LUZECH.																	
»	»	Le reste du canton.																	
C	14	MARTEL.																	
»	»	Le reste du canton.																	
A	15	MONTCUQ.																	
»	»	Le reste du canton.																	
C	16	PAYRAC.																	
»	»	Le reste du canton.																	
A	17	PUY-L'ÉVÊQUE.																	
»	»	Le reste du canton.																	
B	18	SAINT-CÉRÉ.																	
»	»	Le reste du canton.																	
C	19	SAINT-GERMAIN.																	
»	»	Le reste du canton.																	
A	20	SAINT-GÉRY.																	
»	»	Le reste du canton.																	
C	21	SALVIAC.																	
»	»	Le reste du canton.																	
C	22	SOUILLAC.																	
»	»	Le reste du canton.																	
B	23	TRONQUIÈRE (LA).																	
»	»	Le reste du canton.																	
C	24	VAYRAC.																	
»	»	Le reste du canton.																	
		LE RESTE DU DÉPARTEMENT.																	

Signes distinctifs des Arrondissements.	Signes distinctifs des Cantons.	LOT. COMMUNES ou PLACES.	NOMS DES CORRESPONDANTS, LEURS TARIFS.																
1	2	3	4	5	6	7	8	9	10	11	12	13	14	15	16	17	18	19	20
A	13	Albas																	
A	17	Aglan (*Soturac*)																	
B	4	Anglars																	
A	a	Arcambal																	
A	7	Argues (les)																	
B	12	Assier																	
B	4	Aynac																	
C	14	Baladou (*Creysse*)																	
B	18	Bannes (*Saint-Vincent*)																	
A	11	Beauregard																	
C	24	Bétaille																	
C	24	Beyssac (*Strenquels*)																	
B	4	Bourg (le)																	
C	22	Bourzolles (*Souillac*)																	
A	a	Bousquet (le) (*Arcambal*)																	
A	10	Cabrerets																	
B	2	Cahus																	
C	16	Calès																	
C	1	Caniac																	
B	b	Capelle-Banhac (la)																	
B	4	Cardaillac																	
C	8	Carlucet																	
A	13	Castelfranc																	
A	11	Cénevières																	
B	2	Comiac																	
B	12	Corn																	
B	2	Cornac																	
A	17	Courbenac (*Puy-l'Évêque*)																	
A	20	Cours																	
A	6	Craissac																	
A	10	Cras																	
A	9	Cremps																	
C	14	Cressensac																	
C	14	Creysse																	
C	21	Dégagnac																	
A	13	Douelle																	
A	17	Duravel																	
B	12	Espédaillac																	
B	b	Faycelles																	
C	14	Floirac																	
A	17	Floressas																	
B	b	Fons																	
A	9	Fontanes																	
C	19	Frayssinet																	
A	7	Frayssinet-le-Gélat																	
B	3	Gaillac (*Cajarc*)																	
A	17	Gardelle (la) (*Pescadoire*)																	
C	22	Gignac																	
B	23	Gorses																	
B	3	Gréalou																	
A	6	Junies (les)																	
A	9	Laburgade																	
B	3	Larnagoles																	
B	3	Larroque-Toirac																	
B	b	Lentillac-près-Figeac																	
B	18	Lentillac-près-Saint-Céré																	
B	b	Lissac																	
B	3	Marcillac																	
A	7	Marminiac																	
A	17	Martignac (*Puy-l'Évêque*)																	
B	18	Mayrinhac-Lentour																	
C	8	Miers																	
C	c	Millac																	
B	4	Molières																	
A	a	Montat (le)																	
C	1	Montfaucon																	

SIGNES DISTINCTIFS des ARRONDISSEMENTS.	CANTONS.	LOT. COMMUNES ou PLACES.	NOMS DES CORRESPONDANTS, LEURS TARIFS.																
1	2	3	4	5	6	7	8	9	10	11	12	13	14	15	16	17	18	19	20
C	16	Musclat																	
A	a	Pasturac (*Arcambal*)																	
A	6	Péchaurier (*l'Herm.*)																	
C	19	Peyrilles																	
B	b	Planioles																	
A	a	Pradines																	
A	17	Prayssac																	
A	11	Promilhanes																	
B	2	Puybrun																	
C	16	Reilhaguet																	
B	12	Reyrevignes																	
C	8	Rocamadour																	
B	23	Sabadel près la Tronquière																	
A	10	Saint-Cernin																	
B	23	Saint-Cirgues																	
A	20	Saint-Cirq-la-Popie																	
A	15	Saint-Cyprien																	
A	15	Saint-Daunès																	
A	6	Saint-Denis près Catus																	
B	3	Saint-Jean-de-Laurs																	
C	24	Saint-Michel-de-Banières																	
A	5	Saint-Paul-la-Bouffie																	
C	22	Saint-Sozy																	
A	13	Saint-Vincent-de-Rive-d'Olt																	
C	14	Sarrazac																	
A	15	Saux																	
A	13	Sauzet																	
A	10	Sénaillac																	
B	23	Sousceyrac																	
C	21	Thédirac																	
B	4	Themines																	
A	17	Touzac																	
C	19	Ussel																	
C	19	Usech																	
C	1	Vaillac																	
A	15	Valprionde																	
A	11	Varaire																	
B	b	Viazac																	
C	c	Vigan (le)																	

SIGNES DISTINCTIFS des ARRONDISSEMENTS.	SIGNES DISTINCTIFS des CANTONS	LOT-ET-GARONNE. ARRONDISSEMENTS ET CANTONS.	NOMS DES CORRESPONDANTS, LEURS TARIFS.																
1	2	3	4	5	6	7	8	9	10	11	12	13	14	15	16	17	18	19	20
		ARRONDISSEMENTS.																	
A	a	AGEN (ch.-l.).																	
»	»	Le reste { de l'arrondissement. des deux cantons.																	
B	b	MARMANDE.																	
»	»	Le reste { de l'arrondissement. du canton.																	
C	c	NÉRAC.																	
»	»	Le reste { de l'arrondissement. du canton.																	
D	d	VILLENEUVE-D'AGEN.																	
»	»	Le reste { de l'arrondissement. du canton.																	
		CANTONS.																	
A	1	ASTAFFORT.																	
»	»	Le reste du canton.																	
A	2	BEAUVILLE.																	
»	»	Le reste du canton.																	
B	3	BOUGLON.																	
»	»	Le reste du canton.																	
D	4	CANCON.																	
»	»	Le reste du canton.																	
C	5	CASTEL-JALOUX.																	
»	»	Le reste du canton.																	
B	6	CASTELMORON.																	
»	»	Le reste du canton.																	
D	7	CASTILLONNÈS.																	
»	»	Le reste du canton.																	
C	8	DAMAZAN.																	
»	»	Le reste du canton.																	
B	9	DURAS.																	
»	»	Le reste du canton.																	
C	10	FRANCESCAS.																	
»	»	Le reste du canton.																	
D	11	FUMEL.																	
»	»	Le reste du canton.																	
C	12	HOUEILLÈS.																	
»	»	Le reste du canton.																	
B	13	LAUZUN.																	
»	»	Le reste du canton.																	
C	14	LAVARDAC.																	
»	»	Le reste du canton.																	
B	15	MAS-D'AGENAIS.																	
»	»	Le reste du canton.																	
B	16	MEILHAN.																	
»	»	Le reste du canton.																	
C	17	MEZIN.																	
»	»	Le reste du canton.																	
D	18	MONCLAR.																	
»	»	Le reste du canton.																	
D	19	MONFLANQUIN.																	
»	»	Le reste du canton.																	
D	20	PENNE.																	
»	»	Le reste du canton.																	
A	21	PLUME (LA).																	
»	»	Le reste du canton.																	
A	22	PORT-SAINTE-MARIE.																	
»	»	Le reste du canton.																	
A	23	PRAYSSAS.																	
»	»	Le reste du canton.																	
A	24	PUGMIROL.																	
»	»	Le reste du canton.																	
A	25	ROCHE-TIMBAULT (LA).																	
»	»	Le reste du canton.																	
D	26	SAINTE-LIVRADE.																	
»	»	Le reste du canton.																	
B	27	SEYCHES.																	
»	»	Le reste du canton.																	
B	28	TONNEINS.																	
»	»	Le reste du canton.																	
D	29	TOURNON																	
»	»	Le reste du canton.																	
D	30	VILLERÉAL.																	
»	»	Le reste du canton.																	
		LE RESTE DU DÉPARTEMENT																	

SIGNES DISTINCTIFS des ARRONDISSEMENTS.	CANTONS.	LOT-ET-GARONNE. COMMUNES ou PLACES.	NOMS DES CORRESPONDANTS, LEURS TARIFS.																
1	2	3	4	5	6	7	8	9	10	11	12	13	14	15	16	17	18	19	20
A	22	Aiguillon																	
B	13	Allemans																	
B	9	Auriac																	
C	14	Barbaste																	
B	b	Beaupuy																	
D	11	Blanquefort																	
A	a	Boé																	
A	a	Bon-Encontre																	
D	29	Bourlens (*Tournon*)																	
C	14	Bruch																	
B	6	Brugnac																	
A	21	Buscou (le) (*Estillac*)																	
C	8	Buzet																	
D	7	Cahuzac																	
C	c	Calignac																	
D	19	Capelle-Biron (la)																	
D	4	Casseneuil																	
B	27	Castelnaud-sur-Gupie																	
A	1	Caudecoste																	
B	15	Caumont																	
B	28	Clairac																	
A	22	Clermont-Dessous																	
A	24	Clermont-Dessus																	
B	16	Cocumont																	
B	16	Coutures																	
A	1	Cuq																	
D	11	Cuzorn																	
D	26	Dolmeyrac																	
A	2	Dondas																	
C	12	Durance																	
B	27	Escassefort																	
D	d	Eysses (*Villeneuve d'Agen*)																	
C	8	Fargues																	
C	14	Feugarolles																	
D	18	Fongrave																	
A	22	Galapian																	
B	16	Gaujac																	
D	19	Gavaudun																	
B	b	Gontaud																	
A	23	Granges																	
D	20	Hautefage																	
B	16	Jusix																	
A	23	Lacépède																	
B	28	Laffitte																	
A	23	Laugnac																	
A	1	Layrac																	
D	d	Lédat																	
D	11	Libos (*Fumel*)																	
B	27	Lévignac																	
B	b	Longueville																	
B	9	Loubès-Bernac																	
B	27	Mauvezin																	
B	13	Miramont																	
A	21	Moirax																	
D	4	Monbahus																	
C	c	Moncaut																	
C	10	Moncrabeau																	
C	c	Montagnac-sur-Auvignon																	
D	19	Montagnac-sur-Lède																	
D	30	Montaut																	
C	14	Mongaillard																	
B	13	Montignac-de-Lauzun																	
C	10	Montjoie (la)																	
A	23	Montpezat																	
D	4	Moulinet																	
C	5	Neufons (*Castel-Jaloux*)																	

SIGNES DISTINCTIFS des ARRONDISSEMENTS.	CANTONS.	LOT-ET-GARONNE. COMMUNES ou PLACES.	NOMS DES CORRESPONDANTS, LEURS TARIFS.																
1	2	3	4	5	6	7	8	9	10	11	12	13	14	15	16	17	18	19	20
A	22	Nicole																	
C	14	Niolles (*Bruch*)																	
B	6	Parade (la)																	
B	9	Pardaillan																	
D	19	Paulhiac																	
D	11	Pombié (*Cuzorn*)																	
C	14	Pont-de-Bordes (*Lavardac*)																	
A	a	Pont-du-Casse																	
C	8	Puch																	
B	27	Puymiclan																	
D	19	Rais (*Gavaudun*)																	
C	17	Réaup																	
B	27	Saint-Barthélemy																	
B	b	Saint-Bazeille																	
A	24	Saint-Christophe (*S-Jean de T.*)																	
A	21	Sainte-Colombe																	
D	11	Saint-Front																	
A	a	Saint-Hilaire (Pont-)																	
C	14	Saint-Laurent																	
C	8	Saint-Léger																	
A	2	Saint-Maurin																	
B	6	Saint-Pardoux																	
D	29	Saint-Vite-de-Bar (*Tournon*)																	
A	25	Sauvetat-de-Savères (la)																	
B	9	Sauvetat-du-Droit (la)																	
D	11	Sauveterre																	
B	13	Ségalas																	
C	17	Sos																	
B	9	Soumenzac																	
B	b	Taillebourg																	
D	18	Tombebœuf																	
C	5	Trent (le)																	
B	6	Verteuil																	
C	14	Vianne																	
C	5	Villefranche																	
B	9	Villeneuve-de-Duras																	
B	15	Villeton																	
C	14	Xaintrailles																	

SIGNES DISTINCTIFS des ARRONDISSEMENTS.	CANTONS.	LOZÈRE. ARRONDISSEMENTS ET CANTONS.	NOMS DES CORRESPONDANTS, LEURS TARIFS.																
1	2	3	4	5	6	7	8	9	10	11	12	13	14	15	16	17	18	19	20
		ARRONDISSEMENTS.																	
A	a	MENDE (ch.-l.).																	
»	»	Le reste { de l'arrondissement / du canton.																	
B	b	FLORAC.																	
»	»	Le reste { de l'arrondissement. / du canton.																	
C	c	MARVEJOLS.																	
»	»	Le reste { de l'arrondissement. / du canton.																	
		CANTONS.																	
C	1	AUMONT.																	
»	»	Le reste du canton.																	
B	2	BARRE.																	
»	»	Le reste du canton.																	
A	3	BLAYMARD.																	
»	»	Le reste du canton.																	
C	4	CANOURGUE (LA).																	
»	»	Le reste du canton.																	
C	5	CHANAC.																	
»	»	Le reste du canton.																	
A	6	CHATEAUNEUF-DE-RANDON.																	
»	»	Le reste du canton.																	
C	7	FOURNELS.																	
»	»	Le reste du canton.																	
A	8	GRANDIEU.																	
»	»	Le reste du canton.																	
A	9	LANGOGNE.																	
»	»	Le reste du canton.																	
C	10	MALZIEU-VILLE.																	
»	»	Le reste du canton.																	
B	11	MEYRUEIS.																	
»	»	Le reste du canton.																	
C	12	NASBINALS.																	
»	»	Le reste du canton.																	
B	13	PONT-DE-MONTVERT.																	
»	»	Le reste du canton.																	
A	14	SAINT-AMANS.																	
»	»	Le reste du canton.																	
C	15	SAINT-CHELY.																	
»	»	Le reste du canton.																	
B	16	SAINTE-ÉNIMIE.																	
»	»	Le reste du canton.																	
B	17	SAINT-GEORGE-DE-LEVÉZAC.																	
»	»	Le reste du canton.																	
B	18	SAINT-GERMAIN-DE-CALBERTE.																	
»	»	Le reste du canton.																	
C	19	SAINT-GERMAIN-DU-THEL.																	
»	»	Le reste du canton.																	
C	20	SERVERETTE.																	
»	»	Le reste du canton.																	
A	21	VILLEFORT.																	
»	»	Le reste du canton.																	
		LE RESTE DU DÉPARTEMENT.																	

SIGNES DISTINCTIFS des		LOZÈRE.	NOMS DES CORRESPONDANTS, LEURS TARIFS.																
ARRONDISSEMENTS.	CANTONS.	COMMUNES ou PLACES.																	
1	2	3	4	5	6	7	8	9	10	11	12	13	14	15	16	17	18	19	20
A	3	Allenc																	
A	14	Andes (les) (*Servières*)																	
C	c	Antrenas																	
A	9	Auroux																	
A	a	Badarous																	
A	3	Bagnols																	
A	a	Balsièges																	
C	4	Banassac																	
C	5	Barjac																	
C	15	Blavignac																	
A	a	Bramonas (*Balsièges*)																	
A	a	Brenoux																	
B	2	Cassagnas																	
C	7	Chaldette (la) (*Brion*)																	
A	8	Chambon																	
A	3	Chasserades																	
A	9	Chastanier																	
A	a	Chastel-Nouvel																	
C	19	Chirac																	
B	b	Cocurès																	
B	18	Collet-de-Dèze																	
C	7	Fage-Montivernoux (la)																	
A	9	Fontanes																	
B	2	Gabriac																	
B	b	Ispagnac																	
C	1	Javols																	
A	9	Luc																	
C	10	Malzieu-Forain																	
C	19	Monastier																	
A	9	Naussac																	
A	8	Panouse (la)																	
B	2	Pompidou																	
A	21	Prévenchères																	
A	21	Puylaurent																	
B	16	Quézac																	
A	14	Ribennes																	
A	14	Rieutors																	
A	a	Rouvière (la)																	
C	20	Saint-Alban																	
A	a	Saint-Beauzile																	
C	c	Saint-Bonnet-de-Chirac																	
B	16	Saint-Chely-du-Tarn																	
B	2	Sainte-Croix																	
B	18	St-Étienne-Vallée-Française																	
C	20	Sainte-Eulalie																	
B	13	Saint-Frézal-de-Vantalon																	
B	2	Saint-Julien-d'Arpaon																	
B	18	Saint-Michel-de-Dèze																	
B	18	Saint-Privat-de-Vallongue																	
A	14	Servières																	
C	7	Termes																	
B	b	Vebron																	
B	13	Vialas																	

SIGNES DISTINCTIFS des		MAINE-ET-LOIRE.	NOMS DES CORRESPONDANTS, LEURS TARIFS.																
ARRONDISSEMENTS.	CANTONS.	ARRONDISSEMENTS ET CANTONS.																	
1	2	3	4	5	6	7	8	9	10	11	12	13	14	15	16	17	18	19	20
		ARRONDISSEMENTS.																	
A	a	ANGERS (ch.-l.).																	
»	»	Le reste { de l'arrondissement. des trois cantons.																	
B	b	BAUGÉ.																	
»	»	Le reste { de l'arrondissement. du canton.																	
C	c	BEAUPRÉAU.																	
»	»	Le reste { de l'arrondissement. du canton.																	
D	d	SAUMUR.																	
»	»	Le reste { de l'arrondissement. des trois cantons.																	
E	e	SEGRÉ.																	
»	»	Le reste { de l'arrondissement. du canton.																	
		CANTONS.																	
B	1	BEAUFORT.																	
»	»	Le reste du canton.																	
A	2	BRIOLLAY.																	
»	»	Le reste du canton.																	
E	3	CANDÉ.																	
»	»	Le reste du canton.																	
A	4	CHALONNES-SUR-LOIRE.																	
»	»	Le reste du canton																	
C	5	CHAMPTOCEAUX.																	
»	»	Le reste du canton.																	
E	6	CHATEAUNEUF-SUR-SARTHE.																	
»	»	Le reste du canton.																	
C	7	CHEMILLÉ.																	
»	»	Le reste du canton.																	
C	8	CHOLET.																	
»	»	Le reste du canton.																	
D	9	DOUÉ.																	
»	»	Le reste du canton.																	
B	10	DURTAL.																	
»	»	Le reste du canton.																	
D	11	GENNES.																	
»	»	Le reste du canton.																	
E	12	LION-D'ANGERS (LE).																	
»	»	Le reste du canton.																	
B	13	LONGUÉ.																	
»	»	Le reste du canton.																	
A	14	LOUROUX-BÉCONNAIS.																	
»	»	Le reste du canton.																	
C	15	MONTFAUCON.																	
»	»	Le reste du canton.																	
D	16	MONTREUIL-BELLAY.																	
»	»	Le reste du canton.																	
C	17	MONTREVAULT.																	
»	»	Le reste du canton.																	
B	18	NOYANT.																	
»	»	Le reste du canton.																	
A	19	PONTS-DE-CÉ (LES).																	
»	»	Le reste du canton.																	
E	20	POUANCÉ.																	
»	»	Le reste du canton.																	
C	21	SAINT-FLORENT-LE-VIEIL.																	
»	»	Le reste du canton.																	
A	22	SAINT-GEORGES-SUR-LOIRE.																	
»	»	Le reste du canton.																	
B	23	SEICHES.																	
»	»	Le reste du canton.																	
A	24	THOUARCÉ.																	
»	»	Le reste du canton.																	
D	25	VIHIERS.																	
»	»	Le reste du canton.																	
		LE RESTE DU DÉPARTEMENT.																	

SIGNES DISTINCTIFS des ARRONDISSEMENTS.	CANTONS.	MAINE-ET-LOIRE. COMMUNES ou PLACES.	NOMS DES CORRESPONDANTS, LEURS TARIFS.																
1	2	3	4	5	6	7	8	9	10	11	12	13	14	15	16	17	18	19	20
D	d	Allonnes																	
D	11	Ambillon																	
A	a	Andard																	
C	c	Andrezé																	
E	3	Angrié																	
D	16	Antoigné																	
D	25	Aubigné																	
B	18	Auverse																	
B	10	Baracé																	
B	23	Bauné																	
B	23	Beauveau																	
A	14	Bécon																	
D	11	Bessé																	
A	19	Blaison																	
A	19	Bohalle (la)																	
C	21	Borz																	
E	20	Bouillé-Ménard																	
E	e	Bourg-d'Iré																	
C	5	Bouzillé																	
D	d	Brain-sur-Allonnes																	
B	18	Breil																	
D	16	Brezé																	
D	9	Brigné																	
B	1	Brion																	
A	24	Brissac																	
E	6	Brissarthe																	
D	25	Cernusson																	
C	8	Cerqueux-de-Maulevr. (les)																	
A	24	Champ (le)																	
E	6	Champigné																	
A	22	Champtocé																	
C	8	Chanteloup																	
A	24	Chanzeau																	
C	c	Chapelle-du-Genet (la)																	
C	7	Chapelle-Rousselin (la)																	
B	23	Chapelle-Saint-Laud (la)																	
B	b	Chartrené																	
A	4	Chaudefonds																	
C	17	Chaudron																	
A	24	Chavagnes																	
B	18	Chavaignes																	
E	3	Chazé-sur-Argos																	
A	2	Cheffes																	
B	b	Cheviré-le-Rouge																	
B	b	Clefs																	
E	20	Combrée																	
D	9	Concourson																	
E	6	Contigné																	
B	1	Corné																	
B	23	Cornillé																	
D	25	Coron																	
D	16	Coudray-Macouart (le)																	
B	13	Courléon																	
B	b	Cuon																	
B	10	Daumeray																	
B	18	Denezé																	
D	9	Douces																	
C	5	Drain																	
B	23	Drée																	
B	b	Échemiré																	
B	10	Étriché																	
A	2	Feneu																	
C	17	Fief-Sauvin (le)																	
B	1	Fontaine-Guérin																	
D	d	Fontevrault																	
D	25	Fosse-de-Tigné (la)																	

SIGNES DISTINCTIFS des ARRONDISSEMENTS.	CANTONS.	MAINE-ET-LOIRE. COMMUNES ou PLACES.	NOMS DES CORRESPONDANTS, LEURS TARIFS.																
1	2	3	4	5	6	7	8	9	10	11	12	13	14	15	16	17	18	19	20
B	b	Fougeré																	
E	3	Freigné																	
E	12	Gené																	
B	18	Genneteil																	
C	c	Gesté																	
A	24	Gonnord																	
B	b	Guédéniau																	
A	22	Ingrandes																	
C	c	Jallais																	
B	23	Jarzé																	
C	c	Jubeaudière (la)																	
B	13	Jumelles																	
C	7	Jumellière (la)																	
C	5	Liré																	
C	15	Longeron (le)																	
E	12	Marans																	
E	6	Marigné																	
D	9	Martigné-Briant																	
C	8	Maulevrier																	
C	c	May (le)																	
B	1	Mazée																	
C	8	Mazières																	
A	a	Meignane (la)																	
D	9	Meigné																	
C	7	Melay																	
A	19	Ménitrée (la)																	
D	16	Méron																	
C	21	Mesnil (le)																	
D	9	Montfort																	
B	10	Montigné																	
D	25	Montilliers																	
C	21	Montjean																	
A	a	Montreuil-Beffroy																	
E	12	Montreuil-sur-Maine																	
D	d	Montsoreau																	
B	10	Morannes																	
B	13	Mouliherné																	
A	19	Mozé																	
D	d	Neuillé																	
C	7	Neuvy																	
D	11	Noyant																	
E	e	Noyant-la-Gravayère																	
C	8	Nuaillé																	
D	25	Nueil-sous-Passavant																	
B	18	Parcay																	
D	25	Passavant																	
A	a	Pellouailles																	
C	c	Pin-en-Mauges (le)																	
D	25	Plaine (la)																	
C	c	Poitevinière (la)																	
C	21	Pommeraye (la)																	
E	3	Potherie (la)																	
E	12	Pouèze (la)																	
D	16	Puy-Notre-Dame (le)																	
A	24	Rablaye																	
C	15	Renaudière (la)																	
A	4	Rochefort-sur-Loire																	
C	15	Romagne (la)																	
D	d	Rosiers (les)																	
C	15	Roussay																	
C	15	Saint-André-de-la-Marche																	
A	4	Saint-Aubin-de-Liugné																	
A	a	Saint-Barthélemy																	
C	7	Sainte-Christine																	
A	14	Saint-Clément-de-la-Place																	
C	15	Saint-Crespin																	

SIGNES DISTINCTIFS des ARRONDISSEMENTS.	CANTONS	MAINE-ET-LOIRE. COMMUNES ou PLACES.	NOMS DES CORRESPONDANTS, LEURS TARIFS.																
1	2	3	4	5	6	7	8	9	10	11	12	13	14	15	16	17	18	19	20
D	16	Saint-Cyr-en-Bourg																	
E	e	Saint-Gemmes-d'Andigné																	
D	9	Saint-Georges-Châtelaison																	
C	7	St-Georg.-du-Puy-de-la-Gar.																	
D	11	Saint-Georges-le-Toureil																	
C	15	Saint-Germain																	
A	22	Saint-Germain-des-Prés																	
D	25	Saint-Hilaire-du-Bois																	
D	16	Saint-Just-sur-Dives																	
D	d	Saint-Lambert-des-Levées																	
A	24	Saint-Lambert-du-Lattay																	
C	5	Saint-Laurent-des-Autels																	
C	21	Saint-Laurent-du-Mottay																	
C	7	Saint-Lezin																	
C	15	Saint-Macaire																	
D	16	Saint-Macaire-du-Bois																	
D	d	Saint-Martin-de-la-Place																	
E	e	Saint-Martin-du-Bois																	
A	19	Saint-Mathurin																	
D	11	Saint-Maur																	
D	25	Saint-Paul-du-Bois																	
B	13	Saint-Philbert-du-Peuple																	
C	17	Saint-Pierre-Montlimart																	
A	19	Saint-Remy-la-Varenne																	
E	e	Saint-Sauveur-du-Flée																	
C	17	Salle (la)																	
D	25	Salle-de-Vihiers (la)																	
A	22	Savennières																	
C	8	Séguinière																	
B	23	Sermaise																	
A	2	Soulaire																	
D	9	Soulangé																	
D	d	Souzay																	
D	25	Tancoigné																	
C	8	Tessoualle (la)																	
A	2	Tiercé																	
D	25	Tigné																	
C	15	Tilliers																	
C	15	Torfou																	
C	7	Tour-Landry (la)																	
C	8	Tout-le-Monde (*Maulevrier*)																	
A	a	Trelazé																	
C	8	Trémentines																	
D	25	Tremond																	
D	11	Trèves-Cunault																	
D	11	Tuffeaux (*Chênehutte*)																	
D	d	Turquant																	
D	9	Ulmes (les)																	
C	5	Varenne (la)																	
D	d	Varennes-sous-Montsoreau																	
D	16	Vaudelenay-Rillé (le)																	
D	9	Verchers (les)																	
E	12	Vern																	
B	13	Vernantes																	
B	18	Verneuil (*Auverse*)																	
B	13	Vernoil-le-Fourrier																	
C	8	Vezins																	
B	b	Vieil-Baugé (le)																	
C	c	Villedieu																	
A	a	Villevêque																	
D	d	Vivy																	
D	25	Voide (le)																	
C	8	Yzernay																	

SIGNES DISTINCTIFS des ARRONDISSEMENTS.	SIGNES DISTINCTIFS des CANTONS.	MANCHE. — ARRONDISSEMENTS ET CANTONS.	NOMS DES CORRESPONDANTS, LEURS TARIFS.																
1	2	3	4	5	6	7	8	9	10	11	12	13	14	15	16	17	18	19	20
		ARRONDISSEMENTS.																	
A	a	SAINT-LO (ch.-l.).																	
»	»	Le reste {de l'arrondissement. du canton.																	
B	b	AVRANCHES.																	
»	»	Le reste {de l'arrondissement. du canton.																	
C	c	CHERBOURG.																	
»	»	Le reste {de l'arrondissement. du canton.																	
D	d	COUTANCES.																	
»	»	Le reste {de l'arrondissement. du canton.																	
E	e	MORTAIN.																	
»	»	Le reste {de l'arrondissement. du canton.																	
F	f	VALOGNES.																	
»	»	Le reste {de l'arrondissement. du canton.																	
		CANTONS.																	
E	1	BARENTON.																	
»	»	Le reste du canton.																	
F	2	BARNEVILLE.																	
»	»	Le reste du canton.																	
C	3	BEAUMONT.																	
»	»	Le reste du canton.																	
B	4	BRÉCEY.																	
»	»	Le reste du canton.																	
D	5	BREHAL.																	
»	»	Le reste du canton.																	
F	6	BRIQUEBEC.																	
»	»	Le reste du canton.																	
A	7	CANIZY.																	
»	»	Le reste du canton.																	
A	8	CARENTAN.																	
»	»	Le reste du canton.																	
D	9	CERISY-LA-SALLE.																	
»	»	Le reste du canton.																	
B	10	DUCEY.																	
»	»	Le reste du canton.																	
D	11	GAVRAY.																	
»	»	Le reste du canton.																	
B	12	GRANVILLE.																	
»	»	Le reste du canton.																	
D	13	HAYE-DU-PUITS (LA).																	
»	»	Le reste du canton.																	
B	14	HAYE-PESNEL (LA).																	
»	»	Le reste du canton.																	
E	15	ISIGNY.																	
»	»	Le reste du canton.																	
E	16	JUVIGNY.																	
»	»	Le reste du canton.																	
D	17	LESSAY.																	
»	»	Le reste du canton.																	
A	18	MARIGNY.																	
»	»	Le reste du canton.																	
E	19	MONTEBOURG.																	
»	»	Le reste du canton.																	
D	20	MONTMARTIN-SUR-MER.																	
»	»	Le reste du canton.																	
C	21	OCTEVILLE.																	
»	»	Le reste du canton.																	
A	22	PERCY.																	
»	»	Le reste du canton.																	
D	23	PÉRIERS.																	
»	»	Le reste du canton.																	
C	24	PIEUX (LES).																	
»	»	Le reste du canton.																	
B	25	PONTORSON.																	
»	»	Le reste du canton.																	
F	26	QUETTEHOU.																	
»	»	Le reste du canton.																	
A	27	SAINT-CLAIR.																	
»	»	Le reste du canton.																	
E	28	SAINT-HILAIRE-DU-HARCOUET																	
»	»	Le reste du canton.																	
B	29	SAINT-JAMES.																	
»	»	Le reste du canton.																	
A	30	SAINT-JEAN-DE-DAYE.																	
»	»	Le reste du canton.																	

SIGNES DISTINCTIFS des ARRONDISSEMENTS.	CANTONS.	MANCHE. ARRONDISSEMENTS ET CANTONS.	NOMS DES CORRESPONDANTS, LEURS TARIFS.																
1	2	3	4	5	6	7	8	9	10	11	12	13	14	15	16	17	18	19	20
D	31	SAINT-MALO-DE-LA-LANDE.																	
»	»	Le reste du canton.																	
F	32	SAINTE-MÈRE-ÉGLISE.																	
»	»	Le reste du canton.																	
C	33	SAINT-PIERRE-ÉGLISE.																	
»	»	Le reste du canton.																	
E	34	SAINT-POIS.																	
»	»	Le reste du canton.																	
D	35	SAINT-SAUVEUR-LENDELIN.																	
»	»	Le reste du canton.																	
F	36	SAINT-SAUVEUR-SUR-DOUVE.																	
»	»	Le reste du canton.																	
B	37	SARTILLY.																	
»	»	Le reste du canton.																	
E	38	SOURDEVAL.																	
»	»	Le reste du canton.																	
E	39	TEILLEUL (LE).																	
»	»	Le reste du canton.																	
A	40	TESSY.																	
»	»	Le reste du canton.																	
A	41	TORIGNY.																	
»	»	Le reste du canton.																	
B	42	VILLEDIEU.																	
»	»	Le reste du canton.																	
		LE RESTE DU DÉPARTEMENT.																	

SIGNES DISTINCTIFS des ARRONDISSEMENTS.	CANTONS.	MANCHE. COMMUNES ou PLACES.	NOMS DES CORRESPONDANTS, LEURS TARIFS.																
1	2	3	4	5	6	7	8	9	10	11	12	13	14	15	16	17	18	19	20
A	a	Agneaux																	
D	31	Agon																	
A	30	Amigny																	
D	17	Angoville-sur-Ay																	
D	17	Anneville																	
B	29	Argouges																	
B	25	Aucey																	
A	8	Auvers																	
B	37	Bacilly																	
F	26	Barfleur																	
E	16	Bazoge (la)																	
B	14	Beauchamps																	
E	38	Beauficel																	
E	16	Belle-Fontaine																	
A	27	Bérigny																	
A	22	Beslon																	
E	e	Bion																	
D	31	Blainville																	
F	32	Blosville																	
B	42	Bloutière (la)																	
B	12	Bouillon																	
C	3	Brainville																	
D	d	Bricqueville-Lablouette																	
D	5	Bricqueville-sur-Mer																	
F	f	Brix																	
E	38	Brouains																	
F	32	Brucheville																	
E	39	Buais																	
D	9	Cametours																	
A	7	Carantilly																	
B	29	Carnet																	
B	37	Carolles																	
F	2	Carteret																	
F	32	Cauquigny (*Amfreville*)																	
A	30	Cavigny																	
B	10	Ceaux																	
D	5	Cerences																	
A	27	Cérisy-la-Forêt																	
B	42	Champrepus																	
D	5	Chanteloup																	
E	34	Chapelle-Cesselin (la)																	
A	18	Chapelle-en-Juger (la)																	
A	22	Chefresne (le)																	
B	42	Cherencé-le-Héron																	
E	16	Cherencé-le-Roussel																	
E	28	Chèvreville																	
A	22	Colombe (la)																	
A	41	Condé-sur-Vire																	
E	34	Coulouvray																	
A	27	Couvains																	
D	17	Créances																	
B	29	Croix-Avranchin (la)																	
B	4	Cuves																	
A	7	Dangy																	
A	30	Désert (le)																	
C	21	Digoville																	
A	40	Domjean																	
B	12	Donville																	
B	37	Dragey																	
F	19	Écausseville																	
F	19	Émondeville																	
C	21	Équeurdreville																	
C	33	Fermanville																	
C	24	Flamanville																	
B	42	Fleury																	
B	14	Folligny																	

SIGNES DISTINCTIFS des		MANCHE. COMMUNES ou PLACES.	NOMS DES CORRESPONDANTS, LEURS TARIFS.																
ARRONDISSEMENTS.	CANTONS.																		
1	2	3	4	5	6	7	8	9	10	11	12	13	14	15	16	17	18	19	20
E	38	Fresne-Poret (le)																	
C	33	Gatteville																	
D	17	Geffosses																	
B	37	Genets																	
E	1	Ger																	
D	13	Glatigny																	
C	33	Gonneville																	
C	33	Gouberville																	
D	31	Gouville																	
A	30	Graignes																	
C	3	Gréville																	
D	11	Hambie																	
C	21	Henneville																	
C	3	Herqueville																	
A	30	Hommet-d'Arthenay (le)																	
F	26	Houx-sous-Valcanville (le)																	
B	25	Huisnes																	
C	3	Jobourg																	
B	42	Lande-d'Airou (la)																	
E	28	Lapenty																	
D	11	Lengrosme																	
F	f	Lieusaint																	
D	13	Lithaire																	
E	28	Loges-Marchis																	
A	a	Luzerne (la)																	
B	14	Luzerne (la)																	
F	32	Marie (l'Isle-) (*Picauville*)																	
C	21	Martinvast																	
A	22	Maupertuis																	
A	27	Meauffe (la)																	
C	21	Mesnil-Auval (le)																	
D	11	Mesnil-Garnier (le)																	
D	11	Mesnil-Rogues (le)																	
E	16	Mesnil-Tove																	
A	27	Moon																	
F	36	Moitiers (les)																	
A	22	Montabot																	
F	f	Montaigu																	
A	22	Montbray																	
E	15	Montigny																	
B	29	Montjoie																	
E	34	Montjoie																	
A	30	Montmartin-en-Graignes																	
D	9	Montpinchon																	
B	25	Mont-Saint-Michel																	
D	5	Muneville-sur-Mer																	
C	3	Nacqueville																	
F	6	Nègreville																	
F	36	Néhou																	
E	e	Neufbourg (le)																	
D	9	Notre-Dame-de-Cenilly																	
C	3	Omonville																	
F	36	Orglandes																	
E	28	Parigny																	
E	38	Perriers-en-Beauficel																	
F	32	Picauville																	
D	17	Pirou																	
D	23	Plessis (le)																	
B	10	Poilley																	
A	7	Pont-Brocard (*Dangy*)																	
B	b	Pont-Gilbert (*Avranches*)																	
D	d	Pont-de-la-Roque																	
A	30	Ponthébert																	
F	32	Pont-l'Abbé (*Picauville*)																	
B	b	Ponts																	
F	2	Porbail																	

SIGNES DISTINCTIFS des ARRONDISSEMENTS.	CANTONS.	MANCHE. — COMMUNES ou PLACES.	NOMS DES CORRESPONDANTS, LEURS TARIFS.																
1	2	3	4	5	6	7	8	9	10	11	12	13	14	15	16	17	18	19	20
B	10	Précey																	
D	13	Prétot																	
C	21	Querqueville																	
F	6	Quettetot																	
D	20	Quettreville																	
A	7	Quibou																	
A	8	Raids																	
A	a	Rampan																	
D	20	Regnéville																	
A	18	Remilly																	
F	26	Réville																	
E	e	Romagny																	
D	9	Roncey																	
A	41	Saint-Amand																	
B	12	Saint-Aubin-des-Préaux																	
B	b	Saint-Brice																	
B	42	Sainte-Cécile																	
E	e	Saint-Barthélemy																	
A	8	Saint-Côme-du-Mont																	
A	a	Sainte-Croix																	
C	3	Sainte-Croix-Hague																	
E	1	Saint-Cyr-du-Bailleul																	
D	11	Saint-Denis-le-Gast																	
A	8	Saint-Ény																	
A	30	Saint-Fromond																	
E	1	Saint-Georges-de-Rouelley																	
A	7	Saint-Gilles																	
A	41	Saint-Jean-de-Baisants																	
A	27	Saint-Jean-de-Savigny																	
B	14	Saint-Jean-des-Champs																	
B	4	Saint-Jean-du-Corail																	
E	34	Saint-Laurent-de-Cuves																	
B	29	Saint-Laurent-de-Terre-Gat.																	
B	b	Saint-Loup																	
F	32	Sainte-Marie-du-Mont																	
E	38	Saint-Martin-de-Chaulieu																	
E	28	Saint-Martin-de-Landelle																	
E	34	Saint-Martin-le-Bouillant																	
E	34	Saint-Maur-des-Bois																	
B	12	Saint-Nicolas-près-Granville																	
B	37	Saint-Pierre-Langers																	
A	7	Saint-Romphaire																	
A	7	Saint-Samson-du-Bon-Fossé																	
B	b	Saint-Senier-sous-Avranches																	
E	39	Saint-Simphorien																	
F	26	Saint-Vaast-de-la-Hougue																	
F	19	Sortosville																	
B	42	Sault-Chevreuil																	
F	f	Saussemesnil																	
E	39	Savigny-le-Vieux																	
A	27	Semilly (*St-Pierre-de-Semilly*)																	
C	21	Sidéville																	
C	24	Siouville																	
F	6	Sottevast																	
C	24	Sotteville																	
B	29	Terre-Gatte (*St-Aubin-de-T.*)																	
C	21	Theurteville-Hague																	
C	33	Theil (le)																	
B	4	Tirepied																	
C	21	Tourlaville																	
D	20	Trelly																	
A	30	Tribehou																	
B	42	Trinité (la)																	
B	b	Vains																	
F	26	Valcanville																	
B	b	Val-Saint-Pair (le)																	

SIGNES DISTINCTIFS des ARRONDISSEMENTS.	CANTONS.	MANCHE. COMMUNES ou PLACES.	NOMS DES CORRESPONDANTS, LEURS TARIFS.																
1	2	3	4	5	6	7	8	9	10	11	12	13	14	15	16	17	18	19	20
C	33	Vast (le)																	
D	13	Varenguebecq																	
E	38	Vengeons																	
D	17	Vesly																	
A	22	Villebaudon																	
D	13	Vindefontaine																	
F	1	Yvetot																	

SIGNES DISTINCTIFS des ARRONDISSEMENTS.	CANTONS.	MARNE. ARRONDISSEMENTS ET CANTONS.	NOMS DES CORRESPONDANTS, LEURS TARIFS.																
1	2	3	4	5	6	7	8	9	10	11	12	13	14	15	16	17	18	19	20
		ARRONDISSEMENTS.																	
A	a	CHALONS-S.-MARNE (ch.-l.).																	
»	»	Le reste { de l'arrondissement. du canton.																	
B	b	ÉPERNAY.																	
»	»	Le reste { de l'arrondissement. du canton.																	
C	c	REIMS.																	
»	»	Le reste { de l'arrondissement. des trois cantons.																	
D	d	SAINTE-MENEHOULD.																	
»	»	Le reste { de l'arrondissement. du canton.																	
E	e	VITRY-LE-FRANÇAIS.																	
»	»	Le reste { de l'arrondissement. du canton.																	
		CANTONS.																	
B	1	ANGLURE.																	
»	»	Le reste du canton.																	
B	2	AVISE.																	
»	»	Le reste du canton																	
C	3	AY.																	
»	»	Le reste du canton.																	
C	4	BEINE.																	
»	»	Le reste du canton.																	
C	5	BOURGOGNE.																	
»	»	Le reste du canton.																	
C	6	CHATILLON-SUR-MARNE.																	
»	»	Le reste du canton.																	
D	7	DOMMARTIN-SUR-YÈVRE.																	
»	»	Le reste du canton.																	
B	8	DORMANS.																	
»	»	Le reste du canton.																	
A	9	ÉCURY-SUR-COOLE.																	
»	»	Le reste du canton.																	
B	10	ESTERNAY.																	
»	»	Le reste du canton.																	
B	11	FÈRE-CHAMPENOISE.																	
»	»	Le reste du canton.																	
C	12	FISMES.																	
»	»	Le reste du canton.																	
E	13	HEILTZ-LE-MAURUPT.																	
»	»	Le reste du canton.																	
A	14	MARSON.																	
»	»	Le reste du canton.																	
B	15	MONTMIRAIL.																	
»	»	Le reste du canton.																	
B	16	MONTMORT.																	
»	»	Le reste du canton.																	
E	17	SAINT-REMY-EN-BOUZEMONT.																	
»	»	Le reste du canton.																	
B	18	SÉZANNE.																	
»	»	Le reste du canton.																	
E	19	SOMPUITS.																	
»	»	Le reste du canton.																	
A	20	SUIPPES.																	
»	»	Le reste du canton.																	
E	21	THIÉBLEMONT.																	
»	»	Le reste du canton.																	
A	22	VERTUS.																	
»	»	Le reste du canton.																	
C	23	VERZY.																	
»	»	Le reste du canton.																	
C	24	VILLE-EN-TARDENOIS.																	
»	»	Le reste du canton.																	
D	25	VILLE-SUR-TOURBE.																	
»	»	Le reste du canton.																	
		LE RESTE DU DÉPARTEMENT.																	

SIGNES DISTINCTIFS des ARRONDISSEMENTS.	CANTONS	MARNE. COMMUNES ou PLACES.	NOMS DES CORRESPONDANTS, LEURS TARIFS.																
1	2	3	4	5	6	7	8	9	10	11	12	13	14	15	16	17	18	19	20
E	e	Ablancourt																	
B	b	Ablois-Saint-Martin																	
A	a	Aigny																	
B	18	Allemant																	
E	13	Alliancelles																	
C	3	Ambonnay																	
D	17	Ambrières																	
D	7	Ante																	
C	6	Anthenay																	
C	12	Arcis-le-Ponsart																	
D	d	Argers																	
E	17	Arrigny																	
E	17	Arzillières																	
A	9	Athis																	
C	4	Auberive																	
E	e	Aulnay-l'Aître																	
A	9	Aulnay-s.-Marne																	
D	7	Auve																	
C	3	Avenay																	
B	1	Bagneux																	
B	16	Baizil (le)																	
B	11	Bannes																	
B	18	Barbonne																	
C	12	Baslieux-les-Fismes																	
C	6	Baslieux-s.-Châtillon																	
E	13	Bassu																	
E	13	Bassuet																	
B	16	Baye																	
C	5	Bazancourt																	
C	23	Beaumont-s.-Vesle																	
B	15	Bergères-les-Montmirail																	
A	22	Bergères-les-Vertus																	
D	25	Berzieux																	
C	4	Bétheniville																	
C	c	Bétheny																	
B	10	Bethon																	
E	13	Bettancourt-la-Longue																	
C	c	Bezannes																	
E	e	Bignicourt-s.-Marne																	
E	21	Bignicourt-s.-Saulx																	
D	25	Binarville																	
C	3	Bisseuil																	
E	e	Blacy																	
E	17	Blaize-s.-Arzillières																	
E	17	Blaize-s.-Hauteville																	
E	21	Blesme																	
D	d	Bois-d'Épense (*Ste-Menehould*)																	
B	10	Bouchy-le-Repos																	
C	5	Boult-sur-Suippes																	
B	8	Boursault																	
A	20	Bouy																	
C	3	Bouzy																	
E	17	Brandonvillers																	
D	d	Braux-Sainte-Cohière																	
D	d	Braux-Saint-Remy																	
E	19	Brébant																	
B	8	Breuil (le)																	
A	9	Breuvery																	
B	10	Bricot-la-Ville																	
C	5	Brimont																	
B	18	Broyes																	
B	11	Broussy-le-Grand																	
B	2	Brugny																	
E	21	Brusson																	
E	21	Buisson (le)																	
A	20	Bussy-le-Château																	

SIGNES DISTINCTIFS des ARRONDISSEMENTS.	CANTONS.	MARNE. COMMUNES ou PLACES.	NOMS DES CORRESPONDANTS, LEURS TARIFS.
1	2	3	4 – 20
A	9	Bussy-Lettrée	
E	13	Bussy-le-Repos	
B	16	Caurel (la)	
B	1	Celle-sous-Chantemerle (la)	
D	25	Cernay-en-Dormois	
C	4	Cernay-les-Reims	
A	9	Cernon	
A	22	Chaintrix	
C	23	Chamery	
E	17	Champaubert-aux-Bois	
B	16	Champaubert-s.-Montmort	
C	23	Champfleury	
B	10	Champguyon	
A	9	Champigneul	
C	c	Champigny	
C	3	Champillon	
B	8	Champvoisy	
E	13	Changy	
E	17	Chantecoq	
B	10	Chantemerle	
B	11	Chapelaine	
D	d	Chapelle (la)	
E	13	Charmont	
D	7	Charmontois-l'Abbé	
D	7	Charmontois-le-Roi	
D	7	Châtellier (le)	
E	17	Châtillon-s.-Broué	
B	10	Châtillon-s.-Morin	
D	d	Châtrices	
D	d	Chaude-Fontaine	
C	24	Chaumuzy	
E	e	Chaussée (la)	
B	2	Chavot	
D	7	Chemin (le)	
E	21	Cheminon	
A	9	Cheniers	
A	20	Cheppe (la)	
A	9	Cheppes	
A	14	Chepy	
B	18	Chichey	
C	23	Chigny	
B	b	Chouilly	
A	22	Clamange	
B	1	Clesles	
E	21	Cloyes	
A	a	Condé-sur-Marne	
B	1	Conflans-sur-Seine	
B	16	Congy	
B	11	Connantray	
B	11	Connantre	
D	7	Contaut-le-Maupas	
E	19	Coole	
A	a	Coolus	
E	19	Corbeil	
C	5	Cormicy	
C	c	Cormontreuil	
C	3	Cormoyeux	
A	9	Coupetz	
A	14	Coupéville	
C	c	Courcelles (*Saint-Brice*)	
C	5	Courcy-la-Neuvillette	
E	e	Courdemanges	
B	10	Courgivaux	
C	12	Courlandon	
D	d	Courtémont	
B	8	Courtiézy	

SIGNES DISTINCTIFS des ARRONDISSEMENTS.	CANTONS.	MARNE. COMMUNES ou PLACES.	NOMS DES CORRESPONDANTS, LEURS TARIFS.																
1	2	3	4	5	6	7	8	9	10	11	12	13	14	15	16	17	18	19	20
A	14	Courtizols																	
C	12	Courville																	
E	e	Couvrot																	
B	2	Cramant																	
D	d	Croix-en-Champagne (la)																	
C	12	Crugny																	
C	6	Cuchery																	
B	2	Cuis																	
C	6	Cuisle																	
C	3	Cumières																	
A	20	Cuperly																	
B	b	Damery																	
D	7	Dampierre-le-Château																	
D	d	Dampierre-sur-Auve																	
D	d	Daucourt																	
C	3	Dizy																	
D	d	Dommartin-la-Planchette																	
E	19	Dommartin-Lettrée																	
D	d	Dommartin-sous-Hans																	
E	21	Domremy																	
E	13	Doucey																	
E	17	Drosnay																	
E	21	Écriennes																	
D	d	Élize																	
D	7	Épense																	
A	14	Épine (l')																	
C	4	Époye																	
B	10	Escardes																	
D	7	Esclaires																	
B	10	Essarts-le-Vicomte																	
B	16	Étoges																	
E	21	Étrepy																	
A	a	Fagnières-Grand																	
A	a	Fagnières-Petit																	
B	11	Faux-Fresnay																	
E	19	Faux-sur-Coole																	
E	21	Favresse																	
D	d	Felcourt (*La Chapelle*)																	
B	16	Férebrianges																	
B	8	Festigny																	
B	2	Flavigny																	
B	b	Fleury-la-Rivière																	
D	d	Florent																	
B	18	Fontaine-Denis																	
D	25	Fontaine-en-Dormois																	
C	3	Fontaine-sur-Ay																	
A	9	Fontaine-s.-Coole																	
B	10	Forestière (la)																	
D	25	Four-de-Paris (*Vienne-le-Ch.*)																	
A	14	Frêne (le)																	
C	5	Fresnes																	
E	e	Frignicourt																	
B	15	Fromentières																	
B	15	Gault (le)																	
B	18	Gaye																	
C	3	Germaine																	
A	22	Germinon																	
E	17	Giffaumont																	
E	17	Gigny-aux-Bois																	
B	2	Gionges ou Saint-Fergeux																	
D	7	Givry-en-Argonne																	
D	d	Gizaucourt																	
E	e	Glannes																	
B	11	Gourganson																	
D	d	Grange-aux-Bois (la)																	
B	1	Granges-sur-Aube																	

SIGNES DISTINCTIFS des ARRONDISSEMENTS.	CANTONS.	MARNE. COMMUNES ou PLACES.	NOMS DES CORRESPONDANTS, LEURS TARIFS.																
1	2	3	4	5	6	7	8	9	10	11	12	13	14	15	16	17	18	19	20
D	25	Gratreuil																	
B	2	Grauves																	
C	24	Gueux																	
C	3	Haies (les) (*Germaine*)																	
D	d	Hans																	
D	25	Harazée (la) (*Vienne-le-Chât.*)																	
B	11	Haussimont																	
E	17	Hauteville																	
C	3	Hautvillers																	
E	13	Heiltz-l'Évêque																	
E	21	Heiltz-le-Huttier																	
C	12	Hermonville																	
D	7	Herpont																	
C	5	Heurtrégiville																	
E	e	Huiron																	
E	19	Humbauville																	
D	25	Hurlus																	
B	8	Igny-le-Jard																	
»	»	Indes (les)																	
E	21	Isles-sur-Marne																	
C	5	Isles-sur-Suippes																	
A	a	Isse																	
B	2	Istres (les)																	
A	9	Jaalons																	
A	20	Jonchery-sur-Suippes																	
C	12	Jonchery-sur-Vesle																	
C	6	Jonquery																	
E	13	Jussecourt																	
A	a	Juvigny																	
B	18	Lachy																	
E	17	Landricourt																	
E	21	Larsicourt																	
C	5	Lavannes																	
B	11	Lenharrée																	
B	8	Leuvrigny																	
E	17	Lignon																	
B	18	Linthelles																	
B	18	Linthes																	
E	e	Lisse																	
A	a	Loges (les Grandes-)																	
C	23	Loges (les Petites-)																	
A	22	Loisy-en-Brie																	
E	e	Loisy-sur-Marne																	
C	5	Loivre																	
A	20	Louvercy																	
C	3	Louvois																	
C	23	Ludes																	
E	e	Luxémont																	
D	d	Mafrécourt																	
C	12	Magneux																	
C	23	Mailly																	
D	25	Malmy																	
B	2	Mancy																	
B	1	Marcilly-s.-Seine																	
B	b	Mardeuil																	
C	3	Mareuil-sur-Ay																	
B	16	Mareuil-en-Brie																	
B	8	Mareuil-le-Port																	
E	17	Margerie																	
E	e	Marolles																	
D	25	Massiges																	
A	9	Matougues																	
E	21	Maurupt-le-Montois																	
E	19	Meix-Tiercelin (le)																	
B	10	Meix-Saint-Époing (le)																	
D	25	Melzicourt																	

SIGNES DISTINCTIFS des ARRONDISSEMENTS.	CANTONS.	MARNE. COMMUNES ou PLACES.	NOMS DES CORRESPONDANTS, LEURS TARIFS.																
1	2	3	4	5	6	7	8	9	10	11	12	13	14	15	16	17	18	19	20
E	e	Merlaut (le)																	
D	25	Mesnil-les-Hurlus (le)																	
B	2	Mesnil-sur-Oger (le)																	
D	25	Minaucourt																	
E	13	Minecourt																	
B	18	Mœurs																	
A	14	Moivre																	
D	d	Moiremont																	
E	21	Moncets-l'Abbaye																	
B	18	Mondement																	
C	23	Montbré																	
C	23	Monchenot (*Villers-Alleran*)																	
B	2	Monthelon																	
C	12	Montigny-sur-Vesle																	
C	12	Mont-sur-Courville																	
B	2	Morangis																	
C	4	Moronvilliers																	
B	2	Moslins																	
A	20	Mourmelon-le-Grand																	
A	20	Mourmelon-le-Petit																	
B	b	Moussy																	
C	6	Nanteuil-la-Fosse																	
B	10	Nesle-la-Reposte																	
B	8	Nesle-le-Repons																	
D	d	Neuville-au-Pont (la)																	
D	7	Neuville-au-Bois (la)																	
C	5	Neuvillette (la) (*Courcy*)																	
B	10	Neuvy-l'Abbesse																	
E	21	Norrois																	
B	10	Noue (la)																	
E	17	Nuisement-au-Bois																	
A	9	Nuisement-sur-Coole																	
B	8	Œuilly																	
B	2	Oger																	
B	2	Oiry																	
C	6	Olizy																	
A	14	Omey																	
B	16	Orbais																	
E	21	Orconte																	
C	c	Ormes																	
E	17	Outines																	
E	13	Outrepont																	
B	18	Oyes																	
E	21	Pargny-sur-Saulx																	
D	d	Passavant																	
C	6	Passy-Grigny																	
B	18	Péas																	
D	25	Perthes-les-Hurlus																	
B	b	Pierry																	
B	18	Pleurs																	
E	21	Plichancourt																	
B	2	Plivot																	
A	22	Pocancy																	
A	14	Pogny																	
A	14	Poix																	
C	5	Pomacle																	
C	4	Pont-Faverger																	
E	21	Ponthion																	
B	8	Port-à-Binson (*Mareuil*)																	
E	13	Possesse																	
B	10	Potangis																	
C	5	Pouillon																	
C	6	Pourcy																	
E	e	Pringy																	
C	4	Prosnes																	
C	12	Prouilly																	

SIGNES DISTINCTIFS des ARRONDISSEMENTS.	CANTONS.	MARNE. COMMUNES ou PLACES.	NOMS DES CORRESPONDANTS, LEURS TARIFS.																
1	2	3	4	5	6	7	8	9	10	11	12	13	14	15	16	17	18	19	20
B	18	Queudes																	
D	7	Rapsécourt																	
A	a	Recy																	
E	21	Reims-la-Brûlée																	
D	7	Remicourt																	
B	10	Retourneloup (*Esternoy*)																	
C	6	Reuil																	
B	18	Reuves																	
B	10	Réveillon																	
B	15	Rieux																	
C	23	Rilly																	
D	25	Ripont																	
C	12	Romain																	
C	24	Romigny																	
D	25	Rouvroy																	
C	24	Sacy																	
E	e	Saint-Amand																	
C	c	Saint-Brice																	
C	6	Sainte-Gemme																	
B	10	Saint-Genest																	
A	14	Saint-Germain-la-Ville																	
A	a	Saint-Gibrien																	
A	20	Saint-Hilaire-le-Grand																	
C	4	Saint-Hilaire-le-Petit																	
A	14	Saint-Jean-sur-Moivre																	
D	d	Saint-Jean-sur-Tourbe																	
B	1	Saint-Just																	
C	c	Saint-Léonard																	
E	17	Sainte-Livière																	
E	e	Saint-Lumier-en-Champag																	
D	7	Saint-Mard-sur-Auve																	
D	7	Saint-Mard-sur-le-Mont																	
D	25	Sainte-Marie-à-Py																	
A	9	Saint-Martin-aux-Champs																	
C	4	Saint-Martin-l'Heureux																	
A	a	Saint-Martin-sur-le-Pré																	
C	4	Saint-Masme																	
A	a	Saint-Memmie																	
E	19	Saint-Ouen																	
E	e	Saint-Quentin-les-Marais																	
B	1	Saint-Quentin-le-Verger																	
D	7	Saint-Remy-sur-Bussy																	
C	4	Saint-Souplet																	
C	5	Saint-Thierry																	
D	25	Saint-Thomas																	
E	19	Saint-Utin																	
E	21	Saint-Vrain																	
E	21	Sapignicourt																	
B	1	Saron																	
A	14	Sarry																	
B	18	Saudoy																	
E	21	Scrupt																	
C	4	Selles																	
E	21	Sermaize																	
C	23	Sermiers																	
D	25	Servon																	
C	23	Sillery																	
D	7	Sivry sur-Ante																	
A	9	Sogny-aux-Moulins																	
E	13	Sogny-en-l'Angle																	
B	15	Soigny																	
B	8	Soilly																	
D	d	Somme-Bionne																	
D	25	Sommepy																	
E	19	Sommesous																	
D	d	Somme-Suippes																	

SIGNES DISTINCTIFS des ARRONDISSEMENTS.	CANTONS.	MARNE. COMMUNES ou PLACES.	NOMS DES CORRESPONDANTS, LEURS TARIFS.																
1	2	3	4	5	6	7	8	9	10	11	12	13	14	15	16	17	18	19	20
D	d	Somme-Tourbe																	
A	14	Somme-Vesle																	
D	7	Somme-Yèvre																	
E	19	Somsois																	
E	e	Songy																	
D	25	Souain																	
E	19	Soudé-Notre-Dame																	
E	19	Soudé-Sainte-Croix																	
A	9	Soudron																	
E	e	Soulanges																	
A	22	Soulières																	
D	25	Tahure																	
C	c	Taissy																	
C	3	Tauxières																	
A	9	Thibie																	
C	c	Thillois																	
D	7	Tillois																	
C	c	Tinqueux																	
A	9	Togny-aux-Bœufs																	
C	3	Tours-sur-Marne																	
C	23	Trépail																	
C	12	Trigny																	
B	8	Troissy																	
C	c	Trois-Puits																	
C	12	Unchair																	
A	20	Vadenay																	
D	d	Valmy																	
E	13	Vanault-le-Châtel																	
E	13	Vanault-les-Dames																	
C	6	Vandières																	
D	7	Varimont																	
A	9	Vatry																	
B	15	Vauchamps																	
B	b	Vauciennes																	
B	2	Vaudancourt																	
A	20	Vaudemange																	
C	4	Vaudesincourt																	
C	5	Vaudétré (*Heurtrégiville*)																	
E	13	Vavray-le-Grand																	
E	13	Vavray-le-Petit																	
B	b	Venteuil																	
E	13	Vernancourt																	
B	8	Verneuil																	
D	d	Verrières																	
A	22	Vert-la-Gravelle																	
C	23	Verzenay																	
A	9	Vésigneul-sur-Coole																	
D	7	Vieil-Dampierre																	
D	25	Vienne-la-Ville																	
D	25	Vienne-le-Château																	
C	24	Villedommange																	
B	16	Ville-sous-Orbais (la)																	
B	10	Villeneuve-la-Lionne																	
B	18	Villeneuve-Saint-Vistre																	
C	23	Villers-Allerand																	
B	2	Villers-aux-Bois																	
D	d	Villers-en-Argonne																	
C	5	Villers-Franqueux																	
E	13	Villers-le-Sec																	
C	23	Villers-Marmery																	
C	6	Villers-sous-Châtillon																	
A	16	Villeseneux																	
B	22	Villevenard																	
B	b	Vinay																	
B	8	Vincelles																	
B	18	Vindey																	

SIGNES DISTINCTIFS des ARRONDISSEMENTS.	CANTONS.	MARNE. COMMUNES ou PLACES.	NOMS DES CORRESPONDANTS, LEURS TARIFS.																
1	2	3	4	5	6	7	8	9	10	11	12	13	14	15	16	17	18	19	20
D	25	Virginy																	
E	e	Vitry-en-Perthois																	
D	d	Voilemont																	
A	9	Vouciennes																	
E	21	Vouillers																	
A	22	Vouzy																	
A	a	Vraux																	
E	13	Vroil																	
D	25	Wargemoulin																	
C	5	Warmériville																	
C	5	Witry-les-Reims																	

SIGNES DISTINCTIFS des ARRONDISSEMENTS.	CANTONS.	MARNE (HAUTE-). ARRONDISSEMENTS ET CANTONS.	NOMS DES CORRESPONDANTS, LEURS TARIFS.																
1	2	3	4	5	6	7	8	9	10	11	12	13	14	15	16	17	18	19	20
		ARRONDISSEMENTS.																	
A	a	CHAUMONT (ch.-l.).																	
»	»	Le reste { de l'arrondissement. / du canton.																	
B	b	LANGRES.																	
»	»	Le reste { de l'arrondissement. / du canton.																	
C	c	VASSY.																	
»	»	Le reste { de l'arrondissement. / du canton.																	
		CANTONS.																	
A	1	ANDELOT.																	
»	»	Le reste du canton.																	
A	2	ARC-EN-BARROIS.																	
»	»	Le reste du canton.																	
B	3	AUBERIVE.																	
»	»	Le reste du canton.																	
B	4	BOURBONNE-LES-BAINS.																	
»	»	Le reste du canton.																	
A	5	BOURMONT.																	
»	»	Le reste du canton.																	
A	6	CHATEAU-VILLAIN.																	
»	»	Le reste du canton.																	
C	7	CHEVILLON.																	
»	»	Le reste du canton.																	
A	8	CLEFMONT.																	
»	»	Le reste du canton.																	
C	9	DOULAINCOURT.																	
»	»	Le reste du canton.																	
C	10	DOULEVANT.																	
»	»	Le reste du canton.																	
B	11	FAYL-BILLOT (LE).																	
»	»	Le reste du canton.																	
B	12	FERTÉ-SUR-AMANCE (LA).																	
»	»	Le reste du canton																	
C	13	JOINVILLE.																	
»	»	Le reste du canton.																	
A	14	JUZENNECOURT.																	
»	»	Le reste du canton.																	
B	15	LONGEAU.																	
»	»	Le reste du canton.																	
C	16	MONTIÉRENDER.																	
»	»	Le reste du canton.																	
B	17	MONTIGNY-LE-ROI.																	
»	»	Le reste du canton.																	
B	18	NEUILLY-L'ÉVÊQUE.																	
»	»	Le reste du canton.																	
A	19	NOGENT-LE-ROI.																	
»	»	Le reste du canton.																	
C	20	POISSONS.																	
»	»	Le reste du canton.																	
B	21	PRAUTHOY.																	
»	»	Le reste du canton.																	
A	22	SAINT-BLIN.																	
»	»	Le reste du canton.																	
C	23	SAINT-DIZIER.																	
»	»	Le reste des deux cantons.																	
B	24	VARENNES.																	
»	»	Le reste du canton.																	
A	25	VIGNORY.																	
»	»	Le reste du canton.																	
		LE RESTE DU DÉPARTEMENT.																	

SIGNES DISTINCTIFS des		MARNE (HAUTE-).	NOMS DES CORRESPONDANTS, LEURS TARIFS.																
ARRONDISSEMENTS.	CANTONS.	COMMUNES ou PLACES.																	
1	2	3	4	5	6	7	8	9	10	11	12	13	14	15	16	17	18	19	20
A	19	Ageville																	
B	4	Aigremont																	
A	22	Aillianville																	
A	6	Aizanville																	
C	c	Allichamps																	
C	10	Ambonville																	
B	15	Aprey																	
B	3	Arbot																	
C	10	Arnancourt																	
C	c	Attancourt																	
A	2	Aubepierre																	
A	8	Audeloncourt																	
C	7	Avrainville																	
B	17	Avrecourt																	
C	c	Bailly-aux-Forges																	
B	15	Baissey																	
B	b	Balesmes																	
C	7	Bayard																	
A	8	Bassoncourt																	
B	4	Beaucharmoy																	
B	b	Beauchemin																	
C	9	Bettaincourt																	
C	7	Bienville																	
A	19	Biesle																	
A	25	Blaise																	
A	1	Blancheville																	
A	6	Blessonville																	
C	10	Blumerey																	
A	25	Bologne																	
A	1	Bourdons																	
B	15	Bourg																	
A	5	Bourg-Sainte-Marie																	
C	10	Bouzancourt																	
A	5	Brainville																	
A	6	Braux																	
A	a	Bretenay																	
A	8	Breuvannes																	
A	1	Briaucourt																	
A	6	Bricon																	
A	a	Brottes																	
C	c	Brousseval																	
A	2	Bugnières																	
B	11	Bussières-les-Belmont																	
A	22	Busson																	
C	13	Bussy																	
A	8	Buxières-les-Clefmont																	
A	25	Buxières-les-Froncles																	
A	a	Buxières-les-Villiers																	
C	16	Ceffonds																	
B	24	Cesles																	
B	21	Chalancey																	
B	15	Chalindrey																	
A	22	Chalvraines																	
A	a	Chamarande																	
A	22	Chambroncourt																	
C	23	Chamouilley																	
A	5	Champigneulles																	
B	b	Champigny-les-Langres																	
C	23	Chancenay																	
B	b	Chanoy																	
A	1	Chantraines																	
B	18	Charmes																	
C	10	Charmes-en-l'Angle																	
C	10	Charmes-la-Grande																	
B	21	Chassigny																	
C	c	Chatelier (le) (*Louvemont*)																	

SIGNES DISTINCTIFS des ARRONDISSEMENTS.	CANTONS.	MARNE (HAUTE-). COMMUNES ou PLACES.	NOMS DES CORRESPONDANTS, LEURS TARIFS.																
1	2	3	4	5	6	7	8	9	10	11	12	13	14	15	16	17	18	19	20
C	13	Chatonrupt																	
B	17	Chauffourt																	
A	5	Chaumont-la-Ville																	
A	2	Chevroley (*Dancevoire*)																	
A	a	Choignes																	
A	8	Choiseul																	
C	10	Cirey-sur-Blaise																	
A	1	Cirey-les-Mareilles																	
A	6	Cirfontaines-en-Azois																	
A	5	Clinchamp																	
C	23	Clos-Mortier (*Saint-Dizier*)																	
B	24	Coiffy-le-Bas																	
B	4	Coiffy-le-Haut																	
B	3	Colmier-le-Bas																	
B	3	Colmier-le-Haut																	
A	8	Colombey-les-Choiseul																	
A	14	Colombey-les-Deux-Églises																	
A	a	Condes																	
A	1	Consigny																	
B	11	Corgirnon																	
A	2	Coupray																	
A	2	Cour-l'Évêque																	
B	3	Courcelles-sur-Aujon																	
B	6	Courcelles-en-Montagne																	
A	6	Créancey																	
A	a	Crenay-sur-Suize																	
A	1	Crête (la)																	
B	b	Culmont																	
C	7	Curel																	
B	21	Cusey																	
A	8	Cuves																	
A	8	Daillecourt																	
B	17	Dammartin																	
B	18	Dampierre																	
B	4	Damrémont																	
A	2	Dancevoire																	
A	1	Darmannes																	
A	6	Dinteville																	
C	c	Dommartin-le-Franc																	
C	10	Dommartin-le-Saint-Père																	
A	5	Doncourt																	
C	9	Donjeux																	
A	19	Donnemarie																	
C	16	Droyes																	
C	20	Échenay																	
C	23	Éclaron																	
A	1	Écot																	
B	4	Enfonvelle																	
B	17	Épinant																	
C	20	Épizon																	
A	14	Esd'huis (l')																	
B	21	Esnoms																	
A	19	Esnouveaux																	
A	19	Essey-les-Eaux																	
A	6	Essey-les-Ponts																	
A	a	Euffigniex																	
C	7	Eurville-sur-Marne																	
B	11	Farincourt																	
B	b	Faverolles																	
A	22	Fauche (la)																	
A	6	Ferté-sur-Aube (la)																	
B	21	Folie-Couzon (la) (*Couzon*)																	
B	4	Fresnes-sur-Apance																	
A	1	Forcey																	
C	13	Ferrière																	
A	19	Foulain																	

SIGNES DISTINCTIFS des		MARNE (HAUTE-).	NOMS DES CORRESPONDANTS, LEURS TARIFS.																
ARRONDISSEMENTS.	CANTONS.	COMMUNES ou PLACES.																	
1	2	3	4	5	6	7	8	9	10	11	12	13	14	15	16	17	18	19	20
B	17	Fresnoy																	
A	25	Froncles																	
C	13	Fronville																	
B	11	Genevrières																	
A	5	Germainvillers																	
C	20	Germay																	
B	3	Giez-sur-Aujon																	
A	14	Gillancourt																	
A	5	Gonaincourt																	
A	5	Goncourt																	
C	7	Gourzon																	
A	5	Graffigny-Chemin																	
A	25	Guindrecour-sur-Blaize																	
C	9	Gudmont																	
B	12	Guyonvelle																	
A	5	Hacourt																	
C	23	Hallignicourt																	
A	5	Harréville																	
C	23	Hœricourt																	
B	24	Hortes																	
A	5	Huilliécourt																	
C	23	Humbécourt																	
A	22	Humberville																	
B	b	Humes																	
A	5	Illoud																	
A	19	Is-en-Bassigny																	
A	a	Jonchery																	
B	b	Jorquenay																	
B	3	Lacude (*Bay-sur-Aube*)																	
A	19	Lanques																	
A	6	Lanty																	
A	6	Latrecey																	
B	18	Lecey																	
B	17	Lécourt																	
A	2	Leffonds																	
A	8	Léniseul																	
C	10	Leschères																	
A	22	Leurville																	
A	5	Levécourt																	
A	22	Liffol-le-Petit																	
A	8	Lonchamp-les-Millières																	
C	16	Longeville																	
A	2	Longuay (*Aubepierre*)																	
C	c	Louvemont																	
A	19	Louvières																	
C	16	Louze																	
A	a	Luzy																	
A	8	Maisoncelles																	
A	5	Malaincourt																	
A	19	Mandres-les-Nogent																	
A	22	Manois																	
A	14	Maranville																	
A	25	Marault																	
A	1	Mareilles																	
A	6	Marmesse																	
C	23	Marnaval (*Saint-Dizier*)																	
A	19	Marnay																	
C	13	Mathons																	
B	17	Maulain																	
B	4	Melay																	
A	8	Mennouveaux																	
A	8	Merrey																	
C	10	Mertrud																	
A	14	Meures																	
B	17	Meuse																	
A	8	Meuvy																	

SIGNES DISTINCTIFS des		MARNE (HAUTE-).	NOMS DES CORRESPONDANTS, LEURS TARIFS.																
ARRONDISSEMENTS.	CANTONS.	COMMUNES ou PLACES.																	
1	2	3	4	5	6	7	8	9	10	11	12	13	14	15	16	17	18	19	20
A	8	Millières																	
C	23	Moelain																	
B	4	Montcharvot																	
A	1	Montot																	
A	a	Moiron (*Luzy*)																	
A	14	Montherie																	
C	c	Montreuil-sur-Blaise																	
A	6	Montribourg																	
A	a	Montsaon																	
C	c	Morancourt																	
B	17	Morimond (*Fresnoy*)																	
A	1	Morteau																	
C	9	Mussey																	
C	7	Narcy																	
A	a	Neuilly-sur-Suize																	
B	12	Neuvelle-les-Voisey																	
C	7	Neuville-à-Bayard (la)																	
A	5	Nijon																	
A	19	Ninville																	
B	b	Noidant-le-Rocheux																	
C	13	Nomécourt																	
C	20	Noncourt																	
A	8	Noyers																	
C	10	Nully																	
A	19	Odival																	
A	6	Orges																	
B	b	Ormancey																	
A	25	Ormoy-les-Sexfontaines																	
A	6	Ormoy-sur-Aube																	
A	22	Orquevaux																	
C	7	Osne-le-Val																	
A	25	Oudincourt																	
A	5	Outremécourt																	
A	5	Ozières																	
B	15	Pailly (le)																	
C	20	Pancey																	
B	4	Parnot																	
C	20	Paroy																	
B	b	Peigney																	
B	b	Perrancey																	
C	23	Perthes-en-Perthois																	
A	8	Perusses																	
B	15	Pierrefontaines																	
B	12	Pisseloup																	
B	3	Poinsenot																	
B	11	Poinson-les-Fays																	
A	19	Poinson-les-Nogent																	
A	6	Pont-la-Ville																	
A	1	Pont-Minard (*Rimaucourt*)																	
B	4	Pouilly																	
A	19	Poulangy																	
A	14	Pratz																	
B	11	Pressigny																	
A	22	Prez-sous-la-Fauche																	
C	7	Prez-sur-Marne																	
B	17	Provenchères																	
C	9	Provenchères-sur-Marne																	
C	7	Rachecourt-sur-Marne																	
A	8	Rangecourt																	
B	17	Ravennes-Fontaines																	
B	17	Récourt																	
A	14	Rennepont																	
A	1	Reynel																	
A	a	Riaucourt																	
A	2	Richebourg																	
A	1	Rimaucourt																	

SIGNES DISTINCTIFS des ARRONDISSEMENTS.	CANTONS.	MARNE (HAUTE-). COMMUNES ou PLACES.	NOMS DES CORRESPONDANTS, LEURS TARIFS.																
1	2	3	4	5	6	7	8	9	10	11	12	13	14	15	16	17	18	19	20
C	23	Roche-sur-Marne........																	
C	9	Roche-sur-Rognon																	
A	1	Rochefort..............																	
B	3	Rochetaillée............																	
B	18	Rolampont.............																	
A	5	Romain-sur-Meuse........																	
A	25	Roocourt-la-Côte........																	
B	3	Rouvres-sur-Aube........																	
A	2	Rochvilliers (*Leffonds*).....																	
C	13	Rupt..................																	
C	20	Sailly																	
B	15	Saint-Broing-le-Bois																	
B	b	Saint-Ciergues..........																	
B	b	Saint-Geosmes..........																	
B	b	Saint-Martin...........																	
A	5	Saint-Thiébault																	
C	9	Saint-Urbain...........																	
A	19	Sarcey................																	
A	a	Sarcicourt																	
B	17	Sarrey................																	
C	9	Saucourt..............																	
B	17	Saulxures.............																	
A	22	Semilly...............																	
A	a	Semoutier																	
B	4	Serqueux																	
A	14	Sexfontaines																	
B	11	Seuchey																	
A	1	Signéville.............																	
A	6	Silvarouvre																	
A	5	Sommerécourt..........																	
C	16	Sommevoire......... ...																	
A	25	Soncourt..............																	
A	5	Soulaucourt............																	
C	c	Tempillon (*Rachecourt-s.-Bl.*)																	
A	19	Thivet																	
A	8	Thol-les-Millières.........																	
C	13	Thonnance-les-Joinville...																	
C	20	Thonnance-les-Moulins ...																	
A	a	Treix																	
C	23	Valcourt..............																	
B	b	Vaudin																	
A	5	Vaudrecourt............																	
B	21	Vaux-sous-Aubigny.......																	
C	c	Vaux-sur-Blaise																	
C	9	Vaux-sur-Saint-Urbain																	
B	b	Vauxbon...............																	
C	13	Vecqueville																	
A	a	Verbiesles.............																	
A	22	Vesaignes-sous-la-Fauche..																	
A	19	Vesaignes-sur-Marne......																	
B	24	Vicq																	
B	b	Vieux-Moulins..........																	
C	20	Vieux-Noncourt (*Noncourt*).																	
A	25	Viéville...............																	
A	6	Villars-en-Azois..........																	
B	3	Villars-Montroyer																	
B	4	Villars-Saint-Marcellin.....																	
C	c	Ville-en-Blézois																	
B	3	Villemoron.............																	
C	c	Villiers-aux-Bois																	
C	23	Villiers-en-Lieu.........																	
A	a	Villiers-le-Sec...........																	
C	9	Villiers sur-Marne																	
A	2	Villiers-sur-Suize.																	
B	15	Violot.................																	
B	3	Vitry-en Montagne																	

SIGNES DISTINCTIFS des ARRONDISSEMENTS.	CANTONS.	MARNE (HAUTE-). COMMUNES ou PLACES.	NOMS DES CORRESPONDANTS, LEURS TARIFS.																
1	2	3	4	5	6	7	8	9	10	11	12	13	14	15	16	17	18	19	20
A	19	Vitry-les-Nogent																	
A	1	Vignes																	
B	12	Voisey................																	
B	b	Voisines																	
A	25	Vouécourt																	
A	25	Vraincourt																	
A	5	Vroncourt																	

SIGNES DISTINCTIFS des ARRONDISSEMENTS.	CANTONS.	MAYENNE — COMMUNES ou PLACES.	NOMS DES CORRESPONDANTS, LEURS TARIFS.																
1	2	3	4	5	6	7	8	9	10	11	12	13	14	15	16	17	18	19	20
C	13	Ham (le)																	
C	3	Hambers																	
C	13	Hardanges																	
C	12	Hercé																	
B	b	Houssay																	
C	3	Isé																	
C	7	Javron																	
C	3	Jublains																	
A	5	Juvigné																	
B	b	Laigné																	
C	9	Larchamp																	
C	12	Levarée																	
C	7	Lignières-la-Doucelle																	
B	8	Livré																	
B	4	Longuefuye																	
C	22	Loupfougères																	
A	2	Louverné																	
C	7	Madré																	
C	c	Marcillé																	
C	c	Martigné																	
B	8	Mée																	
C	15	Melleray																	
B	b	Ménil																	
B	6	Méral																	
A	21	Moncort (*Chammes*)																	
C	14	Montaudin																	
A	18	Montourtier																	
C	13	Montreuil-en-Lassay																	
C	c	Moulay																	
A	10	Neau																	
C	7	Neuilly-le-Vendin																	
C	15	Niort																	
A	18	Nuillé-sur-Ouette																	
C	c	Oisseau																	
A	16	Ollivet																	
C	7	Orgères																	
C	3	Orthe (*St-Martin-de-Connée*)																	
C	7	Pallu (la)																	
C	19	Paoté (la)																	
C	c	Parigné																	
A	2	Parné																	
C	1	Pas (le)																	
B	6	Peuton																	
A	16	Port-Brillet (le) (*Ollivet*)																	
C	13	Poulay																	
B	11	Préaux																	
B	6	Quelaines																	
C	19	Ravigny																	
B	20	Renazé																	
C	13	Ribay (le)																	
B	20	Roé (la)																	
C	7	Saint-Aignan																	
A	a	Sainte-Apollonie (*Avenières*)																	
C	22	Saint-Aubin-du-Désert																	
C	12	Saint-Aubin-Fosse-Louvain																	
C	c	Saint-Baudelle																	
A	a	Saint-Berthevin																	
B	11	Saint-Brice																	
C	7	Saint-Calais-du-Désert																	
C	19	Saint-Cyr-en-Pail																	
A	16	Saint-Cyr-le-Gravelais																	
B	4	Saint-Denis-d'Anjou																	
C	9	Saint-Denis-de-Gastines																	
C	14	Saint-Ellier																	
B	b	Saint-Fort																	
A	10	Saint-Gemme-le-Robert																	

SIGNES DISTINCTIFS des ARRONDISSEMENTS.	CANTONS.	MAYENNE. COMMUNES ou PLACES.	NOMS DES CORRESPONDANTS, LEURS TARIFS.																
1	2	3	4	5	6	7	8	9	10	11	12	13	14	15	16	17	18	19	20
C	c	Saint-Georges-Butavent....																	
C	22	Saint-Georges-de-Villaines..																	
A	10	Saint-George-sur-Erve																	
C	c	Saint-Germain-d'Anxure...																	
C	22	St-Germain-de-Coulamer...																	
A	a	Saint-Germain-le-Fouilloux.																	
A	5	St-Germain-le-Guillaume ..																	
A	21	Saint-Jean-sur-Erve																	
C	15	Saint-Julien-du-Terroux...																	
C	1	Saint-Loup-du-Gast.......																	
C	22	Saint-Mars-du-Désert......																	
C	12	Saint-Mars-sur-Colmont...																	
C	14	Saint-Mars-sur-la-Futaie.. .																	
C	3	Saint-Martin-de-Connée....																	
A	21	Saint-Nicolas																	
A	16	Saint-Ouen-des-Toits																	
A	16	Saint-Pierre-la-Cour																	
C	3	Saint-Pierre-la-Cour																	
B	6	Saint-Poix..............																	
B	8	Saint-Quentin																	
C	19	Saint-Samson...........																	
B	b	Saint-Sulpice																	
C	3	St-Thomas-de-Courceriers .																	
C	c	Sacé																	
A	17	Saulges................																	
B	6	Simplé................																	
C	1	Soucé																	
A	18	Soulgé-le-Bruant																	
A	21	Torcé																	
C	15	Thubœuf																	
C	3	Trans																	
A	21	Vaiges.................																	
C	1	Vaucé.................																	
C	12	Vieuvy																	
C	22	Villepail																	
B	11	Villiers................																	
A	10	Vimarcé																	
A	21	Viviers																	
A	10	Voutré																	

SIGNES DISTINCTIFS des		MEURTHE.	NOMS DES CORRESPONDANTS, LEURS TARIFS.																
ARRONDISSEMENTS.	CANTONS.	ARRONDISSEMENTS ET CANTONS.																	
1	2	3	4	5	6	7	8	9	10	11	12	13	14	15	16	17	18	19	20
		ARRONDISSEMENTS.																	
A	a	NANCY (ch.-l.).																	
»	»	Le reste { de l'arrondissement des trois cantons.																	
B	b	CHATEAU-SALINS.																	
»	»	Le reste { de l'arrondissement. du canton.																	
C	c	LUNÉVILLE.																	
»	»	Le reste { de l'arrondissement. des deux cantons.																	
D	d	SARREBOURG.																	
»	»	Le reste { de l'arrondissement. du canton.																	
E	e	TOUL.																	
»	»	Le reste { de l'arrondissement. des deux cantons.																	
		CANTONS.																	
B	1	ALBESTROFF.																	
»	»	Le reste du canton.																	
C	2	BACCARAT.																	
»	»	Le reste du canton.																	
C	3	BAYON.																	
»	»	Le reste du canton.																	
C	4	BLAMONT.																	
»	»	Le reste du canton.																	
E	5	COLOMBEY.																	
»	»	Le reste du canton.																	
B	6	DELME.																	
»	»	Le reste du canton.																	
B	7	DIEUZE.																	
»	»	Le reste du canton.																	
E	8	DOMÈVRE.																	
»	»	Le reste du canton.																	
D	9	FÉNÉTRANGE.																	
»	»	Le reste du canton.																	
C	10	GERBÉVILLER.																	
»	»	Le reste du canton.																	
A	11	HAROUÉ.																	
»	»	Le reste du canton.																	
D	12	LORQUIN.																	
»	»	Le reste du canton.																	
A	13	NOMÉNY.																	
»	»	Le reste du canton.																	
D	14	PHALSBOURG.																	
»	»	Le reste du canton.																	
A	15	PONT-A-MOUSSON.																	
»	»	Le reste du canton.																	
D	16	RÉCHICOURT-LE-CHATEAU.																	
»	»	Le reste du canton.																	
A	17	SAINT-NICOLAS-DU-PORT.																	
»	»	Le reste du canton.																	
E	18	THIAUCOURT.																	
»	»	Le reste du canton.																	
A	19	VÉZELISE.																	
»	»	Le reste du canton.																	
B	20	VIC.																	
»	»	Le reste du canton.																	
		LE RESTE DU DÉPARTEMENT.																	

SIGNES DISTINCTIFS des		MEURTHE. — COMMUNES ou PLACES.	NOMS DES CORRESPONDANTS, LEURS TARIFS.																
ARRONDISSEMENTS.	CANTONS.																		
1	2	3	4	5	6	7	8	9	10	11	12	13	14	15	16	17	18	19	20
A	13	Abaucourt																	
E	5	Aboncourt																	
D	12	Abrecheswiller																	
E	5	Allain-aux-Bœufs																	
E	5	Allamps																	
B	1	Altroff																	
E	8	Andilly																	
E	8	Ansauville																	
C	c	Anthelupt																	
E	18	Arnaville																	
D	14	Arscheviller																	
A	19	Autrey																	
D	16	Avricourt																	
C	2	Azerailles																	
D	16	Azoudange																	
C	2	Badonviller																	
C	4	Barbezieux (*Domèvre-sur-V.*)																	
E	18	Bayonville																	
E	8	Beaumont																	
C	c	Bénaménil																	
E	e	Bellevue (*Toul*)																	
D	9	Berthelming																	
D	12	Bertrambois																	
C	2	Bertrichamps																	
D	9	Bettborn																	
E	5	Beuvezin																	
E	e	Bicqueley																	
B	b	Bioncourt																	
C	3	Blainville-sur-l'Eau																	
E	e	Blénod-les-Toul																	
E	e	Boucq																	
B	20	Bourdonnay																	
E	e	Bouvron																	
E	e	Bruley																	
D	d	Buhl																	
A	11	Ceintrey																	
A	a	Champigneulles																	
C	c	Chanteheux																	
E	e	Chaudeney																	
A	a	Chavigny																	
C	c	Chenevières																	
D	12	Cirey																	
E	5	Courcelles																	
B	6	Craincourt																	
C	c	Crévic																	
C	c	Crion																	
C	c	Croismare																	
D	14	Dabo																	
C	c	Deux-Ville																	
A	11	Diarville																	
A	15	Dieulouard																	
C	4	Domèvre-sur-Vezouze																	
E	e	Domgermain																	
E	e	Dommartin-les-Toul																	
A	17	Dombasle																	
B	6	Donjeux																	
B	20	Donneley																	
C	c	Drouville																	
E	e	Écrouves																	
C	c	Einville																	
C	4	Emberménil																	
A	a	Essey-les-Nancy																	
E	18	Euvezin																	
A	13	Faulx																	
E	5	Favières																	
C	c	Flainval																	

SIGNES DISTINCTIFS des ARRONDISSEMENTS.	CANTONS.	MEURTHE. COMMUNES ou PLACES.	NOMS DES CORRESPONDANTS, LEURS TARIFS.																
1	2	3	4	5	6	7	8	9	10	11	12	13	14	15	16	17	18	19	20
A	17	Flavigny																	
E	e	Foug																	
A	19	Fraisnes																	
C	4	Frémonville																	
D	16	Fribourg																	
D	12	Frimbole (la)																	
A	19	Frolois																	
A	a	Frouard																	
C	2	Glonville																	
C	4	Gogney																	
E	e	Gondreville																	
D	9	Gosselming																	
E	5	Grimonviller																	
B	7	Guébestroff																	
B	b	Haboudange																	
D	d	Harberg																	
C	3	Haussonville																	
D	12	Héming																	
C	c	Hénaménil																	
D	d	Hesse																	
D	d	Hoff																	
D	d	Hommarting																	
C	c	Hudiviller																	
D	16	Ibigny																	
D	d	Imling																	
B	1	Insming																	
A	a	Jarville																	
A	15	Jezainville																	
C	c	Jolivet																	
A	19	Lalœuf																	
D	16	Languimbert																	
A	a	Lay-Saint-Christophe																	
A	11	Lemainville																	
A	13	Létricourt																	
B	20	Ley																	
B	20	Lezey																	
E	8	Liverdun																	
D	14	Lixheim																	
A	15	Loisy																	
B	6	Lucy																	
B	20	Maizières																	
A	a	Malgrange (la)																	
A	a	Malzéville																	
A	a	Maréville																	
B	20	Marsal																	
E	e	Ménil-la-Tour																	
C	2	Merviller																	
E	8	Minorville																	
C	c	Moncel-les-Lunéville																	
C	10	Moyen																	
B	20	Moyenvic																	
A	11	Neuviller-sur-Moselle																	
D	d	Niderviller																	
E	8	Noviant-aux-Prés																	
D	12	Noroy (*Saint-Sauveur*)																	
A	15	Pagny-sur-Moselle																	
D	12	Parux																	
D	12	Petit-Mont																	
C	2	Pettonville																	
C	2	Pexonne																	
A	13	Phlin																	
D	d	Plain-de-Valsch																	
A	a	Pont-Saint-Vincent																	
D	12	Raon-les-Leau																	
C	10	Rehainviller																	
E	18	Rembercourt																	

SIGNES DISTINCTIFS des ARRONDISSEMENTS.	CANTONS.	MEURTHE. COMMUNES ou PLACES.	NOMS DES CORRESPONDANTS, LEURS TARIFS.																
1	2	3	4	5	6	7	8	9	10	11	12	13	14	15	16	17	18	19	20
A	17	Rosières-aux-Salines......																	
E	8	Rosières-en-Haye.........																	
A	11	Roville...																	
C	4	Sainte-Agathe (*Ancerviller*)..																	
C	c	Saint-Clément.....																	
B	6	Saint-Epvre............																	
A	11	Saint-Firmin																	
A	15	Sainte-Geneviève.........																	
C	2	Saint-Maurice...........																	
A	a	Saint-Max......																	
C	2	Sainte-Pole.............																	
D	12	Saint-Quirin............																	
D	12	Saint-Sauveur																	
B	b	Salival																	
E	e	Sanzey																	
E	5	Saulxures-les-Vannes																	
E	e	Sexey-aux-Forges																	
A	13	Sivry..................																	
D	12	Soldatenthal (*Abrecheswiller*).																	
A	11	Tantonville............ .																	
A	a	Tomblaine..............																	
D	d	Trois-Fontaines..........																	
D	12	Turquestein.............																	
D	12	Val																	
E	5	Vandeléville.............																	
E	5	Vannes.................																	
A	17	Varengéville............																	
B	7	Vergaville..............																	
E	8	Villers-en-Haye.........																	
A	19	Viterne................																	
B	6	Viviers																	
A	11	Voinémont.																	
D	d	Walscheid																	
C	10	Xermaménil............																	
A	11	Xirocourt.																	

SIGNES DISTINCTIFS des ARRONDISSEMENTS.	SIGNES DISTINCTIFS des CANTONS.	MEUSE. — ARRONDISSEMENTS ET CANTONS.	NOMS DES CORRESPONDANTS, LEURS TARIFS.																
1	2	3	4	5	6	7	8	9	10	11	12	13	14	15	16	17	18	19	20
		ARRONDISSEMENTS.																	
A	a	BAR-LE-DUC (ch.-l.).																	
»	»	Le reste de l'arrondissement / du canton.																	
B	b	COMMERCY.																	
»	»	Le reste de l'arrondissement. / du canton.																	
C	c	MONTMÉDY																	
»	»	Le reste de l'arrondissement. / du canton.																	
D	d	VERDUN.																	
»	»	Le reste de l'arrondissement. / du canton.																	
		CANTONS.																	
A	1	ANCERVILLE.																	
»	»	Le reste du canton.																	
D	2	CHARNY-SUR-MEUSE.																	
»	»	Le reste du canton.																	
D	3	CLERMONT-EN-ARGONNE.																	
»	»	Le reste du canton.																	
C	4	DAMVILLERS.																	
»	»	Le reste du canton.																	
C	5	DUN-SUR-MEUSE.																	
»	»	Le reste du canton.																	
D	6	ÉTAIN.																	
»	»	Le reste du canton.																	
D	7	FRESNES-EN-WOEVRE.																	
»	»	Le reste du canton.																	
B	8	GONDRECOURT																	
»	»	Le reste du canton.																	
A	9	LIGNY.																	
»	»	Le reste du canton.																	
C	10	MONFAUCON.																	
»	»	Le reste du canton.																	
A	11	MONTIERS-SUR-SAUX.																	
»	»	Le reste du canton.																	
B	12	PIERREFITTE.																	
»	»	Le reste du canton.																	
A	13	REVIGNY.																	
»	»	Le reste du canton.																	
B	14	SAINT-MIHIEL.																	
»	»	Le reste du canton.																	
D	15	SOUILLY.																	
»	»	Le reste du canton.																	
C	16	SPINCOURT.																	
»	»	Le reste du canton.																	
C	17	STENAY.																	
»	»	Le reste du canton.																	
A	18	TRIAUCOURT.																	
»	»	Le reste du canton.																	
D	19	VARENNES-EN-ARGONNE.																	
»	»	Le reste du canton.																	
A	20	VAUBECOURT.																	
»	»	Le reste du canton.																	
B	21	VAUCOULEURS.																	
»	»	Le reste du canton.																	
A	22	VAVINCOURT.																	
»	»	Le reste du canton.																	
B	23	VIGNEULLES.																	
»	»	Le reste du canton.																	
B	24	VOID.																	
»	»	Le reste du canton.																	
		LE RESTE DU DÉPARTEMENT.																	

SIGNES DISTINCTIFS des		MEUSE.	NOMS DES CORRESPONDANTS, LEURS TARIFS.																
ARRONDISSEMENTS.	CANTONS	COMMUNES ou PLACES.																	
1	2	3	4	5	6	7	8	9	10	11	12	13	14	15	16	17	18	19	20
B	8	Abainville																	
D	6	Abaucourt																	
B	8	Amanty																	
D	d	Ambly																	
C	16	Amel																	
D	15	Ancemont																	
B	14	Apremont																	
C	16	Arrancy																	
D	3	Aubreville																	
D	6	Aucourt-les-Buzy (*Buzy*)																	
A	1	Aulnois-en-Barrois																	
B	b	Aulnois-sous-Vertuzey																	
A	18	Autrécourt																	
D	3	Auzéville																	
D	7	Avillers																	
C	c	Avioth																	
D	19	Avocourt																	
D	d	Baleicourt (*Verdun*)																	
C	10	Bantheville																	
C	c	Bazeilles																	
D	2	Beaumont																	
B	8	Beaupré (*Chassey*)																	
A	18	Beauzée																	
D	2	Belleville																	
B	8	Bertheléville																	
D	2	Bethincourt																	
A	13	Beurey																	
D	2	Bezonvaux																	
B	23	Billy-sous-les-Côtes																	
C	16	Billy-sous-Mangiennes																	
D	6	Boinville																	
B	b	Boncourt																	
B	8	Bonnet																	
D	7	Bonzée																	
A	11	Bouchon (le)																	
C	16	Bouligny																	
D	19	Boureuilles																	
C	16	Bouvigny																	
D	3	Brabant-en-Argonne																	
C	10	Brabant-sur-Meuse																	
C	4	Brandeville																	
D	6	Braquis																	
D	2	Bras																	
C	4	Bréhéville																	
C	c	Breux																	
C	5	Brieulles-sur-Meuse																	
A	1	Brillon																	
C	c	Brouenne																	
A	13	Bussy-la-Côte																	
D	7	Butgnéville																	
B	23	Buxerulles																	
B	23	Buxières																	
D	6	Buzy																	
B	21	Chalaines																	
D	7	Champlon																	
D	2	Champneuville																	
A	22	Chardogne																	
D	19	Charpentry																	
B	8	Chassey																	
D	6	Châtillon-sous-les-Côtes																	
D	2	Chattancourt																	
C	4	Chaumont-d^t-Damvillers																	
A	20	Chaumont-sur-Aire																	
B	23	Chaussée (la)																	
C	c	Chauvancy-le-Château																	
C	c	Chauvancy-Saint-Hubert																	

SIGNES DISTINCTIFS des		MEUSE. COMMUNES ou PLACES.	NOMS DES CORRESPONDANTS, LEURS TARIFS.																
ARRONDISSEMENTS.	CANTONS.																		
1	2	3	4	5	6	7	8	9	10	11	12	13	14	15	16	17	18	19	20
B	14	Chauvoncourt																	
D	19	Cheppy																	
C	10	Cierge																	
D	3	Claon (le)																	
A	a	Comble																	
D	7	Combres																	
A	22	Condé-en-Barrois																	
C	10	Consenvoye																	
A	13	Contrisson																	
D	3	Controllerie (la) (*Futeau*)																	
B	b	Corniéville																	
A	20	Courcelles-sur-Aire																	
A	18	Courupt (*Beaulieu*)																	
A	1	Cousances-les-Cousancelles																	
B	23	Creue																	
B	14	Croix-sur-Meuse (la)																	
C	10	Cuisy																	
A	9	Culey																	
D	2	Cumières																	
C	10	Cunel																	
B	b	Dagonville																	
B	8	Dainville-aux-Forges																	
D	6	Damloup																	
A	11	Dammarie																	
C	10	Dannevoux																	
D	6	Darmont																	
B	8	Delouze																	
C	4	Delut																	
B	8	Demange-aux-Eaux																	
B	23	Deuxnouds-aux-Bois																	
D	6	Dieppe																	
D	d	Dieue																	
D	3	Dombasle																	
C	4	Dombras																	
D	7	Dommartin-la-Montagne																	
D	7	Doncourt-aux-Templiers																	
C	16	Donremy-la-Canne																	
D	d	Dugny																	
C	c	Écouviez																	
C	4	Écurey																	
D	6	Eix																	
D	7	Éparges (les)																	
C	10	Épinonville																	
D	19	Esnes																	
C	16	Éton																	
C	4	Étraye																	
B	b	Euville																	
A	a	Fains																	
C	4	Flabas																	
C	c	Flassigny																	
D	6	Foameix																	
C	10	Forges																	
A	11	Fouchères																	
D	2	Fromeréville																	
D	6	Fromezey																	
D	3	Futeau																	
D	2	Galavaude (la) (*Belleville*)																	
D	d	Génicourt																	
C	10	Gercourt																	
C	10	Gesnes																	
C	4	Gibercy																	
D	6	Gincrey																	
D	d	Glorieux (*Verdun*)																	
C	16	Gouraincourt																	
C	4	Gremilly																	
A	9	Guerpont																	

Signes distinctifs des Arrondissements	Signes distinctifs des Cantons	MEUSE. COMMUNES ou PLACES.	NOMS DES CORRESPONDANTS, LEURS TARIFS.																
1	2	3	4	5	6	7	8	9	10	11	12	13	14	15	16	17	18	19	20
D	6	Gussainville																	
A	1	Haironville																	
C	17	Halles																	
C	16	Han-devant-Pierrepont																	
C	c	Han-les-Juvigny																	
D	7	Hannonville-sous-les-Côtes																	
D	7	Harville																	
B	23	Hattonchâtel																	
C	16	Haucourt																	
D	d	Haudainville																	
D	7	Haudiomont																	
D	15	Heippe																	
D	7	Hennemont																	
D	7	Herbeuville																	
D	6	Herméville																	
B	23	Heudicourt																	
B	8	Houdelaincourt																	
C	17	Inor																	
A	18	Ippécourt																	
C	c	Iré-le-Sec																	
C	c	Iré-les-Prez (*Montmédy*)																	
A	1	Isle-en-Rigaut (l')																	
D	3	Islettes (les)																	
C	c	Jametz																	
D	d	Jardin-Fontaine (*Verdun*)																	
A	1	Jens-d'Heures (*Isle-en-Rig.*)																	
B	b	Jouy-sous-les-Côtes																	
A	1	Juvigny-en-Perthois																	
C	c	Juvigny-sur-Loison																	
D	7	Labeuville																	
D	19	Lachalade																	
A	20	Laheycourt																	
A	13	Laimont																	
D	15	Landrecourt																	
D	6	Lanhères																	
A	18	Lavoye																	
D	15	Lemmes																	
B	b	Lérouville																	
C	5	Liny-devant-Dun																	
C	4	Lissey																	
D	3	Lochère (*Aubreville*)																	
C	5	Lion-devant-Dun																	
A	9	Loisey																	
C	16	Loison																	
A	a	Longeville																	
A	20	Louppy-le-Château																	
C	c	Louppy-sur-Loison																	
D	2	Louvemont																	
D	7	Maizeray																	
B	14	Maizey																	
D	19	Malancourt																	
C	16	Mangiennes																	
D	7	Manheulles																	
A	20	Marats (les)																	
D	7	Marchéville																	
D	2	Marre																	
C	c	Marville																	
D	6	Maucourt																	
B	8	Mauvage																	
B	21	Maxey-sur-Vaise																	
A	9	Menaucourt																	
A	11	Ménil-sur-Saux																	
C	4	Merles																	
D	7	Mesnil																	
D	6	Mogeville																	
A	13	Mogneville																	

SIGNES DISTINCTIFS des ARRONDISSEMENTS.	CANTONS.	MEUSE. COMMUNES ou PLACES.	NOMS DES CORRESPONDANTS, LEURS TARIFS.																
1	2	3	4	5	6	7	8	9	10	11	12	13	14	15	16	17	18	19	20
C	4	Moirey																	
C	5	Mont-devant-Sassey																	
D	7	Mont-sous-les-Côtes																	
D	19	Montblainville																	
C	5	Montigny																	
D	2	Montzéville																	
D	6	Moranville																	
D	6	Morgemoulin																	
A	11	Morley																	
D	7	Mouilly																	
D	6	Moulainville																	
D	7	Moulotte																	
C	17	Mouzay																	
C	5	Murvaux																	
A	13	Mussey																	
C	16	Muzeray																	
A	22	Naives-devant-Bar																	
A	9	Naix																	
B	b	Nancois-le-Grand																	
C	10	Nantillois																	
A	9	Nantois																	
A	13	Nettancourt																	
D	3	Neufour (le)																	
B	24	Neuville-au-Rupt (la)																	
B	12	Neuville-en-Verdunois																	
B	21	Neuville-les-Vaucouleurs																	
C	17	Neuville-sur-Meuse																	
A	13	Neuville-sur-Orne																	
D	3	Neuvilly																	
B	12	Nicey																	
B	23	Nonsart																	
C	16	Nouillonpont																	
A	18	Nubécourt																	
C	17	Olizy																	
C	16	Ollières																	
D	2	Ornes																	
D	15	Osches																	
B	24	Ourches																	
B	21	Pagny-la-Blanche-Côte																	
B	24	Pagny-sur-Meuse																	
D	7	Pareid																	
D	6	Parfondrupt																	
C	4	Peuvillers																	
C	16	Pillon																	
D	7	Pintheville																	
A	a	Pont-sur-Saux (*Robert-Esp.*)																	
C	17	Pouilly																	
A	18	Pretz																	
C	c	Quincy																	
D	15	Rambluzin																	
A	13	Rancourt																	
D	3	Rarécourt																	
C	16	Réchicourt																	
D	3	Récicourt																	
D	15	Récourt																	
B	24	Reffroy																	
C	10	Régnéville																	
D	d	Regret (*Verdun*)																	
A	20	Rembercourt-aux-Pots																	
C	c	Remoiville																	
A	a	Renesson (*Tremont*)																	
C	4	Réville																	
D	7	Riaville																	
B	21	Rigny-la-Salle																	
A	a	Robert-Espagne																	
C	4	Romagne-sous-les-Côtes																	

Signes distinctifs des — Arrondissements.	Cantons.	MEUSE. — COMMUNES ou PLACES.	NOMS DES CORRESPONDANTS, LEURS TARIFS.																
1	2	3	4	5	6	7	8	9	10	11	12	13	14	15	16	17	18	19	20
C	10	Romagne-sous-Montfaucon.																	
D	7	Ronvaux																	
D	6	Rouvres																	
B	14	Rouvrois-sur-Meuse.......																	
C	16	Rouvrois-sur-Othain......																	
A	1	Rupt-aux-Nonains																	
D	d	Rupt-en-Voëvre..........																	
C	4	Rupt-sur-Othain..........																	
D	15	Saint-André																	
B	b	Saint-Aubin																	
B	23	Saint-Benoît............																	
D	7	Saint-Hilaire............																	
D	6	Saint-Jean-les-Buzy																	
B	8	Saint-Joire																	
C	16	Saint-Laurent...........																	
B	23	Saint-Maurice-sous-les-Côtes																	
C	16	Saint-Pierrevillers																	
D	7	Saint-Remy																	
D	3	Salvange (*Rarécourt*)......																	
B	12	Sampigny...............																	
A	1	Saudrupt																	
C	5	Saulmory																	
D	7	Saux-en-Voëvre																	
B	21	Sauvigny																	
A	a	Savonnières-devant-Bar ...																	
A	1	Savonnières-en-Pertois....																	
A	18	Senard																	
D	3	Senades les) (*Les Islettes*)....																	
C	16	Senon.....																	
D	15	Senoncourt..............																	
C	10	Septsarges																	
B	23	Seuzey																	
C	10	Sivry-sur-Meuse																	
D	d	Sommedieu																	
C	16	Sorbey																	
B	24	Sorcy																	
B	14	Spada																	
A	1	Stainville																	
A	9	Tannois																	
D	2	Thierville..............																	
B	12	Thillombois.............																	
D	7	Thillot																	
C	c	Thonne-la-Longue																	
C	c	Thonne-les-Prés..																	
C	c	Thonne-le-Thil..........																	
C	c	Thonnelles..............																	
D	15	Tilly-sur-Meuse																	
D	7	Tour-en-Woëvre																	
B	21	Traveron (*Sauvigny*).......																	
A	a	Trémont.......																	
D	7	Trésanvaux																	
B	8	Tréveray																	
A	9	Tronville																	
B	14	Troyon................																	
B	21	Tuzey (*Vaucouleurs*).......																	
B	24	Vacon.................																	
B	b	Vadonville																	
A	13	Varney................																	
B	23	Varvinay																	
A	13	Vassincourt																	
C	16	Vaudoncourt																	
D	19	Vauquois																	
A	a	Véel																	
A	9	Velaine................																	
C	c	Velosnes...............																	
C	c	Verneuil-le-Grand........																	

SIGNES DISTINCTIFS des ARRONDISSEMENTS.	CANTONS.	MEUSE. COMMUNES ou PLACES.	NOMS DES CORRESPONDANTS, LEURS TARIFS.																
1	2	3	4	5	6	7	8	9	10	11	12	13	14	15	16	17	18	19	20
C	c	Verneuil-le-Petit..........																	
D	19	Véry..................																	
C	c	Vigneulles-sous-Montmédy.																	
B	b	Vignot.................																	
C	4	Ville-devant-Chaumont....																	
D	7	Ville-en-Woëvre....... ..																	
A	1	Ville-sur-Saux																	
C	c	Villecloye..............																	
A	13	Villers-aux-Vents........																	
C	16	Villers-les-Mangiennes																	
D	7	Villers-les-Bonchamp......																	
D	7	Villers-sous-Pareid........																	
D	15	Villers-sur-Meuse........																	
A	20	Villotte-devant-Louppy....																	
C	4	Vittarville..............																	
B	8	Vouthon-Bas............																	
B	8	Vouthon-Haut...........																	
D	7	Wadonville-en-Woëvre...																	
A	18	Waly..................																	
D	6	Warcq																	
D	7	Watronville............																	
C	4	Wavrille...............																	
D	7	Woël..................																	
B	14	Woinville..............																	
B	14	Xivray																	

SIGNES DISTINCTIFS des ARRONDISSEMENTS.	CANTONS.	MORBIHAN. — ARRONDISSEMENTS ET CANTONS.	NOMS DES CORRESPONDANTS, LEURS TARIFS.																
1	2	3	4	5	6	7	8	9	10	11	12	13	14	15	16	17	18	19	20
		ARRONDISSEMENTS.																	
A	a	VANNES (ch.-l.).																	
»	»	Le reste de l'arrondissement. des deux cantons.																	
B	b	LORIENT.																	
»	»	Le reste de l'arrondissement des deux cantons.																	
C	c	NAPOLÉONVILLE (PONTIVY).																	
»	»	Le reste de l'arrondissement. du canton.																	
D	d	PLOERMEL.																	
»	»	Le reste de l'arrondissement. du canton.																	
		CANTONS.																	
A	1	ALLAIRE.																	
»	»	Le reste du canton.																	
B	2	AURAY.																	
»	»	Le reste du canton.																	
C	3	BAUD.																	
»	»	Le reste du canton.																	
B	4	BELLE-ISLE-EN-MER.																	
»	»	Le reste du canton.																	
B	5	BELZ.																	
»	»	Le reste du canton.																	
C	6	CLÉGUÉREC.																	
»	»	Le reste du canton.																	
A	7	ELVEN.																	
»	»	Le reste du canton.																	
C	8	FAOUET (LE).																	
»	»	Le reste du canton.																	
A	9	GACILLY (LA).																	
»	»	Le reste du canton.																	
C	10	GOURIN.																	
»	»	Le reste du canton.																	
A	11	GRAND-CHAMP.																	
»	»	Le reste du canton.																	
C	12	GUÉMÉNÉ.																	
»	»	Le reste du canton.																	
D	13	GUER.																	
»	»	Le reste du canton.																	
B	14	HENNEBON.																	
»	»	Le reste du canton.																	
D	15	JOSSELIN.																	
»	»	Le reste du canton.																	
C	16	LOCMINÉ.																	
»	»	Le reste du canton.																	
D	17	MALESTROIT.																	
»	»	Le reste du canton.																	
D	18	MAURON.																	
»	»	Le reste du canton.																	
A	19	MUZILLAC.																	
»	»	Le reste du canton.																	
B	20	PLOUAY.																	
»	»	Le reste du canton.																	
B	21	PLUVIGNER.																	
»	»	Le reste du canton.																	
B	22	PONT-SCORFF.																	
»	»	Le reste du canton.																	
B	23	PORT-LOUIS.																	
»	»	Le reste du canton.																	
A	24	QUESTEMBERT.																	
»	»	Le reste du canton.																	
B	25	QUIBERON.																	
»	»	Le reste du canton.																	
A	26	ROCHE-BERNARD (LA).																	
»	»	Le reste du canton.																	
A	27	ROCHEFORT-EN-TERRE																	
»	»	Le reste du canton.																	
D	28	ROHAN.																	
»	»	Le reste du canton.																	
D	29	SAINT-JEAN-DE-BRÉVELAY.																	
»	»	Le reste du canton.																	
A	30	SARZEAU.																	
»	»	Le reste du canton.																	
D	31	TRINITÉ (LA).																	
»	»	Le reste du canton.																	
		LE RESTE DU DÉPARTEMENT.																	

Signes distinctifs des Arrondissements.	Signes distinctifs des Cantons.	MORBIHAN. COMMUNES ou PLACES.	NOMS DES CORRESPONDANTS, LEURS TARIFS.																
1	2	3	4	5	6	7	8	9	10	11	12	13	14	15	16	17	18	19	20
A	a	Arrandon																	
D	13	Beignon																	
C	3	Bieuzy																	
D	29	Bignan																	
A	19	Billiers																	
A	24	Bohal																	
D	28	Bréhan-Loudéac																	
B	20	Bubry																	
A	26	Camoël																	
B	21	Camors																	
A	9	Carentoir																	
B	25	Carnac																	
B	b	Carnel (*Lorient*)																	
D	17	Caro																	
B	22	Caudan																	
B	22	Cléguer																	
B	5	Erdeven																	
B	2	Étel																	
B	22	Gestel																	
B	23	Groix (l'Ile de)																	
D	15	Guégon																	
C	c	Guerne																	
B	22	Guidel																	
D	31	Guilliers																	
C	8	Guiscriff																	
A	a	Isle-aux-Moines																	
A	a	Isle-d'Arz																	
B	b	Kernevel (*Ploemeur*)																	
B	23	Kervignac																	
B	21	Landaul																	
B	21	Landevant																	
B	14	Languidic																	
C	10	Langonnet																	
D	15	Lanouée																	
B	b	Larmort																	
C	8	Lauvénégen																	
B	2	Locmariaquer																	
D	31	Ménéac																	
D	18	Néant																	
C	6	Neulliac																	
C	c	Noyal-Pontivy																	
B	4	Palais (le)																	
A	1	Peillac																	
A	24	Pleucadeuc																	
C	12	Ploerdut																	
B	5	Ploemel																	
B	b	Ploemeur																	
D	29	Plumélec																	
B	2	Pluneret																	
C	8	Pont-Kalec (*Berné*)																	
B	22	Quéven																	
D	28	Reguiny																	
B	23	Riantec																	
D	17	Ruffiac																	
B	2	Sainte-Anne (*Pluneret*)																	
A	30	Saint-Gildas-de-Ruis																	
A	27	Saint-Gravé																	
D	18	Saint-Léry																	
D	13	Saint-Malo-de-Beignon																	
D	15	Saint-Maudé (*Croix-Helléan*)																	
C	6	Séglien																	
D	17	Serent																	
A	a	Surzur																	
A	a	Theix																	
A	7	Trédion																	

SIGNES DISTINCTIFS des ARRONDISSEMENTS.	CANTONS	MOSELLE. ARRONDISSEMENTS ET CANTONS.	NOMS DES CORRESPONDANTS, LEURS TARIFS.																
1	2	3	4	5	6	7	8	9	10	11	12	13	14	15	16	17	18	19	20
		ARRONDISSEMENTS.																	
A	a	METZ (ch.-l.).																	
»	»	Le reste { de l'arrondissement. des trois cantons.																	
B	b	BRIEY.																	
»	»	Le reste { de l'arrondissement. du canton.																	
C	c	SARREGUEMINES.																	
»	»	Le reste { de l'arrondissement. du canton.																	
D	d	THIONVILLE.																	
»	»	Le reste { de l'arrondissement. du canton.																	
		CANTONS.																	
B	1	AUDUN-LE-ROMAN.																	
»	»	Le reste du canton.																	
C	2	BITCHE.																	
»	»	Le reste du canton.																	
A	3	BOULAY.																	
»	»	Le reste du canton.																	
D	4	BOUZONVILLE.																	
»	»	Le reste du canton.																	
D	5	CATTENOM.																	
»	»	Le reste du canton.																	
B	6	CONFLANS.																	
»	»	Le reste du canton.																	
A	7	FAULQUEMONT.																	
»	»	Le reste du canton.																	
C	8	FORBACH.																	
»	»	Le reste du canton.																	
A	9	GORZE.																	
»	»	Le reste du canton.																	
C	10	GROS-TENQUIN.																	
»	»	Le reste du canton.																	
B	11	LONGUYON.																	
»	»	Le reste du canton.																	
B	12	LONGWY.																	
»	»	Le reste du canton.																	
D	13	METZERVISSE.																	
»	»	Le reste du canton.																	
A	14	PANGES.																	
»	»	Le reste du canton.																	
C	15	RORBACH.																	
»	»	Le reste du canton.																	
C	16	SAINT-AVOLD.																	
»	»	Le reste du canton.																	
C	17	SARRALBE.																	
»	»	Le reste du canton.																	
D	18	SIERCK.																	
»	»	Le reste du canton.																	
A	19	VERNY.																	
»	»	Le reste du canton.																	
A	20	VIGY.																	
»	»	Le reste du canton.																	
C	21	VOLMUNSTER.																	
»	»	Le reste du canton.																	
		LE RESTE DU DÉPARTEMENT.																	

SIGNES DISTINCTIFS des		MOSELLE.	NOMS DES CORRESPONDANTS, LEURS TARIFS.																
ARRONDISSEMENTS.	CANTONS.	COMMUNES ou PLACES.																	
1	2	3	4	5	6	7	8	9	10	11	12	13	14	15	16	17	18	19	20
A	14	Ancerville																	
A	9	Ancy-sur-Moselle																	
D	5	Angewillers																	
D	18	Apach																	
A	9	Ars-sur-Moselle																	
B	1	Audun-le-Tiche																	
B	1	Aumetz																	
B	b	Avril																	
C	10	Baronville																	
B	12	Bazailles																	
D	d	Beauregard (*Thionville*)																	
C	2	Behrental																	
B	11	Beuveille																	
B	1	Beuvillers																	
C	c	Bliesbrücken																	
B	12	Boismont																	
D	d	Boussanges (*Gandrange*)																	
B	12	Brehain-la-Ville																	
D	13	Buding																	
B	11	Buré-la-Forge (*Allondrelle*)																	
A	9	Burst (*Waville*)																	
A	20	Burtoncourt																	
B	b	Cautre (la) (*Briey*)																	
D	4	Châteaurouge																	
A	9	Châtel-Saint-Germain																	
B	1	Circourt (*Xivry-le-Franc*)																	
B	11	Cons-la-Grandville																	
A	9	Corny																	
A	14	Courcelles-Chaussy																	
D	4	Creutzwald-la-Croix																	
A	4	Creutzwald-la-Houvre																	
D	4	Dalstein																	
D	d	Daspich (*Florange*)																	
B	11	Dorlon (*Longuyon*)																	
C	2	Éguelshardt																	
C	15	Enchenberg																	
A	20	Ennery																	
C	10	Erstroff																	
A	20	Étangs (les)																	
D	4	Falck																	
B	11	Flabeuville (*Colmey*)																	
B	12	Fillères																	
D	d	Florange																	
C	c	Folspeswiller																	
B	1	Fontoy																	
C	c	Frauenberg																	
D	4	Freistroff																	
C	2	Goetzenbrück																	
B	12	Gorcy																	
A	a	Grange-aux-Bois (*Borny*)																	
A	9	Gravelotet																	
C	c	Gros-Bliederstroff																	
C	15	Gros-Rederching																	
C	17	Gueblange																	
D	d	Hayange																	
C	10	Hellimer																	
A	7	Herny																	
B	12	Herserange																	
D	5	Hettange-la-Grande																	
A	3	Holling																	
C	16	Hombourg (Haut)																	
C	c	Ippling																	
D	d	Jamaille (*Rosselange*)																	
B	6	Jarny																	
B	b	Jœuf																	
A	9	Jouy-aux-Arches																	

SIGNES DISTINCTIFS des ARRONDISSEMENTS.	CANTONS.	MOSELLE. COMMUNES ou PLACES.	NOMS DES CORRESPONDANTS, LEURS TARIFS.																
1	2	3	4	5	6	7	8	9	10	11	12	13	14	15	16	17	18	19	20
D	5	Kanfen																	
D	13	Kédange (*Hombourg-s.-Kaner*)																	
D	13	Kœnigsmacker																	
D	18	Kirsche-les-Sierck																	
B	1	Knutange																	
B	1	Landres																	
A	20	Lauvallière (*Nouilly*)																	
C	2	Lemberg																	
B	12	Lexy																	
A	a	Longeville-lès-Metz																	
A	7	Longeville-lès-Saint-Avold																	
A	a	Lorry-lès-Metz																	
A	9	Loupe (la) (*Arry*)																	
B	1	Mainbotel (*Mercy-le-Bas*)																	
A	a	Maison-Rouge (*Moulins*)																	
A	9	Mars-la-Tour																	
C	2	Meisenthal																	
B	1	Mercy-le-Bas																	
C	8	Merlebach																	
D	d	Mondelange (*Richemont*)																	
C	15	Montbronn																	
A	a	Montigny-lès-Metz																	
A	14	Montoy																	
C	10	Morhange																	
B	12	Moulaine																	
A	a	Moulins-lès-Metz																	
D	d	Moulin-Neuf (*Gandrange*)																	
C	2	Mouterhauzen																	
B	b	Moutiers																	
D	d	Moyeuvre-la-Grande																	
D	d	Moyeuvre-la-Petite																	
C	17	Nelling																	
C	c	Neunkirsch																	
B	6	Norroy-le-Sec																	
A	9	Novéant																	
D	18	Obernaumen (*Kirschnaumen*)																	
D	5	Œtrange																	
D	5	Ottange																	
D	5	Parth (*Boust*)																	
B	11	Pierrepont																	
A	19	Pournoy-la-Grasse																	
C	17	Puttelange																	
A	a	Plantières																	
D	4	Réméldorf																	
C	c	Rémelfing																	
C	17	Rémering																	
A	14	Rémilly																	
D	18	Rétbel																	
C	17	Richeling																	
D	d	Richemont																	
D	5	Rodemach																	
B	b	Rombas																	
D	d	Rosselange																	
D	5	Roussy-le-Bourg																	
B	12	Saint-Clair-de-Villerupt																	
C	16	St-Fontaine (*Hombourg-H.*)																	
A	7	Saint-Jean-de-Herny																	
C	17	Saint-Jean-Rorbach																	
A	a	Saint-Julien-lès-Metz																	
C	16	Saint-Louis (*l'Hôpital*)																	
C	2	Saint-Louis (*Lemberg*)																	
B	b	Sainte-Marie-aux-Chênes																	
B	11	Saint-Pancré																	
C	17	Saltzbrun (*Sarralbe*)																	
B	1	Sancy																	
C	c	Sarreinsming																	

SIGNES DISTINCTIFS des ARRONDISSEMENTS.	CANTONS.	MOSELLE. COMMUNES ou PLACES.	NOMS DES CORRESPONDANTS, LEURS TARIFS.																
1	2	3	4	5	6	7	8	9	10	11	12	13	14	15	16	17	18	19	20
A	a	Saulny																	
C	8	Schœneck (*Forbach*)																	
D	d	Schrémange																	
C	8	Stiring (*Forbach*)																	
D	d	Suzange (*Schrémange*)																	
A	a	Talange																	
B	11	Tellancourt																	
B	1	Tucquemieux																	
D	d	Uckange																	
B	11	Ugny																	
A	a	Vallières																	
A	3	Valmunster																	
A	3	Varize																	
A	7	Vatimont																	
B	11	Vezin (*Charencey*)																	
A	19	Vigny																	
B	12	Ville-Houdlemont																	
B	12	Villers-la-Montagne																	
B	12	Villerupt																	
B	11	Villette (*Colmey*)																	
A	a	Wade (la) (*Vallières*)																	
D	18	Waldwisse																	
C	c	Welferdingue																	
C	c	Wisviller																	
A	a	Woippy																	
B	1	Xivry-le-Franc																	
D	d	Yutz-Basse																	
D	d	Yutz-Haute																	

SIGNES DISTINCTIFS des ARRONDISSEMENTS.	CANTONS.	NIÈVRE. ARRONDISSEMENTS ET CANTONS.	NOMS DES CORRESPONDANTS, LEURS TARIFS.																
1	2	3	4	5	6	7	8	9	10	11	12	13	14	15	16	17	18	19	20
		ARRONDISSEMENTS.																	
A	a	NEVERS (ch.-l.).																	
»	»	Le reste de l'arrondissement. du canton.																	
B	b	CHATEAU-CHINON.																	
»	»	Le reste de l'arrondissement. du canton.																	
C	c	CLAMECY.																	
»	»	Le reste de l'arrondissement. du canton.																	
D	d	COSNE.																	
»	»	Le reste de l'arrondissement. du canton.																	
		CANTONS.																	
C	1	BRINON.																	
»	»	Le reste du canton.																	
D	2	CHARITÉ (LA).																	
»	»	Le reste du canton.																	
B	3	CHATILLON-EN-BAZOIS.																	
»	»	Le reste du canton.																	
C	4	CORBIGNY.																	
»	»	Le reste du canton.																	
A	5	DECISE.																	
»	»	Le reste du canton.																	
D	6	DONZY.																	
»	»	Le reste du canton.																	
A	7	DORNES.																	
»	»	Le reste du canton.																	
A	8	FOURS.																	
»	»	Le reste du canton.																	
C	9	LORMES.																	
»	»	Le reste du canton.																	
B	10	LUZY.																	
»	»	Le reste du canton.																	
B	11	MONTSAUCHE.																	
»	»	Le reste du canton.																	
B	12	MOULINS-EN-GILBERT.																	
»	»	Le reste du canton.																	
A	13	POUGUES.																	
»	»	Le reste du canton.																	
D	14	POUILLY-SUR-LOIRE.																	
»	»	Le reste du canton.																	
D	15	PRÉMERY.																	
»	»	Le reste du canton																	
D	16	SAINT-AMAND-EN-PUISAYE.																	
»	»	Le reste du canton.																	
A	17	SAINT-BENIN-D'AZY.																	
»	»	Le reste du canton.																	
A	18	SAINT-PIERRE-LE-MOUTIER.																	
»	»	Le reste du canton.																	
A	19	SAINT-SAULGE.																	
»	»	Le reste du canton.																	
C	20	TANNAY.																	
»	»	Le reste du canton.																	
C	21	VARZY.																	
»	»	Le reste du canton.																	
		LE RESTE DU DÉPARTEMENT.																	

SIGNES DISTINCTIFS des		NIÈVRE.	NOMS DES CORRESPONDANTS, LEURS TARIFS.																
ARRONDISSEMENTS.	CANTONS.	COMMUNES ou PLACES.																	
1	2	3	4	5	6	7	8	9	10	11	12	13	14	15	16	17	18	19	20
B	11	Alligny																	
B	3	Alluy																	
C	20	Amazy																	
B	b	Arleuf																	
C	c	Armes																	
D	16	Arquian																	
C	1	Asnan																	
B	3	Aunay																	
A	5	Avril-sur-Loire																	
A	18	Azy-le-Vif																	
D	2	Beaumont-la-Ferrière																	
C	c	Billy																	
A	17	Billy-Chevanne																	
D	16	Bitry																	
A	13	Bizy (*Parigny-les-Vaux*)																	
D	16	Bouhy																	
D	2	Bourgneuf																	
C	c	Breugnon																	
C	c	Brèves																	
A	8	Cercy-la-Tour																	
C	4	Cervon																	
D	6	Cessy-les-Bois																	
D	2	Chalvron (*Saint-Aubin*)																	
C	1	Champallement																	
D	15	Champlemy																	
A	5	Champvert																	
C	21	Chapelle-Saint-André (la)																	
A	5	Charbonnière (la) (*St-Léger*)																	
A	8	Charrin																	
D	6	Châteauneuf-Val-de-Bargis																	
C	1	Chevannes-Treigny																	
C	c	Chevroches																	
A	a	Chollet (le) (*Saint-Éloy*)																	
A	17	Cigogne (*La Fermeté*)																	
D	6	Colmery																	
C	21	Corbelin (*Chapelle-St-André*)																	
C	21	Corvol-l'Orgueilleux																	
A	a	Coulanges																	
D	6	Cramain (*Châteauneuf V. de B*)																	
C	21	Croisy (*Chapelle-Saint-André*)																	
A	19	Crux-la-Ville																	
C	21	Deux-Meulennes (*Chap.-S-A.*)																	
C	c	Dornecy																	
D	2	Douée (la) (*Saint-Aubin*)																	
C	9	Dun-les-Places																	
C	21	Entrains																	
D	15	Farauderie (la) (*Champlemy*)																	
A	17	Fermeté (la)																	
A	13	Fourchambault (*Garchizy*)																	
A	13	Garchizy																	
A	13	Guérigny																	
C	1	Guipy																	
A	a	Imphy																	
A	8	Lanocle																	
D	14	Laronce (*Sully-la-Tour*)																	
D	6	Lépaux (*Donzy*)																	
B	3	Limanton																	
A	7	Luccnay-les-Aix																	
D	15	Lurcy-le-Bourg																	
A	5	Machine (la)																	
A	a	Magny																	
D	2	Marche (la)																	
C	9	Marigny-l'Église																	
C	20	Metz-le-Comte																	
A	17	Meulot (*Montigny-aux-A.*)																	
D	14	Mèves																	

SIGNES DISTINCTIFS des ARRONDISSEMENTS.	CANTONS.	NIÈVRE. COMMUNES ou PLACES.	NOMS DES CORRESPONDANTS, LEURS TARIFS.																
1	2	3	4	5	6	7	8	9	10	11	12	13	14	15	16	17	18	19	20
D	d	Miennes																	
C	20	Monceaux-le-Comte																	
B	b	Montreuillon																	
D	15	Moussy																	
C	20	Neuffontaines																	
D	2	Narcy																	
D	d	Neuvy-sur-Loire																	
C	c	Oizy																	
B	11	Ouroux																	
A	13	Parigny-les-Vaux																	
A	a	Pique																	
B	11	Planchez																	
A	13	Poiseux																	
A	a	Pont-Saint-Ours (*Coulanges*)																	
C	c	Pousse-Air (*Pousseaux*)																	
C	c	Pousseaux																	
B	b	Poussignol																	
A	13	Quatre-Pavillons (*S. Mar. d'H.*)																	
D	2	Raveau																	
C	c	Rix																	
B	10	Roche-Millay (la)																	
A	19	Rouy																	
D	2	Saint-Aubin																	
A	19	Saint-Franchy																	
A	5	Saint-Germain-Chassenay																	
B	12	Saint-Honoré																	
A	18	Saint-Parize-le-Châtel																	
C	1	Saint-Révérien																	
C	17	Saint-Sulpice																	
D	16	Saint-Verain																	
A	13	Sauvage (*Balleray*)																	
D	15	Sichamp																	
C	21	Sozay (*Corvol-l'Orgueilleux*)																	
C	c	Surgy																	
A	8	Ternant																	
C	20	Teigny																	
D	2	Vache (la) (*Raveau*)																	
B	12	Vandenesse																	
D	14	Vergers (*Sully-la-Tour*)																	
C	c	Villiers-sur-Yonne																	
D	21	Villette (*Corvol-l'Orgueilleux*)																	

SIGNES DISTINCTIFS des ARRONDISSEMENTS.	SIGNES DISTINCTIFS des CANTONS.	NORD. — ARRONDISSEMENTS ET CANTONS.	NOMS DES CORRESPONDANTS, LEURS TARIFS.																
1	2	3	4	5	6	7	8	9	10	11	12	13	14	15	16	17	18	19	20
		ARRONDISSEMENTS.																	
A	a	LILLE (ch.-l.).																	
»	»	Le reste { de l'arrondissement. / des cinq cantons.																	
B	b	AVESNES.																	
»	»	Le reste { de l'arrondissement. / des deux cantons.																	
C	c	CAMBRAY.																	
»	»	Le reste { de l'arrondissement. / des deux cantons.																	
D	d	DOUAI.																	
»	»	Le reste { de l'arrondissement. / des trois cantons.																	
E	e	DUNKERQUE.																	
»	»	Le reste { de l'arrondissement. / des deux cantons.																	
F	f	HAZEBROUCK.																	
»	»	Le reste { de l'arrondissement. / des deux cantons.																	
G	g	VALENCIENNES.																	
»	»	Le reste { de l'arrondissement. / des trois cantons.																	
		CANTONS.																	
D	1	ARLEUX.																	
»	»	Le reste du canton.																	
A	2	ARMENTIÈRES.																	
»	»	Le reste du canton.																	
F	3	BAILLEUL.																	
»	»	Le reste des deux cantons.																	
A	4	BASSÉE (LA).																	
»	»	Le reste du canton.																	
B	5	BAVAY.																	
»	»	Le reste du canton.																	
E	6	BERGUES.																	
»	»	Le reste du canton.																	
B	7	BERLAIMONT.																	
»	»	Le reste du canton.																	
G	8	BOUCHAIN.																	
»	»	Le reste du canton.																	
E	9	BOURBOURG.																	
»	»	Le reste du canton.																	
C	10	CARNIÈRES.																	
»	»	Le reste du canton.																	
F	11	CASSEL.																	
»	»	Le reste du canton.																	
C	12	CATEAU (LE).																	
»	»	Le reste du canton.																	
C	13	CLARY.																	
»	»	Le reste du canton.																	
G	14	CONDÉ-SUR-L'ESCAUT.																	
»	»	Le reste du canton.																	
A	15	CYSOING.																	
»	»	Le reste du canton.																	
E	16	GRAVELINE.																	
»	»	Le reste du canton.																	
A	17	HAUBOURDIN.																	
»	»	Le reste du canton.																	
E	18	HONDSCHOOTE.																	
»	»	Le reste du canton.																	
B	19	LANDRECIES.																	
»	»	Le reste du canton.																	
A	20	LANNOY.																	
»	»	Le reste du canton.																	
D	21	MARCHIENNES-VILLE.																	
»	»	Le reste du canton.																	
C	22	MARCOIN.																	
»	»	Le reste du canton.																	
B	23	MAUBEUGE.																	
»	»	Le reste du canton.																	
F	24	MERVILLE.																	
»	»	Le reste du canton.																	
D	25	ORCHIES.																	
»	»	Le reste du canton.																	
A	26	PONT-A-MARCQ.																	
»	»	Le reste du canton.																	
B	27	QUESNOY (LE).																	
»	»	Le reste des deux cantons.																	
A	28	QUESNOY-SUR-DEULLE.																	
»	»	Le reste du canton.																	

SIGNES DISTINCTIFS des		NORD.	NOMS DES CORRESPONDANTS, LEURS TARIFS.																
ARRONDISSEMENTS.	CANTONS.	ARRONDISSEMENTS ET CANTONS.																	
1	2	3	4	5	6	7	8	9	10	11	12	13	14	15	16	17	18	19	20
A	29	ROUBAIX.																	
»	»	Le reste du canton.																	
G	30	SAINT-AMAND.																	
»	»	Le reste des deux cantons.																	
A	31	SECLIN.																	
»	»	Le reste du canton.																	
C	32	SOLESMES.																	
»	»	Le reste du canton.																	
B	33	SOLRE-LE-CHATEAU.																	
»	»	Le reste du canton.																	
F	34	STÉENWOORD.																	
»	»	Le reste du canton.																	
A	35	TOURCOIN.																	
»	»	Le reste des deux cantons.																	
B	36	TRÉLON.																	
»	»	Le reste du canton.																	
E	37	WORMHOUDT.																	
»	»	Le reste du canton.																	
		LE RESTE DU DÉPARTEMENT.																	

SIGNES DISTINCTIFS des ARRONDISSEMENTS.	SIGNES DISTINCTIFS des CANTONS.	NORD. COMMUNES ou PLACES.	NOMS DES CORRESPONDANTS, LEURS TARIFS.																
1	2	3	4	5	6	7	8	9	10	11	12	13	14	15	16	17	18	19	20
G	8	Abscon																	
B	33	Aibes																	
A	31	Allennes-les-Marais																	
D	d	Aniche																	
A	20	Annapes																	
A	31	Annœulin																	
B	36	Anor																	
G	g	Anzin																	
F	11	Arnèke																	
G	g	Artres																	
A	20	Ascq																	
C	c	Aubencheul-au-Bac																	
D	d	Auberchicourt																	
A	4	Aubers																	
D	1	Aubigny-au-Bac																	
D	d	Auby																	
G	g	Aulnoy																	
B	7	Aulnoye-les-Berlaimont																	
A	26	Avelin																	
B	b	Avesnelles																	
C	10	Avesnes-les-Aubert																	
G	8	Avesnes-le-Sec																	
C	c	Awoingt																	
D	d	Azincourt																	
B	7	Bachant																	
A	20	Baisieux																	
E	18	Bambecque																	
C	22	Banteux																	
C	c	Bantigny																	
C	22	Bantouzel																	
A	31	Bauvin																	
F	11	Bawinchove																	
C	12	Bazuel																	
B	27	Beaudignies																	
B	23	Beaufort																	
C	12	Beaumont																	
B	b	Beaurepaire																	
B	33	Beaurieux																	
C	10	Beauvois																	
B	5	Bellignies																	
C	32	Bermerain																	
A	26	Bersée																	
C	13	Bertry																	
C	10	Béthencourt																	
B	5	Bettréchies																	
B	b	Beugnies																	
G	g	Beuvrages																	
C	c	Boistrancourt (*Cambrai*)																	
E	37	Bollezeele																	
A	35	Bondues																	
A	35	Bousbecques																	
B	19	Bousies																	
C	10	Boussières																	
B	33	Boussignies																	
A	15	Bouvines																	
C	32	Briastre																	
G	30	Brillon																	
G	g	Briquette (la) (*Marly*)																	
E	9	Brouckerque																	
G	g	Bruay																	
G	30	Bruille-Saint-Amand																	
D	1	Brunémont																	
D	1	Bugnicourt																	
C	13	Busigny																	
F	f	Caëstre																	
A	31	Camphin-en-Carembault																	

SIGNES DISTINCTIFS des ARRONDISSEMENTS.	CANTONS.	NORD. COMMUNES ou PLACES.	NOMS DES CORRESPONDANTS, LEURS TARIFS.																
1	2	3	4	5	6	7	8	9	10	11	12	13	14	15	16	17	18	19	20
C	22	Cantaing																	
D	1	Cantin																	
C	32	Capelle																	
E	9	Capelle-Brouck																	
A	2	Capinghem																	
A	31	Carnin																	
B	b	Cartignies																	
C	12	Catillon																	
C	13	Caudry																	
A	2	Chapelle-d'Armentières																	
A	31	Chemy																	
A	20	Chéreng																	
B	33	Clairfaits																	
B	23	Colleret																	
A	28	Comines																	
B	33	Cousolre																	
E	e	Coudekerque																	
D	d	Courchelettes																	
G	14	Crespin																	
C	22	Crèvecœur																	
A	29	Croix																	
E	6	Crochte																	
D	d	Cuincy																	
G	g	Curgies																	
B	23	Damousies																	
D	d	Déchy																	
G	8	Denain																	
A	28	Deuslémont																	
B	33	Dimechaux																	
B	33	Dimont																	
C	22	Doignies																	
B	b	Dompierre																	
D	d	Dorignies (*Douai*)																	
G	8	Douchy																	
B	b	Dourlers																	
B	23	Douzies (*Maubeuge*)																	
B	23	Éclaibes																	
D	1	Écluse (l')																	
F	34	Eecke																	
B	27	Engle-Fontaine																	
B	36	Eppe-Sauvage																	
E	6	Éringhem																	
D	21	Erre																	
A	2	Erquinghem-Lys																	
C	32	Escarmin																	
G	8	Escaudain																	
C	c	Escaudœuvres																	
G	14	Escaupont																	
C	13	Esnes																	
E	37	Esquelbecq																	
A	a	Esquermes																	
F	24	Estaires																	
G	g	Estreux																	
B	b	Étrœungt																	
B	33	Estrud																	
C	c	Étrum																	
A	a	Faches																	
G	g	Famars																	
D	25	Faumont																	
B	19	Favril																	
B	b	Fayts (les)																	
B	5	Feignies																	
B	b	Felleries																	
D	21	Fenain																	
D	d	Ferin																	
B	36	Féron																	

SIGNES DISTINCTIFS des ARRONDISSEMENTS.	CANTONS.	NORD. COMMUNES ou PLACES.	NOMS DES CORRESPONDANTS, LEURS TARIFS.																
1	2	3	4	5	6	7	8	9	10	11	12	13	14	15	16	17	18	19	20
B	23	Ferrière-la-Grande																	
B	23	Ferrière-la-Petite																	
A	a	Fives																	
A	20	Flers																	
C	22	Flesquières																	
F	3	Flêtre																	
G	30	Flines-lez-Mortagne																	
D	d	Flines-lez-Rach																	
B	b	Floursies																	
B	b	Floyon																	
B	19	Fontaine-au-Bois																	
C	10	Fontaine-au-Pire																	
C	c	Fontaine-Notre-Dame																	
C	c	Forenville																	
B	19	Forest																	
B	36	Fourmies																	
A	4	Fournes																	
D	d	Frais-Marais (*Douai*)																	
B	27	Frasnoy																	
A	2	Frelinghien-sur-la-Lys																	
D	1	Fressain																	
G	14	Fresnes																	
A	26	Fretin																	
A	4	Fromelles																	
B	27	Ghissignies																	
B	36	Glageon																	
B	23	Gognie-Chaussée																	
B	27	Gommegnies																	
A	31	Gondecourt																	
C	22	Gonnelieu																	
F	24	Gorgue (la)																	
C	22	Gouzeaucourt																	
C	12	Groise (la) (*Catillon*)																	
D	d	Guesnain																	
B	5	Gussignies																	
A	17	Hallennes-les-Haubourdin ..																	
A	35	Halluin																	
D	21	Hamage (*Wandignies*)																	
G	30	Hasnon																	
G	8	Haspres																	
G	g	Haulchin																	
C	32	Haussy																	
B	23	Hautmont																	
B	b	Haut-Lieu																	
C	c	Haynecourt																	
B	27	Hecq																	
G	8	Hellesmes																	
A	20	Hem																	
G	14	Hergnies																	
G	g	Herin																	
A	31	Herrin																	
E	37	Herzéele																	
B	5	Hon-Hergies																	
C	12	Honnechy																	
C	22	Honnecourt																	
D	21	Hornaing																	
E	6	Hoymille																	
B	5	Houdain																	
A	2	Houplines																	
F	34	Houtquerque																	
A	4	Illies																	
C	12	Inchy-Beaumont																	
C	c	Iwuy																	
B	27	Jenlain																	
E	e	Jeu-de-Mail (*Coudekerque-B.*).																	
B	23	Jeumont																	

Signes distinctifs des arrondissements.	Signes distinctifs des cantons.	NORD. COMMUNES ou PLACES.	NOMS DES CORRESPONDANTS, LEURS TARIFS.																
1	2	3	4	5	6	7	8	9	10	11	12	13	14	15	16	17	18	19	20
B	27	Jolimetz																	
E	18	Killem																	
A	a	Lambersart																	
D	d	Lambres																	
D	25	Landas																	
B	b	Larouillies																	
D	d	Lauwin-Planque																	
G	30	Lecelles																	
E	37	Lederzeele																	
A	31	Lesquin																	
B	7	Leval																	
A	a	Lezennes																	
B	33	Liessies																	
B	b	Lieu (Bas-)																	
G	8	Lieu-Saint-Amand																	
B	23	Limont-Fontaine																	
A	35	Linselles																	
A	17	Lomme																	
B	5	Longueville (la)																	
E	9	Looberghe																	
A	17	Loos																	
G	8	Lourches																	
B	5	Louvignies-Bavay																	
B	23	Louvroil																	
A	20	Lys-les-Lannois																	
G	14	Macoux (*Condé-sur-l'Escaut*)																	
A	a	Magdeleine (la)																	
G	g	Maing																	
B	b	Marbaix																	
A	35	Marcq-en-Barœul																	
C	13	Maretz																	
G	g	Marly																	
B	19	Maroilles																	
B	23	Marpent																	
A	a	Marquette																	
G	8	Marquette																	
A	4	Marquillies																	
C	22	Masnières																	
D	d	Masny																	
G	30	Maulde																	
C	12	Mauroy																	
F	3	Meteren																	
G	30	Millonfosse																	
C	22	Mœuvres																	
A	26	Monchaux																	
D	1	Monchecourt																	
A	a	Mons-en-Barœul																	
A	26	Mons-en-Pévèle																	
D	d	Montigny																	
F	f	Morbecque																	
C	c	Morenchies																	
G	30	Mortagne																	
F	f	Motte-aux-Bois (*Morbecque*)																	
A	15	Mouchin																	
A	a	Moulins (les)																	
A	35	Mouvaux																	
C	c	Naves																	
F	24	Neuf-Berquin																	
A	35	Neuville-en-Ferrain																	
C	c	Neuville-Saint-Remy																	
G	8	Neuville-sur-l'Escaut																	
C	12	Neuvilly																	
F	3	Nieppe																	
C	c	Niergnies																	
F	11	Noordpeene																	
C	22	Noyelles-sur-Escaut																	

SIGNES DISTINCTIFS des ARRONDISSEMENTS.	CANTONS.	NORD. COMMUNES ou PLACES.	NOMS DES CORRESPONDANTS, LEURS TARIFS.																
1	2	3	4	5	6	7	8	9	10	11	12	13	14	15	16	17	18	19	20
G	8	Noyelles-sur-Selle																	
B	23	Obrechies																	
G	14	Odomez																	
B	36	Ohain																	
G	g	Oisy																	
G	g	Onnaing																	
C	12	Ors																	
B	27	Orsinval																	
D	21	Pecquencourt																	
A	28	Pérenchies																	
A	26	Phalempin																	
E	6	Pitgam																	
B	27	Poix																	
C	12	Pommereuil																	
D	d	Pont-à-Raches *ou* Raches																	
B	7	Pont-sur-Sambre																	
B	27	Potelle																	
F	f	Pradelles																	
A	2	Prémesques																	
G	g	Préseau																	
B	19	Preux-aux-Bois																	
B	27	Preux-au-Sart																	
B	19	Prisches																	
C	c	Proville																	
A	31	Provin																	
G	g	Quarouble																	
E	6	Quaëdypre																	
G	g	Quièvrechain																	
C	10	Quiévy																	
A	17	Radinghem																	
C	c	Raillencourt																	
B	36	Rainsart																	
G	30	Raismes																	
B	b	Ramousies																	
F	f	Renescure																	
C	12	Reumont																	
E	18	Rexpoëde																	
C	10	Rieux																	
B	19	Robersart																	
C	32	Romeries																	
A	a	Ronchin																	
A	35	Roncq																	
D	d	Roost-Warendin																	
G	30	Rosult																	
B	27	Roucourt																	
B	23	Rousies																	
F	11	Rubrouck																	
G	30	Rumegies																	
C	22	Rumilly																	
A	20	Sailly																	
A	4	Sainghin-en-Weppes																	
B	b	Sains																	
A	a	Saint-André																	
C	10	Saint-Aubert																	
B	b	Saint-Aubin																	
C	12	Saint-Benin																	
B	b	Saint-Hilaire																	
F	3	Saint-Jans-Cappel																	
C	c	Saint-Olle (*Cambrai*)																	
E	9	Saint-Momelin																	
C	32	Saint-Pithon																	
B	23	Saint-Remy-Mal-Bâti																	
C	12	Saint-Souplet																	
G	g	Saint-Saulve																	
B	5	Saint-Waast																	
A	4	Salomé																	

SIGNES DISTINCTIFS des ARRONDISSEMENTS.	CANTONS.	NORD. COMMUNES ou PLACES.	NOMS DES CORRESPONDANTS, LEURS TARIFS.																
1	2	3	4	5	6	7	8	9	10	11	12	13	14	15	16	17	18	19	20
A	17	Santes																	
B	33	Sars-Poteries																	
G	g	Saultain																	
C	32	Saulzoir																	
G	g	Sebourg																	
B	27	Sepmeries																	
D	d	Sin																	
D	21	Somain																	
C	32	Sommaing																	
B	33	Solrinnes																	
F	f	Steenbecque																	
E	6	Steene																	
F	3	Steenwerck																	
F	f	Strazéele																	
E	e	Synthe (Petite-)																	
B	5	Taisnières-sur-Hon																	
A	15	Templeuve																	
E	e	Teteghem																	
G	g	Thiant																	
G	14	Thivencelle																	
A	26	Thumeries																	
C	c	Thun-Saint-Martin																	
A	20	Toufflers																	
G	g	Trith-Saint-Léger																	
A	20	Tressin																	
C	12	Troisvilles																	
B	b	Vaudrechies (*Flaumont*)																	
B	27	Vendegies-au-Bois																	
C	32	Vendegies-sur-Écaillon																	
G	g	Verchin																	
C	32	Vertain																	
G	30	Vicogne (*Raismes*)																	
G	14	Vicq																	
C	32	Viesly																	
F	3	Vieux-Berquin																	
G	14	Vieux-Condé																	
B	27	Villereau																	
C	22	Villers-Guislain																	
C	22	Villers-Plouich																	
C	13	Villers-Outréau																	
B	27	Villers-Pol																	
B	23	Villers-sur-Nicol																	
A	26	Wahagnies																	
C	13	Walincourt																	
G	g	Wallers																	
F	f	Wallon-Cappel																	
A	a	Wambrechies																	
B	27	Wargnies (Grand et Petit-)																	
E	18	Warhem																	
A	28	Warnéton (Bas-)																	
A	29	Wasquehal																	
E	9	Watten																	
B	23	Wattignies																	
A	29	Wattrelos																	
G	8	Wavrechain-sous-Denain																	
G	8	Wavrechain-sous-Faulx																	
A	17	Wavrin																	
A	a	Wazemmes																	
D	d	Waziers																	
A	28	Wervick																	
E	6	West-Cappel																	
B	36	Wignehies																	
A	20	Willems																	
F	34	Winnezèele																	
E	e	Zuydcoote																	
F	11	Zuytpeene																	

SIGNES DISTINCTIFS des ARRONDISSEMENTS.	SIGNES DISTINCTIFS des CANTONS.	OISE. — ARRONDISSEMENTS ET CANTONS.	NOMS DES CORRESPONDANTS, LEURS TARIFS.																
1	2	3	4	5	6	7	8	9	10	11	12	13	14	15	16	17	18	19	20
		ARRONDISSEMENTS.																	
A	a	BEAUVAIS (ch.-l.).																	
»	»	Le reste { de l'arrondissement / des deux cantons.																	
B	b	CLERMONT.																	
»	»	Le reste { de l'arrondissement. / du canton.																	
C	c	COMPIÈGNE.																	
»	»	Le reste { de l'arrondissement. / du canton.																	
D	d	SENLIS.																	
»	»	Le reste { de l'arrondissement. / du canton.																	
		CANTONS.																	
C	1	ATTICHY.																	
»	»	Le reste du canton.																	
A	2	AUNEUIL.																	
»	»	Le reste du canton.																	
D	3	BETZ.																	
»	»	Le reste du canton.																	
B	4	BRETEUIL.																	
»	»	Le reste du canton.																	
A	5	CHAUMONT-EN-VEXIN.																	
»	»	Le reste du canton.																	
A	6	COUDRAY-SAINT-GERMER.																	
»	»	Le reste du canton.																	
D	7	CREIL-SUR-OISE.																	
»	»	Le reste du canton.																	
D	8	CRÉPY.																	
»	»	Le reste du canton.																	
B	9	CRÈVECOEUR.																	
»	»	Le reste du canton.																	
C	10	ESTRÉES-SAINT-DENIS.																	
»	»	Le reste du canton.																	
A	11	FORMERIE.																	
»	»	Le reste du canton.																	
B	12	FROISSY.																	
»	»	Le reste du canton.																	
A	13	GRANDVILLIERS.																	
»	»	Le reste du canton.																	
C	14	GUISCARD.																	
»	»	Le reste du canton.																	
C	15	LASSIGNY.																	
»	»	Le reste du canton.																	
B	16	LIANCOURT.																	
»	»	Le reste du canton.																	
B	17	MAIGNELAY.																	
»	»	Le reste du canton.																	
A	18	MARSEILLE.																	
»	»	Le reste du canton.																	
A	19	MÉRU.																	
»	»	Le reste du canton.																	
B	20	MOUY.																	
»	»	Le reste du canton.																	
D	21	NANTEUIL-LE-HAUDOUIN.																	
»	»	Le reste du canton.																	
D	22	NEUILLY-EN-THELLE.																	
»	»	Le reste du canton.																	
A	23	NIVILLERS.																	
»	»	Le reste du canton.																	
A	24	NOAILLES.																	
»	»	Le reste du canton.																	
C	25	NOYON.																	
»	»	Le reste du canton.																	
D	26	PONT-SAINTE-MAXENCE.																	
»	»	Le reste du canton.																	
C	27	RESSONS-SUR-LE-MATZ																	
»	»	Le reste du canton.																	
C	28	RIBECOURT.																	
»	»	Le reste du canton.																	
A	29	SONGEONS.																	
»	»	Le reste du canton.																	
B	30	SAINT-JUST-EN-CHAUSSÉE.																	
»	»	Le reste du canton.																	
		LE RESTE DU DÉPARTEMENT.																	

SIGNES DISTINCTIFS des ARRONDISSEMENTS.	CANTONS.	OISE. — COMMUNES ou PLACES.	NOMS DES CORRESPONDANTS, LEURS TARIFS.																
1	2	3	4	5	6	7	8	9	10	11	12	13	14	15	16	17	18	19	20
A	11	Abancourt																	
A	24	Abbécourt																	
A	18	Achy																	
D	3	Acy-en-Multien																	
B	b	Agnetz																	
A	a	Allonne																	
C	15	Amy																	
A	19	Andeville																	
B	20	Angy																	
B	4	Ansauvillers																	
C	25	Appilly																	
D	7	Apremont																	
A	6	Armentières (*Chap.-aux-Pots*)																	
C	10	Arsy																	
A	2	Auteuil																	
D	3	Autheuil-en-Valois																	
D	d	Avilly (*Saint-Léonard*)																	
C	15	Avricourt																	
B	b	Avrigny																	
C	25	Babœuf																	
A	5	Bachivillers																	
A	23	Bailleu-sur-Thérain																	
C	28	Bailly																	
D	d	Balagny (*Chamant*)																	
D	22	Balagny-sur-Thérain																	
D	21	Baron																	
A	29	Bazancourt																	
C	14	Beaugies																	
C	15	Beaulieu																	
A	2	Beaumont-les-Nonains																	
C	25	Beaurains																	
A	2	Becquet (le) (*Saint-Paul*)																	
C	25	Béhéricourt																	
C	14	Berlancourt																	
A	2	Berneuil																	
A	24	Berthecourt																	
D	8	Béthizy-Saint-Pierre																	
C	27	Biermont																	
A	11	Blargies																	
A	24	Boissière (la)																	
B	4	Bonneuil																	
D	8	Bonneuil-en-Valois																	
D	22	Boran																	
D	21	Borest																	
A	6	Bosse (la)																	
C	27	Boulogne-la-Grasse																	
A	5	Boury																	
A	11	Bouvresse																	
A	5	Boutancourt																	
C	27	Braisnes																	
A	23	Bresles																	
C	25	Brétigny																	
A	13	Briot																	
A	13	Brombos																	
A	11	Broquiers																	
B	4	Broyes																	
B	b	Bulles																	
B	20	Bury																	
C	14	Bussy																	
C	25	Caisne																	
C	28	Cambronne																	
C	14	Campagne																	
A	11	Campeaux																	
C	15	Candor																	
C	15	Canectancourt																	
C	10	Canly																	

SIGNES DISTINCTIFS des		OISE.	NOMS DES CORRESPONDANTS, LEURS TARIFS.																
ARRONDISSEMENTS.	CANTONS.	COMMUNES ou PLACES.																	
1	2	3	4	5	6	7	8	9	10	11	12	13	14	15	16	17	18	19	20
A	11	Canny-sur-Thérain.......																	
C	28	Carlepont..............																	
B	16	Catenoy................																	
C	14	Catigny................																	
B	16	Cauffry................																	
A	24	Cauvigny																	
A	13	Cempuis................																	
D	22	Chambly................																	
A	5	Chambors...............																	
D	7	Chantilly..............																	
A	6	Chapelle-aux-Pots (la).....																	
D	d	Chapelle-en-Serval (la).....																	
B	9	Chaussée-du-Bois-d'Écu (la)																	
C	10	Chevrières.............																	
C	28	Chiry..................																	
C	c	Choisy-aux-Bacs																	
D	22	Cire-lès-Mello...........																	
C	c	Clairoix................																	
C	27	Conchy-les-Pots..........																	
B	9	Conteville..............																	
A	19	Corbeil-Cerf............																	
B	9	Cormeilles..............																	
A	24	Coudray-la-Neuville (le)....																	
A	5	Courcelles-les-Gisors......																	
D	d	Courteuil.........																	
D	7	Coye...................																	
D	7	Cramoisy...............																	
A	29	Crillon																	
C	14	Crisolles...............																	
B	9	Crocq (le)..............																	
C	c	Croix-Saint-Ouen (la)......																	
D	22	Crouy-en-Thelle..........																	
C	1	Cuise-Lamotte.																	
C	25	Cuts...................																	
C	27	Cuvilly																	
C	15	Cuy....................																	
A	13	Dargies................																	
A	5	Délincourt																	
A	24	Déluge (le)																	
D	22	Dieudonné..............																	
C	15	Dives..................																	
B	9	Doméliers..............																	
B	17	Domfront...............																	
D	8	Duvy...................																	
C	15	Écuvilly																	
A	13	Élencourt.																	
C	15	Élincourt-Sainte-Marguerite																	
A	5	Énencourt-Léage.........																	
B	b	Épineuse																	
D	22	Ercuis..................																	
A	6	Espaubourg																	
B	4	Esquennoye.............																	
C	25	Estay (*Appilly*)...........																	
B	b	Étouy (*Clermont*).........																	
C	15	Évricourt...............																	
B	17	Ferrières																	
A	13	Feuquières..............																	
B	b	Fitz-James																	
A	6	Flavacourt..............																	
C	14	Flavy-le-Meldeux.........																	
D	26	Fleurines																	
B	9	Fontaine-Bonneleau.......																	
D	21	Fontaine-les-Corps-Nuds...																	
A	23	Fouquerolles.............																	
B	30	Fournival...............																	
B	9	Francastel																	

SIGNES DISTINCTIFS des ARRONDISSEMENTS.	CANTONS.	OISE. COMMUNES ou PLACES.	NOMS DES CORRESPONDANTS, LEURS TARIFS.																
1	2	3	4	5	6	7	8	9	10	11	12	13	14	15	16	17	18	19	20
C	10	Francières																	
C	14	Fréniches																	
A	19	Fresneaux-Montchevreuil																	
D	22	Fresnoy-en-Thelle																	
D	8	Fresnoy-la-Rivière																	
B	17	Frétoy (le)																	
C	25	Genvry																	
A	29	Gerberoy																	
D	8	Gilaucourt																	
D	8	Glaignes																	
A	29	Glatigny																	
A	a	Goincourt																	
C	14	Golancourt																	
C	27	Gournay-sur-Aronde																	
D	7	Gouvieux																	
C	10	Grand-Fresnoy																	
C	25	Grandru																	
A	13	Grez																	
A	13	Halloy																	
A	13	Hamel (le)																	
A	29	Hanvoile																	
A	23	Haudivilliers																	
A	18	Hautépine																	
B	20	Heilles																	
A	24	Hermes																	
A	5	Héronval (*Mont-Javoult*)																	
B	20	Hondainville																	
A	2	Houssaye (la)																	
A	a	Italienne (l') (*Goincourt*)																	
C	1	Jaulzy																	
A	2	Jouy-sous-Thelle																	
C	15	Lagny																	
B	16	Laigneville																	
C	25	Larbroye																	
A	5	Liancourt-Saint-Pierre																	
C	14	Libermont																	
B	30	Lieuvillers																	
B	b	Litz																	
A	29	Loueuse																	
C	28	Machemont																	
C	28	Marest-sur-Matz																	
D	3	Mareuil-sur-Ourcq																	
C	c	Margny-les-Compiègne																	
A	a	Marissel																	
D	3	Marolles																	
A	29	Martincourt																	
C	14	Maucourt																	
D	7	Mello																	
B	4	Merles (les) (*Breteuil*)																	
B	17	Méry																	
B	4	Mesnil-Saint-Firmin (le)																	
A	2	Mesnil-Théribus (le)																	
C	10	Meux (le)																	
A	18	Milly																	
A	11	Molliens																	
C	27	Monchy-Humières																	
B	16	Monchy-Saint-Éloy																	
C	25	Mondescourt																	
D	7	Montataire																	
B	17	Montigny																	
D	d	Mortefontaine																	
A	24	Mortefontaine																	
A	29	Morvillers																	
A	24	Mouchy-le-Châtel																	
C	14	Muirancourt																	
A	11	Mureaumont																	

SIGNES DISTINCTIFS des ARRONDISSEMENTS.	CANTONS.	OISE. COMMUNES ou PLACES.	NOMS DES CORRESPONDANTS, LEURS TARIFS.																
1	2	3	4	5	6	7	8	9	10	11	12	13	14	15	16	17	18	19	20
C	1	Nampcel																	
D	d	Neuf-Moulins (*Plailly*)																	
B	20	Neuilly-sous-Clermont																	
A	19	Neuville-Boscq																	
A	24	Neuville-d'Aumont (la)																	
B	b	Neuville-en-Hez (la)																	
D	3	Neuville-en-Thelle (la)																	
A	11	Neuville-les-Molliens (la)																	
A	2	Neuville-Messire-Garnier (la)																	
B	30	Neuville-Roy (la)																	
A	18	Neuville-sur-Oudeuil (la)																	
C	27	Neuville-sur-Ressons (la)																	
D	7	Nogent-les-Vierges																	
A	a	Notre-Dame-du-Thil																	
B	12	Noyers-Saint-Martin																	
A	11	Omécourt																	
A	2	Ons-en-Bray																	
D	8	Orrouy																	
C	27	Orvillers-Sorel																	
C	28	Ourscamps (*Chiry*)																	
B	4	Paillart																	
C	25	Passel																	
A	a	Pierrefitte																	
C	1	Pierrefonds																	
C	28	Pimprez																	
D	d	Plailly																	
B	4	Plainville																	
D	21	Plessis-Belleville (le)																	
A	24	Ponchon																	
C	25	Pont-l'Évêque																	
C	25	Pontoise																	
C	25	Porquericourt																	
D	7	Précy-sur-Oise																	
A	6	Puiseux-en-Bray																	
D	22	Puiseux-le-Hauberger																	
C	14	Quesmy																	
B	30	Quinquempoix																	
B	16	Rantigny																	
B	30	Ravenel																	
B	b	Rémérangles																	
C	10	Remy																	
C	1	Rethondes																	
C	27	Ricquebourg																	
A	13	Rieux (*le Hamel*)																	
A	11	Romescamps																	
B	b	Ronquerol (*Agnetz*)																	
C	15	Roye-sur-Matz																	
B	b	Rue-Saint-Pierre (la)																	
B	16	Sacy-le-Grand																	
A	11	Saint-Arnould																	
A	6	Saint-Aubin-en-Bray																	
A	19	Saint-Crépin-d'Ibouvillers																	
A	29	Saint-Deniscourt																	
B	20	Saint-Félix																	
A	24	Sainte-Geneviève																	
A	2	Saint-Germain-la-Poterie																	
A	6	Saint-Germer																	
A	a	Saint-Just-des-Marais																	
C	28	Saint-Légor-aux-Bois																	
D	d	Saint-Léonard																	
D	7	Saint-Leu-Desserent																	
A	a	Saint-Lucien (*N.-D. du Thil*)																	
A	13	Saint-Maur																	
A	2	Saint-Paul																	
C	1	Saint-Pierre-les-Bitry																	
A	2	Saint-Quentin (*Auteuil*)																	

SIGNES DISTINCTIFS des ARRONDISSEMENTS.	SIGNES DISTINCTIFS des CANTONS.	OISE. COMMUNES ou PLACES.	NOMS DES CORRESPONDANTS, LEURS TARIFS.																
1	2	3	4	5	6	7	8	9	10	11	12	13	14	15	16	17	18	19	20
B	30	Saint-Rimaud (*Essuilles*)																	
A	11	Saint-Samson																	
A	24	Saint-Sulpice																	
A	13	Saint-Thibault																	
A	11	Saint-Vallery																	
D	8	Saintines																	
C	25	Salency																	
A	13	Sarcus																	
A	13	Sarnois																	
A	a	Savignies																	
C	25	Sempigny																	
A	29	Senantes																	
A	6	Sérifontaine																	
A	24	Silly																	
D	21	Silly-le-Long																	
C	14	Solente																	
A	13	Sommereux																	
A	6	Talmontiers																	
A	23	Therdonne																	
A	29	Thérines																	
D	7	Toutes-Voyes-s.-Oise (*Gouv.*)																	
C	1	Tracy-le-Mont																	
B	17	Tricot																	
A	5	Trye-Château																	
A	13	Vacquerie (la)																	
A	2	Valdampierre																	
C	25	Varesnes																	
A	6	Vaumain (le)																	
A	6	Vauroux (le)																	
C	28	Veaugenlieu (*Maretz*)																	
D	21	Ver																	
D	26	Verberie																	
D	26	Verneuil																	
D	8	Vez																	
C	c	Vieux-Moulins																	
A	29	Villembray																	
D	d	Villemétrie (*Senlis*)																	
A	19	Villeneuve-le-Roy (la)																	
D	26	Villeneuve-sur-Verberie																	
D	7	Villers-Saint-Paul																	
C	27	Villers-sur-Coudun																	
A	11	Villers-Vermont																	
C	14	Villeselve																	
A	5	Villetertre (la)																	
D	d	Villevert (*Senlis*)																	
B	30	Wavignies																	

SIGNES DISTINCTIFS des ARRONDISSEMENTS.	SIGNES DISTINCTIFS des CANTONS.	ORNE. ARRONDISSEMENTS ET CANTONS.	NOMS DES CORRESPONDANTS, LEURS TARIFS.																
1	2	3	4	5	6	7	8	9	10	11	12	13	14	15	16	17	18	19	20
		ARRONDISSEMENTS.																	
A	a	ALENÇON (ch.-l.).																	
»	»	Le reste { de l'arrondissement. / des deux cantons																	
B	b	ARGENTAN.																	
»	»	Le reste { de l'arrondissement. / du canton.																	
C	c	DOMFRONT.																	
»	»	Le reste { de l'arrondissement. / du canton.																	
D	d	MORTAGNE.																	
»	»	Le reste { de l'arrondissement. / du canton.																	
		CANTONS.																	
C	1	ATHIS.																	
»	»	Le reste du canton.																	
D	2	BAZOCHE-SUR-HOËNE.																	
»	»	Le reste du canton.																	
D	3	BELLÊME.																	
»	»	Le reste du canton.																	
B	4	BRIOUZE.																	
»	»	Le reste des deux cantons.																	
A	5	CARROUGES.																	
»	»	Le reste du canton.																	
A	6	COURTOMER.																	
»	»	Le reste du canton.																	
B	7	ÉCOUCHÉ.																	
»	»	Le reste du canton.																	
B	8	EXMES.																	
»	»	Le reste du canton.																	
B	9	FERTÉ-FRESNEL (LA).																	
»	»	Le reste du canton.																	
C	10	FERTÉ-MACÉ (LA).																	
»	»	Le reste du canton.																	
C	11	FLERS.																	
»	»	Le reste du canton.																	
B	12	GACÉ.																	
»	»	Le reste du canton.																	
C	13	JUVIGNY-SOUS-ANDAINE.																	
»	»	Le reste du canton.																	
D	14	LAIGLE.																	
»	»	Le reste du canton.																	
D	15	LONGNY.																	
»	»	Le reste du canton.																	
B	16	MERLERAULT (LE).																	
»	»	Le reste du canton.																	
A	17	MESLE-SUR-SARTHE (LE).																	
»	»	Le reste du canton.																	
C	18	MESSEI.																	
»	»	Le reste du canton.																	
B	19	MORTRÉE.																	
»	»	Le reste du canton.																	
D	20	MOULINS-LA-MARCHE.																	
»	»	Le reste du canton.																	
D	21	NOCÉ.																	
»	»	Le reste du canton.																	
C	22	PASSAIS.																	
»	»	Le reste du canton.																	
D	23	PERVENCHÈRES.																	
»	»	Le reste du canton.																	
B	24	PUTANGES.																	
»	»	Le reste du canton.																	
D	25	RÉMALARD.																	
»	»	Le reste du canton.																	
A	26	SÉES.																	
»	»	Le reste du canton.																	
D	27	THEIL (LE).																	
»	»	Le reste du canton.																	
C	28	TINCHEBRAI.																	
»	»	Le reste du canton.																	
D	29	TOUROUVRE.																	
»	»	Le reste du canton.																	
B	30	TRUN.																	
»	»	Le reste du canton.																	
B	31	VIMOUTIER.																	
»	»	Le reste du canton.																	
		LE RESTE DU DÉPARTEMENT.																	

SIGNES DISTINCTIFS des ARRONDISSEMENTS.	CANTONS.	ORNE. COMMUNES ou PLACES.	NOMS DES CORRESPONDANTS, LEURS TARIFS.																
1	2	3	4	5	6	7	8	9	10	11	12	13	14	15	16	17	18	19	20
B	19	Almenêches																	
B	9	Anceins																	
C	13	Andaine (*Tessé-la-Madeleine*)																	
C	10	Antoigny																	
D	20	Apres (Notre-Dame-d')																	
D	14	Aube																	
B	31	Aubry-le-Panthou																	
C	11	Aubusson																	
C	10	Bagnoles (*Couterne*)																	
B	30	Bailleul																	
C	18	Banvou																	
B	24	Bazoches-au-Houlme																	
C	28	Beauchêne																	
D	14	Beaufai																	
D	15	Beaumont (*Longni*)																	
A	5	Beauvain																	
B	8	Belhotel (*Survie*)																	
D	23	Bellavilliers																	
C	18	Bellou-en-Houlme																	
D	27	Bellou-le-Trichard																	
D	25	Bellou-sur-Huine																	
D	21	Berd'huis																	
C	1	Berjou																	
D	15	Bizou																	
D	29	Bivilliers																	
D	25	Boissy-Maugis																	
B	9	Bocquencée																	
D	2	Bœcé																	
D	20	Bonnefoi																	
B	31	Bonneval (Saint-Aubin-de)																	
B	7	Boucé																	
B	8	Bourg-Saint-Léonard (le)																	
D	25	Bretoncelles																	
D	29	Brésolettes																	
D	14	Buat (le)																	
D	29	Bubertré																	
C	11	Caligni																	
B	31	Camembert																	
B	31	Canapville																	
C	1	Carneille (la)																	
C	c	Céaucé																	
C	11	Cérizy-Belle-Étoile																	
D	27	Ceton																	
A	26	Chailloué																	
B	8	Chagny (*Pin-au-Haras*)																	
B	30	Chambois																	
B	8	Champaubert (*Villebadin*)																	
B	31	Champeaux (les)																	
B	31	Champosoult																	
D	29	Champs																	
C	c	Champsecret																	
D	14	Chandai																	
C	28	Chanu																	
C	11	Chapelle-aux-Moines (la)																	
C	11	Chapelle-Biche (la)																	
C	13	Chapelle-Moche (la)																	
D	d	Chapelle-Montligeon (la)																	
D	3	Chapelle-Souëf (la)																	
D	20	Chapelle-Viel (la)																	
C	18	Châtellier (le)																	
B	12	Chaumont																	
D	29	Chérencé-le-Vieux (*S.-Maur*)																	
B	12	Cisai-Saint-Aubin																	
C	28	Claire-Fougère																	
D	25	Condé-sur-Huine																	
A	a	Condé-sur-Sarthe																	

SIGNES DISTINCTIFS des ARRONDISSEMENTS.	SIGNES DISTINCTIFS des CANTONS.	ORNE. COMMUNES ou PLACES.	NOMS DES CORRESPONDANTS, LEURS TARIFS.																
1	2	3	4	5	6	7	8	9	10	11	12	13	14	15	16	17	18	19	20
D	23	Coulimer																	
C	18	Coulonche (la)																	
A	17	Coulonges-sur-Sarthe																	
D	d	Courgeon																	
D	2	Courgeout																	
B	24	Courteille																	
A	a	Courteille (*Alençon*)																	
C	10	Couterne																	
B	31	Crouttes																	
D	14	Crulai																	
A	a	Cuissai																	
A	a	Damigny																	
D	25	Dorceau																	
B	12	Douet-Arthus (le)																	
C	1	Durcet																	
B	16	Échauffour																	
D	23	Eperrais																	
C	22	Epinai-le-Comte (l')																	
A	17	Essai																	
B	4	Faverolles																	
D	20	Fay																	
D	d	Feings																	
B	8	Fel																	
C	18	Ferrière-aux-Étangs (la)																	
C	28	Fresnes																	
A	6	Gaprée																	
A	26	Gast (le) (*Tanville*)																	
B	9	Gauville																	
C	13	Geneslay																	
B	9	Glos-la-Ferrière																	
D	14	Gondrier (*S. Martin-d'Ecublei*)																	
B	31	Guerguesalles																	
B	24	Habloville																	
B	9	Heugon																	
D	15	Hôme-Chamondot (l')																	
D	3	Igé																	
D	14	Irai																	
A	5	Joué-du-Bois																	
C	11	Lande-Patri (la)																	
C	11	Landigou																	
C	11	Landisacq																	
C	28	Larchamp																	
C	c	Lonlay-l'Abbaye																	
C	13	Lucé																	
D	25	Madelaine-Bouvet (la)																	
C	10	Magni-le-Désert																	
D	25	Maison-Maugis																	
D	27	Male																	
D	15	Malétable																	
C	22	Mantilli																	
D	15	Marchainville																	
D	d	Mauves																	
C	28	Ménil-Ciboult (le)																	
B	12	Ménil-Hubert-en-Exmes																	
C	1	Ménil-Hubert-sur-Orne																	
D	15	Monceaux																	
C	28	Monci																	
C	28	Mont-Secret																	
C	11	Montilli																	
B	4	Montreuil-sur-Houlm																	
A	5	Motte-Fouquet (la)																	
D	15	Moulicent																	
B	b	Moulins-sur-Orne																	
D	29	Moussonvilliers																	
D	25	Moutiers-au-Perche																	
B	30	Nécy																	

SIGNES DISTINCTIFS des ARRONDISSEMENTS.	SIGNES DISTINCTIFS des CANTONS.	ORNE. COMMUNES ou PLACES.	NOMS DES CORRESPONDANTS, LEURS TARIFS.																
1	2	3	4	5	6	7	8	9	10	11	12	13	14	15	16	17	18	19	20
D	15	Neuilly-sur-Eure																	
B	12	Neuville-sur-Touque																	
B	16	Nonant																	
D	3	Origni-le-Roux																	
D	23	Perrière (la)																	
B	8	Pin-au-Haras (le)																	
D	23	Pin-la-Garenne (le)																	
B	16	Planches																	
B	24	Pont-Écrepin																	
D	21	Préaux																	
B	24	Rabodanges																	
D	14	Rai-sur-Rille																	
D	29	Randonnai																	
B	7	Ranes																	
B	8	Roche-de-Nonant (la)																	
B	31	Roiville																	
C	1	Rouvron (*Ménil-Hub.-s.-Orne*)																	
C	c	Saint-Bomer-les-Forges																	
C	28	Saint-Cornier-des-Landes																	
A	a	Saint-Denis-sur-Sarthon																	
B	9	Saint-Évroult-N.-D.-du-Bois																	
A	5	Saint-Ellier-les-Bois																	
C	22	Saint-Fraimbault-sur-Pisse																	
B	16	Sainte-Gauburge																	
C	11	St Georges-des-Groseillers																	
D	27	Saint-Germain-de-la-Coudre																	
B	4	Saint-Hilaire-de-Briouze																	
D	20	Saint-Hilaire-sur-Rille																	
B	24	Ste-Honorine-la-Guillaume																	
D	23	Saint-Julien-sur-Sarthe																	
D	d	Saint-Mard-de-Réno																	
C	22	Saint-Mars-d'Égrenne																	
D	20	Saint-Martin-d'Apres																	
D	3	St-Martin-du-Vieux-Bellême																	
D	29	Saint-Maurice																	
A	5	Saint-Ouen-le-Brissoult																	
A	5	Saint-Patrice-du-Désert																	
C	28	Saint-Pierre-d'Entremont																	
A	6	Saint-Scolasse-sur-Sarthe																	
D	14	Saint-Sulpice-sur-Rille																	
D	15	Saint-Victor-de-Réno																	
B	31	Sap (le)																	
C	10	Sauvagère (la)																	
C	1	Segrie-Fontaine																	
C	13	Sept-Forges																	
D	2	Soligni-la-Trappe																	
A	26	Tanville																	
D	14	Tubœuf																	
C	c	Varennes (*Champsecret*)																	
B	9	Villers-en-Ouche																	
C	28	Yvrandes																	

SIGNES DISTINCTIFS des ARRONDISSEMENTS.	CANTONS.	PAS-DE-CALAIS. ARRONDISSEMENTS ET CANTONS.	NOMS DES CORRESPONDANTS, LEURS TARIFS.																
1	2	3	4	5	6	7	8	9	10	11	12	13	14	15	16	17	18	19	20
		ARRONDISSEMENTS.																	
A	a	ARRAS (ch.-l.).																	
»	»	Le reste { de l'arrondissement. / des deux cantons.																	
B	b	BÉTHUNE.																	
»	»	Le reste { de l'arrondissement. / du canton.																	
C	c	BOULOGNE-SUR-MER.																	
»	»	Le reste { de l'arrondissement. / du canton.																	
D	d	MONTREUIL-SUR-MER.																	
»	»	Le reste { de l'arrondissement. / du canton.																	
E	e	SAINT-OMER.																	
»	»	Le reste { de l'arrondissement. / des deux cantons.																	
F	f	SAINT-POL.																	
»	»	Le reste { de l'arrondissement. / du canton.																	
		CANTONS.																	
E	1	AIRE-SUR-LA-LYS.																	
»	»	Le reste du canton.																	
E	2	ARDRES.																	
»	»	Le reste du canton.																	
F	3	AUBIGNY.																	
»	»	Le reste du canton.																	
E	4	AUDRUICQ.																	
»	»	Le reste du canton.																	
F	5	AUXY-LE-CHATEAU.																	
»	»	Le reste du canton.																	
F	6	AVESNES-LE-COMTE.																	
»	»	Le reste du canton.																	
A	7	BAPAUME.																	
»	»	Le reste du canton.																	
A	8	BEAUMETS-LES-LOGES.																	
»	»	Le reste du canton.																	
A	9	BERTINCOURT.																	
»	»	Le reste du canton.																	
C	10	CALAIS.																	
»	»	Le reste du canton.																	
B	11	CAMBRIN.																	
»	»	Le reste du canton.																	
D	12	CAMPAGNE-LÈS-HESDIN.																	
»	»	Le reste du canton.																	
B	13	CARVIN-ÉPINOY.																	
»	»	Le reste du canton.																	
A	14	CROISILLES.																	
»	»	Le reste du canton.																	
C	15	DESVRES.																	
»	»	Le reste du canton.																	
D	16	ÉTAPLES.																	
»	»	Le reste du canton.																	
E	17	FAUQUEMBERG.																	
»	»	Le reste du canton.																	
D	18	FRUGES.																	
»	»	Le reste du canton.																	
C	19	GUINES.																	
»	»	Le reste du canton.																	
D	20	HESDIN.																	
»	»	Le reste du canton.																	
F	21	HEUCHIN.																	
»	»	Le reste du canton.																	
B	22	HOUDAIN.																	
»	»	Le reste du canton.																	
D	23	HUCQUELIERS.																	
»	»	Le reste du canton.																	
B	24	LAVENTIE.																	
»	»	Le reste du canton.																	
B	25	LENS.																	
»	»	Le reste du canton.																	
B	26	LILLERS.																	
»	»	Le reste du canton.																	
E	27	LUMBRES.																	
»	»	Le reste du canton.																	
A	28	MARQUION.																	
»	»	Le reste du canton.																	
C	29	MARQUISE.																	
»	»	Le reste du canton.																	

SIGNES DISTINCTIFS des ARRONDISSEMENTS.	CANTONS.	PAS-DE-CALAIS. ARRONDISSEMENTS ET CANTONS.	NOMS DES CORRESPONDANTS, LEURS TARIFS.																
1	2	3	4	5	6	7	8	9	10	11	12	13	14	15	16	17	18	19	20
B	30	NORRENT-FONTÉS.																	
»	»	Le reste du canton.																	
F	31	PARCQ (LE).																	
»	»	Le reste du canton.																	
A	32	PAS.																	
»	»	Le reste du canton.																	
C	33	SAMER.																	
»	»	Le reste du canton.																	
A	34	VIMY.																	
»	»	Le reste du canton																	
A	35	VITRY.																	
»	»	Le reste du canton.																	
		LE RESTE DU DÉPARTEMENT.																	

SIGNES DISTINCTIFS des ARRONDISSEMENTS.	CANTONS.	PAS-DE-CALAIS. COMMUNES ou PLACES.	NOMS DES CORRESPONDANTS, LEURS TARIFS.																
1	2	3	4	5	6	7	8	9	10	11	12	13	14	15	16	17	18	19	20
D	12	Aix-en-Issart																	
A	34	Acheville																	
C	29	Ambleteuse																	
A	32	Amplier																	
C	19	Andres																	
E	e	Arques																	
A	a	Athies																	
F	31	Auchy-les-Moines																	
A	34	Avion																	
A	34	Bailleul-sire-Berthoult																	
C	c	Baincthun																	
A	28	Baralle																	
E	27	Bayenghem-les-Senninghem																	
D	12	Beaurain-Château (*Beaurainv*)																	
A	a	Beaurains																	
D	12	Beaurainville																	
D	d	Berck-sur-Mer																	
A	9	Beugny-le-Château																	
B	11	Beuvry																	
A	35	Bioche-Saint-Vaast																	
A	a	Blangy-les-Arras (*S-Laur.B*).																	
E	e	Blendecques																	
F	31	Blingel																	
F	5	Bonnières																	
F	5	Boubers-sur-Canche																	
A	28	Bourlon																	
B	11	Bourse (la)																	
A	35	Brebières																	
E	2	Brêmes																	
A	14	Bucquay																	
A	35	Cagnicourt																	
B	22	Camblain-Châtelain																	
E	1	Campagne-les-Wardrecques																	
D	d	Campigneul																	
F	5	Cercamp-sur-Canche																	
B	b	Chocques																	
E	1	Clarques																	
C	15	Colembert																	
A	35	Corbehem																	
C	10	Coulogne																	
B	13	Courcelles-les-Lens																	
B	13	Courrières																	
E	27	Dohem																	
D	12	Douriez																	
A	28	Écourt-Saint-Quentin																	
C	10	Escales																	
E	27	Esquerdes																	
B	22	Estrée-Cauchy																	
A	a	Fampoux																	
C	29	Ferques																	
C	19	Fiennes																	
E	17	Fléchin																	
B	24	Fleurbaix																	
A	32	Foncquevilliers																	
B	22	Fresnicourt																	
D	18	Fressin																	
F	5	Frévent																	
F	5	Genne-Ivergny																	
B	26	Gonnehem																	
B	22	Gosnay																	
F	31	Grigny																	
A	35	Gouy-sous-Bellonne																	
B	11	Haisnes																	
C	19	Hardinghen																	
E	27	Hallines																	
B	25	Harnes																	

SIGNES DISTINCTIFS des ARRONDISSEMENTS.	CANTONS.	PAS-DE-CALAIS. COMMUNES ou PLACES.	NOMS DES CORRESPONDANTS, LEURS TARIFS.																
1	2	3	4	5	6	7	8	9	10	11	12	13	14	15	16	17	18	19	20
A	35	Hendecourt-les-Cagnicourt.																	
A	14	Héninel																	
B	13	Hénin-Liétard																	
A	9	Hermies																	
F	f	Hernicourt																	
B	22	Hersin																	
C	29	Hidrequen (*Ferques*)																	
E	6	Houlles																	
A	28	Inchy																	
B	30	Lambres																	
B	24	Lestrem																	
C	19	Licques																	
F	5	Ligny-sur-Canche																	
A	a	Louez (*Duisans*)																	
E	1	Mametz																	
F	6	Manin																	
C	10	Marck																	
D	20	Marconne																	
D	20	Marconnelle																	
D	12	Maresquel																	
A	a	Mareuil																	
A	8	Mercatel																	
A	32	Mondicourt																	
B	26	Mont-Bernanchon																	
D	16	Mont-Cavrel																	
A	34	Mont-Saint-Éloy																	
A	9	Neuville-Bourjonval																	
D	d	Neuville-sur-Montreuil																	
A	34	Neuville-Saint-Vaast																	
E	2	Nielles-les-Ardres																	
B	11	Noyelles-les-Vermelles																	
A	28	Oisy																	
C	33	Outréau																	
E	4	Oye																	
F	21	Pernes																	
C	c	Pernes																	
D	20	Plumoison																	
B	25	Pont-à-Vendin																	
B	b	Pugnoy (la)																	
F	31	Quesnoy (le)																	
C	33	Questrecques																	
F	f	Ramecourt																	
D	20	Régneauville																	
C	29	Réty																	
B	11	Richebourg-l'Avoué																	
A	8	Rivière																	
A	a	Roclincourt																	
A	35	Roeux																	
F	31	Rollencourt																	
A	34	Rouvroy																	
B	22	Ruit																	
A	9	Ruyaulcourt																	
F	21	Sachin																	
B	11	Sailly-la-Bourse																	
B	24	Sailly-sur-la-Lys																	
B	22	Sains-en-Gohelle																	
D	20	Sainte-Austreberthe																	
A	a	Sainte-Catherine-les-Arras																	
B	26	Saint-Floris																	
E	4	Saint-Folquin																	
F	31	Saint-Georges																	
B	30	Saint-Hilaire-Cottes																	
C	29	Saint-Inglevert																	
D	d	Saint-Josse																	
A	a	Saint-Laurent-Blangy																	
C	33	Saint-Léonard																	

SIGNES DISTINCTIFS des		PAS-DE-CALAIS.	NOMS DES CORRESPONDANTS, LEURS TARIFS.																
ARRONDISSEMENTS.	CANTONS.	COMMUNES ou PLACES.																	
1	2	3	4	5	6	7	8	9	10	11	12	13	14	15	16	17	18	19	20
E	e	Saint-Martin-au-Laërt																	
C	c	Saint-Martin-Boulogne																	
C	10	Saint-Pierre-les-Calais																	
A	a	Saint-Sauveur (*Arras*)																	
B	26	Saint-Venant																	
E	e	Saperwick																	
F	6	Saulty																	
D	12	Saulchoy																	
A	28	Sauchy-Lestrée																	
F	3	Savy-Berlette																	
C	15	Senlecques																	
E	27	Setques																	
A	34	Souchez																	
C	c	Souverain-Moulin (*Wimille*)																	
F	6	Sus-Saint-Léger																	
F	21	Teneur																	
E	1	Thérouanne																	
A	a	Tilloy-les-Mofflaines																	
E	e	Tilques																	
F	3	Tinques																	
E	2	Tournehem																	
D	20	Tortefontaine																	
A	7	Transloy (le)																	
A	9	Velu																	
B	b	Verquin																	
D	d	Verton																	
F	31	Vieil-Hesdin																	
B	b	Vieille-Chapelle																	
E	4	Vieille-Église																	
A	35	Vis-en-Artois																	
F	31	Wail																	
F	31	Wamin																	
E	1	Wardrecque																	
C	15	Wast (le)																	
E	27	Wavrans																	
F	31	Willeman																	
C	c	Wimereux (*Wimille*)																	
C	c	Wimille																	
C	15	Wirwignes																	
C	29	Wissant																	
E	e	Wizernes																	
E	27	Zudausque																	
E	4	Zutkuerque																	

PUY-DE-DÔME.

SIGNES DISTINCTIFS des ARRONDISSEMENTS.	SIGNES DISTINCTIFS des CANTONS.	ARRONDISSEMENTS ET CANTONS.	NOMS DES CORRESPONDANTS, LEURS TARIFS.																
1	2	3	4	5	6	7	8	9	10	11	12	13	14	15	16	17	18	19	20
		ARRONDISSEMENTS.																	
A	a	CLERMONT-FERRAND (ch.-l.).																	
»	»	Le reste { de l'arrondissement. / des quatre cantons.																	
B	b	AMBERT.																	
»	»	Le reste { de l'arrondissement. / du canton.																	
C	c	ISSOIRE.																	
»	»	Le reste { de l'arrondissement. / du canton.																	
D	d	RIOM.																	
»	»	Le reste { de l'arrondissement. / des deux cantons.																	
E	e	THIERS.																	
»	»	Le reste { de l'arrondissement. / du canton.																	
		CANTONS.																	
D	1	AIGUEPERSE.																	
»	»	Le reste du canton.																	
C	2	ARDES.																	
»	»	Le reste du canton.																	
B	3	ARLANC.																	
»	»	Le reste du canton.																	
C	4	BESSE.																	
»	»	Le reste du canton.																	
A	5	BILLOM.																	
»	»	Le reste du canton.																	
A	6	BOURG-LASTIC.																	
»	»	Le reste du canton.																	
C	7	CHAMPEIX.																	
»	»	Le reste du canton.																	
E	8	CHATELDON.																	
»	»	Le reste du canton.																	
D	9	COMBRONDE.																	
»	»	Le reste du canton.																	
E	10	COURPIÈRE.																	
»	»	Le reste du canton.																	
B	11	CUNLHAT.																	
»	»	Le reste du canton.																	
D	12	ENNEZAT.																	
»	»	Le reste du canton.																	
A	13	HERMANT.																	
»	»	Le reste du canton.																	
C	14	JUMEAUX.																	
»	»	Le reste du canton.																	
E	15	LEZOUX.																	
»	»	Le reste du canton.																	
D	16	MANZAT.																	
»	»	Le reste du canton.																	
E	17	MARINGUES.																	
»	»	Le reste du canton.																	
D	18	MÉNAT.																	
»	»	Le reste du canton.																	
D	19	MONTAIGUT.																	
»	»	Le reste du canton.																	
B	20	OLLIERGUES.																	
»	»	Le reste du canton.																	
D	21	PIONSAT.																	
»	»	Le reste du canton.																	
D	22	PONT-AU-MUR.																	
»	»	Le reste du canton.																	
A	23	PONT-DU-CHATEAU.																	
»	»	Le reste du canton.																	
D	24	PONT-GIBAUD.																	
»	»	Le reste du canton.																	
D	25	RANDANS.																	
»	»	Le reste du canton.																	
A	26	ROCHEFORT.																	
»	»	Le reste du canton.																	
B	27	SAINT-AMAND-ROCHE-SAVINE.																	
»	»	Le reste du canton.																	
A	28	SAINT-AMAND-TALLENDE.																	
»	»	Le reste du canton.																	
B	29	SAINT-ANTHÈME.																	
»	»	Le reste du canton.																	
A	30	SAINT-DIER.																	
»	»	Le reste du canton.																	
C	31	SAINT-GERMAIN-LEMBRON.																	
»	»	Le reste du canton.																	

SIGNES DISTINCTIFS des		PUY-DE-DÔME. ARRONDISSEMENTS ET CANTONS.	NOMS DES CORRESPONDANTS, LEURS TARIFS.															
ARRONDISSEMENTS.	CANTONS.																	
1	2	3	4	5	6	7	8	9	10	11	12	13	14	15	16	17	18	19
B	32	SAINT-GERMAIN-L'HERM.																
»	»	Le reste du canton.																
D	33	SAINT-GERVAIS.																
»	»	Le reste du canton.																
E	34	SAINT-REMY.																
»	»	Le reste du canton.																
C	35	SAUXILLANGES.																
»	»	Le reste du canton.																
C	36	TAUVES.																
»	»	Le reste du canton.																
C	37	TOUR-SAINT-PARDOUX (LA).																
»	»	Le reste du canton.																
A	38	VERTAIZON.																
»	»	Le reste du canton.																
A	39	VEYRE.																
»	»	Le reste du canton.																
A	40	VIC-LE-COMTE.																
»	»	Le reste du canton.																
B	41	VIVEROLS.																
»	»	Le reste du canton.																
		LE RESTE DU DÉPARTEMENT.																

SIGNES DISTINCTIFS des ARRONDISSEMENTS.	SIGNES DISTINCTIFS des CANTONS	PUY-DE-DÔME — COMMUNES ou PLACES.	NOMS DES CORRESPONDANTS, LEURS TARIFS.																
1	2	3	4	5	6	7	8	9	10	11	12	13	14	15	16	17	18	19	20
A	26	Allagnat																	
C	31	Antoing																	
C	2	Anzat-le-Luguet																	
E	34	Arconsat																	
D	1	Artonne																	
A	a	Aubière																	
E	10	Aubusson																	
E	10	Augerolles																	
C	c	Aulhat																	
A	39	Authezat-la-Sauvetat																	
C	14	Auzat-sur-Allier																	
A	28	Aydat																	
C	4	Bains-du-Mont-Dore (les)																	
C	35	Bansat																	
A	a	Beaumont																	
A	38	Beauregard-l'Évêque																	
D	9	Beauregard-Vendon																	
C	c	Bergonne																	
B	27	Bertignat																	
A	a	Blanzat																	
D	18	Blot-l'Église																	
C	31	Boudes																	
C	14	Brassac																	
C	35	Brenat																	
C	31	Breuil (le)																	
A	6	Briffons																	
C	c	Broc (le)																	
D	24	Bromont-la-Mothe																	
B	11	Brousse																	
A	a	Cebazat																	
E	34	Celles																	
C	7	Chadeleuf																	
A	a	Chamalières																	
B	32	Chambon																	
C	4	Chambon																	
B	b	Champétières																	
B	11	Chapelle-Agnon (la)																	
D	24	Chapdes-Beaufort																	
D	16	Charbonnières-les-Vieilles																	
D	33	Charenzat																	
E	15	Charnat																	
D	16	Châteauneuf																	
D	d	Châtel-Guyon																	
A	38	Chauriat																	
D	22	Cheix (le) (*Puy-St-Gulmier*)																	
C	7	Chidrac																	
C	14	Combelle (la) (*Auzat-s-Allier*)																	
D	22	Condat																	
C	c	Coudes-Montpeyroux																	
A	23	Cornon																	
A	39	Crest (le)																	
E	15	Crevant																	
E	15	Culhat																	
C	2	Dauzat																	
D	9	Davayat																	
A	a	Durtol																	
B	32	Échandely																	
D	1	Effiat																	
C	4	Église-Neuve-d'Entraigues																	
E	e	Escoutoux																	
C	c	Flat																	
B	32	Fournolz																	
A	26	Gelles																	
A	a	Gerzat																	
D	22	Giat																	
C	31	Gignat																	

SIGNES DISTINCTIFS des		PUY-DE-DÔME.	NOMS DES CORRESPONDANTS, LEURS TARIFS.																
ARRONDISSEMENTS.	CANTONS.	COMMUNES ou PLACES.																	
1	2	3	4	5	6	7	8	9	10	11	12	13	14	15	16	17	18	19	20
D	9	Gimeaux																	
B	27	Grand-Val																	
B	b	Job																	
E	17	Joze																	
C	14	Lamontgie																	
A	26	Laqueuille																	
A	39	Lavor (*Martres-de-Veyre*)																	
C	36	Larrode																	
A	23	Lempdes																	
E	17	Luzillat																	
A	40	Manglieux																	
B	20	Marat																	
D	18	Marcillat																	
B	b	Marsac																	
D	d	Marsat																	
A	23	Martres-d'Artières (les)																	
A	39	Martres-de-Veyre																	
D	12	Martres-sur-Morges																	
A	5	Mauzun																	
C	c	Meilhaud																	
A	6	Messeix																	
A	38	Mezel																	
A	40	Mirefleurs																	
A	38	Moissat																	
B	27	Monestier (le)																	
D	22	Montel-de-Gélat																	
A	a	Montferrand (*Clermont*)																	
D	d	Mozac																	
A	26	Murat-le-Quaire																	
C	4	Murols																	
E	15	Néronde																	
C	7	Neschers																	
C	31	Nonette																	
A	26	Olby																	
E	10	Olmet																	
C	c	Orbeil																	
A	a	Orcines																	
A	26	Orcival																	
C	c	Pardines																	
C	c	Perrier																	
A	39	Plauzat																	
D	19	Peyrouze																	
D	18	Pouzol																	
E	8	Puy-Guillaume																	
A	38	Ravel-Salméranges																	
E	8	Ris																	
A	39	Roche-Blanche (la)																	
A	a	Royat																	
B	3	Saint-Alyre																	
C	2	Saint-Alyre-des-Montagnes																	
C	c	Saint-Babel																	
B	32	Saint-Bonnet-le-Châtel																	
C	7	Saint-Cirgues																	
D	19	Saint-Èloi																	
C	35	Saint-Étienne-sur-Usson																	
D	d	Saint-Genest-l'Enfant																	
D	16	Saint-Georges-de-Mons																	
D	d	Saint-Hyppolite																	
A	30	Saint-Jean-des-Ollières																	
A	5	Saint-Julien-de-Copel																	
B	41	Saint-Just-de-Baffle																	
D	21	Saint-Maurice																	
D	9	Saint-Myon																	
C	7	Saint-Nectaire																	
D	18	Saint-Pardoux																	
D	33	Saint-Priest-des-Champs																	

SIGNES DISTINCTIFS des ARRONDISSEMENTS.	CANTONS.	PUY-DE-DÔME. COMMUNES ou PLACES.	NOMS DES CORRESPONDANTS, LEURS TARIFS.																
1	2	3	4	5	6	7	8	9	10	11	12	13	14	15	16	17	18	19	20
C	35	Saint-Remy-de-Chargnat...																	
A	28	Saint-Sandoux																	
A	28	Saint-Saturnin																	
C	36	Saint-Sauves																	
C	7	Saurier..............																	
B	41	Sauvessangues																	
E	10	Sauviat..............																	
C	14	Sellamines (*Auzat-sur-Allier*).																	
C	36	Singles																	
A	30	Sugères																	
A	26	Tacros (*Gelles*)..........																	
D	18	Teilhet																	
D	1	Thuret																	
A	30	Tours................																	
A	30	Trézioux..............																	
C	35	Usson................																	
C	c	Vadable																	
C	4	Valbelaix																	
C	35	Vernet-la-Varenne (le).....																	
A	26	Vernines-Aurières																	
E	15	Vinzelles..............																	
E	10	Vollore-Ville............																	
D	d	Volvic................																	
D	19	Youx................																	

SIGNES DISTINCTIFS des		PYRÉNÉES (BASSES-)	NOMS DES CORRESPONDANTS, LEURS TARIFS.																
ARRONDISSEMENTS.	CANTONS.	ARRONDISSEMENTS ET CANTONS.																	
1	2	3	4	5	6	7	8	9	10	11	12	13	14	15	16	17	18	19	20
		ARRONDISSEMENTS.																	
A	a	PAU (ch.-l.).																	
»	»	Le reste { de l'arrondissement. des deux cantons.																	
B	b	BAYONNE.																	
»	»	Le reste { de l'arrondissement. des deux cantons.																	
C	c	MAULÉON.																	
»	»	Le reste { de l'arrondissement. du canton.																	
D	d	OLORON.																	
»	»	Le reste { de l'arrondissement. du canton.																	
E	e	ORTHEZ.																	
»	»	Le reste { de l'arrondissement. du canton.																	
		CANTONS																	
D	1	ACCOUS.																	
»	»	Le reste du canton.																	
D	2	ARAMITZ.																	
»	»	Le reste du canton.																	
E	3	ARTHEZ.																	
»	»	Le reste du canton.																	
D	4	ARUDY.																	
»	»	Le reste du canton.																	
E	5	ARZACQ.																	
»	»	Le reste du canton.																	
B	6	BASTIDE-CLAIRENCE (LA).																	
B	7	BIDACHE.																	
»	»	Le reste du canton.																	
A	8	CLARAC.																	
B	9	ESPELETTE.																	
»	»	Le reste du canton.																	
A	10	GARLIN.																	
»	»	Le reste du canton.																	
B	11	HASPARREN.																	
»	»	Le reste du canton.																	
C	12	IHOLDY.																	
»	»	Le reste du canton.																	
E	13	LAGOR.																	
»	»	Le reste du canton.																	
A	14	LEMBEYE.																	
»	»	Le reste du canton.																	
D	15	LARUNS.																	
»	»	Le reste du canton.																	
D	16	LASSEUBE.																	
»	»	Le reste du canton.																	
A	17	LESCAR.																	
»	»	Le reste du canton.																	
D	18	MONEIN.																	
A	19	MONTANER.																	
»	»	Le reste du canton.																	
A	20	MORLAAS.																	
»	»	Le reste du canton.																	
E	21	NAVARRENX.																	
»	»	Le reste du canton.																	
A	22	NAY.																	
»	»	Le reste du canton.																	
A	23	PONTACQ.																	
»	»	Le reste du canton.																	
C	24	SAINT-ÉTIENNE-DE-BAIGORRY.																	
»	»	Le reste du canton.																	
B	25	SAINT-JEAN-DE-LUZ.																	
»	»	Le reste du canton.																	
C	26	SAINT-JEAN-PIED-DE-PORT.																	
»	»	Le reste du canton.																	
D	27	SAINTE-MARIE-D'OLORON.																	
»	»	Le reste du canton.																	
C	28	SAINT-PALAIS.																	
»	»	Le reste du canton.																	
E	29	SALIES.																	
»	»	Le reste du canton.																	
E	30	SAUVETERRE.																	
»	»	Le reste du canton.																	
C	31	TARDETS.																	
»	»	Le reste du canton.																	
A	32	THÈSE.																	
»	»	Le reste du canton.																	
B	33	USTARITZ.																	
		LE RESTE DU DÉPARTEMENT.																	

Signes distinctifs des Arrondissements.	Signes distinctifs des Cantons.	PYRÉNÉES (BASSES-) COMMUNES ou PLACES.	NOMS DES CORRESPONDANTS, LEURS TARIFS.																
1	2	3	4	5	6	7	8	9	10	11	12	13	14	15	16	17	18	19	20
C	31	Abence-de-Haut																	
E	13	Abidos																	
B	9	Ainhouc																	
C	26	Alcictte-Bascassan																	
A	8	Angais																	
B	b	Anglet																	
A	17	Arbus																	
C	28	Aroue																	
C	28	Arraute																	
A	a	Artigueloutan																	
E	3	Artix																	
A	22	Asson																	
B	6	Ayherre																	
C	c	Barcus																	
B	7	Bardos																	
E	3	Bastide-Cézéracq (la)																	
A	8	Baudreix																	
A	19	Bedeille																	
D	1	Bedous																	
E	29	Berenx																	
D	4	Bescat																	
D	4	Bielle																	
A	a	Bizanos																	
A	8	Bordes-près-Nay																	
A	22	Bruges																	
C	12	Bunus																	
A	14	Cadillon																	
B	9	Cambo																	
B	25	Ciboure																	
A	32	Claracq-près-Thèze																	
A	8	Coarraze																	
A	10	Conchez																	
A	17	Denguin																	
C	28	Domezain																	
D	15	Eaux-Bonnes (*Aas*)																	
D	15	Eaux-Chaudes (*Laruns*)																	
A	a	Gan																	
C	28	Garris																	
A	a	Gélos																	
C	28	Gestas																	
E	13	Gouze																	
D	27	Gurmençon																	
C	12	Hélette																	
A	a	Idron																	
A	8	Igon																	
A	a	Jurancon																	
E	30	Laas																	
E	13	Lacq																	
D	16	Larommande																	
C	31	Larrau																	
E	5	Larreule																	
A	8	Lestelle																	
C	31	Licq																	
B	9	Louhossoa																	
D	4	Louvie-Juzon																	
B	11	Macaye																	
E	13	Maslacq																	
B	11	Mendionde																	
A	8	Mirepeix																	
C	c	Moncayolle																	
A	19	Monségur																	
A	8	Montaut																	
E	5	Morlanne																	
B	b	Mouguerre																	
D	1	Osse																	
C	24	Ossès																	

SIGNES DISTINCTIFS des ARRONDISSEMENTS.	CANTONS.	PYRÉNÉES (BASSES-) COMMUNES ou PLACES.	NOMS DES CORRESPONDANTS, LEURS TARIFS.																
1	2	3	4	5	6	7	8	9	10	11	12	13	14	15	16	17	18	19	20
C	12	Ostabal																	
A	22	Paradiès																	
D	18	Pardies																	
E	21	Préchacq-Navarrenx																	
D	4	Rebenacq																	
D	d	Saint-Christau (*Lurbe*)																	
B	33	Saint-Pée																	
B	7	Sames																	
D	1	Sarrance																	
E	e	Sault-de-Navailles																	
D	d	Saix (*Oloron*)																	
D	1	Urdos																	
B	25	Urrugne																	
B	6	Urt																	
E	13	Vielle-Ségur																	

SIGNES DISTINCTIFS des ARRONDISSEMENTS.	SIGNES DISTINCTIFS des CANTONS.	PYRÉNÉES (HAUTES-) — ARRONDISSEMENTS ET CANTONS.	NOMS DES CORRESPONDANTS, LEURS TARIFS.																
1	2	3	4	5	6	7	8	9	10	11	12	13	14	15	16	17	18	19	20
		ARRONDISSEMENTS.																	
A	a	TARBES (ch.-l.).																	
»	»	Le reste { de l'arrondissement. des deux cantons.																	
B	b	ARGELÈS.																	
»	»	Le reste { de l'arrondissement. du canton.																	
C	c	BAGNÈRES-EN-BIGORRE.																	
»	»	Le reste { de l'arrondissement. du canton.																	
		CANTONS.																	
C	1	ARREAU.																	
»	»	Le reste du canton.																	
B	2	AUCUN.																	
»	»	Le reste du canton.																	
C	3	BARTHE-DE-NESLE (LA).																	
»	»	Le reste du canton.																	
C	4	BORDÈRES.																	
»	»	Le reste du canton.																	
C	5	CAMPAN.																	
»	»	Le reste du canton.																	
C	6	CASTELNAU-MAGNOAC.																	
»	»	Le reste du canton.																	
A	7	CASTELNAU-RIVIÈRE-BASSE.																	
»	»	Le reste du canton.																	
A	8	GALAN.																	
»	»	Le reste du canton.																	
C	9	LANNEMEZAN.																	
»	»	Le reste du canton.																	
B	10	LOURDES.																	
»	»	Le reste du canton.																	
B	11	LUZ-EN-BARRÉGES.																	
»	»	Le reste du canton.																	
A	12	MAUBOURGUET.																	
»	»	Le reste du canton.																	
C	13	MAULÉON-BAROUSSE.																	
»	»	Le reste du canton.																	
C	14	NESTIER.																	
»	»	Le reste du canton.																	
A	15	OSSUN.																	
»	»	Le reste du canton.																	
A	16	POUYASTRUC.																	
»	»	Le reste du canton.																	
A	17	RABASTENS.																	
»	»	Le reste du canton.																	
B	18	SAINT-PÉ.																	
»	»	Le reste du canton.																	
A	19	TOURNAY.																	
»	»	Le reste du canton.																	
A	20	TRIE.																	
»	»	Le reste du canton.																	
A	21	VIC-EN-BIGORRE.																	
»	»	Le reste du canton.																	
C	22	VIELLE-AURE.																	
»	»	Le reste du canton.																	
		LE RESTE DU DÉPARTEMENT.																	

SIGNES DISTINCTIFS des ARRONDISSEMENTS.	CANTONS.	PYRÉNÉES (HAUTES-) COMMUNES ou PLACES.	NOMS DES CORRESPONDANTS, LEURS TARIFS.																
1	2	3	4	5	6	7	8	9	10	11	12	13	14	15	16	17	18	19	20
C	4	Adervielle																	
C	1	Ancizan																	
A	21	Andrest																	
A	20	Antin																	
B	2	Arras																	
B	2	Arrens																	
C	3	Asque																	
A	a	Aureilhan																	
C	14	Aventignan																	
B	11	Barréges (*Betpouey*)																	
A	17	Bazillac																	
A	15	Benac																	
A	a	Bernac-Debat																	
C	1	Beyrède-Jumet																	
C	14	Bize-Nistos																	
A	20	Bonnefont																	
A	a	Bordères																	
A	19	Bordes																	
C	9	Bourg																	
A	16	Cabanac																	
C	1	Cadéac																	
C	22	Camparan																	
C	9	Campistrous																	
C	9	Capvern																	
B	b	Cauterets																	
C	c	Chalets-Saint-Nérée (les)																	
C	4	Estarvielle																	
A	15	Gardères																	
C	22	Guchan																	
C	3	Hèches																	
A	a	Ibos																	
C	1	Ilhet																	
A	15	Juillan																	
B	10	Juncalas																	
C	c	Labassère																	
C	3	Laborde																	
A	12	Larreule																	
A	7	Lascazères																	
C	3	Lomné																	
C	3	Lorlet																	
A	7	Madiran																	
B	2	Marsous																	
A	17	Monfaucon																	
C	6	Monléon-Magnoac																	
A	8	Montastruc-la-Lande																	
A	a	Orleix																	
C	c	Pouzac																	
B	b	Préchac																	
C	6	Puntous																	
C	3	Saint-Arroman																	
C	22	Saint-Lary																	
C	14	Saint-Laurent-de-Neste																	
C	13	Sainte-Marie																	
B	11	Saint-Sauveur (*Luz*)																	
A	17	Saint-Sever																	
C	1	Sarrancolin																	
C	13	Sacoué																	
A	12	Sauveterre																	
A	a	Seméac																	
A	21	Siarrouy																	
C	13	Siradan																	
C	13	Sost																	
A	a	Souès																	
B	b	Soulom																	
A	17	Tostat																	
B	11	Viscos																	

SIGNES DISTINCTIFS des ARRONDISSEMENTS.	CANTONS	PYRÉNÉES ORIENTALES — ARRONDISSEMENTS ET CANTONS.	NOMS DES CORRESPONDANTS, LEURS TARIFS.																
1	2	3	4	5	6	7	8	9	10	11	12	13	14	15	16	17	18	19	20
		ARRONDISSEMENTS.																	
A	a	PERPIGNAN (ch.-l.).																	
»	»	Le reste de l'arrondissement / des deux cantons.																	
B	b	CÉRET.																	
»	»	Le reste de l'arrondissement / du canton.																	
C	c	PRADES.																	
»	»	Le reste de l'arrondissement. / du canton.																	
		CANTONS.																	
B	1	ARGELÈS.																	
»	»	Le reste du canton.																	
B	2	ARLES-SUR-TECH.																	
»	»	Le reste du canton.																	
A	3	MILLAS.																	
»	»	Le reste du canton.																	
C	4	MONT-LOUIS.																	
»	»	Le reste du canton.																	
C	5	OLETTE.																	
»	»	Le reste du canton.																	
B	6	PRATS-DE-MOLLO.																	
»	»	Le reste du canton.																	
A	7	RIVESALTES.																	
»	»	Le reste du canton.																	
C	8	SAILLAGOUSE.																	
»	»	Le reste du canton.																	
A	9	SAINT-PAUL-DE-FENOUILLET.																	
»	»	Le reste du canton.																	
C	10	SOURNIA.																	
»	»	Le reste du canton.																	
A	11	THUIR.																	
»	»	Le reste du canton.																	
A	12	TOUR-DE-FRANCE (LA).																	
»	»	Le reste du canton.																	
C	13	VINÇA.																	
»	»	Le reste du canton.																	
		LE RESTE DU DÉPARTEMENT.																	

Signes distinctifs des Arrondissements.	Signes distinctifs des Cantons.	PYRÉNÉES ORIENTALES COMMUNES ou PLACES.	NOMS DES CORRESPONDANTS, LEURS TARIFS.																
1	2	3	4	5	6	7	8	9	10	11	12	13	14	15	16	17	18	19	20
B	2	Amélie-les-Bains																	
C	5	Aytua (*Escaro*)...........																	
A	7	Baixas..................																	
B	1	Banyuls-sur-Mer..																	
C	13	Boule-Ternère...........																	
B	b	Boulou																	
C	8	Bourg-Madame																	
B	6	Buxater (le) (*Prats-de-Mollo*).																	
C	4	Cabanasse (la)																	
C	5	Canaveilles..............																	
C	8	Carol (La-Tour-de-).......																	
A	9	Caudiès-de-Saint-Paul.....																	
B	1	Collioure																	
B	2	Corsavy																	
B	6	Coustouges.																	
A	a	Elne																	
C	8	Enveitg.................																	
C	8	Err																	
C	13	Espira..................																	
A	7	Espira-de-la-Gly..........																	
A	12	Estagel.................																	
C	8	Estavar.................																	
C	c	Fillols.................																	
C	4	Fontpédrouse............																	
C	4	Fourmiguères																	
C	13	Ille																	
C	13	Llec (*Estoher*)																	
B	6	Manère (la).............																	
B	b	Maureillas																	
C	c	Molitg................ .																	
A	12	Montalba																	
B	2	Montalba................																	
C	c	Mosset..................																	
C	5	Nyers																	
C	8	Osséja..................																	
B	1	Palau-del-Vidre																	
B	b	Perthus (le) (*l'Écluse*).																	
A	3	Pezilia-de-la-Rivière																	
B	1	Port-Vendres............																	
B	6	Preste (la) (*Prats-de-Mollo*)..																	
C	4	Puy-Valador.............																	
C	4	Réal																	
B	b	Reynès..................																	
C	c	Ria																	
B	1	Roque (la)..............																	
B	b	Saint-Jean-Pla-de-Cors.....																	
B	6	Saint-Laurent-de-Cerdans..																	
A	7	St-Laurent-de-la-Salanque..																	
C	13	Saint-Michel-des-Llotes....																	
C	5	Sahorre																	
A	7	Salces..................																	
B	6	Serralongue.............																	
B	1	Sorède																	
A	7	Torreilles...............																	
C	5	Thuès-entre-Vails........																	
C	13	Velmanya...............																	
C	c	Vernet																	
C	c	Villefranche-de-Conflent. ..																	
C	8	Villeneuve																	

SIGNES DISTINCTIFS des ARRONDISSEMENTS.	SIGNES DISTINCTIFS des CANTONS.	RHIN (BAS-) — ARRONDISSEMENTS ET CANTONS.	NOMS DES CORRESPONDANTS, LEURS TARIFS.																
1	2	3	4	5	6	7	8	9	10	11	12	13	14	15	16	17	18	19	20
		ARRONDISSEMENTS.																	
		STRASBOURG (ch.-l.).																	
A	a	Le reste { de l'arrondissement.																	
»	»	Le reste { des quatre cantons.																	
		SAVERNE.																	
B	b	Le reste { de l'arrondissement.																	
»	»	Le reste { du canton.																	
		SCHELESTADT.																	
C	c	Le reste { de l'arrondissement.																	
»	»	Le reste { du canton.																	
		WISSEMBOURG.																	
D	d	Le reste { de l'arrondissement.																	
»	»	Le reste { du canton.																	
		CANTONS.																	
C	1	BARR.																	
»	»	Le reste du canton.																	
C	2	BENFELD.																	
»	»	Le reste du canton.																	
A	3	BISCHWILLER.																	
»	»	Le reste du canton.																	
B	4	BOUXWILLER.																	
»	»	Le reste du canton.																	
A	5	BRUMATH.																	
»	»	Le reste du canton.																	
B	6	DRULINGEN.																	
»	»	Le reste du canton.																	
C	7	ERSTEIN.																	
»	»	Le reste du canton.																	
A	8	GEISPOLSHEIM.																	
»	»	Le reste du canton.																	
A	9	HAGUENAU.																	
»	»	Le reste du canton.																	
B	10	HOCHFELDEN.																	
»	»	Le reste du canton.																	
D	11	LAUTERBOURG.																	
»	»	Le reste du canton.																	
C	12	MARCKOLSHEIM.																	
»	»	Le reste du canton.																	
B	13	MARMOUTIER.																	
»	»	Le reste du canton.																	
A	14	MOLSHEIM.																	
»	»	Le reste du canton.																	
D	15	NIEDERBRONN.																	
»	»	Le reste du canton.																	
A	16	OBERHAUSBERGEN.																	
»	»	Le reste du canton.																	
C	17	OBERNAI.																	
»	»	Le reste du canton.																	
B	18	PETITE-PIERRE (LA).																	
»	»	Le reste du canton.																	
C	19	ROSHEIM.																	
»	»	Le reste du canton.																	
B	20	SAAR-UNION.																	
»	»	Le reste du canton.																	
D	21	SELTZ.																	
»	»	Le reste du canton.																	
D	22	SOULTZ-SOUS-FORÊT.																	
»	»	Le reste du canton.																	
A	23	TRUCHTERSHEIM.																	
»	»	Le reste du canton.																	
C	24	VILLÉ.																	
»	»	Le reste du canton.																	
A	25	WASSELONNE.																	
»	»	Le reste du canton.																	
D	26	WOERTH-SUR-SAUER.																	
»	»	Le reste du canton.																	
		LE RESTE DU DÉPARTEMENT.																	

SIGNES DISTINCTIFS des ARRONDISSEMENTS.	SIGNES DISTINCTIFS des CANTONS.	RHIN (BAS-) COMMUNES ou PLACES.	NOMS DES CORRESPONDANTS, LEURS TARIFS.																
1	2	3	4	5	6	7	8	9	10	11	12	13	14	15	16	17	18	19	20
A	16	Achenheim																	
A	14	Altorf																	
B	20	Altwiller																	
C	1	Andlau																	
A	23	Avenheim																	
A	23	Behlenheim																	
D	21	Beinhem																	
A	24	Bergbieten																	
D	26	Biblisheim																	
A	16	Bischheim																	
C	19	Bœrsch																	
C	25	Breitenbach																	
B	13	Champagnermuhse																	
C	c	Chatenois																	
D	15	Dambach																	
C	1	Dambach																	
A	14	Dachstein																	
B	b	Detwiller																	
B	6	Diedendorf																	
B	6	Diemeringen																	
A	14	Dorlisheim																	
A	3	Drusenheim																	
A	8	Duppigheim																	
A	8	Duttlenheim																	
D	21	Éberhoff (*Eberbach*)																	
A	16	Eckbolsheim																	
C	1	Epfig																	
A	14	Ergersheim																	
A	14	Ernolsheim																	
A	8	Fegersheim																	
C	25	Fouday																	
A	5	Gambsheim																	
A	9	Geissel-Bronn (*Schweighauzen*)																	
A	8	Graffensladen (*Ilkirch*)																	
D	15	Griesbach																	
C	19	Griesheim																	
D	15	Gundershoffen																	
D	26	Gunstett																	
D	22	Hatten																	
A	3	Herrlisheim																	
A	14	Heiligenberg																	
B	20	Herbitzheim																	
B	18	Hocberg (*Wingen*)																	
A	16	Hoenheim																	
A	5	Hoerdt																	
A	8	Holtzheim																	
C	2	Hüttenheim																	
A	8	Ilkirch																	
B	4	Ingwiller																	
D	15	Jaegertbal (*Niederbronn*)																	
B	20	Keskastel																	
C	19	Klingenthal (*Bœrsch*)																	
D	26	Lampertsloch																	
D	d	Lembach																	
A	3	Leutenheim																	
B	18	Lichtenberg																	
A	8	Lingolsheim																	
D	22	Lobsann																	
B	20	Lorentzen																	
A	24	Marlenheim																	
C	17	Meistratzheim																	
D	15	Mertzwiller																	
D	21	Motheren																	
D	21	Munckhausen																	
C	12	Mütterscholtz																	
A	14	Mutzig																	

SIGNES DISTINCTIFS des ARRONDISSEMENTS.	CANTONS.	RHIN (BAS-) COMMUNES ou PLACES.	NOMS DES CORRESPONDANTS, LEURS TARIFS.																
1	2	3	4	5	6	7	8	9	10	11	12	13	14	15	16	17	18	19	20
B	18	Neuwiller																	
D	22	Niederbetschdorf																	
D	22	Niederkutzenhausen																	
B	4	Niedermottern																	
C	17	Niedernay																	
D	21	Niederroedern																	
A	9	Niederschaeffolsheim																	
D	d	Niedersteinbach																	
D	22	Oberbetschdorf																	
D	15	Oberbronn																	
A	16	Oberschaeffolsheim																	
A	23	Offenheim																	
A	8	Ostwald																	
B	4	Pfaffenhoffen																	
A	23	Quatzenheim																	
D	15	Rauschendwasser (*Niederbr.*)																	
D	15	Reichshoffen																	
B	13	Reinharsmunster																	
C	2	Rhinau																	
A	3	Roeschwoog																	
A	3	Rohrwiller																	
A	24	Romanswiller																	
A	3	Roppenheim																	
D	15	Rothback																	
C	1	Saint-Pierre																	
C	25	Scherwiller																	
A	16	Schiltigheim																	
A	23	Schnersheim																	
D	22	Schwabwiller																	
A	9	Schweighausen																	
A	3	Souffelnheim																	
A	14	Soultz-les-Bains																	
D	22	Sourbourg																	
C	25	Steige																	
C	12	Sundhauzen																	
B	13	Thal-Marmoutier																	
A	14	Urmatt																	
A	5	Wantzenau (la)																	
A	24	Westhoffen																	
A	5	Weyersheim																	
A	23	Willgottheim																	
B	18	Wingen																	
D	21	Wintzenbach																	
A	23	Wintzenheim																	
A	23	Wiwersheim																	
A	16	Wolfisheim																	
A	14	Wolxheim																	
D	15	Zinswiller																	
B	b	Zornhoff (*Monsviller*)																	

SIGNES DISTINCTIFS des ARRONDISSEMENTS.	CANTONS.	RHIN (HAUT-) — ARRONDISSEMENTS ET CANTONS.	NOMS DES CORRESPONDANTS, LEURS TARIFS.																
1	2	3	4	5	6	7	8	9	10	11	12	13	14	15	16	17	18	19	20
		ARRONDISSEMENTS.																	
A	a	COLMAR (ch.-l.).																	
»	»	Le reste de l'arrondissement. / du canton.																	
B	b	ALTKIRCH.																	
»	»	Le reste de l'arrondissement. / du canton.																	
C	c	BELFORT																	
»	»	Le reste de l'arrondissement. / du canton.																	
		CANTONS.																	
A	1	ANDOLSHEIM.																	
»	»	Le reste du canton.																	
C	2	CERNAY.																	
»	»	Le reste du canton.																	
C	3	DANNEMARIE.																	
»	»	Le reste du canton.																	
C.	4	DELLE.																	
»	»	Le reste du canton.																	
A	5	ENSISHEIM.																	
»	»	Le reste du canton.																	
B	6	FERRETTE.																	
»	»	Le reste du canton.																	
C	7	FONTAINE.																	
»	»	Le reste du canton.																	
C	8	GIROMAGNY.																	
»	»	Le reste du canton.																	
A	9	GUEBWILLER.																	
»	»	Le reste du canton.																	
B	10	HABSHEIM.																	
»	»	Le reste du canton.																	
B	11	HIRSINGUE.																	
»	»	Le reste du canton.																	
B	12	HUNINGUE.																	
»	»	Le reste du canton.																	
A.	13	KAYSERSBERG.																	
»	»	Le reste du canton.																	
B	14	LANDSER.																	
»	»	Le reste du canton																	
C	15	MASSEVAUX.																	
»	»	Le reste du canton.																	
B	16	MULHOUSE.																	
»	»	Le reste du canton.																	
A	17	MUNSTER.																	
»	»	Le reste du canton.																	
A	18	NEUF-BRISACH.																	
»	»	Le reste du canton.																	
A	19	POUTROYE (LA).																	
»	»	Le reste du canton.																	
A	20	RIBEAUVILLÉ.																	
»	»	Le reste du canton.																	
A	21	ROUFFACH.																	
»	»	Le reste du canton.																	
C	22	SAINT-AMARIN.																	
»	»	Le reste du canton.																	
A	23	SAINTE-MARIE-AUX-MINES																	
»	»	Le reste du canton.																	
A	24	SOUTZ.																	
»	»	Le reste du canton.																	
C	25	THANN.																	
»	»	Le reste du canton.																	
A	26	WINTZENHEIM.																	
»	»	Le reste du canton.																	
		LE RESTE DU DÉPARTEMENT.																	

RHIN (HAUT-).

NOMS DES CORRESPONDANTS, LEURS TARIFS.

SIGNES DISTINCTIFS des ARRONDISSEMENTS.	CANTONS.	COMMUNES ou PLACES.																
1	2	3	4	5	6	7	8	9	10	11	12	13	14	15	16	17	18	19	20
A	18	Algolsheim																	
A	23	Allemand-Rombach (l')																	
A	13	Alspach (*Kaysersberg*)																	
A	13	Ammerschwihr																	
C	2	Aspach-le-Bas																	
A	18	Balgau																	
B	b	Ballersdorff																	
A	1	Baltzenheim																	
B	10	Bantzenheim																	
B	14	Bartenheim																	
C	c	Bavilliers																	
C	4	Beaucourt																	
A	20	Bergheim																	
C	7	Bethonvillier																	
A	18	Biesheim																	
C	25	Bitschwiller																	
A	5	Blodelsheim																	
B	12	Blotzheim																	
A	24	Bollwiller																	
A	19	Bonhomme																	
B	12	Bourgfelden																	
C	4	Bourogne																	
A	17	Breitenbach																	
B	16	Brunstatt																	
A	9	Buhl																	
C	2	Burnhaupt-le-Haut																	
B	b	Carspach																	
C	7	Chapelle-s.-Rougemont (la)																	
C	c	Chatenois																	
C	c	Chèvremont																	
C	c	Chavanche																	
A	18	Dessenheim																	
B	16	Dornach																	
B	6	Durmenach																	
A	26	Éguisheim																	
A	23	Écherie (*Ste-Marie-aux-Mines*)																	
B	10	Eschentzwiller																	
C	c	Essert																	
C	4	Fêche-l'Église																	
C	22	Felleringen																	
A	23	Fertrue (*Ste-Marie-aux-Mines*)																	
A	5	Fessenheim																	
C	4	Florimont																	
B	12	Folgenspurg																	
C	c	Fontenelle																	
C	7	Foussemagne																	
A	18	Geisswasser																	
C	4	Grandvillars																	
A	20	Guémar																	
C	3	Hagenbach																	
B	b	Hausgauen																	
B	12	Hégenheim																	
A	18	Heiteren																	
B	12	Hésingue																	
A	1	Horbourg																	
C	22	Husseren																	
B	10	Illzach																	
A	13	Ingersheim																	
A	24	Issenheim																	
A	24	Jungholtz																	
A	1	Jebsheim																	
A	13	Kientzheim																	
B	16	Kingersheim																	
C	15	Kirchberg																	
C	22	Kruth																	
A	1	Kuenheim																	

SIGNES DISTINCTIFS des ARRONDISSEMENTS.	CANTONS.	RHIN (HAUT-). COMMUNES ou PLACES.	NOMS DES CORRESPONDANTS, LEURS TARIFS.																
1	2	3	4	5	6	7	8	9	10	11	12	13	14	15	16	17	18	19	20
B	10	Landau (Petit-)																	
A	9	Lautenbach																	
A	23	Liepvre																	
A	a	Logelbach (*Colmar*)																	
B	6	Lucelle																	
C	3	Lutran																	
A	17	Luttenbach																	
B	16	Lutterbach																	
C	22	Malmerspach																	
B	11	Mertzen																	
A	17	Metzeral																	
B	12	Michelbach																	
C	22	Mitzach																	
C	22	Mollau																	
C	22	Moosch																	
C	4	Morvillars																	
A	18	Nambsheim																	
B	16	Niedermorschwiller																	
C	15	Niederbruck																	
C	c	Novillard																	
C	15	Oberbruck																	
A	5	Oberherghiem																	
C	22	Oderen																	
A	24	Ollwillers (*Wuenheim*)																	
A	19	Orbey																	
B	10	Ottmarsheim																	
A	21	Pfaffenheim																	
B	16	Pfastadt																	
C	22	Ranspach																	
C	4	Réchésy																	
B	16	Richwillers																	
A	9	Rimbach																	
A	13	Riquewir																	
B	6	Roppentzwiller																	
C	8	Rougegoutte																	
C	15	Rougemont																	
A	23	Sainte-Croix-aux-Mines																	
A	23	Saint-Blaise(*Ste-Croix-aux-M.*)																	
A	a	Sainte-Croix-en-Plaine																	
C	7	Saint-Germain																	
A	20	Saint-Hippolyte																	
B	12	Saint-Louis																	
C	c	Salbert																	
C	15	Sentheim																	
B	11	Seppois-le-Bas																	
B	11	Seppois-le-Haut																	
C	8	Sermamagny																	
C	15	Seewen																	
B	14	Sierentz																	
A	13	Sigolsheim																	
C	15	Soppe-le-Bas																	
C	15	Soppe-le-Haut																	
A	17	Soultzbach																	
A	21	Soultzmatt																	
C	2	Steinbach																	
A	17	Stosswihr																	
A	17	Sultzeren																	
B	b	Tagolsheim																	
A	26	Turckheim																	
C	2	Uffholtz																	
C	22	Urbay																	
C	3	Valdieu																	
C	c	Valdoye																	
C	c	Vezelois																	
C	25	Vieux-Thann																	
B	12	Village-Neuf																	

SIGNES DISTINCTIFS des ARRONDISSEMENTS.	CANTONS.	RHIN (HAUT-). COMMUNES ou PLACES.	NOMS DES CORRESPONDANTS, LEURS TARIFS.																
1	2	3	4	5	6	7	8	9	10	11	12	13	14	15	16	17	18	19	20
A	18	Volgelsheim.............																	
B	b	Wallheim...............																	
C	2	Wattwillers.............																	
A	18	Weckolsheim...........																	
C	22	Wetterling (*Kusseren*)......																	
A	26	Wihr-au-Val.............																	
A	1	Wihr-en-Plaine..........																	
C	22	Wildenstein............																	
C	25	Willer..................																	
C	2	Wittelsheim............																	
A	18	Wolfgantzen............																	
A	13	Zellenberg.....																	
A	26	Zimmerbach............																	
B	10	Zimmersheim..........																	

SIGNES DISTINCTIFS des ARRONDISSEMENTS.	CANTONS.	RHÔNE. ARRONDISSEMENTS ET CANTONS.	NOMS DES CORRESPONDANTS, LEURS TARIFS.																
1	2	3	4	5	6	7	8	9	10	11	12	13	14	15	16	17	18	19	20
		ARRONDISSEMENTS.																	
A	a	LYON (ch.-l.).																	
»	»	Le reste { de l'arrondissement. des six cantons.																	
B	b	VILLEFRANCHE-SUR-SAÔNE.																	
»	»	Le reste { de l'arrondissement. du canton.																	
		CANTONS.																	
B	1	ANSE.																	
»	»	Le reste du canton.																	
A	2	ARBRESLE (L').																	
»	»	Le reste du canton.																	
B	3	BEAUJEU.																	
»	»	Le reste du canton.																	
B	4	BELLEVILLE.																	
»	»	Le reste du canton.																	
B	5	BOIS-D'OINGT (LE).																	
»	»	Le reste du canton.																	
A	6	GIVORS.																	
»	»	Le reste du canton.																	
A	7	GUILLOTIÈRE (LA).																	
»	»	Le reste du canton.																	
A	8	LIMONEST.																	
»	»	Le reste du canton.																	
B	9	MONSOL.																	
»	»	Le reste du canton.																	
A	10	MORNANT.																	
»	»	Le reste du canton.																	
B	11	MURE (LA).																	
»	»	Le reste du canton.																	
A	12	NEUVILLE-SUR-SAÔNE.																	
»	»	Le reste du canton.																	
A	13	SAINTE-COLOMBE.																	
»	»	Le reste du canton.																	
A	14	SAINT-GENIS-LAVAL.																	
»	»	Le reste du canton.																	
A	15	SAINT-LAURENT-DE-CHAMOUSSET.																	
»	»	Le reste du canton.																	
A	16	SAINT-SYMPHORIEN-SUR-COISE.																	
»	»	Le reste du canton.																	
B	17	TARARE.																	
»	»	Le reste du canton.																	
B	18	THIZY.																	
»	»	Le reste du canton.																	
A	19	VAUGNERAY.																	
»	»	Le reste du canton.																	
		LE RESTE DU DÉPARTEMENT.																	

SIGNES DISTINCTIFS des		RHÔNE.	NOMS DES CORRESPONDANTS, LEURS TARIFS.																
ARRONDISSEMENTS.	CANTONS.	COMMUNES ou PLACES.																	
1	2	3	4	5	6	7	8	9	10	11	12	13	14	15	16	17	18	19	20
B	9	Aigneperse																	
B	11	Allières (*Chambost-sur-Cham.*)																	
B	1	Ambérieux																	
B	18	Amplepuis																	
A	13	Ampuis																	
A	6	Arboras (*Grigny*)																	
B	b	Arbuissonas																	
B	b	Arnas																	
B	5	Bagnols																	
B	b	Beligny																	
A	2	Bessenay																	
B	b	Blacé																	
B	18	Bourg-de-Thizy																	
B	5	Breuil (le)																	
A	14	Brignais																	
A	12	Caluire																	
B	4	Cercié																	
B	5	Chamelet																	
B	18	Chapelle-de-Mardore (la)																	
A	14	Chaponost																	
A	19	Charbonnières																	
B	4	Charentay																	
A	14	Charly																	
A	8	Chasselay																	
B	5	Châtillon																	
B	1	Chazay																	
B	3	Chenas																	
B	11	Chenelette																	
B	b	Chervinges (*Gleizé*)																	
B	5	Chessy																	
B	3	Chiroubles																	
B	11	Claveisolles																	
B	b	Cogny																	
A	13	Condrieu																	
B	18	Cours																	
A	19	Craponne																	
A	a	Croix-Rousse (la)																	
B	18	Cublize																	
A	8	Dardilly																	
B	b	Denicé																	
A	8	Écully																	
B	3	Étoux (les)																	
B	3	Fleury																	
A	12	Fontaines																	
A	19	Francheville																	
B	5	Frontenas																	
B	b	Gleize																	
B	11	Grandris																	
A	19	Grézieux-la-Varenne																	
A	16	Grézieux-le-Marché																	
A	6	Grigny																	
A	15	Haute-Rivoire																	
B	17	Joux																	
B	3	Jullié																	
B	3	Julliénas																	
B	b	Lacenas																	
B	4	Lancié																	
B	3	Lantignié																	
A	2	Lentilly																	
B	1	Liergues																	
B	b	Limas																	
B	1	Lucenay																	
B	18	Mardore																	
B	18	Marnand																	
A	6	Millery																	
A	15	Montrotier																	

SIGNES DISTINCTIFS des ARRONDISSEMENTS.	CANTONS.	RHÔNE. COMMUNES ou PLACES.	NOMS DES CORRESPONDANTS, LEURS TARIFS.																
1	2	3	4	5	6	7	8	9	10	11	12	13	14	15	16	17	18	19	20
B	1	Morancé................																	
A	14	Mulatière (la) (*Ste-Foy-les-L.*)																	
B	4	Odenas.................																	
B	5	Oingt..................																	
A	10	Orliénas...............																	
A	14	Oullins................																	
B	b	Ouilly.................																	
A	14	Pierre-Bénite (*Oullins*).....																	
B	1	Pommiers..............																	
B	17	Pontcharra (*Saint-Loup*)....																	
B	1	Pouilly-le-Monéal........																	
B	11	Poule..................																	
B	3	Quincié................																	
B	11	Ranchal................																	
B	3	Regnié.................																	
A	10	Riverie................																	
B	b	Rivolet................																	
B	17	Ronno..................																	
A	6	Saint-Andéol-le-Château..																	
A	2	Saint-Bel..............																	
B	9	Saint-Bonnet-des-Bruyères.																	
B	11	Saint-Bonnet-le-Troncy....																	
B	17	Saint-Clément...........																	
A	8	Saint-Cyr-au-Mont-d'Or....																	
A	8	Saint-Didier-au-Mont-d'Or..																	
B	4	Saint-Étienne-la-Varenne..																	
B	17	Saint-Forgeux...........																	
A	15	Sainte-Foy-l'Argentière....																	
A	14	Sainte-Foy-les-Lyon.......																	
B	4	Saint-Georges-de-Reneins..																	
A	12	St-Germain-au-Mont-d'Or..																	
B	9	Saint-Igny-de-Vers........																	
B	4	Saint-Jean-d'Ardières.....																	
B	18	Saint-Jean-la-Bussière.....																	
B	4	Saint-Lager.............																	
A	16	Saint-Martin-en-Haut......																	
B	11	Saint-Nizier-d'Azergues....																	
B	17	Saint-Romain-de-Popey....																	
A	6	Saint-Romain-en-Gier.....																	
B	11	Saint-Vincent-de-Reins....																	
B	b	Salles (les)..............																	
A	8	Sauvagère (la) (*St-Cyr-au-M.*)																	
B	11	Thel....................																	
B	5	Ternand.................																	
B	5	Theizé..................																	
A	19	Thurins.................																	
B	17	Valsonne................																	
B	b	Vaux...................																	
A	14	Vernaison...............																	
A	15	Villechenève............																	
B	3	Villié..................																	
A	19	Yseron.................																	

SIGNES DISTINCTIFS des ARRONDISSEMENTS.	CANTONS.	SAÔNE (HAUTE-). ARRONDISSEMENTS ET CANTONS.	NOMS DES CORRESPONDANTS, LEURS TARIFS.																
1	2	3	4	5	6	7	8	9	10	11	12	13	14	15	16	17	18	19	20
		ARRONDISSEMENTS.																	
A	a	VESOUL (ch.-l.).																	
»	»	Le reste de l'arrondissement. / du canton.																	
B	b	GRAY.																	
»	»	Le reste de l'arrondissement. / du canton.																	
C	c	LURE.																	
»	»	Le reste de l'arrondissement. / du canton.																	
		CANTONS.																	
A	1	AMANCE.																	
»	»	Le reste du canton.																	
B	2	AUTREY.																	
»	»	Le reste du canton.																	
C	3	CHAMPAGNEY.																	
»	»	Le reste du canton.																	
B	4	CHAMPLITTE.																	
»	»	Le reste du canton.																	
A	5	COMBEAUFONTAINE.																	
»	»	Le reste du canton.																	
B	6	DAMPIERRE-SUR-SALON.																	
»	»	Le reste du canton.																	
C	7	FAUCOGNEY.																	
»	»	Le reste du canton.																	
B	8	FRESNES-SAINT-MAMÈS.																	
»	»	Le reste du canton.																	
B	9	GY.																	
»	»	Le reste du canton.																	
C	10	HÉRICOURT.																	
»	»	Le reste du canton.																	
A	11	JUSSEY.																	
»	»	Le reste du canton.																	
C	12	LUXEUIL.																	
»	»	Le reste du canton.																	
B	13	MARNAY.																	
»	»	Le reste du canton.																	
C	14	MELISEY.																	
»	»	Le reste du canton.																	
A	15	MONTBOZON.																	
»	»	Le reste du canton.																	
A	16	NOROY-LE-BOURG.																	
»	»	Le reste du canton.																	
B	17	PESMES.																	
»	»	Le reste du canton.																	
A	18	PORT-SUR-SAÔNE.																	
»	»	Le reste du canton.																	
A	19	RIOZ.																	
»	»	Le reste du canton.																	
C	20	SAINT-LOUP.																	
»	»	Le reste du canton.																	
C	21	SAULX.																	
»	»	Le reste du canton.																	
A	22	SCEY-SUR-SAÔNE.																	
»	»	Le reste du canton.																	
C	23	VAUVILLERS.																	
»	»	Le reste du canton.																	
C	24	VILLERSEXEL.																	
»	»	Le reste du canton.																	
A	25	VITREY.																	
»	»	Le reste du canton.																	
		LE RESTE DU DÉPARTEMENT.																	

SIGNES DISTINCTIFS des		SAÔNE (HAUTE-).	NOMS DES CORRESPONDANTS, LEURS TARIFS.																
ARRONDISSEMENTS.	CANTONS.	COMMUNES ou PLACES.																	
1	2	3	4	5	6	7	8	9	10	11	12	13	14	15	16	17	18	19	20
C	c	Adelans																	
C	24	Aillevans																	
C	20	Aillevillers																	
C	12	Ailloncourt																	
C	20	Ainvelle																	
A	11	Aisey																	
C	23	Alaincourt																	
C	c	Amblans																	
A	1	Anchenoncourt																	
C	23	Anjeux																	
B	b	Apremont																	
A	5	Arbecey																	
B	b	Arc																	
C	c	Arpenans																	
C	24	Athesans																	
A	5	Augicourt																	
A	18	Auxon																	
B	13	Avrigney																	
C	c	Aynans (les)																	
A	22	Baignes																	
A	11	Basse-Vaivre (la)																	
C	23	Bassigney																	
B	b	Batterans																	
C	12	Baudoncourt																	
B	8	Beaujeux																	
A	15	Beaumotte-les-Montbozon																	
C	12	Belmont																	
C	14	Belonchamp																	
C	21	Betoncourt-les-Brotte																	
C	23	Betoncourt-Saint-Pancras																	
C	20	Beuchot (le) (*Hautevelle*)																	
C	24	Beveuge																	
C	21	Bithaine																	
B	2	Bley (*Auvet*)																	
A	11	Blondefontaine																	
B	2	Bouhans-les Gray																	
C	c	Bouhans-les-Lure																	
A	15	Bouhans-les-Montbozon																	
C	23	Bouligney																	
A	19	Boult																	
C	23	Bourguignon-les-Conflans																	
A	25	Bourguignon-les-Morey																	
A	11	Bousseraucourt																	
C	20	Branleure (la) (*Aillevillier*)																	
C	12	Breuche																	
C	12	Breuchotte																	
C	10	Bréviliers																	
A	18	Breurey-les-Faverney																	
A	19	Breurey-les-Sorans																	
C	20	Briaucourt																	
B	6	Brotte																	
B	9	Buccy-les-Gy																	
A	15	Cenans																	
A	11	Cendrecourt																	
C	10	Chagey																	
C	10	Chalonvillars																	
C	10	Champey																	
B	b	Champvans																	
B	9	Chapelle-Saint-Quillain (la)																	
B	2	Chargey-les-Gray																	
A	5	Chargey-les-Ports																	
B	6	Charme (la) (*Autet*)																	
A	a	Charmoille																	
A	15	Chassey-les-Montbozon																	
C	14	Château-Lambert																	
C	20	Caudeau (la) (*Aillevillers*)																	

SIGNES DISTINCTIFS des		SAÔNE (HAUTE-).	NOMS DES CORRESPONDANTS, LEURS TARIFS.																
ARRONDISSEMENTS.	CANTONS.	COMMUNES ou PLACES.																	
1	2	3	4	5	6	7	8	9	10	11	12	13	14	15	16	17	18	19	20
C	7	Chauvillerain (*Faucogney*)..																	
C	10	Chenebier...............																	
A	25	Cintrey.................																	
C	12	Citers..................																	
C	3	Clairegoutte............																	
A	a	Colombier...............																	
A	18	Conflandey..............																	
C	20	Conflans................																	
B	6	Confracourt.............																	
C	20	Corbenay................																	
C	10	Corcelles...............																	
A	5	Cornot..................																	
C	7	Corravillers (Le-Plain-de-).																	
A	11	Corre...................																	
C	c	Côte (la)...............																	
A	11	Côte-Rituel (la) (*Bousserauc.*)																	
C	24	Courbenans (*Villechevreux*)..																	
C	24	Courchaton..............																	
B	13	Courcuire...............																	
C	24	Crévans.................																	
B	4	Crochot (le) (*Mont-le-Franois*)																	
B	8	Cubry-les-Soing.........																	
C	23	Dampierre-les-Conflans...																	
A	15	Dampierre-les-Montbozon..																	
A	11	Demangevelle............																	
B	2	Échalouge (*Essertenne*).....																	
A	a	Échenoz-la-Méline........																	
A	16	Esprels.................																	
B	2	Essertenne..............																	
B	8	Estravaux (*Greucourt*).....																	
C	24	Étroite-Fontaine........																	
C	24	Fallon..................																	
A	1	Faverney................																	
B	6	Fédry...................																	
B	6	Fleurey (*Lavoncourt*)......																	
B	6	Fleurey-les-Morey.......																	
B	b	Folie (la) (*Arc*)...........																	
C	20	Fontaine-les-Luxeuil.....																	
C	23	Fontenois-la-Ville.......																	
A	15	Fontenois-les-Montbozon...																	
C	20	Fougerolles.............																	
B	4	Fouvent-le-Bas..........																	
B	4	Fouvent-le-Haut........																	
C	3	Frahier.................																	
B	6	Francourt...............																	
B	9	Frasne-le-Château........																	
C	23	Freland (*Ambiévillers*)......																	
C	14	Fresse..................																	
B	8	Frétigney...............																	
C	12	Froideconche............																	
C	c	Froideterre.............																	
C	c	Frotey-les-Lure.........																	
A	a	Frotey-les-Vesoul........																	
C	24	Gouhenans...............																	
C	24	Grammont................																	
B	6	Grandcourt..............																	
A	22	Grandvelle..............																	
C	24	Grange-la-Ville.........																	
C	24	Grange-le-Bourg.........																	
B	b	Igny....................																	
C	23	Jasney..................																	
A	11	Jonvelle................																	
A	15	Larians.................																	
B	6	Lavoncourt..............																	
B	2	Lœuilley................																	
C	10	Lomont..................																	

SIGNES DISTINCTIFS des ARRONDISSEMENTS.	CANTONS.	SAÔNE (HAUTE-). COMMUNES ou PLACES.	NOMS DES CORRESPONDANTS, LEURS TARIFS.																
1	2	3	4	5	6	7	8	9	10	11	12	13	14	15	16	17	18	19	20
B	9	Longevelle (*Vantoux*)																	
A	15	Loulans																	
C	c	Lyoffans																	
C	20	Magnoncourt																	
C	c	Magny-d'Anigon																	
C	c	Magny-Jobert																	
C	c	Magny-Vernois																	
C	21	Mailleroncourt-Charette																	
C	23	Mailleroncourt-St-Pancras																	
A	19	Maizières																	
B	17	Malans																	
C	c	Malbouhans																	
B	2	Mantoche																	
C	24	Marat																	
C	24	Melecé																	
C	23	Melincourt																	
B	6	Membrey																	
B	8	Mercey-sur-Saône																	
A	18	Mersuay																	
C	21	Meurcourt																	
C	c	Moffans																	
C	c	Mollans																	
A	11	Montcourt																	
C	23	Montdoré																	
B	4	Mont-le-Franois																	
B	6	Mont-Saint-Léger																	
B	2	Montureux																	
A	25	Morey																	
A	a	Navenne																	
B	4	Neuvelle-les-Champlitte (la)																	
A	22	Neuvelle-les-La-Charité (la)																	
A	5	Neuvelle-les-Scey (la)																	
A	22	Noidans-le-Ferroux																	
B	b	Noiron																	
B	9	Oiselay																	
C	24	Oppenans																	
A	22	Ovanches																	
B	2	Oyrières																	
C	c	Palante																	
A	11	Passavant-en-Vosges																	
B	13	Pin																	
C	3	Plancher-Bas																	
C	3	Plancher-les-Mines																	
B	8	Pont-de-Planche (le)																	
C	23	Pont-du-Bois																	
C	24	Pont-sur-l'Ognon,																	
A	5	Purgerot																	
A	a	Pusey																	
C	c	Quers																	
B	8	Quentrey (*Vellexon*)																	
A	a	Quincey																	
C	7	Raddon																	
B	6	Raucourt (*Roche*)																	
B	6	Ray																	
B	6	Recologne-les-Ray																	
B	6	Renaucourt																	
B	6	Roche																	
A	15	Roche-sur-Linotte																	
B	8	Romaine (la) (*Pont de Planche*)																	
C	3	Ronchamp																	
A	22	Rosey																	
C	c	Roye																	
A	22	Rupt																	
C	14	Saint-Barthélemy																	
C	7	Saint-Bresson																	
C	24	Saint-Fergeux																	

SIGNES DISTINCTIFS des ARRONDISSEMENTS.	CANTONS.	SAÔNE (HAUTE-). COMMUNES ou PLACES.	NOMS DES CORRESPONDANTS, LEURS TARIFS.																
1	2	3	4	5	6	7	8	9	10	11	12	13	14	15	16	17	18	19	20
C	24	Saint-Georges (*Athesans*)....																	
C	c	Saint-Germain..........																	
B	b	Saint-Loup.............																	
C	12	Sainte-Marie-en-Chaux																	
A	1	Saint-Remy																	
C	12	Saint-Sauveur																	
C	c	Saulmaise (la) (*Malbouhans*)..																	
C	10	Saulnot................																	
B	6	Savoyeux																	
C	24	Secenans																	
C	23	Selles																	
C	24	Senargent..............																	
C	14	Servance...............																	
B	8	Seveux.................																	
B	8	Soing																	
C	14	Ternuay................																	
B	6	Theuley																	
B	2	Theuley-l'Abbaye (*Vars*)...																	
A	15	Thieffrans.............																	
B	6	Tincey																	
A	22	Traves																	
B	4	Trécourt (*Saint-Andoche*)...																	
B	6	Vaite..................																	
B	17	Vallay.................																	
B	6	Vanne..................																	
C	23	Varigney (*Dampierre-les-C.*).																	
B	2	Vars																	
B	6	Vauconcourt............																	
B	b	Velesmes...............																	
C	24	Vellechevreux..........																	
B	8	Vellexon...............																	
A	1	Venisey................																	
B	6	Vereux.................																	
B	8	Vezet..................																	
C	24	Villargent.............																	
A	11	Villars-le-Pautel..........																	
C	24	Villers-la-Ville..........																	
B	6	Villers-Vaudey..........																	
B	6	Volon..................																	
A	19	Voray..................																	
A	11	Vougécourt.............																	
C	c	Vouhenans..............																	
A	22	Vy-le-Ferroux																	
C	c	Vy-les-Lure																	
B	6	Vy-les-Rupts............																	

SIGNES DISTINCTIFS des		SAÔNE-ET-LOIRE.	NOMS DES CORRESPONDANTS, LEURS TARIFS.																
ARRONDISSEMENTS.	CANTONS.	ARRONDISSEMENTS ET CANTONS.																	
1	2	3	4	5	6	7	8	9	10	11	12	13	14	15	16	17	18	19	20
		ARRONDISSEMENTS.																	
A	a	MACON (ch.-l.).																	
»	»	Le reste { de l'arrondissement des deux cantons.																	
B	b	AUTUN.																	
»	»	Le reste { de l'arrondissement. du canton.																	
C	c	CHALONS-SUR-SAÔNE.																	
»	»	Le reste { de l'arrondissement. des deux cantons.																	
D	d	CHAROLLES.																	
»	»	Le reste { de l'arrondissement. du canton.																	
E	e	LOUHANS.																	
»	»	Le reste { de l'arrondissement. du canton.																	
		CANTONS.																	
E	1	BEAUREPAIRE.																	
»	»	Le reste du canton.																	
D	2	BOURBON-LANCY.																	
»	»	Le reste du canton.																	
C	3	BUXY.																	
»	»	Le reste du canton.																	
C	4	CHAGNY.																	
»	»	Le reste du canton.																	
A	5	CHAPELLE-DE-GUINCHAY (LA).																	
»	»	Le reste du canton.																	
D	6	CHAUFFAILLES.																	
»	»	Le reste du canton.																	
D	7	CLAYETTE (LA).																	
»	»	Le reste du canton.																	
A	8	CLUNY.																	
»	»	Le reste du canton.																	
B	9	COUCHES.																	
»	»	Le reste du canton.																	
E	10	CUISEAUX.																	
»	»	Le reste du canton.																	
E	11	CUISERY.																	
»	»	Le reste du canton.																	
D	12	DIGOIN.																	
»	»	Le reste du canton.																	
B	13	ÉPINAC.																	
»	»	Le reste du canton.																	
C	14	GIVRY.																	
»	»	Le reste du canton.																	
D	15	GUEUGNON.																	
»	»	Le reste du canton.																	
D	16	GUICHE (LA).																	
»	»	Le reste du canton.																	
B	17	ISSY-L'ÉVÊQUE.																	
»	»	Le reste du canton.																	
B	18	LUCENAY.																	
»	»	Le reste du canton.																	
A	19	LUGNY.																	
»	»	Le reste du canton.																	
D	20	MARCIGNY.																	
»	»	Le reste du canton.																	
A	21	MATOUR.																	
»	»	Le reste du canton.																	
B	22	MESVRES.																	
»	»	Le reste du canton.																	
B	23	MONTCENIS.																	
»	»	Le reste du canton.																	
E	24	MONTPONT.																	
»	»	Le reste du canton.																	
C	25	MONT-SAINT-VINCENT.																	
»	»	Le reste du canton.																	
E	26	MONTRET.																	
»	»	Le reste du canton.																	
D	27	PALINGES.																	
»	»	Le reste du canton.																	
D	28	PARAY-LE-MONIAL.																	
»	»	Le reste du canton.																	
E	29	PIERRE.																	
»	»	Le reste du canton.																	
D	30	SAINT-BONNET-DE-JOUX.																	
»	»	Le reste du canton.																	
A	31	SAINT-GENGOUX-LE-ROYAL.																	
»	»	Le reste du canton.																	

SIGNES DISTINCTIFS des ARRONDISSEMENTS.	SIGNES DISTINCTIFS des CANTONS.	SAÔNE-ET-LOIRE. ARRONDISSEMENTS ET CANTONS.	NOMS DES CORRESPONDANTS, LEURS TARIFS.																
1	2	3	4	5	6	7	8	9	10	11	12	13	14	15	16	17	18	19	20
E	32	SAINT-GERMAIN-DU-BOIS.																	
»	»	Le reste du canton.																	
C	33	SAINT-GERMAIN-DU-PLAIN.																	
»	»	Le reste du canton.																	
B	34	SAINT-LÉGER-SOUS-BEUVRAY.																	
»	»	Le reste du canton.																	
C	35	SAINT-MARTIN-EN-BRESSE.																	
»	»	Le reste du canton.																	
D	36	SEMUR-EN-BRIONNAIS.																	
»	»	Le reste du canton.																	
C	37	SENNECEY-LE-GRAND.																	
»	»	Le reste du canton.																	
D	38	TOULON-SUR-ARROUX.																	
»	»	Le reste du canton.																	
A	39	TOURNUS.																	
»	»	Le reste du canton.																	
A	40	TRAMAYES.																	
»	»	Le reste du canton.																	
C	41	VERDUN-SUR-LE-DOUBS.																	
»	»	Le reste du canton.																	
		LE RESTE DU DÉPARTEMENT.																	

SIGNES DISTINCTIFS des ARRONDISSEMENTS.	CANTONS.	SAÔNE-ET-LOIRE. COMMUNES ou PLACES.	NOMS DES CORRESPONDANTS, LEURS TARIFS.																
1	2	3	4	5	6	7	8	9	10	11	12	13	14	15	16	17	18	19	20
C	41	Allercy																	
D	7	Amanzé																	
B	18	Anost																	
D	20	Anzy																	
D	20	Artaix																	
A	19	Azé																	
B	18	Barnay																	
D	d	Baron																	
D	30	Beaubery																	
D	7	Beaudemont																	
C	33	Beaudrières																	
D	20	Beaugy																	
C	37	Beaumont-sur-Grosne																	
D	27	Beauregard (*Palinges*)																	
E	29	Bellevêvre																	
B	23	Blanzy																	
C	14	Bourgneuf (le) (*Touches*)																	
D	20	Bourg-le-Comte																	
D	7	Bois-Sainte-Marie (le)																	
C	41	Bordes (les)																	
C	37	Boyer																	
C	41	Bragny																	
E	e	Branges																	
C	37	Bresse-sur-Grosne																	
D	36	Briant																	
A	a	Bussières																	
D	2	Chalmoux																	
D	20	Chambilly																	
D	d	Champlecy																	
A	5	Chanes																	
B	13	Changé																	
D	d	Changy																	
D	15	Chapelle-au-Mans (la)																	
E	29	Chapelle-Saint-Sauveur (la)																	
A	39	Chapelle-sous-Brancion (la)																	
D	15	Chapelle-sous-Dun (la)																	
E	24	Chapelle-Thècle (la)																	
A	a	Charnay																	
C	41	Charnay-les-Châles																	
D	6	Chassigny-sous-Dun																	
D	15	Chassy																	
D	6	Châteauneuf																	
E	e	Château-Renaud																	
C	4	Chaudenay																	
C	41	Chauvort (*Verdun-s.-le-Doubs*)																	
B	9	Cheilly																	
D	16	Chevagny-sur-Guye																	
A	31	Chissey																	
B	18	Chissey-en-Morvant																	
C	41	Ciel																	
D	38	Ciry																	
A	40	Clairmain																	
A	19	Clessé																	
D	15	Clessy																	
D	7	Collombier-en-Brionnais																	
B	34	Comelle (la)																	
B	18	Cordesse																	
A	31	Cormatin																	
D	6	Coublanc																	
A	5	Crèches																	
B	13	Créot																	
B	23	Creusot (le)																	
A	19	Cruzille																	
D	7	Curbigny																	
D	15	Curdin																	
B	b	Curgy																	

SIGNES DISTINCTIFS des		SAÔNE-ET-LOIRE.	NOMS DES CORRESPONDANTS, LEURS TARIFS.																
ARRONDISSEMENTS.	CANTONS.	COMMUNES ou PLACES.																	
1	2	3	4	5	6	7	8	9	10	11	12	13	14	15	16	17	18	19	20
B	18	Cussy-en-Morvant																	
C	35	Damerey																	
C	4	Demigny																	
C	4	Dennevy																	
B	9	Decize																	
E	32	Diconne																	
E	10	Dommartin-les-Cuiseaux																	
A	21	Dompierre-les-Ormes																	
D	38	Dompierre-sous-Sanvignes																	
C	14	Dracy-le-Fort																	
B	9	Dracy-les-Couches																	
B	b	Dracy-Saint-Loup																	
D	7	Dyo																	
C	41	Écuelles-sur-le-Doubs																	
B	13	Épertuilly																	
B	9	Essertenne																	
C	c	Farges																	
A	a	Flacé																	
E	10	Flacé-en-Bresse																	
D	36	Fleury-la-Montagne																	
C	4	Fontaines																	
D	d	Fontenay																	
E	29	Fretterans																	
D	38	Genelard																	
C	25	Genouilly																	
C	41	Gergy																	
D	2	Gilly-sur-Loire																	
B	17	Grury																	
C	37	Gigny																	
B	18	Igornay																	
D	36	Iguerande																	
D	16	Joncy																	
D	36	Jonzy																	
E	11	Jouvençon																	
C	14	Labergement (*Châtel-Moron*)																	
B	12	Laizy																	
B	13	Ladrée (*Epinac*)																	
C	33	Lessard-en-Bresse																	
D	36	Ligny																	
E	11	Loizy																	
D	d	Lugny-les-Charolles																	
D	36	Mailly																	
A	5	Maison-Blanche (la)																	
D	2	Mal-Tat																	
C	c	Marcilly-la-Gueurce																	
C	25	Marigny																	
D	30	Marizy																	
D	38	Marly-sur-Arroux																	
D	27	Martigny-le-Comte																	
D	20	Melay																	
E	32	Mervans																	
A	19	Montbellet																	
B	23	Montceau (*Blanzy*)																	
C	20	Montceaux-l'Étoile																	
C	25	Montchanin (*Saint-Eusèbe*)																	
B	b	Monthelon																	
D	27	Montel (le) (*Palinges*)																	
D	30	Mornay																	
D	12	Motte-Saint-Jean (la)																	
C	3	Motteville (*Ecuisses*)																	
D	6	Mussy-sous-Dun																	
C	41	Navilly																	
D	15	Neuvy																	
E	11	Ormes																	
C	33	Ouroux																	
D	36	Oyé																	

SIGNES DISTINCTIFS des ARRONDISSEMENTS.	CANTONS.	SAÔNE-ET-LOIRE. COMMUNES ou PLACES.	NOMS DES CORRESPONDANTS, LEURS TARIFS.																
1	2	3	4	5	6	7	8	9	10	11	12	13	14	15	16	17	18	19	20
D	d	Ozolles																	
B	9	Paris-l'Hôpital																	
A	19	Péronne																	
D	38	Perrecy																	
B	9	Perreuil																	
A	40	Pierreclos																	
A	39	Plottes																	
D	28	Poisson																	
D	16	Pouilloux																	
D	30	Pressy-sous-Dondin																	
A	39	Préty																	
D	d	Prizy																	
B	18	Reclesne																	
B	13	Résille (*Epinac*)																	
D	15	Rigny-sur-Arroux																	
A	5	Romanèche																	
A	39	Romenay																	
B	18	Roussillon																	
C	4	Rully																	
D	12	Saint-Agnan																	
A	19	Saint-Albain																	
C	37	Saint-Ambreuil																	
D	2	Saint-Aubin-sur-Loire																	
B	23	Saint-Berain-sous-Sanvigues																	
C	14	Saint-Berain-sur-Dheune																	
C	3	Saint-Boil																	
D	36	Saint-Bonnet-de-Cray																	
E	29	Saint-Bonnet-en-Bresse																	
D	36	St-Christophe-en-Brionnais																	
A	a	Saint-Clément-les-Mâcon																	
C	c	Saint-Cosme																	
E	24	Sainte-Croix																	
C	14	Saint-Denis-de-Vaux																	
C	14	Saint-Désert																	
D	36	Saint-Didier-en-Brionnais																	
B	9	Saint-Émiland																	
A	19	Saint-Gengoux-de-Scissé																	
C	4	Saint-Gilles (*Dennevy.*)																	
D	6	Saint-Igny-de-Roche																	
B	9	Saint-Jean-de-Trézy																	
C	14	Saint-Jean-de-Vaux																	
C	c	Saint-Jean-des-Vignes																	
D	d	Saint-Julien-de-Civry																	
D	36	Saint-Julien-de-Cray																	
B	9	Saint-Julien-sur-Dheune																	
D	7	Saint-Laurent-en-Brionnais																	
B	13	Saint-Léger-du-Bois																	
C	4	Saint-Léger-sur-Dheune																	
C	41	Saint-Loup-de-la-Salle																	
C	c	Saint-Marcel																	
D	6	Saint-Martin-de-Lixy																	
D	20	Saint-Martin-du-Lac																	
C	14	Saint-Marc-de-Vaux																	
C	35	Saint-Maurice-en-Rivière																	
A	19	Saint-Oyen (*Montbellet*)																	
B	9	Saint-Pierre-de-Varennes																	
D	7	Saint-Racho																	
C	c	Saint-Remy																	
A	5	Saint Romain																	
D	38	St-Romain-sous-Vesigny																	
A	a	Saint-Sorlin																	
B	b	Saint-Symphorien-les-Autun																	
D	d	St-Symphorien-les-Charolles																	
E	e	Saint-Usuge																	
C	25	Saint-Vallier																	
C	28	Saint-Yan																	

SIGNES DISTINCTIFS des ARRONDISSEMENTS.	CANTONS.	SAÔNE-ET-LOIRE. COMMUNES ou PLACES.	NOMS DES CORRESPONDANTS, LEURS TARIFS.																
1	2	3	4	5	6	7	8	9	10	11	12	13	14	15	16	17	18	19	20
B	13	Saizy																	
A	8	Salornay-sur-Guye																	
B	9	Sampigny																	
D	38	Sanvignes																	
D	36	Sarry																	
C	3	Sassangy																	
B	18	Selle (la)																	
C	3	Sermesse (*Sainte-Hélène*)																	
E	e	Sornay																	
D	30	Suin																	
B	13	Sully																	
D	6	Tancon																	
B	b	Tavernay																	
A	39	Truchère (la)																	
A	39	Uchisy																	
D	15	Uxeau																	
D	7	Vareilles																	
D	36	Varennes-l'Arconce																	
D	7	Varennes sous-Dun																	
D	7	Vauban																	
D	d	Vaudebarier																	
D	d	Vendenesse-les-Charolles																	
D	15	Vendenesse-sur-Arroux																	
D	27	Verderat (le) (*Martigny-le-C.*)																	
C	41	Verjux																	
D	30	Verosvres																	
D	28	Vigny																	
A	39	Villars (le)																	
D	30	Villorbaine																	
D	20	Vindecy																	
D	d	Viry																	
D	2	Vitry-sur-Loire																	
D	28	Volesvres																	

SIGNES DISTINCTIFS des ARRONDISSEMENTS.	SIGNES DISTINCTIFS des CANTONS.	SARTHE. — ARRONDISSEMENTS ET CANTONS.	NOMS DES CORRESPONDANTS, LEURS TARIFS.																
1	2	3	4	5	6	7	8	9	10	11	12	13	14	15	16	17	18	19	20
		ARRONDISSEMENTS.																	
A	a	LE MANS (ch.-l.).																	
»	»	Le reste de l'arrondissement. / des trois cantons.																	
B	b	LA FLÈCHE.																	
»	»	Le reste de l'arrondissement. / du canton.																	
C	c	MAMERS.																	
»	»	Le reste de l'arrondissement. / du canton.																	
D	d	SAINT-CALAIS.																	
»	»	Le reste de l'arrondissement. / du canton.																	
		CANTONS.																	
A	1	BALLON.																	
»	»	Le reste du canton.																	
C	2	BEAUMONT-SUR-SARTHE.																	
»	»	Le reste du canton.																	
C	3	BONNÉTABLE.																	
»	»	Le reste du canton.																	
D	4	BOULOIRE.																	
»	»	Le reste du canton.																	
B	5	BRULON.																	
»	»	Le reste du canton.																	
D	6	CHARTRE-SUR-LE-LOIR (LA).																	
»	»	Le reste du canton.																	
D	7	CHATEAU-DU-LOIR.																	
»	»	Le reste du canton.																	
A	8	CONLIE.																	
»	»	Le reste du canton.																	
A	9	ÉCOMMOY.																	
»	»	Le reste du canton.																	
C	10	FERTÉ-BERNARD (LA).																	
»	»	Le reste du canton.																	
C	11	FRESNAY-SUR-SARTHE.																	
»	»	Le reste du canton.																	
C	12	FRESNAYE (LA).																	
»	»	Le reste du canton.																	
D	13	GRAND-LUCÉ.																	
»	»	Le reste du canton.																	
A	24	LOUÉ.																	
»	»	Le reste du canton.																	
B	15	LUDE (LE).																	
»	»	Le reste du canton.																	
B	16	MALICORNE.																	
»	»	Le reste du canton.																	
C	17	MAROLLES-LES-BRAUX.																	
»	»	Le reste du canton.																	
B	18	MAYET.																	
»	»	Le reste du canton.																	
A	19	MONTFORT-SUR-L'HUISNE.																	
»	»	Le reste du canton																	
C	20	MONTMIRAIL.																	
»	»	Le reste du canton.																	
B	21	PONTVALAIN.																	
»	»	Le reste du canton.																	
B	22	SABLÉ.																	
»	»	Le reste du canton.																	
C	23	SAINT-PATER.																	
»	»	Le reste du canton.																	
A	24	SILLÉ-LE-GUILLAUME.																	
»	»	Le reste du canton.																	
A	25	SUZE (LA).																	
»	»	Le reste du canton.																	
C	26	TUFFÉ.																	
»	»	Le reste du canton.																	
D	27	VIBRAYE.																	
»	»	Le reste du canton.																	
		LE RESTE DU DÉPARTEMENT.																	

SIGNES DISTINCTIFS des ARRONDISSEMENTS.	CANTONS.	SARTHE. COMMUNES ou PLACES.	NOMS DES CORRESPONDANTS, LEURS TARIFS.																
1	2	3	4	5	6	7	8	9	10	11	12	13	14	15	16	17	18	19	20
C	12	Aillières																	
A	a	Allonnes																	
A	14	Amné																	
A	19	Ardenay																	
A	a	Arnage (*Pontlieue*)																	
B	22	Asnières																	
C	11	Assé-le-Boyne																	
C	2	Assé-le-Riboul																	
B	18	Aubigné																	
B	22	Auvers-le-Hamon																	
B	17	Avennes																	
B	5	Avessé																	
C	10	Avezé																	
B	22	Avoise																	
B	16	Bailleul (le)																	
A	a	Bazoge (la)																	
B	b	Bazouges-sur-le-Loir																	
A	1	Beaufay																	
D	6	Beaumont-la-Chartre																	
D	7	Beaumont-Pied-de-Bœuf																	
D	27	Berfay																	
A	8	Bernay																	
D	d	Bessé-sur-Braye																	
C	12	Blèves																	
C	23	Bourg-le-Roi																	
A	14	Brains																	
A	19	Breil (le)																	
A	9	Brettes																	
B	21	Cerans																	
D	6	Chahaignes																	
A	a	Challes																	
A	19	Champagné																	
C	c	Champaissant																	
C	20	Champrond-sous-Montmirail																	
A	a	Changé																	
B	5	Chantenay																	
B	b	Chapelle-d'Aligné																	
C	10	Chapelle-du-Bois (la)																	
D	6	Chapelle-Gaugain (la)																	
D	d	Chapelle-Huon (la)																	
A	8	Chapelle-Saint-Fray (la)																	
C	26	Chapelle-Saint-Remy (la)																	
A	14	Chassillé																	
A	14	Chemiré-en-Charnie																	
A	25	Chemiré-le-Gaudin																	
B	15	Chenu																	
C	2	Chérancé																	
C	10	Cherré																	
C	10	Cherreau																	
C	23	Chevain (le)																	
B	5	Chevillé																	
B	b	Clermont																	
D	d	Cogners																	
C	c	Commerveil																	
D	d	Conflans																	
C	17	Congé-sur-Orne																	
A	19	Connerré																	
C	c	Contilly																	
C	c	Contres																	
C	10	Cormes																	
D	4	Coudrecieux																	
A	a	Coulaines																	
A	14	Coulans																	
C	2	Coulombiers																	
B	18	Coulongé																	
B	16	Courcelles																	

SIGNES DISTINCTIFS des		SARTHE. COMMUNES ou PLACES.	NOMS DES CORRESPONDANTS, LEURS TARIFS.																
ARRONDISSEMENTS.	CANTONS.																		
1	2	3	4	5	6	7	8	9	10	11	12	13	14	15	16	17	18	19	20
D	13	Courdemanches																	
C	17	Courgains																	
C	20	Courgenard																	
B	22	Courtilliers																	
A	14	Crannes-en-Champagne																	
B	b	Crosmières																	
C	17	Dangeul																	
A	8	Dégré																	
C	10	Dehaut																	
D	7	Dissay-sous-Courcillon																	
B	15	Dissay-sous-le-Lude																	
C	17	Dissé-sous-Ballon																	
D	27	Dollon																	
A	8	Domfront-en-Champagne																	
C	2	Doucelles																	
C	11	Douillet																	
C	26	Duncaud																	
D	d	Écorpain																	
A	14	Épineu-le-Chevreuil																	
A	25	Étival-les-Le-Mans																	
D	d	Évaillé																	
A	19	Fatines																	
B	5	Fercé																	
A	25	Fillé-Guécélard																	
A	a	Fontaine-St-Martin (*Sargé*)																	
B	5	Fontenay																	
B	21	Foulletourte (*Cérans*)																	
C	23	Fyé																	
B	22	Gastines																	
C	23	Gesne-le-Gandelin																	
C	23	Grand-Champ																	
A	24	Gréez-Près-Sillé (le)																	
A	1	Guierche (la)																	
A	25	Guécélard (Fille-)																	
D	6	Homme (l')																	
C	2	Hutte(la)(*St-Germain-de-la-C.*)																	
C	3	Jauzé																	
A	14	Joué-en-Charnie																	
A	1	Joué-l'Abbé																	
B	22	Juigné-sur-Sarthe																	
C	2	Juillé																	
D	7	Jupilles																	
A	9	Laigné-en Belin																	
C	20	Lamnay																	
A	8	Lavardin																	
D	27	Lavaré																	
D	6	Lavenay																	
C	12	Lignières-la-Carelle																	
B	16	Ligron																	
C	23	Livet-en-Saonois																	
A	19	Lombron																	
B	22	Louaillé																	
C	12	Louze																	
C	26	Luart (le)																	
D	7	Luceau																	
B	15	Luché																	
B	5	Maigné																	
D	4	Maisoncelles																	
B	21	Mansigné																	
D	6	Marçon																	
B	5	Mareil-en-Champagne																	
B	b	Mareil-sur-le-Loir																	
C	2	Marescbé																	
A	9	Marigné																	
C	c	Marollette																	
B	16	Mézeray																	

SIGNES DISTINCTIFS des ARRONDISSEMENTS.	CANTONS.	SARTHE. COMMUNES ou PLACES.	NOMS DES CORRESPONDANTS, LEURS TARIFS.																
1	2	3	4	5	6	7	8	9	10	11	12	13	14	15	16	17	18	19	20
C	17	Mézières-sous-Ballon																	
A	8	Mézières-sous-Lavardin																	
A	a	Milesse (la)																	
C	11	Moitron																	
A	9	Moncé-en-Belin																	
C	17	Moncé-en-Saosnois																	
A	24	Mont-Saint-Jean																	
D	d	Montaillé																	
A	1	Montbizot																	
C	12	Montigny																	
C	11	Montreuil-le-Chétif																	
D	13	Montreuil-le-Henry																	
A	9	Mulsanne																	
C	12	Neufchâtel-en-Saosnois																	
A	8	Neuville-la-Lais																	
A	24	Neuvillette																	
A	8	Neuvy-en-Champagne																	
C	3	Nogent-le-Bernard																	
D	7	Nogent-sur-Loir																	
C	17	Nouans																	
B	16	Noyen-sur-Sarthe																	
A	19	Nuillé-le-Jallais																	
C	23	Oisseau-le-Petit																	
B	21	Oizé																	
C	c	Panon																	
B	22	Parcé																	
A	24	Parennes																	
A	a	Parigné-l'Évêque																	
A	25	Parigné-le-Polin																	
C	17	Perray																	
C	2	Piacé																	
B	22	Pincé																	
B	5	Pirmil																	
B	5	Poillé																	
D	6	Poncé																	
A	19	Pont-de-Gesne																	
A	a	Pontlieue																	
B	22	Précigné																	
C	10	Préval																	
C	26	Prévelles																	
A	a	Pruillé-le-Chétif																	
D	13	Pruillé-Léguillé																	
D	7	Quincampoix (*Flée*)																	
A	8	Quinte (la)																	
D	d	Rahay																	
C	17	René																	
B	21	Requeil																	
A	25	Roësé																	
C	23	Rouessé-Fontaine																	
A	24	Rouessé-Vassé																	
A	24	Rouez																	
A	a	Rouillon																	
C	12	Roullée																	
C	3	Roupéroux																	
A	a	Ruaudin																	
D	6	Ruillé-sur-le-Loir																	
C	11	Saint-Aubin-de-Locquenay																	
C	11	Saint-Aubin-des-Coudrais																	
A	9	Saint-Bié-en-Belin																	
A	19	Saint-Célerin																	
D	d	Sainte-Cérotte																	
C	2	Saint-Christophe-du-Jambet																	
B	b	Sainte-Colombe																	
A	19	Saint-Corneille																	
C	c	Saint-Côme-de-Vair																	
C	c	Sainte-Croix																	

SIGNES DISTINCTIFS des ARRONDISSEMENTS.	CANTONS.	SARTHE. COMMUNES ou PLACES.	NOMS DES CORRESPONDANTS, LEURS TARIFS.																
1	2	3	4	5	6	7	8	9	10	11	12	13	14	15	16	17	18	19	20
C	26	Saint-Denis-des-Coudrais..																	
A	14	Saint-Denis-d'Orques......																	
D	13	Saint-Georges-de-la-Couée.																	
A	a	Saint-Georges-du-Bois.....																	
A	a	Saint-Georges-du-Plain....																	
C	3	Saint-Georges-du-Rosay...																	
C	11	Saint-Georges-le-Gaultier..																	
B	15	Saint-Germain-d'Arcé.....																	
C	2	Saint-Germain-de-la-Coudre																	
B	b	Saint-Germain-du-Val.....																	
D	d	Saint-Gervais-de-Vic......																	
A	9	Saint-Gervais-en-Belin.....																	
A	1	Saint-James-sur-Sarthe....																	
A	1	Saint-Jean-d'Assé.........																	
B	21	Saint-Jean-de-la-Motte....																	
C	20	Saint-Jean-des-Échelles...																	
C	11	Saint-Léonard-des-Bois....																	
A	25	St-Léonard-des-Hayes.....																	
C	c	Saint-Longis............																	
C	20	Saint-Maixent...........																	
C	2	Saint-Marceau...........																	
A	19	Saint-Mars-de-la-Brière....																	
A	9	Saint-Mars-d'Outillé.......																	
D	4	Saint-Mars-Locquenay.....																	
A	1	St-Mars-sous-Ballon (*Ballon*).																	
D	4	Saint-Michel-de-Chavaigne.																	
D	d	Sainte-Osmane...........																	
A	9	Saint-Ouen-en-Belin.......																	
C	11	Saint Ouen-de-Mimbré.....																	
C	11	Saint-Paul-le-Gaultier.....																	
A	a	Saint-Pavin-des-Champs...																	
B	5	Saint-Pierre-des-Bois......																	
C	c	Saint-Pierre-des-Ormes....																	
D	13	Saint-Pierre-du-Lorouer...																	
A	24	Saint-Remy-de-Sillé.......																	
C	c	Saint-Remy-des-Monts.....																	
C	c	Saint-Remy-du-Plain......																	
C	12	Saint-Rigomer-des-Bois....																	
A	8	Sainte-Sabine............																	
A	8	Saint-Symphorien........																	
C	20	Saint-Ulphace............																	
C	11	Saint-Victeur............																	
C	c	Saint-Vincent-des-Prés.....																	
D	13	Saint-Vincent-du-Lorouer..																	
B	18	Sarcé..................																	
A	a	Sargé..................																	
A	a	Savigné-l'Évêque.........																	
B	15	Savigné-sous-le-Lude......																	
C	26	Sceaux..................																	
C	2	Ségrie..................																	
D	27	Semur..................																	
A	19	Sillé-le-Philippe..........																	
B	22	Solesme................																	
C	11	Sougé-le-Ganelon.........																	
A	1	Souillé.................																	
A	1	Souligné-sous-Balon......																	
A	25	Souligné-sous-Vallon......																	
A	19	Soulitré................																	
B	22	Souvigné-sur-Sarthe......																	
A	19	Surfond................																	
B	5	Tassé..................																	
A	9	Téloché................																	
A	8	Tennie.................																	
C	10	Théligny................																	
C	23	Thoiré-sous-Contensor....																	
D	7	Thoiré-sur-Dinan.........																	

SIGNES DISTINCTIFS des ARRONDISSEMENTS.	SIGNES DISTINCTIFS des CANTONS.	SARTHE. — COMMUNES ou PLACES.	NOMS DES CORRESPONDANTS, LEURS TARIFS.																
1	2	3	4	5	6	7	8	9	10	11	12	13	14	15	16	17	18	19	20
B	15	Thorée																	
D	4	Thorigné-le-Renaulme																	
A	19	Torcé																	
D	4	Tresson																	
C	2	Tronchet (le)																	
B	18	Vaas																	
D	27	Valenne																	
A	14	Vallon																	
D	d	Vancé																	
B	18	Verneil-le-Chétif																	
C	2	Vernie																	
C	10	Vilaines-la-Grosnais																	
D	13	Villaines-sous-Lucé																	
B	16	Vilaines-sous-Malicorne																	
B	5	Villedieu																	
B	22	Vion																	
B	5	Viré																	
C	2	Vivoin																	
D	4	Volnay																	
D	7	Vouvray-sur-le-Loir																	
C	26	Vouvray-sur-l'Huisne																	
B	21	Yvré-le-Polin																	
A	a	Yvré-l'Évêque																	

SIGNES DISTINCTIFS des ARRONDISSEMENTS.	SIGNES DISTINCTIFS des CANTONS.	SEINE. ARRONDISSEMENTS ET CANTONS.	NOMS DES CORRESPONDANTS, LEURS TARIFS.																
1	2	3	4	5	6	7	8	9	10	11	12	13	14	15	16	17	18	19	20
		ARRONDISSEMENTS.																	
A	a	PARIS (ch.-l.).																	
»	»	Le reste { de l'arrondissement. / du canton.																	
B	b	SAINT-DENIS.																	
»	»	Le reste { de l'arrondissement. / du canton.																	
C	c	SCEAUX.																	
»	»	Le reste { de l'arrondissement. / du canton.																	
		CANTONS.																	
C	1	CHARENTON-LE-PONT.																	
»	»	Le reste du canton.																	
B	2	COURBEVOIE.																	
»	»	Le reste du canton.																	
B	3	NEUILLY.																	
»	»	Le reste du canton.																	
B	4	PANTIN.																	
»	»	Le reste du canton.																	
C	5	VILLEJUIF.																	
»	»	Le reste du canton.																	
C	6	VINCENNES.																	
»	»	Le reste du canton.																	
		LE RESTE DU DÉPARTEMENT.																	

SIGNES DISTINCTIFS des ARRONDISSEMENTS.	SIGNES DISTINCTIFS des CANTONS.	SEINE. — COMMUNES ou PLACES.	NOMS DES CORRESPONDANTS, LEURS TARIFS.																
1	2	3	4	5	6	7	8	9	10	11	12	13	14	15	16	17	18	19	20
C	c	Antony																	
C	5	Arcueil																	
B	2	Asnières-sur-Seine																	
B	b	Aubervilliers																	
B	3	Auteuil																	
C	c	Bagneux																	
B	4	Bagnolet																	
B	3	Batignolles (les)																	
D	4	Belleville																	
C	1	Bercy																	
C	5	Bicêtre (*Gentilly*)																	
B	4	Bondy																	
B	3	Boulogne																	
C	c	Bourg-la-Reine																	
B	4	Bourget (le)																	
C	1	Bry-sur-Marne																	
C	1	Champigny-sur-Marne																	
B	b	Chapelle-Saint-Denis (la)																	
B	4	Charonne																	
C	c	Châtillon																	
C	5	Chevilly																	
C	5	Choisy-le-Roi																	
C	c	Clamart																	
B	3	Clichy-la-Garenne																	
B	2	Colombes																	
B	b	Courneuve (la)																	
B	b	Dugny																	
B	b	Epinay-sur-Seine																	
C	c	Fontenay-aux-Roses																	
C	6	Fontenay-sous-Bois																	
C	5	Fresnes-les-Rungis																	
B	2	Gennevilliers																	
C	5	Gentilly																	
C	5	Glacière (la) (*Gentilly*)																	
C	c	Grenelle																	
B	b	Isle-Saint-Denis (l')																	
C	c	Issy																	
C	5	Ivry-sur-Seine																	
C	c	Javelle (*Vaugirard*)																	
C	1	Joinville-le-Pont																	
C	1	Maisons-Alfort																	
B	4	Ménilmontant (*Belleville*)																	
B	3	Montmartre																	
C	6	Montreuil-sous-Bois																	
C	c	Montrouge																	
B	2	Nanterre																	
B	4	Noisy-le-Sec																	
C	1	Nogent-sur-Marne																	
C	5	Orly																	
B	3	Passy																	
B	b	Pierrefitte																	
C	c	Plessy-Piquet (le)																	
B	4	Prés-Saint-Gervais (les)																	
B	2	Puteaux																	
B	4	Romainville																	
C	6	Saint-Mandé																	
C	1	Saint-Maur-les-Fossés																	
B	b	Stains																	
B	2	Suresnes																	
B	3	Ternes (les) (*Neuilly-sur-Seine*)																	
C	5	Thiais																	
C	c	Vanves																	
C	c	Vaugirard																	
C	6	Villemonble																	
B	4	Villette (la)																	
C	5	Vitry-sur-Seine																	

Signes distinctifs des ARRONDISSEMENTS.	CANTONS.	SEINE-ET-MARNE. — ARRONDISSEMENTS ET CANTONS.	NOMS DES CORRESPONDANTS, LEURS TARIFS.																
1	2	3	4	5	6	7	8	9	10	11	12	13	14	15	16	17	18	19	20
		ARRONDISSEMENTS.																	
A	a	MELUN (ch.-l.).																	
»	»	Le reste { de l'arrondissement. / des deux cantons																	
B	b	COULOMMIERS.																	
»	»	Le reste { de l'arrondissement. / du canton.																	
C	c	FONTAINEBLEAU.																	
»	»	Le reste { de l'arrondissement. / du canton.																	
D	d	MEAUX.																	
»	»	Le reste { de l'arrondissement. / du canton.																	
E	e	PROVINS.																	
»	»	Le reste { de l'arrondissement. / du canton.																	
		CANTONS.																	
E	1	BRAY-SUR-SEINE.																	
»	»	Le reste du canton.																	
A	2	BRIE-COMTE-ROBERT.																	
»	»	Le reste du canton.																	
C	3	CHAPELLE-LA-REINE (LA).																	
»	»	Le reste du canton.																	
C	4	CHATEAU-LANDON.																	
»	»	Le reste du canton.																	
A	5	CHATELET (LE).																	
»	»	Le reste du canton.																	
D	6	CLAYE-SOUILLY.																	
»	»	Le reste du canton.																	
D	7	CRÉCY-SUR-MORIN.																	
»	»	Le reste du canton.																	
D	8	DAMMARTIN.																	
»	»	Le reste du canton.																	
E	9	DONNEMARIE.																	
»	»	Le reste du canton.																	
B	10	FERTÉ-GAUCHER (LA).																	
»	»	Le reste du canton.																	
D	11	FERTÉ-SOUS-JOUARRE (LA).																	
»	»	Le reste du canton.																	
D	12	LAGNY.																	
»	»	Le reste du canton.																	
D	13	LIZY-SUR-OURCQ.																	
»	»	Le reste du canton.																	
C	14	LORREZ-LE-BOCAGE.																	
»	»	Le reste du canton.																	
C	15	MONTEREAU.																	
»	»	Le reste du canton.																	
C	16	MORET.																	
»	»	Le reste du canton																	
A	17	MORMANT.																	
»	»	Le reste du canton																	
E	18	NANGIS.																	
»	»	Le reste du canton.																	
C	19	NEMOURS.																	
»	»	Le reste du canton.																	
B	20	REBAIS.																	
»	»	Le reste du canton.																	
B	21	ROZOY-EN-BRIE.																	
»	»	Le reste du canton.																	
A	22	TOURNAN.																	
»	»	Le reste du canton.																	
E	23	VILLIERS-SAINT-GEORGES.																	
»	»	Le reste du canton.																	
		LE RESTE DU DÉPARTEMENT.																	

SIGNES DISTINCTIFS des		SEINE-ET-MARNE.	NOMS DES CORRESPONDANTS, LEURS TARIFS.																
ARRONDISSEMENTS.	CANTONS.	COMMUNES ou PLACES.																	
1	2	3	4	5	6	7	8	9	10	11	12	13	14	15	16	17	18	19	20
D	6	Annet																	
C	c	Avon																	
C	19	Bagneaux																	
A	17	Bailly-Carrois																	
D	11	Bassevelle																	
E	1	Bazoches-les-Bray																	
C	4	Beaumont																	
E	23	Beton-Bazoches																	
A	5	Blandy																	
B	b	Boissy-le-Châtel																	
C	19	Bourron																	
D	7	Boutigny																	
C	4	Bransles																	
D	12	Brou																	
D	12	Bussy-Saint-Georges																	
C	4	Cercanceau (*Souppes*)																	
E	9	Cessoy																	
A	a	Chailly																	
E	23	Chalautre-la-Grande																	
D	d	Chambry																	
A	17	Champeaux																	
D	7	Champigny (*Couilly*)																	
D	12	Champs																	
D	11	Changis																	
D	12	Chanteloup																	
A	17	Chapelle-Gauthier (la)																	
E	18	Chapelle-Rablais (la)																	
D	7	Chapelle-sur-Crécy (la)																	
B	10	Chapelle-Véronge (la)																	
D	d	Chauconin																	
A	22	Chaumes																	
D	12	Chelles																	
D	12	Chessy																	
B	10	Choisy-en-Brie																	
D	6	Compans																	
D	13	Congis																	
D	7	Condé-Sainte-Libière																	
A	2	Coubert																	
D	7	Couilly																	
D	7	Coulomme																	
D	12	Coupvray																	
B	21	Courpalay																	
B	b	Courtalin (*Pommeuse*)																	
E	18	Croix-en-Brie (la)																	
D	13	Crouy																	
D	12	Dampmart																	
E	9	Dontilly																	
B	20	Doue																	
C	14	Egreville																	
D	7	Esbly																	
C	15	Esmans																	
D	13	Etrépilly																	
A	a	Farcy (*Dammerie-les-Lys*)																	
B	21	Faremoutiers																	
C	19	Fay																	
D	12	Ferrières																	
B	21	Fontenay-Trésigny																	
A	a	Fourneaux (les) (*Le Mée*)																	
D	6	Fresnes																	
D	d	Germigny-l'Évêque																	
D	6	Gressy																	
B	b	Guérard																	
D	12	Guermantes																	
A	17	Guignes																	
A	5	Héricy-la-Condre																	
B	20	Hondevilliers																	

SIGNES DISTINCTIFS des ARRONDISSEMENTS.	CANTONS.	SEINE-ET-MARNE. COMMUNES ou PLACES.	NOMS DES CORRESPONDANTS, LEURS TARIFS.																
1	2	3	4	5	6	7	8	9	10	11	12	13	14	15	16	17	18	19	20
D	6	Isles-les-Villenois.........																	
E	18	Jouy-le-Châtel..........																	
B	10	Jouy-sur-Morin..........																	
D	8	Juilly..................																	
A	2	Lieusaint...............																	
D	11	Luzancy.................																	
D	7	Magny-le-Hongre.........																	
A	a	Maincy..................																	
D	d	Mareuil.................																	
D	13	Mary....................																	
B	b	Maupertuis..............																	
A	a	Mée (le)................																	
D	8	Ménil-Amelot (le).......																	
D	11	Méry....................																	
D	6	Messy...................																	
D	12	Montevrain..............																	
D	8	Montgé..................																	
D	8	Monthion................																	
E	9	Montigny-Lencoup........																	
C	16	Montigny-sur-Loing......																	
D	7	Montry..................																	
B	21	Mortcerf................																	
C	4	Moulin-d'Égreville......																	
B	b	Mourroux................																	
D	8	Moussy-le-Neuf..........																	
D	8	Moussy-le-Vieux.........																	
D	d	Nanteuil-les-Meaux......																	
D	11	Nanteuil-sur-Marne......																	
D	d	Neufmoutiers............																	
D	12	Noisiel.................																	
C	14	Noisy-le-Sec............																	
A	22	Ozouer-la-Ferrière......																	
A	22	Ozouer-le-Voulgis.......																	
E	9	Paroy...................																	
E	18	Pécy....................																	
A	a	Perthes.................																	
D	6	Pin (le)................																	
B	b	Pommeuse................																	
D	12	Pomponne................																	
A	22	Pontault................																	
A	a	Ponthierry..............																	
D	7	Quincey-Ségy............																	
A	22	Roissy-en-Brie..........																	
A	a	Rubelles................																	
B	b	Sainte-Anne (*La Celle*).....																	
B	20	Saint-Cyr...............																	
C	15	Saint-Germain-Laval......																	
D	7	Saint-Germain-les-Couilly..																	
B	10	Ste Marie (*Jouy-sur-Morin*)..																	
D	7	Saint-Martin-les-Voulangis.																	
B	10	Saint-Remy-de-la-Vanne...																	
D	6	Saint-Mesmes............																	
D	8	Saint-Soupplets.........																	
C	15	Salins..................																	
C	c	Samois..................																	
A	5	Sivry...................																	
C	4	Souppes.................																	
E	23	Sourdun.................																	
A	2	Suines (*Grésy*)...........																	
C	16	Thomery.................																	
D	12	Thorigny................																	
D	12	Torcy...................																	
B	21	Touquin.................																	
C	3	Tousson.................																	
C	19	Treuzy..................																	
D	d	Trilport................																	

Signes distinctifs des Arrondissements.	Cantons.	SEINE-ET-MARNE. COMMUNES ou PLACES.	NOMS DES CORRESPONDANTS, LEURS TARIFS.																
1	2	3	4	5	6	7	8	9	10	11	12	13	14	15	16	17	18	19	20
A	a	Trois-Moulins (*Melun*)																	
D	11	Ussy																	
A	2	Varatre (*Lieusaint*)																	
D	d	Vareddes																	
C	3	Vaudoué (le)............																	
B	21	Vaudoy................																	
D	13	Vaux-sous-Coulombs......																	
C	14	Villebéon																	
C	16	Villecerf...............																	
B	21	Villeneuve-le-Comte																	
E	9	Villeneuve-les-Bordes.....																	
D	8	Villeneuve-sous-Dammartin																	
B	20	Villeneuve-sur-Bellot......																	
D	6	Villevaudé																	
C	3	Villiers-sous-Grès.........																	
D	7	Villiers-sur-Morin																	
E	1	Villiers-sur-Seine........																	
C	14	Voulx																	

SIGNES DISTINCTIFS des		SEINE-ET-OISE.	NOMS DES CORRESPONDANTS, LEURS TARIFS.																
ARRONDISSEMENTS.	CANTONS.	ARRONDISSEMENTS ET CANTONS.																	
1	2	3	4	5	6	7	8	9	10	11	12	13	14	15	16	17	18	19	20
		ARRONDISSEMENTS.																	
A	a	VERSAILLES (ch.-l.).																	
»	»	Le reste de l'arrondissement. des trois cantons.																	
B	b	CORBEIL.																	
»	»	Le reste de l'arrondissement. du canton.																	
C	c	ÉTAMPES.																	
»	»	Le reste de l'arrondissement. du canton.																	
D	d	MANTES.																	
»	»	Le reste de l'arrondissement. du canton.																	
E	e	PONTOISE.																	
»	»	Le reste de l'arrondissement. du canton.																	
F	f	RAMBOUILLET.																	
»	»	Le reste de l'arrondissement. du canton.																	
		CANTONS.																	
A	1	ARGENTEUIL.																	
»	»	Le reste du canton.																	
B	2	ARPAJON.																	
»	»	Le reste du canton.																	
B	3	BOISSY-SAINT-LÉGER.																	
»	»	Le reste du canton.																	
D	4	BONNIÈRES.																	
»	»	Le reste du canton.																	
F	5	CHEVREUSE.																	
»	»	Le reste du canton.																	
F	6	DOURDAN.																	
»	»	Le reste du canton.																	
E	7	ÉCOUEN.																	
»	»	Le reste du canton.																	
C	8	FERTÉ-ALEPS (LA).																	
»	»	Le reste du canton.																	
E	9	GONESSE.																	
»	»	Le reste du canton.																	
D	10	HOUDAN.																	
»	»	Le reste du canton.																	
E	11	ISLE-ADAM (L').																	
»	»	Le reste du canton.																	
D	12	LIMAY.																	
»	»	Le reste du canton.																	
F	13	LIMOURS.																	
»	»	Le reste du canton.																	
B	14	LONGJUMEAU.																	
»	»	Le reste du canton.																	
E	15	LUZARCHES.																	
»	»	Le reste du canton.																	
D	16	MAGNY.																	
»	»	Le reste du canton.																	
E	17	MARINES.																	
»	»	Le reste du canton.																	
A	18	MARLY-LE-ROI.																	
»	»	Le reste du canton.																	
C	19	MÉRÉVILLE.																	
»	»	Le reste du canton.																	
A	20	MEULAN.																	
»	»	Le reste du canton.																	
C	21	MILLY-SUR-ÉCOLE.																	
»	»	Le reste du canton.																	
F	22	MONTFORT-L'AMAURY.																	
»	»	Le reste du canton.																	
E	23	MONTMORENCY.																	
»	»	Le reste du canton.																	
A	24	PALAISEAU.																	
»	»	Le reste du canton.																	
A	25	POISSY.																	
»	»	Le reste du canton.																	
A	26	SAINT-GERMAIN-EN-LAYE.																	
»	»	Le reste du canton.																	
A	27	SÈVRES.																	
»	»	Le reste du canton.																	
		LE RESTE DU DÉPARTEMENT																	

SIGNES DISTINCTIFS des ARRONDISSEMENTS.	CANTONS.	SEINE-ET-OISE. COMMUNES ou PLACES.	NOMS DES CORRESPONDANTS, LEURS TARIFS.																
1	2	3	4	5	6	7	8	9	10	11	12	13	14	15	16	17	18	19	20
F	6	Ablis																	
B	14	Ablon																	
A	26	Achères																	
A	26	Aigremont																	
A	25	Alluets (les)																	
E	23	Andilly																	
A	25	Andrésy																	
C	19	Angerville																	
D	d	Arnouville																	
E	15	Asnières-sur-Oise																	
B	14	Athis-Mons																	
A	20	Aubergenville																	
E	9	Aulnay-les-Bondy																	
F	6	Authon																	
C	8	Auvers																	
E	17	Avernes																	
B	2	Avrainville																	
A	18	Bailly																	
B	b	Ballancourt																	
D	10	Bazainville																	
A	20	Bazemont																	
E	11	Beaumont-sur-Oise																	
E	15	Bellefontaine																	
A	27	Bellevue (*Meudon*)																	
E	15	Belloy																	
B	3	Bergeries de Sénart (*Draveil*)																	
F	22	Beynes																	
A	1	Bezons																	
C	19	Bierville (*Boissy-la-Rivière*)																	
A	24	Bièvres																	
A	a	Bois-d'Arcis																	
F	f	Boissière (la)																	
C	c	Boissy-le-Sec																	
D	4	Boissy-Mauvoisin																	
F	22	Boissy-sans-Avoir																	
F	6	Boissy-sous-Saint-Yvon																	
A	20	Bouafle																	
A	18	Bougival																	
D	10	Bourdonné																	
C	c	Boutervilliers																	
D	16	Bray																	
B	14	Bretèche (la) (*Champlan*)																	
B	2	Brétigny																	
D	4	Bréval																	
C	c	Brières-les-Scellés																	
F	13	Briis-sous-Forges																	
B	3	Brunoy																	
B	2	Bruyères-le-Châtel																	
A	a	Buc																	
D	16	Buchet (*Buhy*)																	
A	1	Carrières-Saint-Denis																	
A	25	Carrières-sur-Poissy																	
A	18	Celle-Saint-Cloud (la)																	
E	e	Cergy																	
C	8	Cerny																	
C	c	Chalon-Saint-Mars																	
C	8	Chamarande																	
A	26	Chambourcy																	
A	25	Chanteloup																	
A	20	Chapet																	
E	17	Chars																	
B	3	Château-Frayé (*Vigneux*)																	
A	26	Chatou																	
E	15	Chaumontel																	
D	16	Chaussy																	
A	18	Chavenay																	

SIGNES DISTINCTIFS des ARRONDISSEMENTS.	SIGNES DISTINCTIFS des CANTONS.	SEINE-ET-OISE. COMMUNES ou PLACES.	NOMS DES CORRESPONDANTS, LEURS TARIFS.																
1	2	3	4	5	6	7	8	9	10	11	12	13	14	15	16	17	18	19	20
A	27	Chaville																	
B	3	Chennevières-sur-Marne																	
B	2	Cheptainville																	
D	16	Chérence																	
F	5	Coignières																	
A	25	Conflans-Sainte-Honorine																	
C	19	Congerville																	
F	6	Corbreuse																	
A	1	Cormeille-en-Parisis																	
E	17	Cormeilles-en-Vexin																	
B	b	Coudray (le)																	
E	17	Courcelles																	
E	e	Courdimanche																	
D	10	Courgent																	
A	25	Crespières																	
A	26	Croissy																	
D	10	Dammartin																	
F	5	Dampierre																	
A	25	Davron																	
E	23	Deuil																	
E	7	Domont																	
B	3	Draveil																	
E	23	Eaubonne																	
B	b	Echarcon																	
E	23	Enghein-les-Bains (*Deuil*)																	
E	e	Ennery																	
B	14	Épinay-sur-Orge																	
E	23	Ermont																	
F	f	Essarts (les)																	
B	b	Essonne																	
B	b	Étoiles																	
C	c	Étréchy																	
A	20	Évecquemont																	
B	b	Évry-sur-Seine																	
A	18	Feucherolles																	
A	20	Flins																	
B	b	Fontenay-le-Vicomte																	
D	12	Fontenay-Saint-Père																	
F	13	Forges																	
A	26	Fourqueux																	
E	23	Franconville																	
D	4	Freneuse																	
B	b	Fromont (*Ris*)																	
E	9	Gagny																	
A	20	Gaillon																	
E	17	Gaillonnet (*Seraincourt*)																	
F	22	Galluis-la-Queue																	
D	10	Gambais																	
F	22	Garancières																	
A	27	Garches																	
D	12	Gargenville																	
E	9	Garges																	
F	f	Gazeran																	
A	24	Gif																	
E	7	Gournay (*Montsoult*)																	
F	6	Granges-le-Roi (les)																	
D	10	Gressey																	
A	25	Grignon (*Thiverval*)																	
E	23	Groslay																	
F	6	Guisseray (*Breuillet*)																	
A	a	Guyancourt																	
A	20	Hardricourt																	
D	10	Hargeville																	
D	10	Haute-Ville (la)																	
A	1	Herblay																	
E	11	Hérouville																	

Signes distinctifs des Arrondissements.	Signes distinctifs des Cantons.	SEINE-ET-OISE. — COMMUNES ou PLACES.	NOMS DES CORRESPONDANTS, LEURS TARIFS.																
1	2	3	4	5	6	7	8	9	10	11	12	13	14	15	16	17	18	19	20
D	16	Hodent																	
A	1	Houilles																	
C	8	Itteville																	
F	5	Jouars-Pontchartrain																	
E	c	Jouy-le-Moutier																	
A	a	Jouy-en-Josas																	
B	14	Juvisy																	
C	8	Lardy																	
B	2	Leuville																	
D	4	Limetz																	
B	2	Linas																	
B	b	Lisses																	
E	9	Livry																	
A	a	Loges (les)																	
D	10	Longnes																	
F	6	Longvilliers																	
A	18	Louveciennes																	
E	15	Louvres																	
E	7	Maffliers																	
A	26	Maisons-sur-Seine																	
C	21	Maisse																	
B	3	Mandres																	
D	d	Mantes-la-Ville																	
F	13	Marcoussis																	
A	26	Mareil-Marly																	
E	15	Marly-la-Ville																	
B	14	Massy																	
A	20	Maule																	
D	10	Maulette																	
A	25	Maurecourt																	
F	5	Menil-Saint-Denis																	
B	b	Mennecy																	
E	e	Menucourt																	
E	11	Mériel																	
E	11	Méry-sur-Oise																	
E	7	Mesnil-Aubry																	
A	26	Mesnil-le-Roi																	
A	27	Meudon																	
C	21	Moigny																	
E	7	Moisselles																	
C	19	Monnerville																	
A	1	Montesson																	
E	9	Montfermeil																	
B	3	Montgeron																	
E	17	Mongeroult																	
B	2	Montlhéry																	
E	23	Montlignon																	
E	23	Montmagny																	
C	c	Morigny																	
B	b	Moulin-Galant (le) (*Villabé*)																	
E	11	Mours																	
A	20	Mureaux (les)																	
E	23	Napoléon-Saint-Leu																	
F	22	Néauphle-le-Château																	
E	9	Neuilly-sur-Marne																	
E	9	Noisy-le-Grand																	
A	18	Noisy-le-Roi																	
E	15	Noisy-sur-Oise																	
B	2	Norville (la)																	
D	12	Oinville																	
B	2	Ollainville																	
F	22	Orgerus																	
A	25	Orgeval																	
B	b	Ormoy																	
A	24	Orsay																	
E	e	Osny																	

SIGNES DISTINCTIFS des ARRONDISSEMENTS.	CANTONS.	SEINE-ET-OISE. COMMUNES ou PLACES.	NOMS DES CORRESPONDANTS, LEURS TARIFS.																
1	2	3	4	5	6	7	8	9	10	11	12	13	14	15	16	17	18	19	20
F	f	Perray (les)																	
B	b	Petit-Bourg (*Evry*)																	
C	c	Pierrefitte (*Saint-Hilaire*)																	
E	e	Pierrelaye																	
A	18	Plaisir																	
F	f	Poigny																	
F	5	Pontchartrain (*Jouars*)																	
A	18	Port-Marly																	
E	11	Presles																	
E	e	Puiseux																	
C	19	Pussay																	
B	3	Queue-en-Brie (la)																	
D	10	Richebourg																	
B	b	Ris																	
D	16	Roche-Guyon (la)																	
A	a	Rocquencourt																	
E	9	Roissy																	
D	4	Rolleboise																	
D	d	Rosny-sur-Seine																	
E	15	Royaumont (*Asnières*)																	
A	18	Rueil																	
A	24	Saclay																	
F	6	Saint-Arnould																	
E	7	Saint-Brice																	
F	6	Saint-Chéron																	
D	16	Saint-Clair-sur-Epte																	
A	27	Saint-Cloud																	
A	a	Saint-Cyr																	
B	b	Saint-Germain-les-Corbeil																	
E	23	Saint-Gratien																	
C	c	Saint-Hilaire																	
F	f	Saint-Léger																	
F	6	Saint-Martin-de-Bretencourt																	
D	10	Saint-Martin-des-Champs																	
E	15	Saint-Martin-du-Tertre																	
D	12	Saint-Martin-la-Garenne																	
F	6	Saint-Mesmes																	
B	2	Saint-Michel-sur-Orge																	
A	18	Saint-Nom-la-Bretèche																	
E	e	Saint-Ouen-l'Aumône																	
E	23	Saint-Prix																	
B	2	Saint-Vrain																	
A	1	Sannois																	
B	3	Santeny																	
E	7	Sarcelles																	
A	1	Sartrouville																	
B	14	Saulx-les-Chartreux																	
B	14	Savigny-sur-Orge																	
D	10	Septeuil																	
F	6	Sermaise																	
B	b	Soisy-sous-Étiole																	
C	21	Soisy-sur-École																	
F	6	Sonchamp																	
B	3	Sucy																	
A	20	Tessancourt																	
E	9	Thillay (le)																	
A	25	Thiverval																	
F	22	Thoiry																	
A	a	Trappes																	
A	25	Triel																	
E	11	Valmondois																	
A	27	Vaucresson																	
E	9	Vaujours																	
A	20	Vaux																	
A	25	Verneuil																	
A	24	Verrières																	

SIGNES DISTINCTIFS des ARRONDISSEMENTS.	CANTONS.	SEINE-ET-OISE. COMMUNES ou PLACES.	NOMS DES CORRESPONDANTS, LEURS TARIFS.																
1	2	3	4	5	6	7	8	9	10	11	12	13	14	15	16	17	18	19	20
B	2	Vert-le-Grand............																	
B	2	Vert-le-Petit............																	
D	16	Vétheuil.................																	
E	15	Viarmes..................																	
E	17	Vigny....................																	
B	b	Villabé..................																	
A	a	Villa-Coublay (*Vélizy*)......																	
F	6	Villebrun................																	
A	27	Ville-d'Avray............																	
A	24	Ville-du-Bois (la)........																	
A	24	Villejust................																	
B	14	Villeneuve-le-Roi........																	
B	3	Villeneuve-Saint-Georges..																	
A	18	Villepreux...............																	
E	7	Villiers-le-Bel...........																	
A	a	Viroflay.................																	
B	14	Viry-Châtillon...........																	
B	3	Yerres...................																	

SIGNES DISTINCTIFS des		SEINE-INFÉRIEURE.	NOMS DES CORRESPONDANTS, LEURS TARIFS.																
ARRONDISSEMENTS.	CANTONS.	ARRONDISSEMENTS ET CANTONS.																	
1	2	3	4	5	6	7	8	9	10	11	12	13	14	15	16	17	18	19	20
		ARRONDISSEMENTS.																	
A	a	ROUEN (ch.-l.).																	
»	»	Le reste { de l'arrondissement. des six cantons.																	
B	b	DIEPPE.																	
»	»	Le reste { de l'arrondissement. du canton.																	
C	c	LE HAVRE.																	
»	»	Le reste { de l'arrondissement. du canton.																	
D	d	NEUFCHATEL-EN-BRAY.																	
»	»	Le reste { de l'arrondissement. du canton.																	
E	e	YVETOT.																	
»	»	Le reste { de l'arrondissement. du canton.																	
		CANTONS																	
D	1	ARGUEIL.																	
»	»	Le reste du canton.																	
D	2	AUMALE.																	
»	»	Le reste du canton.																	
B	3	BACQUEVILLE.																	
»	»	Le reste du canton.																	
B	4	BELLENCOMBRE.																	
»	»	Le reste du canton.																	
D	5	BLANGY.																	
»	»	Le reste du canton.																	
C	6	BOLBEC.																	
»	»	Le reste du canton.																	
A	7	BOOS.																	
»	»	Le reste du canton.																	
A	8	BUCHY.																	
»	»	Le reste du canton.																	
E	9	CANY.																	
»	»	Le reste du canton.																	
E	10	CAUDEBEC.																	
»	»	Le reste du canton.																	
A	11	CLÈRES.																	
»	»	Le reste du canton.																	
C	12	CRIQUETOT-LESNEVAL.																	
»	»	Le reste du canton.																	
A	13	DARNÉTAL.																	
»	»	Le reste du canton.																	
E	14	DOUDEVILLE.																	
»	»	Le reste du canton.																	
A	15	DUCLAIR.																	
»	»	Le reste du canton.																	
A	16	ELBEUF.																	
»	»	Le reste du canton.																	
B	17	ENVERMEU.																	
»	»	Le reste du canton.																	
B	18	EU.																	
»	»	Le reste du canton.																	
E	19	FAUVILLE.																	
»	»	Le reste du canton.																	
C	20	FÉCAMP.																	
»	»	Le reste du canton.																	
E	21	FONTAINE-LE-DUN.																	
»	»	Le reste du canton.																	
D	22	FORGES-LES-EAUX.																	
»	»	Le reste du canton.																	
C	23	GODERVILLE.																	
»	»	Le reste du canton.																	
D	24	GOURNAY-EN-BRAY.																	
»	»	Le reste du canton.																	
A	25	GRAND-COURONNE.																	
»	»	Le reste du canton.																	
C	26	INGOUVILLE.																	
»	»	Le reste du canton.																	
C	27	LILLEBONNE.																	
»	»	Le reste du canton.																	
D	28	LONDINIÈRES.																	
»	»	Le reste du canton.																	
B	29	LONGUEVILLE.																	
»	»	Le reste du canton.																	
A	30	MAROMME.																	
»	»	Le reste du canton.																	
C	31	MONTIVILLIERS.																	
»	»	Le reste du canton.																	

SIGNES DISTINCTIFS des ARRONDISSEMENTS.	CANTONS.	SEINE-INFÉRIEURE. ARRONDISSEMENTS ET CANTONS.	NOMS DES CORRESPONDANTS, LEURS TARIFS.																
1	2	3	4	5	6	7	8	9	10	11	12	13	14	15	16	17	18	19	20
B	32	OFFRANVILLE.																	
»	»	Le reste du canton.																	
E	33	OURVILLE.																	
»	»	Le reste du canton.																	
A	34	PAVILLY.																	
»	»	Le reste du canton.																	
C	35	SAINT-ROMAIN																	
»	»	Le reste du canton																	
D	36	SAINT-SAENS.																	
»	»	Le reste du canton.																	
E	37	SAINT-VALERY-EN-CAUX.																	
»	»	Le reste du canton.																	
B	38	TOTES.																	
»	»	Le reste du canton.																	
E	39	VALMONT.																	
»	»	Le reste du canton.																	
E	40	YERVILLE.																	
»	»	Le reste du canton.																	
		LE RESTE DU DÉPARTEMENT.																	

SIGNES DISTINCTIFS des ARRONDISSEMENTS.	CANTONS.	**SEINE-INFÉRIEURE.** COMMUNES ou PLACES.	NOMS DES CORRESPONDANTS, LEURS TARIFS.																
1	2	3	4	5	6	7	8	9	10	11	12	13	14	15	16	17	18	19	20
A	7	Amfreville-la-Mi-Voie																	
E	14	Amfreville-les-Champs ...																	
A	11	Anceauménil																	
C	12	Angerville																	
E	39	Angerville-le-Martel																	
C	12	Anglesqueville-Lesneval...																	
E	10	Anquetierville																	
B	32	Arques																	
D	5	Aubermesnil																	
B	38	Auffay.................																	
B	3	Auppegard.............																	
D	d	Auvilliers..............																	
A	30	Bapeaume (*Canteleu*).......																	
A	34	Barentin................																	
D	22	Beaubec la-Rosière																	
A	7	Belbeuf................																	
D	22	Bellière (la).............																	
C	6	Bernières-en-Caux........																	
C	6	Beuzeville-la-Grenier......																	
C	6	Beuzevillette............																	
D	24	Bezancourt.............																	
A	8	Blainville-Crevon.........																	
C	26	Bléville................																	
E	37	Blosseville																	
A	7	Blosseville Bon-Secours ...																	
A	13	Bois-d'Ennebourg (le).....																	
A	13	Bois-Guillaume (le)......																	
C	6	Bolleville																	
A	30	Bondeville (Notre Dame-de-)																	
D	28	Bosc Geffroy............																	
B	4	Bosc-le-Hard																	
A	8	Bosc-Roger (le)																	
D	d	Bouelle................																	
A	25	Bouille (la).............																	
B	32	Bourg-d'Un (le)..........																	
C	23	Bréauté................																	
C	23	Bretteville..............																	
D	d	Bully..................																	
D	28	Bures..................																	
A	34	Butot..................																	
E	37	Cailleville..............																	
A	11	Cailly																	
A	30	Canteleu...............																	
D	5	Campneuseville																	
A	16	Caudebec-les-Elbeuf......																	
D	5	Caule-Sainte-Beuve (le)....																	
A	25	Chartreux (les)(*Pet.-Quevilly*)																	
A	16	Cléon																	
D	2	Conteville..............																	
B	18	Criel..................																	
C	20	Criquebeuf-en-Caux																	
E	40	Criquetot-sur-Ouville......																	
D	1	Croisy-la-Haye...........																	
A	34	Croixmare																	
D	24	Cuy-Saint-Fiacre																	
B	29	Dénestanville............																	
A	30	Déville-les-Rouen																	
E	33	Dieppedalle (*Saint-Vaast*)...																	
E	37	Drosay																	
A	a	Eauplet................																	
A	34	Écalles-Alix																	
C	23	Écrainville																	
E	e	Écretteville-les-Baons																	
D	24	Elbeuf-en-Bray..........																	
A	13	Elbeuf-sur-Andelle																	
C	31	Épouville...............																	

SIGNES DISTINCTIFS des ARRONDISSEMENTS.	CANTONS.	SEINE-INFÉRIEURE. COMMUNES ou PLACES.	NOMS DES CORRESPONDANTS, LEURS TARIFS.																
1	2	3	4	5	6	7	8	9	10	11	12	13	14	15	16	17	18	19	20
C	20	Épreville																	
D	d	Esclavelles																	
D	5	Essarts-Varimpré (les)																	
C	12	Étretat																	
D	5	Fallencourt																	
D	22	Ferté-Saint-Samson (la)																	
D	d	Fesques																	
D	1	Feuillie (la)																	
D	d	Flamets-Frétils																	
A	11	Fontaine-le-Bourg																	
A	13	Fontaine-sous-Préaux																	
D	22	Fossé (le)																	
D	5	Foucarmont																	
D	28	Fréauville																	
A	16	Freneuse-sur-Seine																	
D	d	Fresles																	
A	34	Fresquienne																	
A	34	Fréville																	
C	20	Froberville																	
D	22	Gaillefontaine																	
C	20	Gerville																	
C	23	Gonfreville-Caillot																	
C	31	Gonfreville-l'Orcher																	
C	12	Gonneville																	
C	31	Gournay-en-Caux																	
E	9	Grainville-la-Teinturière																	
A	13	Grainville-sur-Ry																	
D	28	Grandcourt																	
A	25	Grand-Quevilly (le)																	
D	5	Grande-Vallée (la) (*Guerville*)																	
B	4	Grandes-Ventes (les)																	
C	26	Grasville-l'Heure																	
D	d	Graval																	
C	6	Gruchet-le-Valasse																	
B	3	Gruchet-Saint-Siméon																	
E	10	Guerbaville																	
E	37	Guetteville																	
B	3	Gueurres																	
B	18	Hainchevillé																	
C	31	Harfleur																	
B	29	Heugleville-sur-Scie																	
D	5	Hodeng-au-Bosc																	
A	30	Houlme (le)																	
B	38	Imbleville																	
A	15	Jumièges																	
D	1	Landel (*Feuillie la*)																	
C	6	Lanquetot																	
A	7	Lescure (*Amfreville-Mi-Voie*)																	
A	34	Limézy																	
E	40	Lindebeuf																	
C	6	Lintot																	
C	20	Loges																	
A	16	Londe (la)																	
B	4	Louvetot (*Grigneuseville*)																	
D	d	Lucy																	
B	3	Luneray																	
E	10	Mailleraye (la)																	
A	30	Malaunay																	
C	20	Maniquerville																	
E	37	Manneville-ès-Plains																	
C	23	Manneville-la-Goupil																	
D	d	Massy																	
E	10	Maulévrier																	
D	24	Ménerval																	
D	d	Mesnières																	
A	7	Mesnil-Esnard (le)																	

SIGNES DISTINCTIFS des ARRONDISSEMENTS.	CANTONS.	SEINE-INFÉRIEURE. COMMUNES ou PLACES.	NOMS DES CORRESPONDANTS, LEURS TARIFS.																
1	2	3	4	5	6	7	8	9	10	11	12	13	14	15	16	17	18	19	20
D	22	Mesnil-Mauger (le)........																	
A	30	Mont aux-Malades........																	
A	30	Mont-Saint-Aignan.......																	
A	11	Monville................																	
D	d	Mortemer...............																	
D	d	Nesle-Hodeng...........																	
D	5	Nesle-Normandeuse......																	
A	7	Neuville-Champ-d'Oissel (la)																	
D	1	Nolléval...............																	
C	27	Norville...............																	
C	27	Notre-Dame-de-Gravenchon																	
C	31	Octeville..............																	
A	25	Oissel-sur-Seine..........																	
B	3	Omonville..............																	
D	36	Omonville-sur-Varennes...																	
A	16	Orival.................																	
E	40	Ouville-l'Abbaye........																	
B	32	Ouville-la-Rivière.......																	
E	37	Pleine-Sève............																	
C	27	Petite-Ville............																	
A	7	Poterie (la) (*Belbeuf*).......																	
C	6	Raffetot...............																	
D	5	Rétonval...............																	
D	5	Rieux..................																	
D	5	Roménil (*Nesle-Normandeuse*)																	
A	13	Roncherolles...........																	
C	6	Rouville...............																	
A	13	Ry....................																	
C	35	Sainneville-sur-Seine.....																	
C	26	Sainte-Adresse..........																	
E	10	Saint-Aubin-de-Crétot.....																	
A	7	Saint-Aubin-Épinay.......																	
A	16	St-Aubin-Jouxte-Boulleng..																	
C	35	Saint-Aubin-Routot.......																	
B	32	Saint-Denis-d'Aclon.......																	
E	33	Saint Denis-d'Héricourt....																	
A	25	Saint-Étienne-du-Rouvray..																	
C	35	Saint-Eustache-la-Forêt....																	
B	38	Sainte-Geneviève.........																	
B	29	Saint Germain-d'Étables...																	
D	d	Saint-Germain-sur-Eaulne.																	
A	13	Saint-Jacques-sur-Darnétal.																	
C	27	Saint-Jean-de-Folleville....																	
C	6	Saint-Jean-de-la-Neuville...																	
A	30	Saint-Jean-du-Cardonnay..																	
C	12	Saint-Jouin............																	
E	14	Saint-Laurent-en-Caux....																	
D	5	Saint-Léger-aux-Bois......																	
A	13	St Léger-du-Bourg-Denis..																	
B	38	Saint-Maclou-de-Folleville..																	
C	23	Saint-Maclou-la-Brière....																	
A	15	Ste-Marguerite-sur-Duclair.																	
E	9	Saint-Martin-aux-Bunaux..																	
A	15	St-Martin-de-Boscherville..																	
D	36	Saint-Martin-Omonville....																	
A	13	Saint-Martin-du-Vivier....																	
C	27	Saint-Maurice-d'Ételan....																	
B	17	Saint-Nicolas-d'Aliermont..																	
E	10	Saint-Nicolas-de-la-Haye...																	
C	27	Saint-Nicolas-de-la-Taille...																	
A	15	Saint-Paër.............																	
A	7	St-Pierre-de-Franqueville.																	
A	16	Saint-Pierre-de-Liéroult....																	
D	5	Saint-Riquier-en-Rivière...																	
D	d	Saint-Saire.............																	
B	17	Saint Sulpice (*Bellengreville*).																	

SIGNES DISTINCTIFS des ARRONDISSEMENTS.	CANTONS.	SEINE-INFÉRIEURE. — COMMUNES ou PLACES.	NOMS DES CORRESPONDANTS, LEURS TARIFS.																
1	2	3	4	5	6	7	8	9	10	11	12	13	14	15	16	17	18	19	20
E	10	Saint-Vandrille Rançon																	
B	38	Saint-Victor-l'Abbaye																	
C	26	Sanvic																	
D	22	Saumont-la-Poterie																	
B	32	Sauqueville																	
D	22	Serqueux																	
D	28	Smermesnil																	
D	36	Sommery																	
A	25	Sotteville-les-Rouen																	
A	16	Sotteville-sous-le-Val																	
E	21	Sotteville-sur-Mer																	
C	12	Tilleul (le)																	
B	29	Torcy-le-Grand																	
B	29	Torcy-le-Petit																	
A	16	Tourville-la-Rivière																	
B	18	Tréport (le)																	
C	35	Trois-Pierres (les)																	
C	6	Trouville																	
E	e	Valliquerville																	
D	5	Varimpré (*les Essarts*)																	
E	10	Vatteville-la-Rue																	
D	d	Vattierville																	
B	29	Vaudreville																	
E	e	Vauville-les-Baons																	
E	37	Veules																	
E	10	Villequier																	
D	5	Villers-sous-Foucarmont																	
C	20	Yport (*Criquebeuf-en-Caux*)																	
E	39	Ypreville																	
E	14	Yvecrique																	

SIGNES DISTINCTIFS des ARRONDISSEMENTS.	SIGNES DISTINCTIFS des CANTONS.	DEUX-SÈVRES. ARRONDISSEMENTS ET CANTONS.	NOMS DES CORRESPONDANTS, LEURS TARIFS.																
1	2	3	4	5	6	7	8	9	10	11	12	13	14	15	16	17	18	19	20
		ARRONDISSEMENTS.																	
A	a	NIORT (ch.-l.).																	
»	»	Le reste de l'arrondissement. / des deux cantons.																	
B	b	BRESSUIRE.																	
»	»	Le reste de l'arrondissement. / du canton.																	
C	c	MELLE.																	
»	»	Le reste de l'arrondissement. / du canton.																	
D	d	PARTHENAY.																	
»	»	Le reste de l'arrondissement. / du canton.																	
		CANTONS.																	
D	1	AIRVAULT.																	
»	»	Le reste du canton.																	
B	2	ARGENTON-LE-CHATEAU.																	
»	»	Le reste du canton.																	
A	3	BEAUVOIR-SUR-NIORT.																	
»	»	Le reste du canton.																	
C	4	BRIOUX.																	
»	»	Le reste du canton.																	
C	5	CELLES.																	
»	»	Le reste du canton.																	
B	6	CÉRIZAY.																	
»	»	Le reste du canton.																	
A	7	CHAMPDENIERS.																	
»	»	Le reste du canton.																	
B	8	CHATILLON-SUR-SÈVRE.																	
»	»	Le reste du canton.																	
C	9	CHEF-BOUTONNE.																	
»	»	Le reste du canton.																	
A	10	COULONGES.																	
»	»	Le reste du canton.																	
A	11	FRONTENAY.																	
»	»	Le reste du canton.																	
C	12	LEZAY.																	
»	»	Le reste du canton.																	
A	13	MAUZÉ.																	
»	»	Le reste du canton.																	
D	14	MAZIÈRES.																	
»	»	Le reste du canton.																	
D	15	MÉNIGOUTE.																	
»	»	Le reste du canton.																	
D	16	MONCOUTANT.																	
»	»	Le reste du canton.																	
C	17	MOTHE-SAINTE-HÉRAYE (LA).																	
»	»	Le reste du canton.																	
A	18	PRAHECQ.																	
»	»	Le reste du canton.																	
D	19	SAINT-LOUP.																	
»	»	Le reste du canton.																	
A	20	SAINT-MAIXENT.																	
»	»	Le reste du canton.																	
B	21	SAINT-VARENT.																	
»	»	Le reste du canton.																	
C	22	SAUZÉ-VAUSSAIS.																	
»	»	Le reste du canton.																	
D	23	SECONDIGNY.																	
»	»	Le reste du canton.																	
D	24	THÉNEZAY.																	
»	»	Le reste du canton.																	
B	25	THOUARS.																	
»	»	Le reste du canton.																	
		LE RESTE DU DÉPARTEMENT.																	

SIGNES DISTINCTIFS des ARRONDISSEMENTS.	CANTONS	DEUX-SÈVRES. COMMUNES ou PLACES.	NOMS DES CORRESPONDANTS, LEURS TARIFS.																
1	2	3	4	5	6	7	8	9	10	11	12	13	14	15	16	17	18	19	20
D	16	Absie (l')																	
C	4	Anières																	
A	10	Ardin																	
B	2	Argenton-l'Église																	
B	8	Aubiers (les)																	
A	20	Augé																	
D	23	Azay-sur-Thoué																	
A	20	Azay-Brûlé																	
B	25	Bilazais																	
C	12	Bonneuil-aux-Monges																	
B	2	Bouillé-Loret																	
B	b	Breuil-Chaussé																	
B	25	Brie																	
B	25	Brion																	
B	2	Cersay																	
D	16	Chanteloup																	
A	7	Chapelle-Bâton																	
B	8	Chapelle-Largeau (la)																	
D	16	Chapelle-Séguin (la)																	
D	16	Chapelle-Saint-Laurent (la)																	
A	10	Chapelle-Thireuil (la)																	
D	d	Chatillon-sur-Thoué																	
C	12	Chenay																	
A	20	Cherveux																	
C	4	Chizé																	
C	22	Clussais																	
A	3	Cormenier (le)																	
A	a	Coulon																	
C	9	Couture-d'Argenson																	
A	20	Crèche (la) (*Breloux*)																	
A	a	Échiré																	
C	17	Exoudun																	
B	b	Faye-l'Abbesse																	
A	10	Fenioux																	
D	15	Fomperron																	
B	6	Forêt-sur-Sèvre (la)																	
A	3	Foye-Montjault (la)																	
C	22	Limalonges																	
B	21	Luzay																	
A	3	Marigny																	
D	1	Marnes																	
B	25	Mauzé-Thouarsais																	
C	c	Mazières-sur-la-Béronne																	
D	24	Melleraye (*la Peiratte*)																	
C	22	Mellerand																	
C	5	Mougon																	
B	8	Nueil-sous-les-Aubiers																	
B	25	Oiron																	
C	4	Paizay-le-Chapt																	
A	7	Pamplie																	
C	17	Pamproux																	
B	25	Pas-de-Jeu																	
D	24	Peiratte (la)																	
C	4	Périgné																	
D	14	Petit-Chêne (*Mazières*)																	
C	9	Pioussay																	
C	5	Prailles																	
A	3	Prissé-le-Petit																	
B	6	Ronde (la)																	
B	2	Saint-Clémentin																	
B	21	Sainte-Gemme																	
A	13	Saint-Hilaire-de-la-Palud																	
D	1	Saint-Jouin-de-Marnes																	
B	6	Saint-Jouin-de-Milly																	
B	8	Saint-Jouin-sous-Châtillon																	
A	10	Saint-Laurs																	

SIGNES DISTINCTIFS des ARRONDISSEMENTS.	CANTONS.	DEUX-SÈVRES. COMMUNES ou PLACES.	NOMS DES CORRESPONDANTS, LEURS TARIFS.																
1	2	3	4	5	6	7	8	9	10	11	12	13	14	15	16	17	18	19	20
B	2	St-Maurice-la-Fougereuse..																	
A	20	Sainte-Néomaye.........																	
D	16	Saint-Paul-en-Gâtine......																	
B	2	Saint-Pierre-à-Champs....																	
B	8	St-Pierre-les-Échaubrognes.																	
B	25	Sainte-Verge............																	
C	17	Salles.................																	
C	4	Secondigné.............																	
A	13	Usseau.................																	
A	11	Vanneau (le)............																	
D	15	Vasles.................																	
D	15	Vautebis...............																	
D	23	Vernoux...............																	
D	14	Verruye...............																	
A	18	Vouillé................																	

SIGNES DISTINCTIFS des ARRONDISSEMENTS.	CANTONS.	SOMME. — ARRONDISSEMENTS ET CANTONS.	NOMS DES CORRESPONDANTS, LEURS TARIFS.																
1	2	3	4	5	6	7	8	9	10	11	12	13	14	15	16	17	18	19	20
		ARRONDISSEMENTS.																	
A	a	AMIENS (ch.-l.).																	
»	»	Le reste { de l'arrondissement. / des quatre cantons.																	
B	b	ABBEVILLE.																	
»	»	Le reste { de l'arrondissement. / des deux cantons.																	
C	c	DOULLENS.																	
»	»	Le reste { de l'arrondissement. / du canton.																	
D	d	MONTDIDIER.																	
»	»	Le reste { de l'arrondissement. / du canton.																	
E	e	PÉRONNE.																	
»	»	Le reste { de l'arrondissement. / du canton.																	
		CANTONS.																	
C	1	ACHEUX.																	
»	»	Le reste du canton.																	
B	2	AILLY-LE-HAUT-CLOCHER.																	
»	»	Le reste du canton.																	
D	3	AILLY-SUR-NOYE.																	
»	»	Le reste du canton.																	
E	4	ALBERT.																	
»	»	Le reste du canton.																	
B	5	AULT.																	
»	»	Le reste du canton.																	
C	6	BERNAVILLE.																	
»	»	Le reste du canton.																	
E	7	BRAY-SUR-SOMME.																	
»	»	Le reste du canton.																	
E	8	CHAULNES.																	
»	»	Le reste du canton.																	
E	9	COMBLES.																	
»	»	Le reste du canton.																	
A	10	CONTY.																	
»	»	Le reste du canton.																	
A	11	CORBIE.																	
»	»	Le reste du canton.																	
B	12	CRÉCY.																	
»	»	Le reste du canton.																	
C	13	DOMART.																	
»	»	Le reste du canton.																	
B	14	GAMACHES.																	
»	»	Le reste du canton.																	
B	15	HALLENCOURT.																	
»	»	Le reste du canton.																	
E	16	HAM.																	
»	»	Le reste du canton.																	
A	17	HORNOY.																	
»	»	Le reste du canton.																	
A	18	MOLLIENS-VIDAME.																	
»	»	Le reste du canton.																	
D	19	MOREUIL.																	
»	»	Le reste du canton.																	
B	20	MOYENNEVILLE.																	
»	»	Le reste du canton.																	
E	21	NESLE.																	
»	»	Le reste du canton.																	
B	22	NOUVION-EN-PONTHIEU.																	
»	»	Le reste du canton.																	
A	23	OISEMONT.																	
»	»	Le reste du canton.																	
A	24	PICQUIGNY.																	
»	»	Le reste du canton.																	
A	25	POIX.																	
»	»	Le reste du canton.																	
E	26	ROISEL.																	
»	»	Le reste du canton.																	
D	27	ROSIÈRES.																	
»	»	Le reste du canton.																	
D	28	ROYE.																	
»	»	Le reste du canton.																	
B	29	RUE.																	
»	»	Le reste du canton.																	
A	30	SAINS.																	
»	»	Le reste du canton.																	
B	31	SAINT-VALERY-SUR-SOMME.																	
»	»	Le reste du canton.																	
A	32	VILLERS-BOCAGE.																	
»	»	Le reste du canton.																	

SIGNES DISTINCTIFS des ARRONDISSEMENTS.	CANTONS.	SOMME. — COMMUNES ou PLACES.	NOMS DES CORRESPONDANTS, LEURS TARIFS.																
1	2	3	4	5	6	7	8	9	10	11	12	13	14	15	16	17	18	19	20
A	11	Abancourt-Warfusée																	
B	20	Acheux																	
A	25	Agnières																	
A	24	Ailly-sur-Somme																	
A	18	Airaines																	
B	15	Allery																	
A	a	Allonville																	
A	a	Argœuves																	
D	19	Arvillers																	
E	16	Athies																	
A	11	Aubigny																	
A	23	Aumatre																	
C	1	Authies																	
E	e	Barleux																	
A	10	Bacouel																	
E	21	Bacquancourt (*Hombleux*)																	
B	15	Bailleuil																	
D	27	Bayonvillers																	
A	17	Beaucamps-le-Jeune																	
A	17	Beaucamps-le-Vieux																	
C	6	Beaumetz																	
C	c	Beauquesne																	
C	c	Beauval																	
A	32	Bellevue (*Bertangles*)																	
E	8	Belloy-en-Santerre																	
A	17	Belloy-Saint-Léonard																	
B	5	Belloy-s.-Mer (*Friville-Escarb.*)																	
A	24	Belloy-sur-Somme																	
E	26	Bernes																	
C	13	Berneuil																	
D	3	Berny-sur-Noye																	
E	21	Béthancourt																	
B	5	Béthencourt-sur-Mer																	
D	28	Bouvraignes																	
E	e	Biaches																	
D	28	Billancourt																	
A	17	Boisrault																	
E	8	Blangy-en-Santerre																	
E	e	Bouchavesnes																	
D	27	Bouchoir																	
B	14	Bouttencourt																	
B	14	Bouvaincourt																	
A	18	Bovelles																	
A	30	Boves																	
B	b	Bray-les-Mareuil																	
E	e	Brie																	
E	16	Brouchy																	
E	e	Buire-Courcelles																	
E	21	Buny (*Voyennes*)																	
C	1	Bus																	
D	d	Bus-les-Artois																	
B	2	Bussus																	
E	21	Buverchy																	
A	a	Cagny																	
D	27	Caix																	
B	22	Canchy																	
C	6	Candas																	
E	21	Canisy (*Hombleux*)																	
D	28	Carrépuis																	
E	e	Cartigny																	
D	19	Cayeux-en-Santerre																	
B	31	Cayeux-sur-Mer																	
D	28	Champien																	
B	20	Chépy																	
D	27	Chilly																	
A	18	Clairy																	

SIGNES DISTINCTIFS des ARRONDISSEMENTS.	CANTONS.	SOMME. COMMUNES ou PLACES.	NOMS DES CORRESPONDANTS, LEURS TARIFS.																
1	2	3	4	5	6	7	8	9	10	11	12	13	14	15	16	17	18	19	20
A	24	Condé-Folie																	
B	12	Conteville																	
D	19	Contoire																	
B	2	Cramont																	
D	28	Cressy-près-Roye																	
B	5	Croix-au-Bailly (la)																	
E	16	Croix-Molignaux																	
B	29	Crotoy (le)																	
D	28	Curchy																	
E	16	Cuvillier (*Sancourt*)																	
D	28	Damery																	
D	28	Dancourt																	
A	11	Daours																	
B	14	Dargnies																	
D	d	Davenescourt																	
D	19	Domart-sur-la-Lue																	
A	30	Dommartin																	
E	16	Douilly																	
E	16	Douvieux (*Mouchy-Lagache*)																	
E	26	Driencourt																	
A	30	Dury																	
B	14	Embreville																	
E	16	Ennemain																	
E	26	Epéhy																	
E	21	Épenancourt																	
E	16	Eppeville																	
E	9	Équancourt																	
D	28	Ercheux																	
B	20	Ercourt																	
B	5	Escarbotin (*Friville*)																	
E	16	Esmery-Hallon																	
A	10	Essertaux																	
E	16	Estouilly																	
E	8	Estrées-Deniécourt																	
E	e	Estrées-en-Chaussée																	
D	28	Étalon																	
E	e	Éterpigny																	
A	24	Étoile (l')																	
D	3	Faloise (la)																	
E	21	Falvy																	
E	8	Fay																	
E	e	Feuillères																	
B	20	Feuquières																	
C	6	Fienvillers																	
E	26	Fins																	
D	3	Flers																	
E	9	Flers																	
A	32	Flesselles																	
A	24	Flixécourt																	
A	18	Fluy																	
D	27	Folies																	
D	28	Fonches																	
D	28	Fonchettes																	
E	8	Fontaines-les-Cappy																	
E	8	Foucaucourt																	
A	30	Fouen-Camps																	
A	11	Fouilloy																	
D	27	Fouquescourt																	
E	8	Framerville																	
A	11	Franvillers																	
E	8	Fresnes																	
A	18	Fresnoy-au-Val																	
D	28	Fresnoy-les-Roye																	
B	5	Fressenneville																	
B	5	Friaucourt																	
E	7	Frise																	

SIGNES DISTINCTIFS des ARRONDISSEMENTS.	CANTONS.	SOMME. COMMUNES ou PLACES.	NOMS DES CORRESPONDANTS, LEURS TARIFS.																
1	2	3	4	5	6	7	8	9	10	11	12	13	14	15	16	17	18	19	20
C	6	Frohen-le-Grand																	
A	30	Gentelles																	
E	21	Grécourt																	
D	d	Guerbigny																	
A	25	Guizancourt																	
D	3	Haineville (*Saulchoy-Épagny*)																	
E	26	Hancourt																	
D	19	Hangard																	
D	19	Hangest-en-Santerre																	
A	24	Hangest-sur-Somme																	
D	27	Harbonnières																	
B	22	Hautvilliers-Ouville																	
C	c	Hem																	
B	20	Henneville (*Quesnoy-Montant*)																	
E	26	Heudicourt																	
E	21	Hombleux																	
D	19	Hourges (*Domars-sur-la-Luc*)																	
B	15	Huppy																	
E	8	Hyencourt-le-Grand																	
E	21	Hyencourt-le-Petit																	
D	28	Laucourt																	
E	21	Licourt																	
E	26	Liéramont																	
D	d	Lignières																	
A	25	Lignières-Chatelain																	
A	23	Lignières-Foucaucourt																	
E	8	Lihons-en-Santerre																	
A	17	Liomer																	
A	10	Loeuilly																	
B	2	Long																	
E	26	Longavennes																	
B	15	Long-Pré-les-Corps-Saints																	
A	a	Longueau																	
E	9	Longueval																	
B	12	Longvilliers																	
C	c	Lucheux																	
C	1	Mailly																	
B	12	Maison-Ponthieu																	
E	9	Manancourt																	
A	11	Marcelcave																	
D	28	Marché-Allouarde																	
E	21	Marché-le-Pot																	
B	b	Mareuil																	
E	26	Marquaix																	
E	16	Matigny																	
D	27	Maucourt																	
E	9	Maurepas																	
D	27	Méharicourt																	
D	3	Merville-aux-Bois																	
E	e	Mesnil-Bruntel																	
D	19	Mézières																	
E	4	Miraumont																	
E	21	Mizery																	
E	e	Moislains																	
E	e	Mons-en-Chaussée																	
E	16	Montecourt (*Mouchy-Lagache*)																	
E	21	Morchain																	
D	19	Morisel																	
A	11	Motte-Brebière (la)																	
B	22	Motte-Bulleux (la)																	
A	11	Motte-en-Santerre (la)																	
E	16	Mouchy-Lagache																	
A	25	Moyencourt																	
E	16	Muille-Villette																	
C	13	Naours																	
A	23	Nesle-l'Hôpital																	

SIGNES DISTINCTIFS des		SOMME. COMMUNES ou PLACES.	NOMS DES CORRESPONDANTS, LEURS TARIFS.																
ARRONDISSEMENTS.	CANTONS.																		
1	2	3	4	5	6	7	8	9	10	11	12	13	14	15	16	17	18	19	20
A	23	Neuville-Coppegueule																	
B	22	Noyelle-sur-Mer																	
E	26	Nurlu																	
E	16	Offoy																	
E	21	Omiécourt																	
B	22	Oneux																	
C	13	Pernois																	
A	32	Pierregot																	
D	19	Pierrepont																	
E	26	Pœuilly																	
D	19	Plessier-Rozainvillers (le)																	
A	a	Pont-de-Metz																	
B	2	Pont-Remy																	
B	22	Ponthoile																	
E	4	Pozières																	
A	10	Prouzel																	
E	8	Proyart																	
B	29	Quend																	
A	32	Querrieux																	
D	19	Quesnel (le)																	
A	18	Quesnoy-sous-Airaines (le)																	
A	18	Quevauvilliers																	
D	3	Quiry-le-Sec																	
E	16	Quivières																	
B	14	Ramburelles																	
B	14	Rambures																	
E	9	Rancourt																	
A	a	Renancourt (*Amiens*)																	
A	11	Ribemont																	
D	d	Rollot																	
E	26	Ronsoy																	
C	c	Rouval (*Doullens*)																	
D	27	Rouvroy																	
E	21	Roucy-le-Grand																	
E	21	Roucy-le-Petit																	
A	32	Rubempré																	
E	7	Sailly-le-Sec																	
E	7	Sailly-Lorette																	
E	9	Sailly-Saillizel																	
C	6	Saint-Acheul																	
B	31	Saint-Blimont																	
E	21	Saint-Christ																	
A	23	Saint-Maulvis																	
A	a	Saint-Maurice (*Amiens*)																	
B	20	Saint-Maxent																	
B	5	Saint-Quentin-la-Motte																	
E	e	Sainte-Radegonde																	
B	2	Saint-Ricquier																	
A	30	Saint-Sauflieu																	
E	16	Saint-Sulpice																	
A	30	Saleux-Salouel																	
E	16	Sancourt																	
D	3	Saulchoy-Épagny																	
A	17	Selincourt																	
A	23	Senarpont																	
B	15	Sorel																	
E	7	Suzanne																	
C	13	Talmas																	
E	26	Templeux-la-Fosse																	
E	26	Templeux-le-Guérard																	
E	16	Tertry																	
A	a	Thil (le)																	
D	28	Tylloloy																	
A	10	Tilloy-les-Conty																	
E	26	Tincourt-Boucly																	
A	a	Tinson																	

SIGNES DISTINCTIFS des ARRONDISSEMENTS.	CANTONS.	SOMME. COMMUNES ou PLACES.	NOMS DES CORRESPONDANTS, LEURS TARIFS.																
1	2	3	4	5	6	7	8	9	10	11	12	13	14	15	16	17	18	19	20
B	20	Tours																	
C	1	Toutencourt																	
B	5	Tully																	
E	16	Uguy-l'Équipée																	
B	5	Valines																	
A	11	Vaire-sous-Corbie																	
B	5	Vaudricourt																	
E	8	Vauvillers																	
A	23	Vergies																	
A	24	Vignacourt																	
E	16	Villecourt																	
D	19	Villers-aux-Érables																	
A	11	Villers-Bretonneux																	
A	17	Villers-Campsart																	
E	e	Villers-Carbonnel																	
E	26	Villers-Faucon																	
E	7	Villers-le-Vert (*Morlancourt*)																	
D	28	Villers-les-Roye																	
B	2	Villers-sous-Ailly																	
B	29	Villers-sur-Authie																	
B	29	Villers-sur-Authie (*Vron*)																	
B	b	Villers-sur-Mareuil (*Mareuil*)																	
B	14	Vismes																	
E	21	Voyennes																	
A	17	Vraignes																	
E	26	Vraignes																	
B	29	Vron																	
B	15	Wanel																	
A	11	Warloy-Baillon																	
B	5	Woincourt																	
B	5	Yzengremer																	

SIGNES DISTINCTIFS des ARRONDISSEMENTS.	CANTONS	TARN. ARRONDISSEMENTS ET CANTONS.	NOMS DES CORRESPONDANTS, LEURS TARIFS.																
1	2	3	4	5	6	7	8	9	10	11	12	13	14	15	16	17	18	19	20
		ARRONDISSEMENTS.																	
A	a	ALBI (ch.-l.).																	
»	»	Le reste de l'arrondissement. / du canton.																	
B	b	CASTRES.																	
»	»	Le reste de l'arrondissement. / du canton.																	
C	c	GAILLAC.																	
»	»	Le reste de l'arrondissement. / du canton.																	
D	d	LAVAUR.																	
»	»	Le reste de l'arrondissement. / du canton.																	
		CANTONS.																	
A	1	ALBAN.																	
»	»	Le reste du canton.																	
B	2	ANGLÈS.																	
»	»	Le reste du canton.																	
B	3	BRASSAC-BELFOURTES.																	
»	»	Le reste du canton.																	
B	4	BRUGUIÈRE (LA).																	
»	»	Le reste du canton.																	
C	5	CADALEN.																	
»	»	Le reste du canton.																	
C	6	CASTELNAU-DE-MONTMIRAIL.																	
»	»	Le reste du canton.																	
C	7	CORDES.																	
»	»	Le reste du canton.																	
D	8	CUQ-TOULZA.																	
»	»	Le reste du canton.																	
B	9	DOURGNE																	
»	»	Le reste du canton.																	
D	10	GRAULHET.																	
»	»	Le reste du canton.																	
C	11	ISLE-D'ALBY (L').																	
»	»	Le reste du canton																	
B	12	LACAUNE.																	
»	»	Le reste du canton.																	
B	13	LAUTREC.																	
»	»	Le reste du canton.																	
B	14	MAZAMET.																	
»	»	Le reste du canton.																	
A	15	MONESTIÉS.																	
»	»	Le reste du canton.																	
B	16	MONTREDON.																	
»	»	Le reste du canton.																	
B	17	MURAT.																	
»	»	Le reste du canton.																	
A	18	PAMPELONNE.																	
»	»	Le reste du canton.																	
D	19	PUYLAURENS.																	
»	»	Le reste du canton.																	
C	20	RABASTENS.																	
»	»	Le reste du canton.																	
A	21	RÉALMONT.																	
»	»	Le reste du canton.																	
B	22	ROCQUECOURBE.																	
»	»	Le reste du canton.																	
B	23	SAINT-AMAND-LA-BASTIDE.																	
»	»	Le reste du canton.																	
C	24	SAINT-PAUL-CAP-DE-JOUX.																	
»	»	Le reste du canton.																	
C	25	SALVAGNAC.																	
»	»	Le reste du canton.																	
B	26	VABRE.																	
»	»	Le reste du canton.																	
A	27	VALDERIÈS.																	
»	»	Le reste du canton.																	
A	28	VALENCE-EN-ALBIGEOIS.																	
»	»	Le reste du canton.																	
C	29	VAOUR.																	
»	»	Le reste du canton.																	
B	30	VIELMUR.																	
»	»	Le reste du canton.																	
A	31	VILLEFRANCHE.																	
»	»	Le reste du canton.																	
		LE RESTE DU DÉPARTEMENT.																	

SIGNES DISTINCTIFS des		TARN.	NOMS DES CORRESPONDANTS, LEURS TARIFS.																
ARRONDISSEMENTS.	CANTONS.	COMMUNES ou PLACES.																	
1	2	3	4	5	6	7	8	9	10	11	12	13	14	15	16	17	18	19	20
A	31	Ambialet																	
A	a	Arthès																	
A	28	Assac																	
A	31	Avalats (les) (*St-Juéry*)																	
B	17	Barre (*Cabanes*)																	
A	21	Bastide-Denat (la)																	
C	c	Bastide-de-Levis (la)																	
B	23	Bastide-Rouairoux (la)																	
B	b	Belcastel																	
B	16	Bessonie (la)																	
B	14	Boissezon																	
D	10	Briatexte																	
A	18	Bruyères (les) (*Moularès*)																	
B	22	Burlats																	
C	6	Cahusac-sur-Vère																	
B	3	Castelnau-de-Brassac																	
C	c	Cestayrols																	
A	15	Cramaux																	
A	21	Denat																	
B	9	Durfort																	
B	12	Espérausses																	
B	26	Ferrières																	
D	d	Giroussens																	
B	23	Lacabarède																	
B	26	Lacaze																	
B	22	Lacrouzette																	
C	5	Lasgraisse																	
A	21	Lombers																	
A	a	Mailhoc																	
B	9	Massaguel																	
B	26	Massuguiès																	
C	29	Milhars																	
A	18	Mirandol																	
A	15	Montirat																	
A	18	Moularès																	
A	1	Paulin																	
C	29	Penne																	
C	6	Puicelcy																	
B	23	Saint-Amand-Valloret																	
A	27	Saint-Grégoire																	
A	31	Saint-Juéry																	
D	d	Saint-Sulpice-de-la-Pointe																	
C	25	Saint-Urcisse																	
B	22	Salvages (*Burlats*)																	
A	15	Ségur (le)																	
B	30	Semalens																	
B	9	Sorèze																	
B	9	Soual																	
A	1	Teillet																	
A	28	Trébas																	
B	9	Verdalle																	
B	12	Viane																	
B	4	Viviers-les-Montagnes																	

SIGNES DISTINCTIFS des ARRONDISSEMENTS.	CANTONS.	TARN-ET-GARONNE. ARRONDISSEMENTS ET CANTONS.	NOMS DES CORRESPONDANTS, LEURS TARIFS.																
1	2	3	4	5	6	7	8	9	10	11	12	13	14	15	16	17	18	19	20
		ARRONDISSEMENTS.																	
A	a	MONTAUBAN (ch.-l.).																	
»	»	Le reste { de l'arrondissement / des deux cantons.																	
B	b	CASTEL-SARRAZIN.																	
»	»	Le reste { de l'arrondissement. / du canton.																	
C	c	MOISSAC.																	
»	»	Le reste { de l'arrondissement. / du canton.																	
		CANTONS.																	
C	1	AUVILLARS.																	
»	»	Le reste du canton.																	
B	2	BEAUMONT-DE-LOMAGNE																	
»	»	Le reste du canton.																	
C	3	BOURG-DE-VISAC.																	
»	»	Le reste du canton.																	
A	4	CAUSSADE.																	
»	»	Le reste du canton.																	
A	5	CAYLUX.																	
»	»	Le reste du canton.																	
A	6	FRANÇAISE (LA).																	
»	»	Le reste du canton.																	
B	7	GRISOLLES.																	
»	»	Le reste du canton.																	
C	8	LAUZERTE.																	
»	»	Le reste du canton.																	
B	9	LAVIT-DE-LOMAGNE.																	
»	»	Le reste du canton.																	
A	10	MOLIÈRES.																	
»	»	Le reste du canton.																	
A	11	MONCLAR.																	
»	»	Le reste du canton.																	
C	12	MONTAIGUT.																	
»	»	Le reste du canton.																	
B	13	MONTECH.																	
»	»	Le reste du canton.																	
A	14	MONTPEZAT.																	
»	»	Le reste du canton.																	
A	15	NÉGREPLISSE.																	
»	»	Le reste du canton.																	
A	16	SAINT-ANTONIN.																	
»	»	Le reste du canton.																	
B	17	SAINT-NICOLAS-DE-LA-GRAVE.																	
»	»	Le reste du canton.																	
C	18	VALENCE-D'AGEN.																	
»	»	Le reste du canton.																	
B	19	VERDUN-SUR-GARONNE.																	
»	»	Le reste du canton.																	
A	20	VILLEBRUMIER.																	
»	»	Le reste du canton.																	
		LE RESTE DU DÉPARTEMENT.																	

SIGNES DISTINCTIFS des ARRONDISSEMENTS.	SIGNES DISTINCTIFS des CANTONS.	TARN-ET-GARONNE. COMMUNES ou PLACES.	NOMS DES CORRESPONDANTS, LEURS TARIFS.																
1	2	3	4	5	6	7	8	9	10	11	12	13	14	15	16	17	18	19	20
B	b	Barry-d'Islemade																	
A	15	Bioule																	
B	19	Bouillac																	
B	19	Bourret																	
A	11	Bruniquet																	
B	7	Campsas																	
A	5	Capelle-Livron (la)																	
C	18	Castel-Sagrat																	
C	8	Cazes-Mondenart																	
B	17	Caumont																	
B	9	Chapelle (la)																	
C	1	Dunes																	
B	13	Escatalens																	
B	13	Finhan																	
C	18	Garde (la) (*Perville*)																	
C	18	Golfech																	
A	6	Honor de Cos (l')																	
C	12	Lacourt																	
B	17	Lafite																	
B	2	Larrazet																	
C	18	Magistère (la)																	
C	c	Malause																	
B	19	Mas-Grenier (le)																	
B	b	Meauzac																	
A	4	Mirabel																	
C	3	Miramont																	
A	14	Montalzat																	
C	18	Montjoie																	
A	15	Montricoux																	
A	16	Parisot																	
B	9	Poupas																	
A	5	Puy-la-Garde																	
A	14	Puy-la-Roque																	
A	4	Réalville																	
A	20	Reyniès																	
C	12	Roquecor																	
C	3	Saint-Nazaire																	
B	13	Saint-Porquier																	
A	5	Saint-Projet																	
A	4	Sept-Fonds																	
C	3	Touffailles																	
A	16	Varen																	
A	10	Vazerac																	
A	16	Verfeil																	

Signes distinctifs des Arrondissements.	Cantons.	VAR. — ARRONDISSEMENTS ET CANTONS.	NOMS DES CORRESPONDANTS, LEURS TARIFS.																
1	2	3	4	5	6	7	8	9	10	11	12	13	14	15	16	17	18	19	20
		ARRONDISSEMENTS.																	
A	a	DRAGUIGNAN (ch.-l.).																	
»	»	Le reste { de l'arrondissement. / du canton.																	
B	b	BRIGNOLES.																	
»	»	Le reste { de l'arrondissement. / du canton.																	
C	c	GRASSE.																	
»	»	Le reste { de l'arrondissement. / du canton.																	
D	d	TOULON.																	
»	»	Le reste { de l'arrondissement. / des deux cantons.																	
		CANTONS.																	
C	1	ANTIBES.																	
»	»	Le reste du canton.																	
A	2	AUPS.																	
»	»	Le reste du canton.																	
C	3	BAR (LE).																	
»	»	Le reste du canton.																	
B	4	BARJOLS.																	
»	»	Le reste du canton.																	
D	5	BEAUSSET (LE).																	
»	»	Le reste du canton.																	
B	6	BESSE.																	
»	»	Le reste du canton.																	
A	7	CALLAS.																	
»	»	Le reste du canton.																	
C	8	CANNES.																	
»	»	Le reste du canton.																	
D	9	COLLOBRIÈRES.																	
»	»	Le reste du canton																	
A	10	COMPS.																	
»	»	Le reste du canton.																	
B	11	COTIGNAC.																	
»	»	Le reste du canton.																	
C	12	COURSEGOULES.																	
»	»	Le reste du canton.																	
D	13	CUERS.																	
»	»	Le reste du canton.																	
A	14	FAYENCE.																	
»	»	Le reste du canton.																	
A	15	FRÉJUS.																	
»	»	Le reste du canton.																	
A	16	GRIMAUD.																	
»	»	Le reste du canton.																	
D	17	HYÈRES.																	
»	»	Le reste du canton.																	
A	18	LORGUES.																	
»	»	Le reste du canton.																	
A	19	LUC (LE).																	
»	»	Le reste du canton.																	
D	20	OLLIOULES.																	
»	»	Le reste du canton.																	
B	21	RIANS.																	
»	»	Le reste du canton.																	
B	22	ROQUEBRUSSANNE.																	
»	»	Le reste du canton.																	
C	23	SAINT-AUBAN.																	
»	»	Le reste du canton.																	
B	24	SAINT-MAXIMIN.																	
»	»	Le reste du canton.																	
A	25	SAINT-TROPEZ.																	
»	»	Le reste du canton.																	
C	26	SAINT-VALLIER.																	
»	»	Le reste du canton.																	
A	27	SALERNES.																	
»	»	Le reste du canton.																	
D	28	SOLLIÈS-PONT.																	
»	»	Le reste du canton.																	
B	29	TAVERNES.																	
»	»	Le reste du canton																	
C	30	VENCE.																	
»	»	Le reste du canton																	
		LE RESTE DU DÉPARTEMENT.																	

SIGNES DISTINCTIFS des		VAR.	NOMS DES CORRESPONDANTS, LEURS TARIFS.																
ARRONDISSEMENTS.	CANTONS.	COMMUNES ou PLACES.																	
1	2	3	4	5	6	7	8	9	10	11	12	13	14	15	16	17	18	19	20
A	a	Ampus																	
A	18	Arcs (les)																	
C	c	Auribeau																	
A	15	Bagnols																	
D	20	Bandol																	
A	10	Bargême																	
A	7	Bargemont																	
A	2	Bauduen																	
D	28	Belgentier																	
C	1	Biot																	
D	9	Bormes																	
A	10	Bourguet (le)																	
B	4	Bras																	
B	6	Cabasse																	
C	26	Cabris																	
D	5	Cadière (la)																	
C	30	Cagnes																	
A	14	Callian																	
B	b	Camps																	
C	8	Cannet																	
B	11	Carces																	
C	12	Cipières																	
A	7	Claviers																	
A	16	Cogolin																	
B	11	Correns																	
B	11	Entrecasteaux																	
A	7	Figanières																	
B	6	Flassans																	
A	a	Flayosc																	
D	d	Garde (la)																	
A	16	Gardefreinet (la)																	
B	22	Garéoult																	
A	25	Gassin																	
C	30	Gattières																	
B	21	Ginasservis																	
B	6	Gonfaron																	
B	22	Méounes																	
A	14	Mons																	
A	14	Montauroux																	
A	7	Montferrat																	
B	29	Montmeyan																	
C	8	Mouans																	
C	8	Mougins																	
A	15	Muy (le)																	
B	22	Néoules																	
D	13	Pierrefeu																	
B	6	Pignans																	
A	16	Plan-de-la-Tour (le)																	
B	24	Pourrières																	
A	15	Puget (le)																	
D	13	Puget-près-Cuers (le)																	
A	25	Ramatuel																	
A	15	Roquebrune																	
B	22	Sainte-Anastasie																	
C	26	Saint-Césaire																	
D	5	Saint-Cyr																	
C	30	Saint-Jeannet																	
B	21	Saint-Julien																	
A	16	Sainte-Maxime																	
D	20	Saint-Nazaire																	
C	30	Saint-Paul-du-Var																	
A	15	Saint-Raphaël																	
A	14	Seillans																	
C	23	Séranon																	
D	20	Seyne (la)																	
C	c	Siagne																	

SIGNES DISTINCTIFS des ARRONDISSEMENTS.	CANTONS.	VAR. COMMUNES OU PLACES.	NOMS DES CORRESPONDANTS, LEURS TARIFS.																
1	2	3	4	5	6	7	8	9	10	11	12	13	14	15	16	17	18	19	20
D	5	Signes																	
D	20	Six-Fours																	
D	28	Solliès Farlède																	
D	28	Solliès-Toucas																	
D	28	Solliès-Ville																	
C	3	Tourrettes																	
B	b	Tourves																	
A	a	Trans																	
B	b	Val (le)																	
C	3	Valbonne																	
C	1	Vallauris																	
D	d	Valette (la)																	
B	4	Varages																	
B	21	Verdière (la)																	
A	19	Vidauban																	
A	27	Villecroze																	

SIGNES DISTINCTIFS des ARRONDISSEMENTS.	CANTONS.	VAUCLUSE. COMMUNES ou PLACES.	NOMS DES CORRESPONDANTS, LEURS TARIFS.																
1	2	3	4	5	6	7	8	9	10	11	12	13	14	15	16	17	18	19	20
A	2	Védènes.																	
C	11	Velleron.																	
C	11	Venasque.																	
B	b	Villars.																	
D	14	Villedieu.																	
B	5	Villelaure.																	
C	10	Villes.																	
D	15	Visan.																	

SIGNES DISTINCTIFS des		VENDÉE. ARRONDISSEMENTS ET CANTONS.	NOMS DES CORRESPONDANTS, LEURS TARIFS.																
ARRONDISSEMENTS.	CANTONS.																		
1	2	3	4	5	6	7	8	9	10	11	12	13	14	15	16	17	18	19	20
		ARRONDISSEMENTS.																	
A	a	NAPOLÉON-VENDÉE (ch.-l.).																	
»	»	Le reste de l'arrondissement. du canton.																	
B	b	FONTENAY-LE-COMTE.																	
»	»	Le reste de l'arrondissement. du canton.																	
C	c	SABLES-D'OLONNE (LES).																	
»	»	Le reste de l'arrondissement. du canton.																	
		CANTONS.																	
C	1	BEAUVOIR-SUR-MER.																	
»	»	Le reste du canton.																	
B	2	CHAILLÉ-LES-MARAIS.																	
»	»	Le reste du canton.																	
C	3	CHALLANS.																	
»	»	Le reste du canton.																	
A	4	CHANTONNAY.																	
»	»	Le reste du canton.																	
B	5	CHATAIGNERAIE (LA).																	
»	»	Le reste du canton.																	
A	6	ESSARTS (LES).																	
»	»	Le reste du canton.																	
A	7	HERBIERS (LES).																	
»	»	Le reste du canton.																	
B	8	HERMENAULT (L')																	
»	»	Le reste du canton.																	
C	9	ISLE-DIEU (L').																	
»	»	Le reste du canton.																	
B	10	LUÇON.																	
»	»	Le reste du canton.																	
B	11	MAILLEZAIS.																	
»	»	Le reste du canton.																	
A	12	MAREUIL.																	
»	»	Le reste du canton.																	
A	13	MONTAIGU.																	
»	»	Le reste du canton.																	
A	14	MORTAGNE-SUR-SÈVRE.																	
»	»	Le reste du canton.																	
C	15	MOTHE-ACHARD (LA).																	
»	»	Le reste du canton.																	
C	16	MOUTIERS-LES-MAUFAITS (LES)																	
»	»	Le reste du canton.																	
C	17	NOIRMOUTIERS.																	
»	»	Le reste du canton.																	
C	18	PALLUAU.																	
»	»	Le reste du canton.																	
A	19	POIRÉE SUR-NAPOLÉON-VENDÉE.																	
»	»	Le reste du canton.																	
B	20	POUZAUGES.																	
»	»	Le reste du canton.																	
A	21	ROCHESERVIÈRE.																	
»	»	Le reste du canton.																	
A	22	SAINT-FULGENT.																	
»	»	Le reste du canton.																	
C	23	SAINT-GILLES-SUR-VIE.																	
»	»	Le reste du canton.																	
B	24	SAINT-HERMINE.																	
»	»	Le reste du canton.																	
B	25	SAINT-HILAIRE-DES-LOGES.																	
»	»	Le reste du canton.																	
C	26	SAINT-JEAN-DE-MONT.																	
»	»	Le reste du canton.																	
C	27	TALMONT.																	
»	»	Le reste du canton.																	
		LE RESTE DU DÉPARTEMENT.																	

SIGNES DISTINCTIFS des ARRONDISSEMENTS.	CANTONS.	VENDÉE. COMMUNES ou PLACES.	NOMS DES CORRESPONDANTS, LEURS TARIFS.																
1	2	3	4	5	6	7	8	9	10	11	12	13	14	15	16	17	18	19	20
A	19	Aizenay																	
C	16	Angles																	
C	18	Apremont																	
A	7	Ardelay																	
A	a	Aubigny																	
C	27	Avrillé																	
C	26	Barre-de-Mont																	
A	19	Beaufou																	
C	15	Beaulieu-sous-Napoléon																	
A	7	Beaurepaire																	
B	11	Benet																	
C	27	Bernard																	
C	3	Bois-de-Cené																	
A	13	Boissière-de-Montaigu																	
B	20	Boupère (le)																	
C	1	Bouin																	
B	5	Breuil-Barret																	
A	22	Brouzils (les)																	
B	24	Caillère (la)																	
B	b	Chaix																	
C	16	Champ-Saint-Père																	
B	2	Champagné-les-Marais																	
B	5	Chapelle-aux-Lys (la)																	
C	3	Châteauneuf																	
C	c	Château-d'Olonne																	
A	22	Chauché																	
A	22	Chavagnes-en-Paillers																	
B	20	Chavagne-les-Redoux																	
C	3	Chirons (les) (*Bois-de-Cené*)																	
C	23	Commequiers																	
C	23	Croix-de-Vie																	
A	13	Cugand																	
A	7	Epesses (les)																	
A	14	Évrunes																	
B	25	Fay-Moreau (*Puy-de-Serre*)																	
B	20	Flocellière (la)																	
B	b	Fontaines																	
A	a	Fontenelles (*Venensault*)																	
B	25	Foussais																	
C	3	Garnache (la)																	
A	14	Gaubretière (la)																	
B	2	Gué-de-Velluire (le)																	
C	17	Guérinière (la) (*Noirmoutiers*)																	
C	c	Isle-d'Olonne																	
C	27	Jard																	
B	24	Jaudonnière (la)																	
B	5	Loge-Fougereuse (la)																	
C	27	Longeville																	
A	6	Loye (*Sainte-Florence*)																	
A	19	Lucs (les)																	
C	18	Maché																	
A	14	Mallièvre																	
B	20	Monsireigne																	
B	b	Montreuil																	
A	21	Mormaison																	
B	5	Mouilleron-en-Pareds																	
B	8	Nalliers																	
B	25	Nieul-Denant																	
A	a	Nesmy																	
C	26	Notre-Dame-de-Mont																	
C	c	Olonne																	
A	7	Petit-Bourg-des-Herbiers																	
B	b	Poirée-sur-Velluire (le)																	
B	2	Puyravault																	
A	6	Quatre-Chemins-de-Loye																	
A	6	Sainte-Cécile																	

SIGNES DISTINCTIFS des ARRONDISSEMENTS.	CANTONS.	VENDÉE. COMMUNES ou PLACES.	NOMS DES CORRESPONDANTS, LEURS TARIFS.																
1	2	3	4	5	6	7	8	9	10	11	12	13	14	15	16	17	18	19	20
B	8	Saint-Cyr-des-Gats........																	
A	19	Saint-Denis-la Chevasse....																	
A	a	Saint-Florent-des-Bois.....																	
A	13	Saint-Georges-de-Montaigu.																	
A	4	Saint-Germain-le-Princay..																	
C	1	Saint-Gervais............																	
A	14	Saint-Hilaire-de-Mortagne..																	
C	23	Saint-Hilaire-de-Riez......																	
C	27	Saint-Hilaire-de-Talmont..																	
B	5	Saint-Hilaire-de-Voust.....																	
B	24	Saint-Hilaire-du-Bois......																	
A	4	Saint-Hilaire-le-Vouis......																	
A	13	Saint-Hilaire-Loulay.......																	
B	8	Saint-Laurent-de-la-Salle...																	
A	14	Saint-Laurent-sur-Sèvre...																	
A	6	Saint-Martin-des-Noyers...																	
A	14	St-Martin-l'Ars-en-Tiffauges.																	
C	3	Sallertaine..............																	
C	26	Soulans.................																	
B	5	Tardière (la).............																	
A	14	Tiffauges................																	
B	20	Tillay (*La Meilleraye*)......																	
A	14	Treize-Vents.............																	
C	c	Vairé....................																	
A	14	Verrie (la)...............																	
B	11	Vix.....................																	
B	5	Vouvant																	

SIGNES DISTINCTIFS des ARRONDISSEMENTS.	SIGNES DISTINCTIFS des CANTONS.	VIENNE. ARRONDISSEMENTS ET CANTONS.	NOMS DES CORRESPONDANTS, LEURS TARIFS.																
1	2	3	4	5	6	7	8	9	10	11	12	13	14	15	16	17	18	19	20
		ARRONDISSEMENTS.																	
A	a	POITIERS (ch.-l.).																	
»	»	Le reste de l'arrondissement. / des deux cantons.																	
B	b	CHATELLERAULT.																	
»	»	Le reste de l'arrondissement. / du canton.																	
C	c	CIVRAY.																	
»	»	Le reste de l'arrondissement. / du canton.																	
D	d	LOUDUN.																	
»	»	Le reste de l'arrondissement. / du canton.																	
E	e	MONTMORILLON.																	
»	»	Le reste de l'arrondissement. / du canton.																	
		CANTONS.																	
C	1	AVAILLES.																	
»	»	Le reste du canton.																	
C	2	CHARROUX.																	
»	»	Le reste du canton.																	
E	3	CHAUVIGNY.																	
»	»	Le reste du canton.																	
C	4	COUHÉ.																	
»	»	Le reste du canton.																	
B	5	DANGÉ.																	
»	»	Le reste du canton.																	
C	6	GENCAIS.																	
»	»	Le reste du canton.																	
E	7	ISLE-JOURDAIN (L').																	
»	»	Le reste du canton.																	
B	8	LEIGNÉ-SUR-USSEAU.																	
»	»	Le reste du canton.																	
B	9	LENCLOITRE.																	
»	»	Le reste du canton.																	
A	10	LUSIGNAN.																	
»	»	Le reste du canton.																	
E	11	LUSSAC-LES-CHATEAUX.																	
»	»	Le reste du canton.																	
A	12	MIREBEAU.																	
»	»	Le reste du canton.																	
D	13	MONCONTOUR.																	
»	»	Le reste du canton.																	
D	14	MONTS-SUR-GUESNES.																	
»	»	Le reste du canton.																	
A	15	NEUVILLE.																	
»	»	Le reste du canton.																	
B	16	PLEUMARTIN.																	
»	»	Le reste du canton.																	
A	17	ST-GEORGES-LES-BAILLARGEAUX.																	
»	»	Le reste du canton.																	
A	18	SAINT-JULIEN-L'ARS.																	
»	»	Le reste du canton.																	
E	19	SAINT-SAVIN.																	
»	»	Le reste du canton.																	
E	20	TRIMOUILLE (LA).																	
»	»	Le reste du canton.																	
D	21	TROIS-MOUTIERS.																	
»	»	Le reste du canton.																	
A	22	VILLEDIEU (LA).																	
»	»	Le reste du canton.																	
A	23	VIVONNE.																	
»	»	Le reste du canton.																	
A	24	VOUILLÉ.																	
»	»	Le reste du canton.																	
B	25	VOUNEUIL-SUR-VIENNE.																	
»	»	Le reste du canton.																	
		LE RESTE DU DÉPARTEMENT.																	

SIGNES DISTINCTIFS des ARRONDISSEMENTS.	CANTONS.	VIENNE. COMMUNES ou PLACES.	NOMS DES CORRESPONDANTS, LEURS TARIFS.																
1	2	3	4	5	6	7	8	9	10	11	12	13	14	15	16	17	18	19	20
E	7	Adriers																	
E	19	Angles																	
B	25	Archigny																	
A	22	Aslonnes																	
E	7	Asnières																	
A	15	Avanton																	
B	25	Beaumont																	
A	a	Biard (*Vouneuil-sous-Biard*)																	
C	c	Blanzais																	
A	18	Bonnes																	
B	25	Bonneuil-Matours																	
E	11	Bouresse																	
E	20	Brigueil-le-Chantre																	
C	4	Brux																	
A	a	Cassette (la) (*Vouneuil-sous-B.*)																	
A	10	Celle-l'Évècault																	
B	25	Cenon																	
B	9	Cernay																	
A	17	Chasseneuil																	
C	2	Châtain																	
C	6	Château-Garnier																	
A	23	Château-Larcher																	
C	4	Chaunay																	
B	b	Chezelles (*Naintré*)																	
A	17	Clan (*Jaulnay*)																	
A	10	Coulombiers																	
B	16	Coussay-les-Bois																	
A	a	Croutelle																	
A	10	Curzay																	
A	23	Danlot (*Vivonne*)																	
A	17	Dissais																	
C	6	Ferrière (la)																	
A	22	Fleuré																	
C	2	Genouillé																	
A	17	Grand-Pont (*Chasseneuil*)																	
B	5	Ingrande																	
A	23	Jarrige (la)																	
A	17	Jaulnay																	
A	10	Jazeneuil																	
C	2	Joussé																	
B	16	Lappuie																	
E	e	Lathus																	
A	24	Latillé																	
E	11	L'hommaizé																	
B	16	Lésigny																	
A	a	Ligugé																	
E	7	Luchapt																	
E	19	Maillé																	
A	23	Marcay																	
A	23	Marnay																	
D	13	Martaizé																	
C	1	Mauprévoir																	
A	a	Migné																	
E	7	Millac																	
B	25	Monthoiron																	
E	11	Morthemer																	
E	e	Moulisme																	
E	7	Moussac-sur-Vienne																	
E	7	Mouter																	
E	7	Nérignac																	
C	c	Nieuil (*Voulême*)																	
A	22	Nouaillé																	
B	5	Ormes (les)																	
D	13	Ouzilly-Vignolles																	
C	4	Pairé																	
E	3	Paizay-le-Sec																	

SIGNES DISTINCTIFS des ARRONDISSEMENTS.	CANTONS.	VIENNE. COMMUNES ou PLACES.	NOMS DES CORRESPONDANTS, LEURS TARIFS.																
1	2	3	4	5	6	7	8	9	10	11	12	13	14	15	16	17	18	19	20
E	11	Persac																	
A	24	Pin (le) (*Béruges*)																	
E	e	Plaisance																	
B	5	Port-de-Pille (le) (*Les Ormes*).																	
C	1	Pressac																	
E	7	Quéaux																	
B	16	Roche-Posay (la)																	
C	4	Romagne																	
A	a	Saint-Benoist																	
B	9	Saint-Genest																	
B	8	Saint-Gervais																	
D	21	Saint-Léger																	
C	1	Saint-Martin-l'Ars																	
C	6	Saint-Maurice																	
B	8	Saint-Romain																	
A	10	Saint-Sauvent																	
D	d	Sammarcoles																	
A	10	Sanxais																	
D	13	Sauves																	
B	9	Savigny																	
B	9	Scorbé-Clervaux																	
C	6	Sommières																	
C	6	Usson																	
B	8	Vellèches																	
A	15	Vendeuvre																	
A	22	Vernon																	
E	11	Verrières																	
B	16	Vicq																	
A	12	Vouzailles																	

SIGNES DISTINCTIFS des		VIENNE (HAUTE-)	NOMS DES CORRESPONDANTS, LEURS TARIFS.																
ARRONDISSEMENTS.	CANTONS.	ARRONDISSEMENTS ET CANTONS.																	
1	2	3	4	5	6	7	8	9	10	11	12	13	14	15	16	17	18	19	20
		ARRONDISSEMENTS.																	
A	a	LIMOGES (ch.-l.).																	
»	»	Le reste { de l'arrondissement. / des deux cantons.																	
B	b	BELLAC																	
»	»	Le reste { de l'arrondissement. / du canton.																	
C	c	ROCHECHOUART.																	
»	»	Le reste { de l'arrondissement. / du canton.																	
D	d	SAINT-YRIEIX.																	
»	»	Le reste { de l'arrondissement. / du canton.																	
		CANTONS.																	
A	1	AIXE.																	
»	»	Le reste du canton.																	
A	2	AMBAZAC.																	
»	»	Le reste du canton.																	
B	3	BESSINES.																	
»	»	Le reste du canton.																	
D	4	CHALUS.																	
»	»	Le reste du canton.																	
A	5	CHATEAUNEUF.																	
»	»	Le reste du canton.																	
B	6	CHATEAU-PONSAT.																	
»	»	Le reste du canton.																	
B	7	DORAT (LE).																	
»	»	Le reste du canton.																	
A	8	EYMOUTIERS.																	
»	»	Le reste du canton.																	
A	9	LAURIÈRE.																	
»	»	Le reste du canton.																	
B	10	MAGNAC-LAVAL.																	
»	»	Le reste du canton.																	
B	11	MÉZIÈRES.																	
»	»	Le reste du canton.																	
B	12	NANTIAT.																	
»	»	Le reste du canton.																	
D	13	NEXON.																	
»	»	Le reste du canton.																	
A	14	NIEUL.																	
»	»	Le reste du canton.																	
C	15	ORADOUR-SUR-VAYRES.																	
»	»	Le reste du canton.																	
A	16	PIERRE-BUFFIÈRE.																	
»	»	Le reste du canton.																	
D	17	SAINT-GERMAIN-LES-BELLES.																	
»	»	Le reste du canton																	
C	18	SAINT-JUNIEN.																	
»	»	Le reste du canton.																	
C	19	SAINT-LAURENT-SUR-GORRE.																	
»	»	Le reste du canton																	
A	20	SAINT-LÉONARD.																	
»	»	Le reste du canton.																	
C	21	SAINT-MATHIEU.																	
»	»	Le reste du canton.																	
B	22	SAINT-SULPICE-LES-FEUILLES.																	
»	»	Le reste du canton.																	
		LE RESTE DU DÉPARTEMENT.																	

SIGNES DISTINCTIFS des		VIENNE (HAUTE-)	NOMS DES CORRESPONDANTS, LEURS TARIFS.																
ARRONDISSEMENTS.	CANTONS.	COMMUNES ou PLACES.																	
1	2	3	4	5	6	7	8	9	10	11	12	13	14	15	16	17	18	19	20
B	22	Arnac-la-Poste																	
A	2	Beaune																	
B	b	Blanzac																	
B	b	Blond																	
A	8	Bujaleuf																	
B	11	Bussière-Poitevine																	
D	4	Cars (les)																	
A	a	Chambon (*Condat*)																	
C	15	Champagnac																	
C	15	Champsac																	
C	21	Chapelle-Montbrandeix (la)																	
D	17	Château-Chervix																	
C	c	Chéronnac																	
B	22	Chezeaux (les)																	
B	12	Cieux																	
C	19	Cognac																	
B	12	Compreignac																	
A	a	Condat																	
D	d	Coussac-Bonneval																	
A	5	Croisille (la)																	
C	15	Cussac																	
B	7	Darnac																	
B	10	Dompierre-les-Églises																	
C	21	Dournazac																	
A	20	Geneitouse (la)																	
D	17	Glanges																	
C	19	Gorre																	
A	a	Isle																	
A	9	Jabreilles																	
A	9	Jonchère (la)																	
B	22	Lussac-les-Églises																	
B	22	Mailhac																	
A	a	Maneuf (le) (*Limoges*)																	
D	17	Magnac-Bourg																	
C	21	Marval																	
C	13	Meilhac																	
C	17	Meuzac																	
C	13	Meize (la)																	
B	3	Morterolles																	
A	8	Nedde																	
A	5	Neuvic																	
B	11	Nouic																	
C	18	Oradour-sur-Glane																	
A	a	Palais (le)																	
A	a	Panazol																	
B	b	Peyrat																	
A	8	Peyrat-le-Château																	
D	17	Porcherie (la)																	
B	6	Rançon																	
D	13	Rilhac-Lastour																	
A	2	Rilhac-Rançon																	
D	13	Roche-l'Abeille (la)																	
C	19	Saint-Auvent																	
A	16	Saint-Bonnet-la-Rivière																	
A	16	Saint-Jean-Ligoure																	
A	14	Saint-Jouvent																	
A	16	Saint-Paul																	
D	13	Saint-Priest-Ligoure																	
A	2	Saint-Priest-Taurion																	
A	9	Saint-Sulpice-Laurière																	
A	9	Saint-Sylvestre																	
C	18	Saint-Victurnien																	
A	1	Verneuil																	
C	c	Vayres																	
A	14	Veyrac																	
D	17	Vicq																	

SIGNES DISTINCTIFS des ARRONDISSEMENTS.	SIGNES DISTINCTIFS des CANTONS.	VOSGES. ARRONDISSEMENTS ET CANTONS.	NOMS DES CORRESPONDANTS, LEURS TARIFS.																
1	2	3	4	5	6	7	8	9	10	11	12	13	14	15	16	17	18	19	20
		ARRONDISSEMENTS.																	
A	a	ÉPINAL (ch.-l.).																	
»	»	Le reste { de l'arrondissement. / du canton.																	
B	b	MIRECOURT.																	
»	»	Le reste { de l'arrondissement. / du canton.																	
C	c	NEUFCHATEAU.																	
»	»	Le reste { de l'arrondissement. / du canton.																	
D	d	REMIREMONT.																	
»	»	Le reste { de l'arrondissement. / du canton.																	
E	e	SAINT-DIÉ.																	
»	»	Le reste { de l'arrondissement. / du canton.																	
		CANTONS.																	
A	1	BAINS.																	
»	»	Le reste du canton.																	
E	2	BROUVELIEURES.																	
»	»	Le reste du canton.																	
A	3	BRUYÈRES.																	
»	»	Le reste du canton.																	
C	4	BULGNÉVILLE.																	
»	»	Le reste du canton.																	
B	5	CHARMES.																	
»	»	Le reste du canton.																	
A	6	CHATEL-SUR-MOSELLE.																	
»	»	Le reste du canton.																	
C	7	CHATENOIS.																	
»	»	Le reste du canton.																	
E	8	CORCIEUX.																	
»	»	Le reste du canton.																	
C	9	COUSSEY.																	
»	»	Le reste du canton.																	
B	10	DARNEY.																	
»	»	Le reste du canton.																	
B	11	DOMPAIRE.																	
»	»	Le reste du canton.																	
E	12	FRAIZE.																	
»	»	Le reste du canton.																	
E	13	GÉRARDMER.																	
»	»	Le reste du canton.																	
C	14	LAMARCHE.																	
»	»	Le reste du canton.																	
B	15	MONTHUREUX-SUR-SAÔNE.																	
»	»	Le reste du canton.																	
D	16	PLOMBIÈRES.																	
»	»	Le reste du canton.																	
D	17	RAMONCHAMP.																	
»	»	Le reste du canton.																	
E	18	RAON-L'ÉTAPE.																	
»	»	Le reste du canton.																	
A	19	RAMBERVILLERS.																	
»	»	Le reste du canton.																	
E	20	SAALES.																	
»	»	Le reste du canton.																	
D	21	SAULXURES.																	
»	»	Le reste du canton.																	
E	22	SCHIRMECK.																	
»	»	Le reste du canton.																	
E	23	SENONES.																	
»	»	Le reste du canton.																	
B	24	VITTEL.																	
»	»	Le reste du canton.																	
A	25	XERTIGNY.																	
»	»	Le reste du canton.																	
		LE RESTE DU DÉPARTEMENT.																	

SIGNES DISTINCTIFS des		VOSGES. COMMUNES ou PLACES.	NOMS DES CORRESPONDANTS, LEURS TARIFS.																
ARRONDISSEMENTS.	CANTONS.																		
1	2	3	4	5	6	7	8	9	10	11	12	13	14	15	16	17	18	19	20
E	18	Allarmont																	
B	15	Ameuvelle																	
A	a	Arches																	
A	a	Archettes																	
C	c	Attignéville																	
B	10	Attigny																	
B	5	Avillers																	
C	c	Beaufremont																	
D	16	Belle-Fontaine																	
B	15	Bleurville																	
C	14	Blevaincourt																	
D	21	Bresse (la)																	
E	22	Broque (la)																	
A	19	Bru																	
D	17	Bussang																	
E	18	Celles																	
A	3	Champ-le-Duc																	
E	8	Champdray																	
E	8	Chapelle (la)																	
A	25	Chapelle-aux-Bois (la)																	
C	c	Châtelet (*Barville*)																	
C	14	Châtillon																	
A	3	Cheniménil																	
C	c	Circourt																	
B	15	Claudon																	
E	12	Clefcy																	
A	25	Clerjus (le)																	
B	24	Contrexéville																	
D	21	Cornimont																	
A	6	Damas-aux-Bois																	
B	11	Damas-devant-Dompaire																	
C	14	Damblain																	
A	a	Deyvillers																	
A	3	Docelles																	
C	4	Dombrot-sur-Vayre																	
B	24	Domjulien																	
D	d	Dommartin-les-Remiremont																	
C	9	Domremy-la-Pucelle																	
B	15	Droiteval (*Claudon*)																	
D	d	Éloyes																	
C	c	Étanche (l')																	
E	18	Étival																	
A	3	Fontenay																	
D	16	Forgette (*Ruaux*)																	
C	14	Fouchécourt																	
E	22	Framont (*Grand-Fontaine*)																	
D	17	Fresse																	
B	24	Gemmelaincourt																	
B	5	Gircourt																	
B	15	Godoncourt																	
A	a	Golbey																	
C	c	Grand																	
E	22	Grandfontaine																	
A	3	Grandvilliers																	
E	8	Granges																	
C	9	Greux																	
A	1	Gruey																	
B	10	Harol																	
A	1	Harsault																	
A	1	Haye (la)																	
C	7	Houécourt																	
B	b	Hymont																	
C	14	Isches																	
D	d	Jarménil																	
A	19	Jeanménil																	
A	a	Jeuxey																	

Signes distinctifs des Arrondissements.	Cantons.	VOSGES. COMMUNES ou PLACES.	NOMS DES CORRESPONDANTS, LEURS TARIFS.																
1	2	3	4	5	6	7	8	9	10	11	12	13	14	15	16	17	18	19	20
A	3	Laval																	
A	3	Laveline...............																	
C	c	Liffol-le-Grand																	
B	24	Lignéville..............																	
C	14	Martigny-lès-Lamarche																	
B	b	Mattaincourt																	
C	9	Maxey-sur-Meuse.........																	
D	17	Ménil (le)																	
B	24	Monthureux-le-Sec																	
C	14	Morizecourt																	
E	2	Mortagne																	
A	1	Moulin-aux-Bois (*Bains*)....																	
E	23	Moussey................																	
E	23	Moyen-Moutier...........																	
C	7	Neuveville (la)																	
A	6	Nomexy................																	
C	4	Norroy.................																	
C	c	Noncourt																	
B	b	Œlleville...............																	
E	23	Petite-Raon (la)																	
B	10	Planchotte (la) (*Hennezelle*)..																	
C	c	Pompierre..............																	
B	5	Portieux...............																	
B	b	Poussey																	
E	20	Poutay (*Plaine*)..........																	
D	d	Pouxeux																	
C	9	Punerot																	
D	d	Ranfaing (*Saint-Nabord*)....																	
D	d	Raon-aux-Bois...........																	
E	22	Raon-sur-Plaine..........																	
A	25	Razey (*Xertigny*)..........																	
E	8	Rehaupal																	
B	24	Remoncourt.............																	
C	7	Removille..............																	
C	9	Ribeauvoir (*Saint-Élophe*) ..																	
C	14	Robécourt																	
D	17	Roche (la) (*Rupt*)																	
D	21	Rochesson..............																	
C	9	Rorthey (*Sionne*)																	
E	22	Rothau.................																	
C	c	Rouceux................																	
B	b	Rouvres-en-Xaintois......																	
A	19	Roville-aux-Chênes.......																	
D	16	Ruaux.................																	
D	17	Rupt..................																	
E	22	Russ..................																	
D	d	Saint-Amé																	
E	20	Saint-Blaise-la-Roche......																	
A	3	Saint-Jean-du-Marché																	
A	a	Saint-Laurent...........																	
E	12	Saint-Léonard																	
E	e	Sainte-Marguerite........																	
D	17	Saint-Maurice...........																	
B	b	Saint-Menge............																	
D	d	Saint-Nabor																	
C	4	Saint-Ouen-les-Parey......																	
C	4	Saint-Remiremont........																	
E	e	Salle (la)...............																	
A	a	Sanchey																	
E	e	Saulcy.................																	
D	17	Saulx-Rupt.............																	
C	4	Sauville																	
C	16	Semouse...............																	
E	22	Souches (les) (*Arnould*).....																	
C	9	Sionne																	
D	d	Tendon................																	

SIGNES DISTINCTIFS des ARRONDISSEMENTS.	CANTONS.	VOSGES. COMMUNES ou PLACES.	NOMS DES CORRESPONDANTS, LEURS TARIFS.																
1	2	3	4	5	6	7	8	9	10	11	12	13	14	15	16	17	18	19	20
D	21	Thiéfosse																	
D	d	Tholy (le)																	
B	24	Thuilières																	
A	1	Thunimont (*Harsault*)																	
D	17	Tillot (*Ramonchamp*)																	
A	1	Trémonzey																	
A	25	Uriménil																	
C	4	Urville																	
A	a	Usefin (*Épinal*)																	
A	25	Uzemain																	
A	25	Uzemain-la-Rue																	
C	4	Vacheresse (la)																	
D	21	Vagney																	
D	16	Val-d'Ajol (le)																	
E	e	Valdrange-sous-La-Salle																	
B	24	Valfroicourt																	
B	24	Vasseroy-le-Sec																	
E	18	Vaxincourt																	
B	11	Vaubexy																	
D	d	Vecoux (*Dommartin*)																	
D	21	Ventron																	
B	11	Ville-sur-Illon																	
C	7	Vicherey																	
C	14	Villotte																	
A	1	Vioménil																	
C	4	Vrécourt																	
E	22	Wische																	

SIGNES DISTINCTIFS des ARRONDISSEMENTS.	CANTONS.	YONNE. ARRONDISSEMENTS ET CANTONS.	NOMS DES CORRESPONDANTS, LEURS TARIFS.																
1	2	3	4	5	6	7	8	9	10	11	12	13	14	15	16	17	18	19	20
		ARRONDISSEMENTS.																	
A	a	AUXERRE (ch.-l.).																	
»	»	Le reste de l'arrondissement. des deux cantons.																	
B	b	AVALLON.																	
»	»	Le reste de l'arrondissement. du canton.																	
C	c	JOIGNY.																	
»	»	Le reste de l'arrondissement. du canton.																	
D	d	SENS.																	
»	»	Le reste de l'arrondissement. des deux cantons.																	
E	e	TONNERRE.																	
»	»	Le reste de l'arrondissement. du canton.																	
		CANTONS.																	
C	1	AILLANT-SUR-THOLON.																	
»	»	Le reste du canton.																	
E	2	ANCY-LE-FRANC.																	
»	»	Le reste du canton.																	
C	3	BLÉNAU.																	
»	»	Le reste du canton.																	
C	4	BRIENON.																	
»	»	Le reste du canton.																	
C	5	CÉRISIERS.																	
»	»	Le reste du canton.																	
A	6	CHABLIS.																	
»	»	Le reste du canton.																	
C	7	CHARNY.																	
»	»	Le reste du canton.																	
D	8	CHÉROY.																	
»	»	Le reste du canton.																	
A	9	COULANGE-LA-VINEUSE.																	
»	»	Le reste du canton.																	
A	10	COULANGE-SUR-YONNE.																	
»	»	Le reste du canton.																	
A	11	COURSON.																	
»	»	Le reste du canton.																	
E	12	CRUZY-LE-CHATEL.																	
»	»	Le reste du canton.																	
E	13	FLOGNY.																	
»	»	Le reste du canton.																	
B	14	GUILLON.																	
»	»	Le reste du canton.																	
B	15	ISLE-SUR-LE-SERAIN.																	
»	»	Le reste du canton.																	
A	16	LIGNY-LE-CHATEL.																	
»	»	Le reste du canton.																	
E	17	NOYERS.																	
»	»	Le reste du canton.																	
D	18	PONT-SUR-YONNE.																	
»	»	Le reste du canton.																	
B	19	QUARRÉ-LES-TOMBES.																	
»	»	Le reste du canton.																	
C	20	SAINT-FARGEAU.																	
»	»	Le reste du canton.																	
A	21	SAINT-FLORENTIN.																	
»	»	Le reste du canton.																	
C	22	SAINT-JULIEN-DU-SAULT.																	
»	»	Le reste du canton.																	
A	23	SAINT-SAUVEUR.																	
»	»	Le reste du canton.																	
A	24	SEIGNELAY.																	
»	»	Le reste du canton.																	
D	25	SERGINES.																	
»	»	Le reste du canton.																	
A	26	TOUCY.																	
»	»	Le reste du canton.																	
A	27	VERMENTON.																	
»	»	Le reste du canton.																	
B	28	VÉZELAY.																	
»	»	Le reste du canton.																	
D	29	VILLENEUVE-L'ARCHEVÊQUE.																	
»	»	Le reste du canton.																	
C	30	VILLENEUVE-LE-ROI.																	
»	»	Le reste du canton.																	
		LE RESTE DU DÉPARTEMENT.																	

SIGNES DISTINCTIFS des ARRONDISSEMENTS.	CANTONS.	YONNE. COMMUNES ou PLACES.	NOMS DES CORRESPONDANTS, LEURS TARIFS.																
1	2	3	4	5	6	7	8	9	10	11	12	13	14	15	16	17	18	19	20
A	27	Accolay																	
E	2	Aisy																	
E	2	Ancy-le-Serveux																	
A	10	Andries																	
B	15	Angely																	
E	17	Annay-suy-le-Serain																	
B	14	Anstrude																	
A	a	Appoigny																	
C	5	Arces																	
A	27	Arcy-sur-Cure																	
E	2	Argentenay																	
E	2	Argenteuil																	
C	30	Armeau																	
E	12	Artonnay																	
B	28	Asnières																	
B	28	Asquins																	
B	15	Athie																	
A	a	Augy																	
A	21	Avrolles																	
E	12	Baon																	
C	c	Bassou																	
A	27	Bazarnes																	
A	24	Beaumont																	
B	19	Beauvilliers																	
A	26	Beauvoir																	
A	6	Beine																	
C	4	Belle-Chaume																	
C	c	Béon																	
E	e	Béru																	
B	14	Bierry-les-B.-Fontaines																	
B	28	Blannay																	
C	4	Bligny-en-Othe																	
C	5	Bœurs																	
C	c	Bonnard																	
A	21	Bouilly																	
C	1	Branches																	
D	8	Brannay																	
C	c	Brion																	
B	28	Brosses																	
C	4	Bussy-en-Othe																	
E	13	Carisey																	
C	22	Celle-Saint-Cyr (la)																	
C	5	Cérilly																	
C	c	Cézy																	
C	4	Chailley																	
C	3	Champcevrais																	
C	3	Champignelles																	
D	18	Champigny-sur-Yonne																	
C	c	Champlay																	
C	4	Champlost																	
A	a	Champs																	
C	c	Chamvres																	
E	13	Chapelle-Vieille-Forêt (la)																	
A	a	Charbuy																	
A	9	Charentenay																	
C	c	Charmoy																	
E	2	Chassignelles																	
C	1	Chassy																	
A	11	Chastenay																	
B	28	Châtel-Censoir																	
E	17	Châtel-Gérard																	
B	19	Châtelux																	
D	18	Chaumont-sur-Yonne																	
C	30	Chaumot																	
E	e	Cheney																	
A	24	Cheny																	

SIGNES DISTINCTIFS des		YONNE.	NOMS DES CORRESPONDANTS, LEURS TARIFS.																
ARRONDISSEMENTS.	CANTONS	COMMUNES ou PLACES.																	
1	2	3	4	5	6	7	8	9	10	11	12	13	14	15	16	17	18	19	20
A	21	Cheu																	
A	a	Chevannes																	
C	7	Chevillon																	
C	c	Chichery																	
B	15	Civry																	
D	d	Collemiers																	
E	12	Commissey																	
C	5	Coulours																	
D	25	Courceaux																	
D	25	Courlon																	
A	10	Crain																	
A	27	Cravant																	
E	2	Cry																	
B	14	Cussy-les-Forges																	
E	e	Dannemoine																	
A	26	Diges																	
C	30	Dixmont																	
D	8	Dollot																	
D	8	Domats																	
A	26	Dracy																	
A	11	Druyes-les-B.-Fontaines																	
A	26	Égleny																	
D	d	Égriselles-le-Bocage																	
C	c	Épineau-les-Voves																	
E	e	Épineuil																	
A	9	Escamps																	
C	4	Esnon																	
A	10	Étais																	
B	b	Étaule																	
E	17	Étivey																	
C	7	Ferté-Loupière (la)																	
C	1	Fleury																	
B	28	Foissy (*Saint-Père*)																	
D	29	Foissy-les-Clérimois																	
D	29	Foissy-près-Vézelay																	
C	20	Fontaines																	
A	6	Fontenay-près-Chablis																	
B	28	Fontenay-près-Vézelay																	
A	10	Fontenay-sous-Fouronnes																	
C	5	Fournaudin																	
E	2	Frangey (*Lézines*)																	
A	21	Germigny																	
B	b	Girolles																	
B	28	Givry																	
C	7	Grand-Champ																	
D	d	Gron																	
C	1	Guerchy																	
A	24	Gurgy																	
A	9	Gy-l'Évêque																	
A	24	Hauterive																	
A	24	Héry																	
A	9	Irancy																	
B	b	Island																	
B	15	Joux																	
D	29	Lailly																	
A	11	Lain																	
A	23	Lainsecq																	
C	20	Lavau																	
A	26	Leugny																	
B	b	Levault																	
A	26	Levis																	
E	2	Lézines																	
A	6	Lichères-près-Aigremont																	
B	28	Lignères-pr.-Châtel-Censoir																	
A	16	Lignorelles																	
D	18	Lixy																	

SIGNES DISTINCTIFS des ARRONDISSEMENTS.	CANTONS.	YONNE. COMMUNES ou PLACES.	NOMS DES CORRESPONDANTS, LEURS TARIFS.																
1	2	3	4	5	6	7	8	9	10	11	12	13	14	15	16	17	18	19	20
C	c	Looze																	
B	b	Lucy-le-Bois																	
A	27	Lucy-sur-Cure																	
A	10	Lucy-sur-Yonne																	
B	b	Magny																	
D	d	Maillot																	
A	27	Mailly-la-Ville																	
A	10	Mailly-le-Château																	
D	d	Mâlay-le-Roi																	
D	d	Mâlay-le-Vicomte																	
A	16	Maligny																	
B	14	Marmeaux																	
D	d	Marsangis																	
E	12	Maulne (*Cruzy-le-Châtel*)																	
C	1	Merry-la-Vallée																	
C	20	Mézilles																	
A	9	Migé																	
C	c	Migennes																	
A	6	Milly																	
A	11	Molesme																	
D	29	Molinons																	
E	e	Molosme																	
A	a	Monéteau																	
A	24	Mont-Saint-Sulpice																	
D	8	Montacher																	
A	16	Montigny-le-Roi																	
B	14	Montréal																	
D	d	Nailly																	
C	1	Neuilly																	
E	13	Neuvy-Sautour																	
E	17	Nitry																	
E	2	Nuits-sur-Armançon																	
A	24	Ormoy																	
A	11	Ouaine																	
E	2	Pacy-sur-Armançon																	
E	13	Percey																	
A	a	Perrigny-les-Auxerre																	
C	30	Piffons																	
B	14	Pizy																	
C	1	Poilly-près-Aillant																	
E	17	Poilly-sur-le-Serain																	
B	b	Pontaubert																	
D	29	Pont-sur-Vanne																	
A	16	Pontigny																	
B	28	Pouilly (*Fontenay-près-V.*)																	
A	26	Pourrain																	
B	15	Précy-le-Sec																	
A	27	Prégilbert																	
B	15	Provency																	
C	7	Prunoy																	
E	2	Ravières																	
A	21	Rebourceaux																	
C	c	Roche-sur-Yonne (la)																	
C	3	Rogny																	
E	12	Rugny																	
A	27	Sacy																	
C	1	Saint-Aubin-Châteauneuf																	
C	c	Saint-Aubin-sur-Yonne																	
A	a	Saint-Bris																	
C	c	Saint-Cidroine																	
D	d	Saint-Clément																	
B	15	Sainte-Colombe-en-Morvan																	
A	23	Sainte-Colombe-en-Puisaye																	
A	6	Saint-Cyr-les-Colons																	
A	a	Saint-Georges																	
B	19	Saint Léger																	

SIGNES DISTINCTIFS des ARRONDISSEMENTS.	CANTONS.	YONNE. COMMUNES ou PLACES.	NOMS DES CORRESPONDANTS, LEURS TARIFS.																
1	2	3	4	5	6	7	8	9	10	11	12	13	14	15	16	17	18	19	20
E	12	Saint-Martin																	
C	20	Saint-Martin-des-Champs																	
C	22	Saint-Martin-d'Ordon																	
D	d	Saint-Martin-du-Tertre																	
C	1	Saint-Martin-sur-Ocre																	
D	25	Saint-Martin-sur-Oreuse																	
C	7	Saint-Martin-sur-Ouane																	
D	25	St-Mauric.-a.-Rich. Hommes.																	
C	1	Saint-Maurice-le-Vieil																	
C	1	Saint-Maurice-Thizouaille																	
C	3	Saint-Privé																	
D	8	Saint-Valérien																	
E	12	Saint-Vinnemer																	
A	23	Saintpuits																	
A	23	Saints-en-Puisaye																	
B	14	Santigny																	
D	d	Saligny																	
B	b	Savigny-le-Bois																	
D	8	Savigny-de-Courtenay																	
B	14	Savigny-en-Terre-Pleine																	
C	1	Senan																	
C	22	Sépaux																	
D	25	Serbonnes																	
B	b	Sermizelles																	
D	29	Siéges (les)																	
A	23	Sougères																	
E	13	Sormery																	
E	2	Stigny																	
A	11	Taingy																	
E	12	Tanlay																	
C	3	Tannerre																	
D	29	Theil																	
B	14	Thizy																	
D	29	Thorigny																	
A	23	Thury																	
A	23	Treigny																	
E	13	Tronchoy																	
A	10	Trucy-sur-Yonne																	
A	a	Vallan																	
D	8	Vallery																	
C	5	Vandeurs																	
B	14	Vassy																	
B	b	Vassy-les-Avalons (*Étaule*)																	
E	17	Vausse (*Châtel-Gérard*)																	
C	4	Venisy																	
D	d	Véron																	
E	e	Vezinnes																	
D	18	Villeblevin																	
C	c	Villecien																	
A	a	Villefargeau																	
C	7	Villefranche																	
D	8	Villeneuve-la-Dondagre																	
D	18	Villeneuve-la-Guyard																	
C	3	Villeneuve-les-Genêts																	
A	16	Villeneuve-Saint-Salve																	
D	18	Villethierry																	
C	c	Villevallier																	
E	2	Villiers-les-Hauts																	
D	29	Villiers-Louis																	
C	1	Villiers-Saint-Benoît																	
C	1	Villiers-sur-Tholon																	
E	13	Villiers-Vineux																	
E	12	Villon																	
A	16	Villy																	
A	9	Vincelles																	
A	9	Vincelottes																	

SIGNES DISTINCTIFS des ARRONDISSEMENTS.	CANTONS.	YONNE. COMMUNES ou PLACES.	NOMS DES CORRESPONDANTS, LEURS TARIFS.																
1	2	3	4	5	6	7	8	9	10	11	12	13	14	15	16	17	18	19	20
D	25	Vinneuf........																	
E	6	Viviers.																	
D	29	Voisines.																	
B	28	Voutenay.																	
E	6	Yrouerre.																	

ALGÉRIE. — PROVINCES ET PLACES.	NOMS DES CORRESPONDANTS, LEURS TARIFS.																
1	2	3	4	5	6	7	8	9	10	11	12	13	14	15	16	17	18
PROVINCE D'ALGER.																	
ALGER																	
Agha (l')																	
Aumale																	
Birkadem																	
Birmandreïs																	
Blidah																	
Boufarick																	
Cheragas																	
Cherchell																	
Coléah																	
Dellis																	
Douéra																	
Hussein-Dey																	
Kouba																	
Médéah																	
Milianah																	
Mouzaïa																	
Mustapha-Inférieur																	
Mustapha-Supérieur																	
Orléansville																	
Saint-Cloud																	
Tenez																	
LE RESTE DE LA PROVINCE																	
PROVINCE DE CONSTANTINE.																	
CONSTANTINE																	
Batna																	
Biscara																	
Bone																	
Bougie																	
Calle (la)																	
Djigelli																	
El Arouch																	
Guelma																	
Philippeville																	
Sétif																	
Smendou																	
LE RESTE DE LA PROVINCE																	
PROVINCE D'ORAN.																	
ORAN																	
Arzew																	
Mascara																	
Mazagran																	
Mers-el-Kébir																	
Montenotte																	
Mostaganem																	
Nemours																	
Tlemcen																	
LE RESTE DE LA PROVINCE																	

SECONDE PARTIE.

ÉTRANGER.

Ordre dans lequel sont placés les divers États :

1. GRANDE BRETAGNE.
2. BELGIQUE.
3. HOLLANDE.
4. SUISSE.
5. ÉTATS-SARDES.
6. ROYAUME DES DEUX SICILES.
7. ÉTATS-ROMAINS.
8. LOMBARDIE.
9. ESPAGNE.
10. ALLEMAGNE (CERCLES D').
11. PRUSSE.
12. AUTRICHE.
13. RUSSIE.
14. DANEMARK, SUÈDE ET NORVÉGE.

GRANDE-BRETAGNE. ANGLETERRE. — ÉCOSSE.	NOMS DES CORRESPONDANTS, LEURS TARIFS.																
1	2	3	4	5	6	7	8	9	10	11	12	13	14	15	16	17	18
ANGLETERRE.																	
Londres.																	
Berwick.																	
Birmingham.																	
Bradford.																	
Brighton.																	
Bristol.,																	
Burton-on-Trent.																	
Cardiff.																	
Coventry.																	
Douvres.																	
Exeter.																	
Folkestone.																	
Gloucester.																	
Halifax.																	
Huddersfield.																	
Hull.																	
Leeds.																	
Liverpool.																	
Manchester.																	
Middlessex-sur-Tées.																	
Newcastle.																	
Norwich.																	
Nottingham.																	
Oxfort.																	
Penzance.																	
Plymouth.																	
Portsmouth.																	
Redditch.																	
Sheffield.																	
Southampton.																	
Stockton-sur-Tées.																	
Sunder-Land.																	
Weymouth.																	
Worcester.																	
Le reste de l'Angleterre.																	
ÉCOSSE.																	
Édimbourg.																	
Aberdeen (New).																	
Berwick.																	
Dumfries.																	
Dundée.																	
Glascow.																	
Greenock.																	
Inverness.																	
Leith.																	
Mauchline.																	
Paisley.																	
Perth.																	
Le reste de l'Écosse.																	

GRANDE-BRETAGNE. IRLANDE. ISLES DE LA MANCHE.	NOMS DES CORRESPONDANTS, LEURS TARIFS.																
1	2	3	4	5	6	7	8	9	10	11	12	13	14	15	16	17	18
IRLANDE.																	
Dublin.																	
Belfast.																	
Cork.																	
Galway.																	
Limerick.																	
Waterfort.																	
Wexford.																	
Le reste de l'Irlande.																	
ISLES DE LA MANCHE.																	
Jersey.																	
Saint-Hélier.																	
Guernesey.																	
Saint-Pierre-Port.																	

BELGIQUE.	NOMS DES CORRESPONDANTS, LEURS TARIFS.																
1	2	3	4	5	6	7	8	9	10	11	12	13	14	15	16	17	18
BRUXELLES																	
Acosse																	
Aelbeke																	
Aerschot																	
Alnor																	
ALOST																	
Alveringhem																	
Amay																	
Andennes																	
Anderlect																	
Anderlues																	
Angre																	
Angreau																	
Ans																	
Anseghem																	
Anseremmes																	
Antoing																	
Anvers																	
Ardoye																	
Arlon																	
Ardenbourg																	
Autreppe																	
Axel																	
Assche																	
ATH																	
Athis																	
Aubel																	
Audemmer																	
AUDENARDE																	
Autrive																	
Avelghem																	
Baisy																	
Barbançon																	
Barvaux																	
Basècles																	
Basseveldе																	
Bastogne																	
Battice																	
Baudour																	
Bazèele-près-Leuze																	
Beaumont																	
Beauraing																	
Beauwelz																	
Belœil																	
Belsele																	
Berchem																	
Bertrix																	
Beveren-Audenaerde																	
Beveren-Saint-Nicolas																	
Beveren-Courtray																	
Biesme																	
Binche																	
Bissegheim																	
Blankenbergh																	
Bonsecours																	
Boom																	
Borgerhout																	
Boufflouлx																	
Bouillon																	
Boussoit																	
Boussu																	
Bouvignes																	
Braine-Laleud																	
Braine-le-Comte																	
Bray																	

BELGIQUE.	NOMS DES CORRESPONDANTS, LEURS TARIFS.																
1	2	3	4	5	6	7	8	9	10	11	12	13	14	15	16	17	18
Bredenne																	
BRUGES																	
Buvrinnes																	
Cachtem																	
Campenhout																	
Carnières																	
Casteau																	
Chaineux																	
Chapelle-les-Herlaing																	
CHARLEROY																	
Chatelet																	
Chatelineau																	
Chaufontaine																	
Chenée																	
Chercq																	
Chièvres																	
Chimay																	
Ciney																	
Cipli																	
Commines																	
Contich																	
Couillet																	
Courcelles																	
COURTRAY																	
Couvin																	
Coyghem																	
Cruybecke																	
Cruyshautem																	
Cuesme																	
Cul-des-Sarts																	
Dadizèele																	
Dam (le) (*Anvers*)																	
Dampremy																	
Deerlyck																	
Desselghem																	
Deurne																	
Deynse																	
Diekirch																	
Diest																	
Dinant																	
Dison																	
Dixmude																	
Dockum																	
Dolhain (*Limbourg*)																	
Dottignies																	
Dour																	
Duffelt																	
Durbuy																	
Écaussines																	
Echternach																	
Eckem																	
Écluse (l')																	
Éecloo																	
Éename																	
Ellezelles																	
Élouges																	
Elseghem																	
Elverdinghe																	
Elverseel																	
Enghein																	
Ensival																	
Erquennes																	
Espierres																	
Estinnes-au-Mont																	
Estinnes-au-Val																	

BELGIQUE.	NOMS DES CORRESPONDANTS, LEURS TARIFS.																
1	2	3	4	5	6	7	8	9	10	11	12	13	14	15	16	17	18
Étale																	
Ettelbruck																	
Eugies																	
Everghem																	
Familloreux																	
Farciennes																	
Fayt (le)																	
Fayt-le-Franc																	
Fayt-les-Seneffe																	
Feluy																	
Fleurus																	
Flobecq																	
Flones																	
Florennes																	
Florenville																	
Fontaine-l'Évêque																	
Fosses																	
Frameries																	
Francomont (*Verviers*)																	
Frasnes-Buissenal																	
Frasnes-les-Gosselles																	
Froid-Chapelle																	
FURNES																	
Galoppe																	
GAND																	
Gavre																	
Gembloux																	
Genappes																	
Gendbrugge																	
Gerpinnes																	
Ghéel																	
Gheluwe																	
Ghistelles																	
Ghlin																	
Gilly																	
Gosselies																	
Grammont																	
Grand-Glise																	
Grand-Rieux																	
Grend-Reng																	
Grewen-Makeren																	
Grez-Doiceau																	
Gulleghem																	
Haesdouck																	
Haine-Saint-Paul																	
Haine-Saint-Pierre																	
Hall (*Brabant*)																	
Ham-sur-Heurre																	
Hamme																	
Handzaeme																	
Hannut																	
Hantes-Wiheries																	
Harchies																	
Harlebeke																	
HASSELDT (*Limbourg*)																	
Hautrayes																	
Havré																	
Heestert																	
Heigne-lez-Jumet																	
Helchin																	
Helden																	
Hemixem																	
Henri-Chapel																	
Hensies																	
Herchies																	

BELGIQUE.	NOMS DES CORRESPONDANTS, LEURS TARIFS.																
1	2	3	4	5	6	7	8	9	10	11	12	13	14	15	16	17	18
Herseaux																	
Herstal																	
Hervé																	
Heulle																	
Héverlé																	
Heys-of-Den-Berg																	
Hoboken																	
Hodimont																	
Hooglede																	
Horne																	
Hornu																	
Houdain																	
Houdeng-Goegnies																	
Houdeng-Aimeries																	
Hougaerden																	
Hulst (*Flandre-Occidentale*)																	
HUY																	
Hyon																	
Ingelmunster																	
Ingoyghem																	
Iseghem																	
Ixelles																	
Jambes																	
Jamioulx																	
Jemeppe (*Liége*)																	
Jemmappes																	
Jodoigne																	
Jumet																	
Jurbisse																	
Kemseke																	
Kerckhove																	
Kessel																	
Labussière																	
Laeken																	
Lahestre																	
Lambussart																	
Landelies																	
Laroche-sur-l'Ourthe																	
Larochette																	
Lauwe																	
Lebbeke																	
Ledeberg																	
Ledeghem																	
Leffinghe																	
Lendelede																	
Lens (*Hainaut*)																	
Lessines																	
Leupeghem																	
Leuze (*Hainaut*)																	
Leval-et-Drahegnies																	
Lichtervelde																	
Lierre																	
LIÉGE																	
Ligny																	
Limbourg (*Liége*)																	
Lobbes																	
Lodelinsart																	
Lokeren																	
Loo (*Flandre*)																	
Loochristy																	
LOUVAIN																	
Lovendeghem																	
Luingue																	
Luxembourg																	
Machelen																	

BELGIQUE.	NOMS DES CORRESPONDANTS, LEURS TARIFS.																
1	2	3	4	5	6	7	8	9	10	11	12	13	14	15	16	17	18
Maesluys																	
Maestricht																	
Maldeghem																	
MALINES																	
Marbais-près-Thuin																	
MARCHE-en-Famenne																	
Marchienne-au-Pont																	
Marcinelles																	
Mariemont																	
Marienbourg																	
Martellange																	
Meerbeke																	
Meerle																	
Melle-près-Gand																	
Mellesèle																	
Menin																	
Merbe-le-Château																	
Merxem																	
Messines																	
Meulebeke																	
Meulestéde																	
Moen																	
Moere																	
Momignies																	
Monceau-sur-Sambre																	
MONS																	
Montigny-le-Tilleul																	
Montigny-sur-Sambre																	
Mont-sur-Marchienne																	
Moorslede																	
Moorzele																	
Morlanwelz																	
Moulin																	
Mouscron																	
Mussy-la-Ville																	
Nalines																	
NAMUR																	
Nazareth (*Flandre*)																	
NEUFCHATEAU																	
Neuve-Église																	
Nevelle																	
Niel																	
Nieukerke																	
Nieuport																	
Nimy																	
Ninove																	
NIVELLES																	
Obourg																	
Olne																	
Oudenbosch																	
Oostroosebeke																	
Ooteghem																	
Ostende																	
Ouckene																	
Oubenbourg																	
Ougrée																	
Oyghem																	
Pâturages																	
Pecq																	
Pepinster																	
Peruwelz																	
Peteghem																	
Philippeville																	
Pitthem																	
Pommerœuil																	

BELGIQUE.	NOMS DES CORRESPONDANTS, LEURS TARIFS.																
1	2	3	4	5	6	7	8	9	10	11	12	13	14	15	16	17	18
Pont-de-Loup																	
Poperinghe																	
Profonville																	
Puers																	
Pussemange																	
Quaregnon																	
Quevaulcamps																	
Quiévrain																	
Rance																	
Ras-le-Grand																	
Rechain G. et P.																	
Reckem (*Flandre occidentale*)																	
Remly																	
Remich																	
Renaix																	
Rière (le)																	
Rœulz (le)																	
Rochefort																	
Roisin																	
Rolleghem																	
Roulers																	
Roussebruge																	
Roux-près-Charleroy																	
Rupelmonde																	
Ruremonde																	
Ruysselede																	
Saint-André (*Flandre occidentale*)																	
Sainte-Croix (*Flandre orientale*)																	
Saint-Denis (*Hainault*)																	
Saint-Genois																	
Saint-Ghislain																	
Saint-Gilles (*Flandre orientale*)																	
Saint-Hubert																	
Saint-Léger																	
Saint-Michel (*Flandre occidentale*)																	
SAINT-NICOLAS																	
Saint-Servais																	
Saint-Trond																	
Saint-Waast																	
Santhoven																	
Sas-le-Grand																	
Schelle																	
Sclessin																	
Seneffe																	
Seraing																	
Sinay																	
Sirault																	
Sittard																	
Sivry																	
SOIGNIES																	
Soiron																	
Solre-Saint-Géry																	
Solre-sur-Sambre																	
Sombreffe																	
Sotteghem																	
Spa																	
Staeden																	
Stambruges																	
Stavelot																	
Steembrugge																	
Stekene																	
Strepy																	
Strypen																	
Sweveghem																	
Swevezèle																	

BELGIQUE.	NOMS DES CORRESPONDANTS, LEURS TARIFS.																
1	2	3	4	5	6	7	8	9	10	11	12	13	14	15	16	17	18
Tamise																	
Templeuve																	
TERMONDE																	
Tête-de-Flandre																	
Theux																	
Thielrode																	
Thieghem																	
Thielt																	
Thimister																	
Thisselt																	
Thourout																	
THUIN																	
Thulin																	
Tihange																	
Tirlemont																	
TONGRES																	
TOURNAY																	
Trazegnies																	
Trivières																	
Tronchiennes																	
Tubise																	
TURNHOUT																	
VERVIERS																	
Vevelghem																	
Vianden																	
Viel-Salm																	
Villers-Saint Ghislain																	
Vilryck																	
Vilvorde																	
Virton																	
Visé																	
Vive-Saint-Bavon																	
Vive-Saint-Éloi																	
Vlamertinghe																	
Vracene																	
Venloo																	
Vonèche																	
Watterwhez																	
Wacken-près-Thielt																	
Waelhem																	
Waereghem																	
Waerschoot																	
Waesmunster																	
Walcourt																	
Wane																	
Warcoing																	
Warneton																	
Warquignies																	
Wasmes																	
Wasmuel																	
Waterloo																	
Waudrez																	
Wavre																	
Wercken																	
Wervick																	
Westkerke																	
Wetteren																	
Wevelghem																	
Willebrouck G. et P.																	
Wyngene																	
Wiltz																	
Woesmunster																	
YPRES																	
Ysondick																	
Yve																	

BELGIQUE.	NOMS DES CORRESPONDANTS, LEURS TARIFS.															
1	2	3	4	5	6	7	8	9	10	11	12	13	14	15	16	17	18
Yvoir.																	
Zédelghem.																	
Zelle.																	
Zelzaète.																	
Zeven-Éken.																	
Zwindreck.																	
Le reste de la Belgique.																	

HOLLANDE.	NOMS DES CORRESPONDANTS, LEURS TARIFS.																
1	2	3	4	5	6	7	8	9	10	11	12	13	14	15	16	17	18
AMSTERDAM																	
Alkmaar																	
Alphen																	
Amerongen																	
Amersfort																	
ARNHEM																	
ASSEN																	
Barneveld																	
Berg-op-Zoom																	
Bergen																	
Beverwyck																	
BOIS-LE-DUC																	
Boisward																	
Bommel																	
Breda																	
Brielle																	
Bodegraven																	
Delft																	
Delftshaven																	
Deventer																	
Doesburg																	
Doetichem																	
Dolkum																	
Dordt																	
Dordrecht																	
Édam																	
Edde																	
Elburg																	
Eindhoven																	
Endkhuisen																	
Flessingue																	
Francker																	
Goester																	
Gorcum																	
Gouda																	
Grane																	
Grave																	
GRONINGUE																	
Haarlem																	
Harderwyck																	
Harlingen																	
Haye (La)																	
Hattin																	
Helder (Le)																	
Hoorn																	
Hulst																	
Kampen																	
Klunder																	
Kuilenburg																	
LEEUWARDEN																	
Leiden																	
Lemmer																	
Luxembourg																	
Maassluis																	
Maestricht																	
Meppel																	
Meddelbourg																	
Muiden																	
Naarden																	
Nimègue																	
Nukerck																	
Oldenzaal																	
Ondewater																	
Osterhout																	
Pekel																	

HOLLANDE.	NOMS DES CORRESPONDANTS, LEURS TARIFS.																
1	2	3	4	5	6	7	8	9	10	11	12	13	14	15	16	17	18
Plermerend																	
Roermond																	
ROTTERDAM																	
Ruremonde																	
Ryp																	
Schiedam																	
Schoonhoven																	
Sittard																	
Tegelen																	
Thiel																	
Tilbourg																	
UTRECHT																	
Venlo																	
Vianen																	
Vlaardingen																	
Vliesengen																	
Waelwyck																	
Wageningue																	
Weesp																	
Willemstadt																	
Wintschoten																	
Woerden																	
Workum																	
Wyck-by-Duurstede																	
Zaandam																	
Zeist																	
Zierickzée																	
Zutphen																	
Zwolle																	
LE RESTE DE LA HOLLANDE																	

SUISSE.	NOMS DES CORRESPONDANTS, LEURS TARIFS.																
1	2	3	4	5	6	7	8	9	10	11	12	13	14	15	16	17	18
Genève																	
Aarau																	
Aigle																	
Albisrieden																	
Altorf																	
Altstetten																	
Appenzel																	
Arberg																	
Arbourg																	
Arbon																	
Arlesheim																	
Aubonne																	
Auvernier																	
Avenches																	
Baar																	
Baden																	
Bale																	
Ballens																	
Balstall																	
Bayards (les)																	
Béfaux																	
Beguin																	
Bellegarde																	
Bellinzone																	
Berne																	
Berthoud																	
Bex																	
Bienne																	
Biere																	
Bludenz																	
Bischoffzell																	
Bois (les)																	
Boudry																	
Bovresse																	
Brassus (le)																	
Brattelen																	
Bremgarten																	
Brenets (les)																	
Brévine (la)																	
Brieg																	
Bulach																	
Bulle																	
Buren																	
Burgdorf																	
Buttes (les)																	
Cachot (le)																	
Carouge																	
Céligny																	
Cerlier																	
Cham																	
Charmey																	
Châtel-Saint-Denis																	
Chaux-d'Abel																	
Chaux-de-Fonds (la)																	
Chesne																	
Chiètre																	
Coire																	
Cologni																	
Colombier																	
Collonge																	
Concise																	
Constance																	
Coppet																	
Corgemont																	
Corsy																	

SUISSE.	NOMS DES CORRESPONDANTS, LEURS TARIFS.																
1	2	3	4	5	6	7	8	9	10	11	12	13	14	15	16	17	18
Cortaillod																	
Cossonay																	
Coudré																	
Courtelary																	
Couvet																	
Cressier																	
Cudrefin																	
Cully																	
Délémont																	
Diesenhofen																	
Échallens																	
Églisau																	
Einsiedeln																	
Elgg																	
Ennye																	
Estavayer																	
Évian																	
Fleurier																	
Fontaine																	
Fraunfeld																	
Frenkendorf																	
FRIBOURG																	
Gimel																	
Givisie																	
GLARIS																	
Gottlieben																	
Grandson																	
Grusch																	
Gruyères																	
Hérisau																	
Herzogenbuchsée																	
Hofwill																	
Horgen																	
Hermance																	
Interlaken																	
Knonau																	
Kulm																	
Kussnacht																	
Landeron																	
Langenthal																	
Langnau																	
Laufenbourg																	
Laupen																	
Lausanne																	
Lentzbourg																	
Lichtensteig																	
Liestal																	
Locarno																	
Locle (le)																	
LUCERNE																	
Lugano																	
Lutry																	
Maennedorf																	
Maglen																	
Martigny																	
Mollis																	
Monthey																	
Montreux																	
Morat																	
Morges																	
Motiers-Travers																	
Meienfeld																	
Moudon																	
Moutier-Grand																	
Muri																	

SUISSE.	NOMS DES CORRESPONDANTS, LEURS TARIFS.																
1	2	3	4	5	6	7	8	9	10	11	12	13	14	15	16	17	18
NEUCHATEL																	
Neuve-Ville (la)																	
Noiremont																	
Nydau																	
Nyon																	
Olsen																	
Olten																	
Orbe																	
Ouchy																	
Payerne																	
Pays-d'En-Haut																	
Plaeffikon																	
Pfeffers																	
Ponts (les)																	
Porrentruy																	
Pregny																	
Pully																	
Rapperschwill																	
Renan																	
Rheinau																	
Rheineck																	
Rheinfelden																	
Richtenswill																	
Rochefort																	
Rolle																	
Romain-Motiers																	
Romont																	
Rosbach																	
Sacconnex-Petit																	
Saint-Aubin																	
Saint-Blaize																	
Sainte-Croix																	
SAINT-GALL																	
Saint-Maurice																	
Saint-Prex																	
Saint-Sulpice																	
Saint-Ymier																	
Sagne (la)																	
Sargans																	
Sarnen																	
Sarraz (la)																	
SCHAFFOUSE																	
Schintznach																	
Schuders																	
Schwanden																	
SCHWITZ																	
Seignelegier																	
Semsales																	
Sion																	
SOLEURE																	
Sonvilliers																	
Splugen																	
Stanz																	
Stœfa																	
Stein																	
Surzée																	
Thalwill																	
Thoune																	
Tramelan																	
Travers																	
Trogen																	
Val-de-Travers																	
Valangen																	
Valognes																	
Valorbes																	

SUISSE.	NOMS DES CORRESPONDANTS, LEURS TARIFS.																
1	2	3	4	5	6	7	8	9	10	11	12	13	14	15	16	17	18
Vandeuvre																	
Verrières (les)																	
Versoix																	
Vevey																	
Villeneuve																	
Villeret																	
Wallenstadt																	
Wangen																	
Weil																	
Weinfelden																	
Winterthur																	
Wœdenschwill																	
Wohlen																	
Wyla																	
Yverdun																	
Zoffingen																	
Zug																	
Zurich																	
Zurzach																	
Le Reste des Cantons de :																	
Appenzell																	
Argovie																	
Bale																	
Berne																	
Fribourg																	
Genève																	
Glaris																	
Grisons																	
Lucerne																	
Neuchatel																	
Schaffouse																	
Schwitz																	
Soleure																	
Saint-Gall																	
Tessin																	
Turgovie																	
Unterwald																	
Uri																	
Valais																	
Vaud																	
Zug																	
Zurich																	
Le reste de la Suisse																	

ITALIE. — ÉTATS SARDES.	NOMS DES CORRESPONDANTS, LEURS TARIFS.															
1	2	3	4	5	6	7	8	9	10	11	12	13	14	15	16	17	18
TURIN																	
Acqui																	
Aiguebelle																	
Aigueblanche																	
Aime																	
Aix-les-Bains																	
Alassio																	
Albe																	
Albenga																	
Albertville																	
Alby																	
Alexandrie																	
Alghero																	
Annecy																	
Annemasse																	
Aoste																	
Arona																	
Arvillard																	
Asti																	
Beaufort																	
Bielle																	
Bobbio																	
Boège																	
Bonneville																	
Bordighera																	
Borzonesca																	
Bosa																	
Bourg-Saint-Maurice																	
Brà																	
Cagliari																	
Capraja																	
Carignan																	
Carlo-Forte																	
Carmagnola																	
Casale																	
Caselle																	
CHAMBÉRY																	
Chambre (la)																	
Chamouni																	
Chiavari																	
Chieri																	
Chivasso																	
Ciriè																	
Cluses																	
Conflans																	
Coni																	
Cuneo																	
Domo-Dossola																	
Diano																	
Duaime																	
Échelles (les)																	
Évian																	
Faverges																	
Flumet																	
Finalborgo																	
Fossano																	
Frangy																	
GÊNES																	
Gressaux																	
Grésy-sur-Isère																	
Intra																	
Ivrée																	
Lens-le-Bourg																	
Megève																	
Menton																	

ITALIE. — ÉTATS SARDES.	NOMS DES CORRESPONDANTS, LEURS TARIFS.																
1	2	3	4	5	6	7	8	9	10	11	12	13	14	15	16	17	18
Modane																	
Moncalier																	
Mondovi																	
Montmcillan																	
Mortara																	
Moutiers																	
Nice																	
Novare																	
Novi																	
Nuoro																	
Oneglia																	
Oristano																	
Pallanza																	
Pignerol																	
Pont-de-Beauvoisin																	
Port-Maurice																	
Racconis																	
Roche (la)																	
Rochette (la)																	
Rumilly																	
Saint-Geoire																	
Saint-Gervais-les-Bains																	
Saint-Jean-de-Maurienne																	
Saint-Julien																	
Saint-Pierre-d'Albigny																	
Saint-Michel																	
Saint-Rémo																	
Sallanches																	
Salluces																	
Samoëns																	
Sarzane																	
Sassari																	
Savigliano																	
Savone																	
Sestry																	
Seyssel																	
Spezia																	
Suse																	
Taninges																	
Tempio																	
Thônes																	
Thonon																	
Tortone																	
Ugines																	
Valence																	
Varallo																	
Ventimille																	
Verceil																	
Villafranca																	
Vigevano																	
Voghera																	
Voltry																	
Yenne																	
Yvrée																	
Le reste des États sardes																	

ITALIE. DEUX-SICILES (ROYAUME DES) GROUPE DE MALTE.	NOMS DES CORRESPONDANTS, LEURS TARIFS.																
1	2	3	4	5	6	7	8	9	10	11	12	13	14	15	16	17	18
NAPLES																	
Agnone																	
Agosta																	
Alicata																	
Amalfi																	
Arpina																	
Arpino																	
Avellino																	
Aversa																	
Bari																	
Barletta																	
Brindisi																	
Campo-Basso																	
Castellamare																	
Castel-Vetarno																	
Catane																	
Catanzaro																	
Cefola																	
Chieti																	
Foggia																	
Gaëte																	
Gallipoli																	
Girgenti																	
Ischia																	
Luce																	
Licata																	
Marsala																	
Mascali																	
MESSINE																	
Otrante																	
PALERME																	
Piedimonte																	
Possuoli																	
Reggio																	
Salerne																	
Samataldo																	
SYRACUSE																	
Tarente																	
Termini																	
Trani																	
Trapani																	
LE RESTE DU ROYAUME																	
MALTE (GROUPE DE).																	
CITÉ-LA-VALLETTE																	

ITALIE. ÉTATS ROMAINS.	NOMS DES CORRESPONDANTS, LEURS TARIFS.																
1	2	3	4	5	6	7	8	9	10	11	12	13	14	15	16	17	18
ROME																	
Albano																	
Ancône																	
Anzio																	
Baccano																	
Bologne																	
Cervia																	
Civita-Vecchia																	
Corneto																	
Fabriano																	
Faënza																	
Ferrare																	
Fiumicino																	
Foligno																	
Montalto																	
Monte-Fiascone																	
Orvieto																	
Pérouse																	
Pesaro																	
Ponte-di-Lago-Scuro																	
Ravenne																	
Rimini																	
Rieti																	
Ronciglione																	
Saint-Marin																	
Sinigaglia																	
Spoleto																	
Subiaco																	
Terni																	
Terracine																	
Tivoli																	
Urbin																	
Velletri																	
Viterbe																	
Le reste des États romains																	

ITALIE. LOMBARDIE. — TOSCANE. ÉTATS DIVERS.	NOMS DES CORRESPONDANTS, LEURS TARIFS.																
1	2	3	4	5	6	7	8	9	10	11	12	13	14	15	16	17	18
LOMBARDIE.																	
MILAN.																	
Bassano.																	
Bergame.																	
Brescia.																	
Côme.																	
Crémone.																	
Lodi.																	
Mantoue.																	
Marignan.																	
Padoue.																	
Pavie.																	
Rovigo.																	
Trévise.																	
Udine.																	
Venise.																	
Vérone.																	
Vicence.																	
Le reste de la Lombardie.																	
TOSCANE (Grand duché de).																	
FLORENCE.																	
Arezzo.																	
Cortone.																	
Grosetto.																	
Livourne.																	
Pescia.																	
Petriolo.																	
Piombino.																	
Pistoie.																	
Prato.																	
Seravezza.																	
Sienne.																	
Signa.																	
Lucques (*Duché de Lucques*).																	
Porto-Ferrajo (*île d'Elbe*).																	
Le reste de la Toscane.																	
MODÈNE (Duché de).																	
MODÈNE.																	
Carpi.																	
Carrare.																	
Finale.																	
Massa.																	
Mirandola.																	
Reggio.																	
PARME (Duché de).																	
PARME.																	
Borgo-San-Dornino.																	
Guastalla.																	
Plaisance.																	

ESPAGNE. ILES BALÉARES.	NOMS DES CORRESPONDANTS, LEURS TARIFS.																
1	2	3	4	5	6	7	8	9	10	11	12	13	14	15	16	17	18
ESPAGNE (ROYAUME D')																	
MADRID																	
Alicante																	
Almaden																	
Andajar																	
Alvila																	
Badajoz																	
Barcelone																	
Bilbao																	
Burgos																	
Cadix																	
Carthagène																	
Cordoue																	
Corogne (la)																	
Ferrol (le)																	
Grenade																	
Guadalaxara																	
Lorca																	
Malaga																	
Mataro																	
Moguer																	
Motril																	
Murcie																	
Oviédo																	
Pampelune																	
Port-Sainte-Marie																	
Reus																	
Ripolle																	
Saint-Sébastien																	
Santander																	
Santiago																	
Saragosse																	
Ségovie																	
Séville																	
Tarragone																	
Tolède																	
Valence																	
Valladolid																	
Vigo																	
Vittoria																	
Xerès																	
ILES BALÉARES.																	
Majorque (*île*)																	
Minorque (*île*)																	
Iviça (*île*)																	
Lormentera (*île*)																	
Palma																	
Port-Mahon																	
Le reste de l'Espagne																	

ALLEMAGNE (CERCLES DE L') PETITS ÉTATS. — VILLES LIBRES.	NOMS DES CORRESPONDANTS, LEURS TARIFS.																
1	2	3	4	5	6	7	8	9	10	11	12	13	14	15	16	17	18
PETITS ÉTATS.																	
Altenbourg																	
Amberg																	
Annaberg																	
Ansbach																	
Apolda																	
Arolsen																	
Aschaffenbourg																	
AUGSBOURG																	
BADE																	
Bamberg																	
Bautzen																	
Beireuth																	
Bergzabern																	
Bernbourg																	
Biberich																	
Bingen																	
Blankebourg																	
BRUNSWICK																	
Buckebourg																	
Calw																	
Cannstadt																	
CARLSROUHE																	
Cassel																	
Celle																	
Chemnitz																	
Clausthal																	
Cobourg																	
Constance																	
Damrstadt																	
Dessau																	
Dettmold																	
Deux-Ponts																	
Doberan																	
DRESDE																	
Dürkheim																	
Eichtaedt																	
Eilsen																	
Eimbeck																	
Eisenach																	
Ellwangen																	
Emden																	
Ems																	
Fould																	
Freiberg																	
Freibourg																	
Friedrickshafen																	
Furth																	
Gera																	
Giesen																	
Glauchau																	
Goslar																	
Gotha																	
Gottingen																	
Grabow																	
Grimma																	
Grossenhayn																	
Hall																	
Hanau																	
HANOVRE																	
Harbourg																	
Heidelberg																	
Heilbronn																	
Hildbourghausen																	
Hildesheim																	
Hof																	

ALLEMAGNE (CERCLES DE L') — PETITS ÉTATS. — VILLES LIBRES.	NOMS DES CORRESPONDANTS, LEURS TARIFS.																
1	2	3	4	5	6	7	8	9	10	11	12	13	14	15	16	17	18
Hofgeismar																	
Iéna																	
Ilmenau																	
Ingolstadt																	
Jever																	
Kaufbeuren																	
Kehl																	
Keiserslautern																	
Kempten																	
Kissingen																	
Kothen																	
Lahr																	
Landan																	
Landshut																	
Leer																	
LEIPZIG																	
Limbourg																	
Lindau																	
Ludwigsbourg																	
Ludwigslust																	
Lunebourg																	
MANHEIM																	
MAYENCE																	
Meiningen																	
Meissen																	
Munden																	
MUNICH																	
Nassau																	
Nenndorf																	
Neustadt																	
Neustrelitz																	
Nordheim																	
Nordlingen																	
NUREMBERG																	
Offenbach																	
Offenbourg																	
Oldenbourg																	
Osnabruck																	
Parchim																	
Passau																	
Pforzeim																	
Pirna																	
Pyrmont																	
Rastadt																	
Ratisbonne																	
Ratzebourg																	
Reichenbach																	
Reutlingen																	
Rostock																	
Rudesheim																	
Rudolstadt																	
Saafeld																	
Schleitz																	
Schmalkalden																	
Schneeberg																	
Schweinfort																	
SCHWERIN																	
Sigmaringen																	
Sondershausen																	
Sonnenberg																	
SIPRE																	
Stade																	
STUTTGARD																	
Suhl																	
Sulzbach																	

ALLEMAGNE (CERCLES DE L') — PETITS ÉTATS. — VILLES LIBRES.	NOMS DES CORRESPONDANTS, LEURS TARIFS.																
1	2	3	4	5	6	7	8	9	10	11	12	13	14	15	16	17	18
Tubingen........................																	
Ulm............................																	
Varel																	
Weimar.........................																	
Wetzlar																	
Wismar.........................																	
Wolfenbüttel....................																	
Worms..........................																	
Wurtzbourg.....................																	
Zwickau........................																	
Zwittau																	
VILLES LIBRES.																	
Brême..........................																	
Francfort-sur-le-Mein............																	
Hambourg.......................																	
Lubeck																	
Le reste de l'Allemagne..........																	

PRUSSE.	NOMS DES CORRESPONDANTS, LEURS TARIFS.																
1	2	3	4	5	6	7	8	9	10	11	12	13	14	15	16	17	18
BERLIN.																	
Aix-la-Chapelle.																	
Altona.																	
Anclam.																	
Arnsberg.																	
Barmen.																	
Bielefeld.																	
Bonn.																	
Brandebourg.																	
BRESLAU.																	
Bromberg.																	
Burg.																	
Charlottenbourg.																	
Clèves.																	
COBLENTZ.																	
COLOGNE.																	
Cottbus.																	
Creuznach.																	
Crefeld.																	
DANZICK.																	
Demmin.																	
Deutz.																	
Dortmund.																	
Duisbourg																	
Duren.																	
Dusseldorf.																	
Elberfeld.																	
Elbing.																	
Emmerich.																	
Erfurth.																	
Eschweiler.																	
Eupen.																	
FRANCFORT-SUR-L'ODER.																	
Geilenkerken.																	
Gladbach.																	
Gleiwitz.																	
Gronau.																	
Hagen.																	
Halberstadt.																	
Halle.																	
Hamm.																	
Heckingen.																	
Herford.																	
Hettstaett.																	
Hirschbergs.																	
Iserlohn.																	
Julich.																	
Kœnigsberg.																	
Kustrin.																	
Landsberg.																	
Landshut.																	
Lennep.																	
Lippstadt.																	
Lignitz.																	
MAGDEBOURG.																	
Malmédy.																	
Marienbourg.																	
Memel.																	
Mersebourg.																	
Minden.																	
Mulhausen.																	
Mulheim.																	
MUNSTER.																	
Naumbourg.																	
Neuss.																	

PRUSSE.	NOMS DES CORRESPONDANTS, LEURS TARIFS.																
1	2	3	4	5	6	7	8	9	10	11	12	13	14	15	16	17	18
Neuwied																	
Oppeln																	
Nordhausen																	
Paderborn																	
Posen																	
Posnanie																	
Quedlinbourg																	
Postdam																	
Rathenow																	
Ratibord																	
Rawitsch																	
Reischenbach																	
Remscheid																	
Ruhrort																	
Sarrbruck																	
Saarrelouis																	
Schwelm																	
Schweidnitz																	
Soes																	
Solingen																	
Spandau																	
Stargard																	
STETTIN																	
Stolberg																	
Stolpe																	
Stralsund																	
Suhl																	
Thorn																	
Tilsit																	
Trèves																	
Warendorf																	
Wesel																	
Wittembourg																	
Wolgast																	
Zielenzig																	
LE RESTE DE LA PRUSSE																	

AUTRICHE.	NOMS DES CORRESPONDANTS, LEURS TARIFS.																
1	2	3	4	5	6	7	8	9	10	11	12	13	14	15	16	17	18
VIENNE																	
Agram																	
Bielitz																	
Brixen																	
Brunn																	
Brody																	
Bude																	
Budweis																	
Cracovie																	
Cronstadt																	
Czernowitz																	
Debreczin																	
Éger																	
Erlau																	
Esseck																	
Fiume																	
Goritz																	
Groetz																	
Hermannstad																	
Iglau																	
Inspruck																	
Karlsbad																	
Klagenfurth																	
Laybach																	
Lemberg																	
Lintz																	
Marienbad																	
Marbourg																	
Neusatz																	
Neustadt																	
Œdendourg																	
Ofen																	
Olmutz																	
Pesth																	
Pilsen																	
Prague																	
Presbourg																	
Raab																	
Reichenberg																	
Roveredo																	
Salzbourg																	
Schemnitz																	
Semlin																	
Steyer																	
Tarnopol																	
Temeswar																	
Thérésianopol																	
Tœplitz																	
Tokay																	
Trente																	
Trieste																	
Troppau																	
Tyrnau																	
Waidhofen																	
Warasdin																	
Le reste de l'Autriche																	

RUSSIE.	NOMS DES CORRESPONDANTS, LEURS TARIFS.																
1	2	3	4	5	6	7	8	9	10	11	12	13	14	15	16	17	18
SAINT-PÉTERSBOURG............																	
Arkhangel......................																	
Astrakhan......................																	
Berditchev......................																	
Cronstadt......................																	
Cracovie......................																	
Ekaterinbourg..................																	
Eupatoria......................																	
Helsingfors....................																	
Jaroslaw......................																	
Jitomir........................																	
Kalisz........................																	
Kalouga........................																	
Kasan..........................																	
Kertch........................																	
Kherson........................																	
Kiev..........................																	
Kostroma......................																	
Libau..........................																	
Lublin........................																	
Mittau........................																	
Moscou........................																	
Narva..........................																	
Nijni-Novgorod..................																	
Odessa........................																	
Perme..........................																	
Revel..........................																	
Riga..........................																	
Satarof........................																	
Sébastopol......................																	
Smolensk......................																	
Tambov........................																	
Tomaszov......................																	
Toula..........................																	
Tschernigof....................																	
Tver..........................																	
Uléaborg......................																	
Varsovie......................																	
Viatka........................																	
Vibourg........................																	
Volsk..........................																	
Wilna..........................																	
LE RESTE DE LA RUSSIE............																	

DANEMARK. SUÈDE. — NORVÉGE.	NOMS DES CORRESPONDANTS, LEURS TARIFS.																
1	2	3	4	5	6	7	8	9	10	11	12	13	14	15	16	17	18
DANEMARK.																	
COPENHAGUE																	
Alborg																	
Altona																	
Arhuis																	
Elseneur																	
Eutin																	
Flensborg																	
Gluckstadt																	
Kiel																	
Itzehoe																	
Odensée																	
Rendsbourg																	
Schleswig																	
Le reste du Danemark																	
SUÈDE.																	
STOCKHOLM																	
Carlscrona																	
Gothembourg																	
Norkoping																	
Le reste de la Suède																	
NORVÉGE.																	
CHRISTIANIA																	
Bergen																	
Drammen																	
Drontheim																	
Friedrichshal																	
Leurwig																	
Tousberg																	
Mandal																	
Moss																	
Le reste de la Norvége																	

Paris. - Typ. Dondey-Dupré, r. St-Louis, 46.

www.ingramcontent.com/pod-product-compliance
Ingram Content Group UK Ltd.
Pitfield, Milton Keynes, MK11 3LW, UK
UKHW020127220726
13923UKWH00001B/40

9 782019 261733